史良法学文库 叁拾 | 法学国家级一流专业建设点重点成果

主编◎曹义孙

"中间地带国家"通道政治研究

庄 严·著

时事出版社

北京

前 言
Foreword

冷战结束后，许多在地理上、战略上和政治上处于全球性大国夹缝下的力量缺失地带开始凸显，如东欧、中亚、高加索和中东等地区。全球性大国特别是美俄围绕这些地带内的很多国家展开了激烈的地缘政治博弈，本书将这些国家称为"中间地带国家"。本书的研究源于对"中间地带国家"产生原因的思考，以及对全球性大国以何种方式介入"中间地带国家"所进行的思考。

作者发现，对于美俄博弈下的部分中小国家而言，自主性不足是其成为"中间地带国家"的内因，美俄在结构性矛盾规范下所产生的地缘政治竞争是其成为"中间地带国家"的外因。对美俄而言，其干预"中间地带国家"内政外交最重要的内容和方式之一就是介入"中间地带国家"的地理性通道，而美俄等全球性大国与"中间地带国家"围绕通道的走向、利用和主导权展开的博弈则构成了"中间地带国家"的通道政治。

本书以"中间地带国家"为研究对象，采用历史分析、案例分析和层次分析等研究方法，论述中小国家的自主性、国家间结构性矛盾和通道政治等核心概念的内涵。基于对上述核心概念的研究，本书总结出"中间地带国家"通道政治的形成和运行机制，从而构建"中间地带国家"通道政治理论。

在上述理论指导下，本书以中东、外高加索和中东欧的"中间地带国家"为案例，进一步深入研究"中间地带国家"通道政治的内涵。在始于2011年的叙利亚冲突中，该国北部城市阿勒颇成为以美俄为首的两大地缘政治集团激烈争夺的临时性军事通道。苏联解体后，以美国为首的西方国家推动在格鲁吉亚领土建设绕过俄罗斯的能源管道，格鲁吉亚凭借其能源过境国的战略地位而成为西方打破俄罗斯能源出口垄断的重要砝码。2004年爆发"橙色革命"后，乌克兰在美俄博弈下逐渐陷入动荡和内战的漩涡，这突出表现为在美国和欧盟的支持下，乌克兰就进口天然气的价格问题和该国天然气管线的收益问题与俄罗斯展开激烈博弈。

通过理论和案例分析，本书得出结论：在结构性矛盾规范下，全球性大国尤其是美俄进行地缘政治竞争是"中间地带国家"无法改变的外部空间状态，其在通道政治中只有学会于美俄之间保持动态平衡，并促进美俄关系向合作而不是对抗的方向发展，才能获得国家的长治久安。

一、本书的难点、重点和研究目标

本书的难点：大国关系本就纷繁复杂，美国这个当今唯一的超级大国与俄罗斯这个昔日公认的超级大国之间的关系尤为如此，对国家间结构性矛盾的内涵以及美俄结构性矛盾作多层面、全方位的详细论述是本书的最大难点。

本书的重点：对"中间地带国家"的发展与演进机制，以及"中间地带国家"通道政治的形成与运行机制这两个核心问题进行深入研究，并得出一般性结论。

本书的研究目标：通过从理论层面和案例层面对"中间地带国家"的通道政治进行分析和解读，探究"中间地带国家"在全球性大国博弈背景下的生存和发展之道。

二、本书的创新之处

首先，国内外文献在理论层面关于国家间结构性矛盾的系统论述不多，通过结合大国间的历史事件和相关国际关系理论，本书多层面、全方位地对国家间结构性矛盾进行理论性梳理、分析和总结。

其次，国内外文献关于"中间地带国家"和"中间地带国家"通道政治的论述不多，相关文献多为论述大国在"缓冲地带"的地缘政治博弈。本书试图在王鸣野教授所著《"中间地带"的博弈与困境》相关内容的基础上进行拓展延伸，完善"中间地带国家"通道政治理论研究。

最后，国内外政治学文献关于通道的论述多为解读世界重要地理性通道的战略意义，而较少有文献从通道政治博弈的起源来研究相关问题。本书以哲学范畴中"矛盾论"内外因辩证原理来解读"中间地带国家"通道政治形成的原因和运行的机制，力图使本书在理论叙述上更加细化且更具创新性，使"中间地带国家"通道政治理论更具解释力。

通过研读美俄围绕中东叙利亚、后苏联空间的中东欧国家以及其他地区殊死博弈的大量案例，可以看出：存在结构性矛盾的美俄对地区影响力和主导权的争夺实质上都是为了争取获得更多通道，即通向世界各地的主导权力。但关于"通道"的概念早已超出了传统的道路的意义，新技术的快速发展已经赋予"通道"全新内涵。例如，网络"通道"已经无所不在，这使得国家安全面临的威胁更加严峻；电磁"通道"已经成为国家的重要资产；太空"通道"已经是国家探索宇宙和经济发展不可忽视的介质。不过，以上几个领域的问题已经超出本书的研究范围，本书所研究和论述的通道仍然是以传统的地缘政治为主要范围的地理性通道。

三、本书的研究价值和意义

本书所研究的"中间地带国家"的通道政治问题，既是全球性大国在发展过程中所不得不面对且必须处理好的关键问题，也是"中间地带国家"自身在争取国家利益最大化的过程中所必须解决好的棘手问题。

冷战结束后，世界范围内爆发危机、动乱和战争的国家多为处于全球性大国特别是美俄影响下的"中间地带国家"。因此，"中间地带国家"是否安宁与稳定对世界和平有重大影响。由于"中间地带国家"与外部连接的通道是全球性大国干预这些国家内政的重要渠道，因此研究"中间地带国家"、全球性大国以及其他利益相关方为争夺这些通道的主导权所引发的地缘政治博弈，就成为分析部分自主性不足的中小国家出现动荡政局，并成为"中间地带国家"的关键一环。

从这个角度来看，本书有两个层次的研究意义和价值。一方面，在内部紊乱和外部干预客观存在的背景下，通道成为"中间地带国家"和全球性大国互动的结合点，通道政治的演进过程就是各个"中间地带国家"和全球性大国以通道为平台进行地缘政治博弈的进程。分析中东、外高加索和中东欧这三个"中间地带"通道政治进程中各国的得失，有助于找到"中间地带国家"在大国夹缝中正确的生存发展之道，具有重要的现实意义。

另一方面，中国的崛起是冷战结束后东亚乃至全球的地缘政治格局变化之一，一些新的"中间地带"和"中间地带国家"由此相应产生，这使中国也面临处理与"中间地带国家"通道政治有关的外交问题。通过从理论层面分析"中间地带国家"通道政治的形成和运行机制，以及从案例层面分析美俄在中东、外高加索和中东欧这三个"中间地带"通道政治中的具体实践，可以总结出全球性大国与"中间地带国家"在地缘政治博弈中的经验教训，进而为中国解决下列问题提供参考和借鉴：（1）中国在"中间地带国家"的通道政治中如何处理与其他全球性大国的复杂关系；（2）中国在通道政治中如何处理与"中间地带国家"的关系；（3）中国如何推动"中间地带"的和谐与稳定，从而为自身的发展赢得长期稳定的外部发展环境，为世界和平作贡献。

目 录

导论 //（1）

　第一节　论题的提出　//（1）

　第二节　文献综述　//（3）

　第三节　本书设计思路　//（15）

第一章　"中间地带国家"通道政治理论框架建构　//（20）

　第一节　"中间地带国家"通道政治形成的内因　//（20）

　第二节　"中间地带国家"通道政治形成的外因　//（30）

　第三节　"中间地带国家"的形成和发展　//（58）

　第四节　"中间地带国家"通道政治的形成　//（72）

第二章　中东阿勒颇军事通道政治　//（88）

　第一节　叙利亚的"中间地带化"　//（89）

　第二节　叙利亚阿勒颇军事通道政治的形成　//（109）

　第三节　美俄对阿勒颇军事通道的争夺　//（123）

　第四节　俄罗斯单独掌控阿勒颇军事通道　//（138）

第三章　外高加索能源走廊通道政治　//（143）

　第一节　格鲁吉亚的"中间地带化"　//（144）

第二节 外高加索能源运输走廊通道政治的形成 //（170）
第三节 外高加索能源走廊通道政治博弈 //（199）

第四章 欧洲天然气管线通道政治 //（220）

第一节 地缘政治与经济分裂下中东欧国家的
"中间地带化" //（220）
第二节 通道政治博弈之初：三次欧洲天然气管线争端 //（231）
第三节 俄罗斯对欧洲能源出口的多元化 //（243）
第四节 欧洲天然气管线通道政治的形成和运行机制 //（259）
第五节 依赖与反依赖：俄欧能源关系的进一步发展 //（265）

结语 "中间地带国家"通道政治的对比与总结 //（276）

参考文献 //（291）

后记 //（316）

导 论

第一节 论题的提出

一、关于"中间地带"和"中间地带国家"

21世纪初期以来,在大国博弈的背景下,就全球地缘政治格局来看,冷战后许多在地理上、政治上和战略上处于全球性大国夹缝中的力量凹陷地带逐渐显现出来,比如美俄之间的东欧、外高加索,中美俄之间的东北亚,中美之间的东南亚。[1][2] 上述全球性大国博弈下的力量凹陷地带即本

---

[1] 对于国家层级的定义和分类有很多种,且不同历史时期处于不同层级的国家也是不相同的。本书的研究对象主要是冷战结束后的各层级国家。从当代世界的政治、经济、军事、文化等多个角度衡量,本书认为:美国、英国、法国、德国、日本等西方发达国家,以及中国、俄罗斯、印度、巴西这四个新兴市场国家是世界大国,其中美国、俄罗斯更是真正意义上的全球性大国。从某种意义上来看,欧盟作为一体化的区域性组织被视为世界的重要一极,但该组织毕竟不是主权国家,因此本书将欧盟视作全球性力量,但不是全球性大国。在世界大国之下,每个世界政区都有在本地区具备较大国土面积、较多人口数量、较高经济发展水平、较强军事力量等要素的地区性大国,如西亚的伊朗、沙特阿拉伯、土耳其,北非的埃及、利比亚,大洋洲的澳大利亚,北美洲的加拿大。除了地区性大国以外,还有一些国家的国土面积较为狭小,但其经济发展水平和军事力量在本地区处于一流水平,这些国家是地区性强国,如东南亚的越南,西亚的以色列。综合考量国家实力的各个要素,地区性大国和地区性强国大多可以被看做是中等规模国家,它们当中有的在冷战后成为"中间地带国家",如哈萨克斯坦、利比亚、越南;有的则尚未明显进入"中间地带化"进程,如以色列。

[2] 在冷战结束之初的国际格局中,真正的全球性大国当属美国和俄罗斯。美国总统特朗普在2017年提出"美国优先"和大国竞争战略后,俄美、中美关系开始进入更加曲折的发展历程,美国不断在政治、经济、安全和人文交流等多个领域对俄罗斯和中国采取干扰破坏、极限施压,甚至是制裁的激烈手段。

书所研究的"中间地带",[①] 本书将处于"中间地带"的大部分国家称为"中间地带国家"。[②]

对以上论述的思考引申出本书所要研究的第一组核心问题：部分中小国家成为"中间地带国家"的具体原因是什么？全球性大国的地缘政治博弈与"中间地带国家"的形成有什么关系？全球性大国又为何有意愿在"中间地带国家"展开地缘政治博弈？全球性大国进行地缘政治博弈的驱动力和根源是什么？

二、关于"中间地带国家"的通道政治

对"中间地带"和"中间地带国家"的思考必然会涉及以下问题：全球性大国如何介入和干预"中间地带国家"的内政？本书认为：全球性大国往往首先从"中间地带国家"与外部联系的某些地理性通道来干预其内部政局。这些通道与"中间地带国家"的自主性紧密相关，它们既是"中间地带国家"与外部连接的介质，也是全球性大国影响"中间地带国家"的抓手。在大国博弈的背景下，一旦某个全球性大国利用"中间地带国家"的通道来增强其地缘战略利益或谋求地区的主导权，则其他全球性大国为了不在地缘政治竞争中处于劣势，也会选择随之跟进。这进而引发了与通道有关的全球性大国、"中间地带国家"和其他地区利益攸关方之间的通道博弈，本书将这一博弈进程称为"中间地带国家"通道政治。值得注意的是，"中间地带国家"的通道有很多条，但并不是每一条通道都存在通道政治。比如，对于缅甸这个在地理上、政治上处于中美夹缝中的"中间地带国家"而言，安达曼海是其与外界连接的通道之一，但中美尚没有围绕该海域进行激烈争夺。

对以上论述的进一步思考引申出本书所要研究的第二组核心问题："中间地带国家"通道的具体内涵究竟是什么？"中间地带国家"通道

[①] 王鸣野：《"中间地带"的博弈与困境》，科学出版社2017年版，第5页。
[②] 本书认为：并不是所有处于"中间地带"的国家都是"中间地带国家"。例如，当前南亚的印度、拉丁美洲的巴西具有较强的国力和自主性，但它们并不是"中间地带国家"。

政治形成、演进和发展的具体过程又是怎样的？本书将围绕上述第一组和第二组核心问题展开研究和论证。

第二节 文献综述

一、国内外学者关于"中间地带国家"的研究

国外学者目前对"中间地带国家"的概念尚无大量的专门性研究，已有的国外文献大多将大国夹缝下的力量真空地带定义为"缓冲地带"或"边界地带"，将"缓冲地带"内的国家称为"缓冲地带国家"。本书的文献综述将首先整理有关"缓冲地带"和"缓冲地带国家"的相关论述，以利于对"中间地带"和"中间地带国家"的研究。

"缓冲地带"和"缓冲地带国家"这两个词汇分别最早出现在1876年和1883年，两者都是英国人用来形容阿富汗所处的地缘状态，当时阿富汗是大英帝国和俄罗斯帝国在不断扩张势力范围后的交界地带。[1]在国外文献中，"缓冲地带"通常有两层涵义：一个或多个"缓冲地带国家"的领土；由国际协议建立的、用于在冲突地区分隔交战各方的特别非军事区。

20世纪上半叶，国外学者对"缓冲地带国家"的概念做了初步探索。最早对"缓冲地带国家"概念进行解释的尝试出现在20世纪30年代。美国学者皮特曼·波特认为："缓冲地带国家"是指一个规模较小、可能没有独立外交政策的弱小国家，这类国家处于两个或两个以上的强大国家之间，从而有助于其抑制国际侵略。[2] 20世纪40年代，美国地缘政治学家尼古拉斯·斯皮克曼提出："缓冲地带国家"是"位于

---

[1] Thomas Ross, "Buffer States: A Geographer's Perspective," in John Chay and Thomas Ross, eds., World Politics, Boulder: Westview Press, 1986, p. 16.

[2] Pitman Potter, "Buffer State," Encyclopedia of Social Sciences, No. 3 – 4, 1930, p. 45.

大国之间的小型政治单位"，中立是"缓冲地带国家"的必要特征。①20世纪50年代末，英国国际关系理论家马丁·怀特在其《权力政治》（Power Politics）一文中指出："缓冲地带国家"是两个或两个以上的强国之间的弱小国家，大国维持甚至创造"缓冲地带国家"的目的是减少它们之间的冲突。"缓冲地带"是两个或多个强国之间由一个或多个弱国占据的区域，它有时被描述为"权力真空地区"。②

从20世纪下半叶开始，国外学者对"缓冲地带国家"的概念做了更详细和更全面的定义。挪威学者特里格夫·马西森认为："缓冲地带国家"通常被定义为位于两个较大的、通常处于竞争状态的国家或大国集团之间的一个独立小国。这种集团或联盟之间的"缓冲地带国家"的政治功能似乎或多或少与敌对大国之间的"缓冲地带国家"的政治功能相同。③另一位挪威学者奥拉夫·克努森认为：如果一个地区由一个或多个小国控制，并且它们位于两个对立的、比它们大得多的大国之间，则其可称为潜在的"缓冲地带国家"。④美国学者劳伦斯·泽林认为："缓冲地带国家"在国际关系中是较小的角色，夹在实力更强、野心更大、往往更具侵略性的国家之间。⑤

以色列学者迈克尔·帕滕认为"缓冲地带国家"具有三个要素：地理，这类国家位于另外两个国家之间；能力分布，这些国家作为小国通常处于两个能力强大的国家之间；外交政策取向，这类国家是独立

---

① Nicholas Spykman, "Frontiers, Security and International Organization," Geographical Review, Vol. 32, No. 3, 1942, pp. 440.

② Martin Wight, "Power Politics," London: Leicester University Press, Royal Institute of International Affairs, 1995, p. 160.

③ Trygve Mathisen, "The Functions of Small States in the Strategies of the Great Powers," Oslo: Universitetsvorlaget, 1971, p. 107.

④ Olav Knudsen, "Eastern Europe: The Buffer Effect of a Cordon Sanitaire," in John Chay and Thomas Ross, eds., Buffer States in World Politics, Boulder: Westview Press, 1986, p. 90.

⑤ Lawrence Ziring, "Asia's Pivotal Buffer States," in John Chay and Thomas Ross, eds., Buffer States in World Politics, Boulder: Westview Press, 1986, p. 153.

的，其较大的邻国通常是敌对国家。①

比利时学者斯蒂芬·斯皮盖莱尔也在"缓冲地带国家"一词的定义中强调了三个要素：地理要素，"缓冲地带国家"位于大国之间；层次要素，"缓冲地带国家"的权力必须远小于任何一个围绕"缓冲地带"的国家；政治要素，"缓冲地带国家"必须成为国际体系中真正独立的主权参与者。斯皮盖莱尔指出，最后的政治要素是"缓冲地带国家"形成的必要条件。若只有前两个要素存在，则有两种逻辑上的可能性："缓冲地带国家"直接依赖于一个更强大的国家来扩展其国防力量，即外国军队驻扎在其领土上；"缓冲地带国家"只是名义上的独立，实际上却是大国之间势力范围的划分。②

格鲁吉亚学者亚历山大·朗德利也提出了类似的观点。朗德利认为，"缓冲地带国家"最终是一个稳定的中立地带，这类国家由一个或几个强国在它们之间的空间任意建立，"缓冲地带国家"的作用是为了分开对立的强国，把强国冲突的可能性降到最低。③美国学者约翰·查伊认为，"缓冲地带国家"必须保持中立和独立，才能在大国的竞争中发挥真正的缓冲作用。④

根据特里格夫·马西森的论述，"缓冲地带国家"可能是完全中立的，也可能是其强大邻国的盟友或受其控制的盟友，"缓冲地带国家"理念的主要元素是一个国家在两个敌对大国之间的地理位置。⑤

虽然"缓冲地带国家"一般被认为是小国和弱国，但从纯粹的地

---

① Michael Partem, "The Buffer System in International Relations," Journal of Conflict Resolution, Vol. 27, No. 1, 1983, p. 4.
② Stephan De Spiegeleire, "Of Buffers and Bridges. Some Geodetic Thoughts on European Stability in the Post – Cold War Era," Jul. 27, 2020, http: //ourworld. compuserve. com/homepages/sd-spieg/buffer. htm.
③ Alexander Rondeli, "The Small State in the International System," Tbilisi: Georgian Foundation for Strategic and International Studies, Metsniereba, 2003, p. 160.
④ John Chay, "Korea, A Buffer State," in John Chay and Thomas Ross, eds., Buffer States in World Politics, Boulder: Westview Press, 1986, p. 194.
⑤ Trygve Mathisen, "The Functions of Small States in the Strategies of the Great Powers," Oslo: Universitetsvorlaget, 1971, p. 109.

理角度来看，它们并不一定是小国。拥有中等或较大领土、人口的国家也可能成为"缓冲地带国家"。在这种情况下，它们只比实力更强大的邻国更弱。美国学者托马斯·罗斯认为"缓冲地带国家"除了领土位于两个或两个以上敌对大国之间外，还受到以下地理因素的影响：在这片领土上存在不利于人类发展的自然环境，如山区、崎岖地形、沙漠、沼泽地等；具有重要战略意义的国际运输路线穿过其领土；该国处于文明与文化的过渡地区，或不同民族在该国存在冲突。[1] 上述因素是相互关联的，常常同时促成这些国家的缓冲效应。

怀特将"缓冲地带国家"划分为"微调者""中立国家""卫星国"三种类型。"微调者"指的是那些在对外政策上谨慎地挑拨强大邻国之间矛盾的国家；"中立国家"是指没有积极外交政策，尽力避免周边强大势力之间矛盾的国家；"卫星国"是指外交政策被一个大国控制的国家，如果弱国通过条约正式承认某大国对其的控制权，那么在法律上以及实际上它已经向该大国让渡一定程度的主权，将该大国奉为保护国。[2] 从"缓冲"一词的本义来看，在大国对抗中采取中立立场是"缓冲"政治单位的必要属性。因此，在现当代国际体系中，"卫星国"作为被大国控制并经常占领的弱小国家，与"缓冲地带国家"的类型和作用相反："缓冲地带国家"在两个或两个以上的"缓冲关系"中运行，是防止或阻碍敌对大国之间冲突的工具，即这些国家同时与围绕"缓冲地带"的大国来往，它们同时是两个或两个以上敌对国家的堡垒，"缓冲地带国家"的存在可以防止大国之间的冲突升级；"卫星国"可以被一个大国用来攻击另一个大国，也可以用来保护自己免受潜在敌人的攻击，但"卫星国"的存在难以作为大国间维持和平的方式。然而，有些"卫星国"在表面上很像"缓冲地带国家"，它们甚至为冲突中的大国发挥了缓冲功能。这种"卫星国"是位于大国边界并处于其

---

[1] Thomas Ross, "Buffer States: A Geographer's Perspective," in Buffer States in John Chay and Thomas Ross, eds., World Politics, Boulder: Westview Press, 1986, p. 14.

[2] Martin Wight, "Power Politics," London: Leicester University Press, Royal Institute of International Affairs, 1995, p. 160.

防御范围内的小国,而不是处于两个大国之间的国家。另外,"缓冲地带国家"与"准缓冲地带国家"也是有区别的。"缓冲地带国家"分为"双边缓冲地带国家"和"多边缓冲地带国家","准缓冲地带国家"是"单边缓冲地带国家"。与"缓冲地带国家"相反,"准缓冲地带国家"只在一个"缓冲关系"中运行,即这些国家只是作为一个大国的安全屏障,因而无助于维持敌对大国双方之间的和平,有时反而加剧了它们之间的冲突。因此,"缓冲地带国家"本质上是中立的和不结盟的;而"准缓冲地带国家"明显倾向于外部大国或强国中的一方,因此常常被视为大国的"财产"。然而,无论是"缓冲地带国家",还是"准缓冲地带国家",其在进入"缓冲关系"的进程中未必是真正独立的或自治的。一个国家可以在两个或两个以上强国的影响下,最终违背自身意愿而成为一个"缓冲地带国家",许多历史案例可以用来说明这一事实。例如,19世纪七八十年代,俄英两国在对阿富汗的缓冲作用上达成一致,忽视了阿富汗人民的利益(阿富汗在第三次英阿战争后,1919年才获得行使独立外交政策的权利)。①

大国通常将一个具有"缓冲地带"地理位置的弱国打造为"缓冲地带国家",以防它与一个更强大的国家结盟而威胁自己的国家安全。例如,斯皮盖莱尔认为,冷战时期的东欧地区被许多人认为是一个"缓冲地带",但这个词的恰当性受到质疑。② 奥拉夫·克努森强调,华沙条约组织成员国不是美国和苏联之间的"缓冲地带国家"。③ 朗德利认为:冷战时期苏联的"卫星国",即那些位于东欧的华沙条约组织成员国不是"缓冲地带国家",这是因为苏联在这些国家的领土上驻扎军

---

① Trygve Mathisen, "The Functions of Small States in the Strategies of the Great Powers," Oslo: Universitetsvorlaget, 1971, p. 84.
② Stephan De Spiegeleire, "Of Buffers and Bridges. Some Geodetic Thoughts on European Stability in the Post-Cold War Era," Aug. 22, 2020, http://ourworld.compuserve.com/homepages/sdspieg/buffer.htm.
③ Olav Knudsen, "Eastern Europe: The Buffer Effect of a Cordon Sanitaire," in John Chay and Thomas Ross, eds., Buffer States in World Politics, Boulder: Westview Press, 1986, pp. 95–108.

队，苏联的防御边界沿着这些国家的边界延伸。①

由上述研究可见，多位著名西方国际关系学者对"缓冲地带国家"概念的定义存在分歧。一方面，斯皮克曼、查伊、迈克尔、斯皮盖莱尔、朗德利等人强调，"缓冲地带国家"必须是真正独立和中立的，不能成为某些强国扩大防御范围或势力范围的一部分。另一方面，怀特、马提森和其他专家认为，"缓冲地带国家"有可能成为大国的"卫星国"之一。用唯一的标准难以确定"缓冲地带国家"的定义，因为这一概念实际上很模糊，而且在"缓冲地带国家"的独立状态、对大国的依赖状态和处于大国势力范围的状态之间没有明确的分界线。此外，谈论小国在任何历史时期的完全独立和自治是不现实的，特别是在它们有实力强大和秉持扩张主义邻国的情况下。小国和弱国虽然被国际法承认为主权实体，但在做出重要外交决策时，它们对大国的依赖是相当明显的。

就自然地理要素而言，由于某些小国和弱国地形或气候环境恶劣，其周边强国不想或不认为它们的领土值得吞并，于是这些小国、弱国就天然地发展成为一个"缓冲地带国家"。② 历史上，"缓冲地带"要么人口稀少，要么根本没有人口。因此，斯皮克曼将其称之为"废弃边缘地带"。③ 在早期文明时期，人类利用沼泽地、沙漠、河流、山脉、高原和其他或多或少有着恶劣地形或恶劣气候的地区作为"缓冲地带"。在不同的历史时期，处于"缓冲地带"上的独立国家成为"缓冲地带国家"，这些国家和地区大多位于欧亚大陆，如阿富汗、蒙古国、尼泊尔、瑞士及北欧和外高加索国家等。这些国家的恶劣地形或气候大多成为敌对大国之间的暂时性屏障，尽管这不能最终阻止敌对大国之间的战争，

---

① Alexander Rondeli, "The Small State in the International System," Tbilisi: Georgian Foundation for Strategic and International Studies, Metsniereba, 2003, p. 161.

② Thomas Ross, "Buffer States: A Geographer's Perspective," in Buffer States in John Chay and Thomas Ross, eds., World Politics, Boulder: Westview Press, 1986, p. 14.

③ Nicholas Spykman and Abbie Rollins, "Geographic Objectives in Foreign Policy," The American Political Science Review, Vol. 33, No. 3, 1939, p. 396.

但无疑增加了大国开展军事行动的困难程度，故而这类"缓冲地带国家"的存续在一定时期内有助于维护地区和平与稳定。①

就世界地理要素而言，小国和弱国领土上的战略运输通道很可能对其外围两个或两个以上的大国至关重要，同时，这些彼此敌对的大国都无法对这些战略运输路线拥有唯一的控制权。在这种情况下，大国很可能会接受其相互间夹缝下独立小国或弱国的存在，这些国家由此成为"缓冲地带国家"。从国际关系史的视角来看，大国似乎常常受益于维系"缓冲地带国家"的存在，如比利时、荷兰、卢森堡、瑞士等西欧国家，以及中亚国家、西亚国家、外高加索国家等。

就人文地理要素而言，分隔或连接两个不同文明与文化的国家可能演变成一个"缓冲地带国家"。这一现象与"缓冲地带国家"的多文化和多民族构成密切相关。② 比如，纵观人类文明文化发展史，韩国受中国和日本文化的影响，乌拉圭受葡萄牙和西班牙文化的影响，阿尔萨斯-洛林受德国和法国文化的影响，比利时受荷兰和法国文化的影响（比利时弗拉芒人和瓦隆人之间的文化和政治裂痕就是一个例证）等等。因此，"缓冲地带国家"大多具有两种或两种以上的文化，有时甚至可以充当不同文明下语言、民族和宗教之间沟通、融合的桥梁。基于此种原因，大国在准备吞并"缓冲地带国家"领土前常常有所顾忌：新并入的外族人可能会在本国内部挑起新的文明文化矛盾。显然，在不同历史阶段，地理位置处于战略十字路口、强大邻国频繁征服以及社会民族文化多样性等因素不仅极大阻碍了许多"缓冲地带国家"发展为独立自主的民族国家，而且对其提升国际地位也产生不利影响。③

"缓冲地带国家"的社会和政治精英之间往往会对本国的外交政策

---

① Thomas Ross, "Buffer States: A Geographer's Perspective," in Buffer States in John Chay and Thomas Ross, eds., World Politics, Boulder: Westview Press, 1986, p. 20.

② Thomas Ross, "Buffer States: A Geographer's Perspective," in Buffer States in John Chay and Thomas Ross, eds., World Politics, Boulder: Westview Press, 1986, p. 14.

③ Thomas Ross, "Buffer States: A Geographer's Perspective," in Buffer States in John Chay and Thomas Ross, eds., World Politics, Boulder: Westview Press, 1986, p. 24.

取向产生分歧，这是"缓冲地带国家"综合国力弱小的另一个根源，也是大国对其施加影响的另一个工具。比如，1991年苏联解体后的三十多年中，乌克兰在外交政策取向上的分歧就很明显：2004年乌克兰总统选举结果表明，该国北部和西部地区选民支持乌克兰融入欧洲－大西洋体系，而南部和东部地区选民则倾向于乌克兰与俄罗斯继续保持密切关系。正如美国学者塞缪尔·亨廷顿所描述的那样，乌克兰领土被一条断层线分割开来，这条线将欧洲的西方文明和斯拉夫东正教文明分开。①

综上所述，部分西方学者认为，在国际体系中，由国际法承认为主权的一个政治单位（或一组单位）如果拥有以下五个要素，就可以被界定或视为"缓冲地带国家"或"缓冲地带"：

地缘位置：一些国家或地带位于几乎实力相当的敌对势力之间的空间中，相互敌对的势力可以是国家、联盟及其势力范围。

权力政治：一些国家比其外部处于势均力敌状态的两个或两个以上的国家弱得多。如果与任何一个外部大国、强国发生军事对抗，单独存在的"缓冲地带国家"将被击败。

外交政策取向：两个强国都没有在其中间的小国、弱国领土上驻扎武装力量。无论是否出于自愿，"缓冲地带国家"不与任何一个外围大国结成正式或非正式的军事联盟，而是在大国的竞争和冲突中保持中立。

安全利益冲突：围绕"缓冲地带"的一个大国如果武装入侵"缓冲地带国家"，则另一个围绕"缓冲地带"的大国会认为这是对其国家安全的直接威胁。

文明文化矛盾：处于"缓冲地带"的一些国家同时也位于不同文明与文化间的过渡地带，并由于不同文明与文化的激烈碰撞而引发其国内宗教、民族、语言冲突等问题，且这些问题往往会成为"缓冲地带"

---

① Samuel Huntington, "The Clash of Civilizations?" Foreign Affairs, Vol. 72, No. 3, 1993, pp. 22 – 49.

周边大国影响这些国家的抓手。

中国学者王鸣野教授对"中间地带"和"中间地带国家"做了专门研究,他的观点与西方学者的观点有所不同。王鸣野教授认为:从西方国家将人类社会带入现代进程以来所发生的历史事实可以看出,所谓大国之间的利益博弈,在很大程度上是对力量凹陷地带的争夺。这些地带,如东欧、高加索、朝鲜半岛、中亚和中东等地,在地理上处在大国或国家集团的夹缝之中;或如东南亚、非洲和拉丁美洲等,则在政治上处在大国或大国集团的影响所搅起的重重漩涡之中。在欧洲列强主导国际事务的时期(这一时期大致从16世纪延续到第二次世界大战结束),走在工业化和现代化前列的几个欧洲列强成为世界权力的高地,而世界的大部分地区则逐渐沦为它们争夺势力范围的"中间地带"。显然,所谓的力量凹陷地带,就是在政治、地理和国际战略等方面,处在大国和国家集团影响之下的"中间地带"。"中间地带"是指在国际关系和地缘政治中,那些在地理上,或在政治上,或者两者兼而有之、处在大国夹缝之中的国家或地区。[①] "中间地带"大体可以分为三类:"无人中间地带",如南极、北极、竹岛(独岛)等;"单一性中间地带",如朝鲜半岛、蒙古国、尼泊尔等少数地区;"多元性中间地带",如东欧、高加索、中亚、中东、东南亚、非洲和拉丁美洲等。"多元性中间地带"构成了"中间地带"的普遍现象,是影响国际政治与国际关系的全球性地缘政治因素。无论是"单一性中间地带"还是"多元性中间地带","元"的主体都是国家,这类国家可被称为"中间地带国家"。

二、国内外学者关于通道的研究

国内外政治学文献中对通道进行专门论述的研究成果较少。北京大学教授陆卓明认为:一个地理结构的主要通道就是由连接其各政治经济重心区或中心区的交通线组成的宽窄不一的地带。由于海洋连为一体而且较少受到国界的切割,因此海上通道具有较好的连通性、隐蔽性与效

[①] 王鸣野:《"中间地带"的博弈与困境》,科学出版社2017年版,第8—20页。

费比。主要国际通道按其分布与关联范围可分为"陆地系统"和"海洋系统"。"陆地系统"连通前苏联、中东欧国家和蒙古国，其交通线以铁路为主。"海洋系统"连通所有其他国家和地区，交通线以航海通道为主。陆地与海洋两个通道系统在欧亚大陆的外围交会。海洋通道系统包括环球通道、环非洲通道与南方海洋通道三个部分。环球通道穿过太平洋、大西洋和北冰洋北部以及欧洲、亚洲和北美洲南部，这是全球主要政治和经济中心集中的地带。环非洲通道主要包括除非洲大陆北面以外的环非洲航海线，这是从中东地区的波斯湾向西欧与北美地区运送石油的主要通道。南方海洋通道以澳大利亚为中心，以通往东亚、西欧与北美的航海线为主。国际通道的陆地系统是以苏联的政治经济中心区（列宁格勒－斯维尔德洛夫斯克－奥尔斯克－罗斯托夫弧形地带）向海洋通道系统中环球通道边缘辐射的各个通道，包括西部方向的东欧－中欧－西欧平原上的陆上交通线（以公路和铁路为主），这是苏联（俄罗斯）的主要对外通道，以及北部方向靠近陆地的波罗的海－北海航道。由于一个国家政治和经济的中心区域是其政治和军事的组织、指挥中心以及经济发展的重要依托，因此该区域是本国保卫和敌国进攻的主要目标。由此可见，现代战争的主要战场一般出现在敌对双方政治和经济中心区域之间的主要通道上，是敌对双方或多方军事力量的重要集结地。由于美、苏（俄）两国的政治和经济中心区隔有大洋、相距遥远，双方都无法使用洲际战略武器以外的常规军力从本国直接向对方的政治和经济中心区发动大规模进攻，美、苏（俄）的主要博弈区域将出现在对苏联（俄罗斯）的包围圈上，即出现在国际通道的陆地系统与海洋系统环球通道各方向的交会处。苏（俄）的目标在于打通战略上的出海口，从而保护其政治和经济中心区域的安全，并在通道博弈中取得主动，而美国则要遏制和围堵苏（俄）向其陆地边缘地带的出海口扩张。[1]

---

[1] 陆卓明：《当代世界政治经济地理结构》，《北京大学学报（哲学社会科学版）》1981年第4期，第62—81页。

国内学者对军事通道也做了相关研究。陆军军事交通学院学者程万里的研究对本书的写作有所启发，即军事通道不应只是被简单地理解为具有军事价值的陆上走廊、海上航路和空中航线，还应包括具体的运输投送设施。程万里认为，运输投送设施包括军事交通运输设施、战略投送设施、国防交通基础设施等。军运设施包括用于军事交通运输活动的专用军运设施和交通基础工程设施等。从狭义的角度理解，战略投送设施包括国家交通网、军用码头、军用机场、军事专用线、战略投送基地等。国防交通基础设施主要包括交通线路、车站、桥梁、管道、隧道、航道、港口、码头、航空港等设施。[1]

中国学者王鸣野教授对通道和通道政治做了深入研究，他认为通道是指那些在政治、经济和安全等方面，将一个国家或地区与别的国家或地区连接起来的天然和人工媒介的总称。对通道主导权的掌控程度，体现着"中间地带国家"相对于大国的自主性程度。从形成的方式来看，"中间地带"的通道可以分为自然通道、人工通道和半人工通道。自然通道是天然形成的通道，如能够通航的大江大河；人工通道指由人力修建而成的通道，如苏伊士运河、输气管道、机场、跨国铁路等；半人工通道是指在自然通道的基础上，经过人工改建而形成的能够承担更广泛通行职能的通道。从功能来看，"中间地带"的通道可分为商业贸易通道、资源通道、军事通道和综合型通道等类型。通道政治是指"中间地带国家"和大国围绕着上述各类通道的走向、利用、收益和主导权及其战略影响，所展开的国际国内政治博弈过程。[2]

国外学者对海洋通道做了相关研究。西班牙马德里大学教授安娜·洛佩斯·马丁认为，海峡在国际社会中一直发挥着基础性作用，是所有国家必不可少的海上通道，有关海上航行最重要的法律问题始终涉及国际海峡。自古以来，对海峡主导权和控制权的争夺就是许多争议甚至战

---

[1] 刘博文、程万里：《运输投送设施体系战时保障能力评估》，《军事交通学院学报》2020年第4期，第26页。

[2] 王鸣野：《"中间地带"的博弈与困境》，科学出版社2017年版，第23—24页。

争的起因。随着时间的推移，保证海峡的通畅对大国的政治、军事、经济利益愈加重要，国家间的海上博弈给海峡的安全性带来挑战。第一，这给海洋运输和海峡邻近国家带来了更大的事故风险。第二，海峡在海洋石油运输通道中的位置变得更加重要，这成为一个更加紧迫的问题。第三，大国为保障其在海洋通道中的权益而在与海峡连接的水域部署空军和海军力量，例如，美俄为了各自的地缘战略利益，积极保障各自的海空军力能够最大限度地通过所有海峡，这给地区局势的稳定带来风险和挑战，并影响到国际贸易安全。因此，对海峡沿岸国家而言，对过境海峡的外国舰船进行管制，从而维护其不容置疑的主权权利至关重要，这也是近年来海峡沿岸国家与域外推动"航行自由"的国家之间博弈对抗的关键原因。①

国外专家学者将"一带一路"视为一个贯穿欧亚大陆的大通道。德国波鸿鲁尔大学的戴维·奥布赖恩等学者介绍了"一带一路"与通道之间的关系。他们认为"一带一路"框架下的陆地通道包含六条经济走廊，其中的重点是沿线国家共同建设新欧亚大陆桥经济走廊，发展中蒙俄经济走廊、中国—中亚—西亚经济走廊和中国—中南半岛经济走廊。共建"一带一路"倡议的目的是利用国际运输通道，依托"一带一路"沿线核心城市，以重点经济产业园区为合作平台，从而实现既定的经济发展目标。在海洋（沿海）环境方面，共建"一带一路"倡议重点建设中国—巴基斯坦经济走廊和孟加拉国—中国—印度—缅甸经济走廊，以实现连接"一带一路"沿线主要海港等运输通道的畅通、安全、高效。② 美国哈佛大学亚洲研究中心学者阿奴·安瓦尔认为，共建"一带一路"倡议是一个互联网时代下多元文化和跨学科的概念。作为全球化的一部分，"一带一路"倡议旨在通过基础设施、交通走廊建设

---

① Ana G. López Martín, "International Straits Concept, Classification and Rules of Passage," Springer–Verlag Berlin Heidelberg, 2010, pp. xii–xx.
② Hing Kai Chan, Faith Ka Shun Chan and David O'Brien, "International Flows in the Belt and Road Initiative Context Business, People, History and Geograph," Springer, Nature Singapore Pte Ltd., 2020, pp. 274–275.

加强中国与世界其他地区的联系，即以不同的方式从物理、财政和社会方面联系不同的地理区域。发展运输走廊，提供持续的经济、社会和环境效益是共建"一带一路"倡议的核心目标。通道基础设施作为支撑一系列产业的经济发展支柱，对共建"一带一路"倡议至关重要。①

第三节 本书设计思路

一、本书的研究思路

（一）研究路线

从矛盾论的内外因辩证原理来看："社会的发展，主要地不是由于外因而是由于内因。外因是变化的条件，内因是变化的根据，外因通过内因而起作用。"② 事物的发展变化没有根据不行，缺少条件也不行，即作为事物变化根据的内因和作为事物变化条件的外因缺一不可，且事物发展变化并不是内因先起作用或外因先起作用，而一定是内外因共同作用的结果。那么，"中间地带国家"形成的内因和外因是什么？本书认为：一方面，部分中小国家由于自主性不足而出现内部紊乱，这构成其成为"中间地带国家"的内因；另一方面，由于相互间的关系受到几个层面难以调和的结构性矛盾的规范，全球性大国在追求国家利益的进程中势必会产生竞争和对抗，当具有重要战略地位（突出表现为具有战略通道）的中小国家因自主性不足而呈现出内部紊乱的局面时，全球性大国就会借此机会争相干预其内政并扩大自身的地缘政治影响力，这导致全球性大国围绕自主性不足的中小国家展开地缘政治博弈，由此构成部分中小国家成为"中间地带国家"的外因。

本书通过分析国家自主性不足的内涵来探究"中间地带国家"形

---

① Anu Anwar, "Belt and Road Initiative: What's in It for China?" East – West Center, Nov. 1, 2019.

② 《毛泽东选集》第1卷，人民出版社2008年版，第303页。

成的内因，通过分析国家间结构性矛盾来总结"中间地带国家"形成的外因。在此基础上，本书界定了"中间地带国家"的概念以及"中间地带国家"的发展和演进机制。在明确"中间地带国家"形成和发展的逻辑后，本书以全球性大国干预"中间地带国家"内政的方式为切入点，明确"中间地带国家"通道和通道政治的由来、内涵，探析全球性大国参与通道博弈的原因，整理全球性大国、"中间地带国家"和其他利益相关方在通道政治中互动的过程，从而总结出"中间地带国家"通道政治的形成和运行机制。然后，本书选取中东、外高加索和中东欧这三个"中间地带"为具体案例，分析这三个地区的个别或部分国家成为"中间地带国家"的内外因素，在此基础上验证大国博弈下"中间地带国家"通道政治的形成和运行逻辑，并对"中间地带国家"在全球性大国之间的夹缝中如何生存和发展提出建议。

（二）案例选择

美俄之间的矛盾点在冷战结束后的大部分时间里处于显性状态，两国在中东欧、中亚、外高加索、中东等地区的"中间地带国家"展开了针锋相对的地缘政治博弈，这在科索沃战争、阿富汗战争、伊拉克战争、后苏联空间及中东地区的政权更迭运动等众多国际热点事件中都有所体现。因此，纵观冷战结束后三十多年的国际关系史，美国和俄罗斯显然是研究全球性大国在"中间地带国家"博弈的典型案例。

参与通道政治是美俄在"中间地带国家"进行地缘政治博弈的突破口和重要内容，其中美俄博弈程度较为激烈的案例是西亚的叙利亚、外高加索的格鲁吉亚和东欧的乌克兰这三个当代国际关系中典型"中间地带国家"的通道政治。2015年9月，面对巴沙尔政权岌岌可危的局面，俄罗斯以直接出兵的方式打击极端组织和西方支持的叙利亚反对派武装。叙利亚西北部的阿勒颇是一座连通四方的中心城市，为维护在叙利亚乃至整个中东的地缘政治利益，美俄围绕阿勒颇这个临时性军事通道的控制权展开了激烈的直接政治博弈和间接军事斗争。苏联解体后，美国基于冷战"遏制"思维延续和满足自身的能源需求，在1996年大力推动格鲁吉亚参与建设绕过俄罗斯的中亚－里海－外高加索－欧洲能源通道，力图打破俄罗斯在后苏联空间能源输出的垄断，压缩俄罗斯在中亚、外高加索地区的势力范围，这引发了美国、俄罗斯、欧盟以及中亚和外高加索地区"中间地带国家"围绕里海和黑海之间能源走廊的建构与反建构所展开的地缘政治较量。在2004年乌克兰爆发政权更迭运动后，俄罗斯向亲美的乌克兰"橙色政权"挥舞"能源大棒"，大幅提高向乌克兰出口的天然气价格，并与美国、欧盟围绕过境和绕开乌克兰的中东欧天然气管线的利用、收益展开了地缘政治博弈。

特别值得注意的是，冷战结束后，2008年的俄格武装冲突、始于2011年的叙利亚冲突和始于2014年的乌克兰危机反映出以美国为首的西方集团在欧亚大陆的势力扩张遭到了俄罗斯强烈的反制，即俄罗斯不惜以直接出兵的方式来维护自身的地缘政治利益以及维持与西方之间所剩无几的"缓冲地带"。在美俄于欧亚大陆进行战略博弈的背景下，介入中东、外高加索和中东欧政局是美国试图从波罗的海、中东欧地区、黑海、地中海、里海、中亚地区构筑对俄西部、南部的遏制和围堵链条的重要组成部分，因此美俄在此三个地区的博弈是相互联动的。

中东、外高加索和中东欧是美俄均不会放弃的战略要地，本书所选取的中东阿勒颇军事通道政治、外高加索能源走廊通道政治和欧洲天然气管线通道政治各具特点，且牵扯面广、内容复杂、博弈激烈，是"中间地带国家"通道政治的代表性和典型性案例，具有较高的研究价值。

二　本书的研究框架

本书分为六个部分，其中导论部分是对全文的研究思路、框架、文献综述、研究价值的概括。本书第一章的内容是构建"中间地带国家"通道政治的理论框架。其中第一节论述"中间地带国家"通道政治形成的内因，即界定中小国家自主性不足的问题；第二节界定国家间结构性矛盾的定义、内涵和层次，进而以此为基础论述美俄结构性矛盾的各个层面，从而明确美俄地缘政治博弈的根源和内容，即美俄夹缝下的

"中间地带国家"以及"中间地带国家"通道政治形成的外因；第三节论述"中间地带"和"中间地带国家"的涵义，以及"中间地带国家"的发展和演进机制。以上述内容为基础，本章第四节论述"中间地带国家"通道政治的定义、内涵、分类和层次，以及"中间地带国家"通道政治的形成和运行机制。本书第二章以叙利亚为案例，研究这一处于欧、亚、非三大洲交汇地带的中东国家成为"中间地带国家"的内外因素，以及叙利亚内战爆发后，美俄及其盟友围绕阿勒颇的控制权所展开的通道政治博弈的状况和内容。本书第三章以格鲁吉亚为案例，研究这一处于欧亚交界地带的外高加索国家成为"中间地带国家"的内外因素，以及俄罗斯和以美国为首的西方国家围绕该国能源管线的开发、走向所展开的通道政治博弈进程。本书第四章以中东欧国家为案例，研究这些处于欧洲"十字路口"的国家成为"中间地带国家"的内外因素，以及俄罗斯、欧盟、美国围绕与这些国家相关的天然气管线的利用、控制和主导权所展开的通道政治博弈进程。在结论部分，基于"中间地带国家"通道政治理论框架，本书首先对所研究的三个案例进行对比分析，然后概括全球性大国对"中间地带国家"通道政治的不同影响，"中间地带国家"在全球性大国博弈的背景下如何平衡通道政治中的大国关系，以及"中间地带国家"的生存发展之道。

三、本书的研究方法

（一）历史分析法

本书采取历史分析法，通过查找、整理和研究相关文献资料，对冷战后近三十年美俄关系的历史，中东、外高加索和中东欧三个"中间地带"相关国家内政外交的历史，以及美俄在这三个"中间地带"通道政治博弈典型案例的历程进行梳理。通过对其中的重点事件和相关文献评述进行分析，本书对大国间特别是美俄间结构性矛盾、"中间地带国家"和通道政治的论述更具史实支撑。

(二) 层次分析法

本书采取层次分析法,将构成国家间结构性矛盾的要素分为若干层次,并以这些层次为框架来分析美俄之间的结构性矛盾以及结构性矛盾对美俄关系的影响,从而以更清晰的方式解析和阐述美俄在"中间地带国家"地缘政治博弈的根源,即美俄夹缝下的"中间地带国家"通道政治形成的外因。

(三) 案例分析法

本书采取案例分析法,选取中东、外高加索和中东欧为案例地区,对其通道政治进行详细研究。上述三个地区的国家是较为典型的"中间地带国家",同时也是冷战后俄罗斯与以美国为首的西方国家不惜采取常规和非常规军事行动来强烈干预的前线国家。通过案例分析,本书得以探究"中间地带国家"通道政治的具体内涵和相关机制。

需要特别说明的是,由于本书所进行的案例研究与上述三个地区由通道政治产生的诸多事件密切相关,因此本书参考了较多的网络文献,意在获取权威媒体在对这些事件的新闻报道中的有价值信息。

第一章 "中间地带国家"通道政治理论框架建构

通过结合具体国际关系史实，本章将仔细研究"中间地带国家"形成的内因——部分中小国家的自主性不足，以及"中间地带国家"形成的外因——全球性大国在结构性矛盾规范下所难以避免的地缘政治竞争。在明确"中间地带国家"形成原因的基础上，本章分析"中间地带国家"的涵义与"中间地带国家"的发展和演进机制，论述"中间地带国家"通道政治的内涵与"中间地带国家"通道政治的形成和运行机制，从而建构本书理论层面的逻辑链条，即"中间地带国家"通道政治理论。

第一节 "中间地带国家"通道政治形成的内因

中小国家之所以会陷入"中间地带化"的泥潭并成为"中间地带国家"，是因为这类国家在政治、经济、安全、文化和社会等诸多方面的发展上出现严重问题，并在上述多个方面的综合作用下显现出自主性的缺失，甚至逐渐丧失对内的主导权而不同程度地陷入自主性的困境，这一后果轻则会使其难以掌控自身内政外交的决策权力，重则会使其持续陷入冲突和动荡的深渊。

一、国家的自主性

国家的自主性就是国家相对于各种社会力量的自主行动能力，这表现在国家对自己的利益、战略目标、资源和组织机构拥有合法使用强权的管制权力。国家自主性体现在对外对内两个方面：国家在国际社会中相对于国际组织、跨国公司和非政府组织等国际社会单元拥有自主性；国家相对于其内部社会组织和经济组织拥有自主性，能够独立自主地制定国家的大政方针，实施国家的发展计划，引领国家的前进方向，促进国家实力的提升和利益的实现。独立主权是国家自主性的内在要求。国家主权是构成最高仲裁者的权力或权威，表明国家享有在对内对外管理中的最高权威和最终权力，能够独立自主地处理内外事务，对所有社会成员具有普遍性、终极性的约束力。[①]

国家治理体系是决定国家自主性，即国家能否自主对其内外事务进行决策的核心要素，这体现在国家权力结构、制度体系和权力运行机制三个方面。国家权力结构是指国家权力构成要素的配置以及各要素之间的相互关系，反映了一个国家的立法机构、行政机构、司法机构、政党组织、军事部门、地方政府和社会群体等国家行为主体间的权力配置结构与关系，是国家自主性强弱的根本性决定因素。国家领导权是国家权力结构中最为关键的权力要素，它是政党等行为主体在国家重大决策中所处的领导地位赋予的权力。国家制度体系是调整国家权力各行为体关系的整体框架，它规范和约束了国家权力的配置及其关系，为国家自主性施政和制定公共政策提供规则、保障和资源。国家权力运行机制是国家权力运行的一整套原则、方式和程序，它使国家权力在规范、有序的状态下持续运行，使国家的各个行为主体相互协调，使国家资源的利用

---

① Tabachnik, Maxim, "Untangling Liberal Democracy from Territoriality: From Ethnic/Civic to Ethnic/Territorial Nationalism," Nations and Nationalism, Vol. 25, No. 1, 2019, pp. 191–207.

相互链接，以利于国家利益的整合，保障国家自主地制定与实施政策。①

从以上论述可以看出，国家领导权的式微、国家制度体系的不完善和国家权力运行机制的不畅会造成整个国家治理体系的紊乱、崩塌，进而对国家主权构成直接冲击，导致国家对内对外的自主性显著缺失。对一个国家的治理体系构成威胁的因素有以下几点：第一，国家资源分配的结构性失衡一旦与社会阶层、民族的多样性联动起来，将对国家主权形成潜在威胁。国家一旦成为拥有优等资源的社会群体、阶层、民族维护其既得利益的工具，忽视、违逆全社会的共同利益和意志，则由资源分配的不平衡性而引发的国家不稳定性就会凸显。第二，国家缺乏完善的领导体制和权威性的领导核心，造成国内政治与社会的稳定难以为继，国家的现代化改革举步维艰。第三，国家作为政治共同体没有实现包容与增进不同群体之间的交往与合作，包括协商在内的社会各群体之间的互动机制不畅通，彼此间存在偏好差异的社会群体未被纳入政治议程，其利益诉求难以通过合法政治程序得到伸张和表达，造成群体利益、社会利益和国家利益严重脱节，这使得国家的自主性没有体现最广大人民的立场和根本利益。第四，国家的内政受到其他国家特别是大国的强烈影响，其国家主权、领土完整和国际地位均不同程度地受制于他国。②

二、中小国家自主性不足的表现

尽管许多学者试图根据国家的领土面积、人口数量、国内生产总值、军事潜力等要素来界定国家的大小，但迄今为止，国际关系相关文献尚未对此标准作出统一定义。美国学者罗伯特·罗斯坦认为：小国是

---

① 黄军甫：《国家自主性困境及对策——国家与社会关系的视角》，《社会科学》2014年第12期，第11—15页。

② 刘圣中：《国家自主性及现代国家类型的流变》，《中共天津市委党校学报》2020年第4期，第30—38页。

一个认识到它不能主要依靠自己的能力获得安全的国家,它必须从根本上依靠其他国家、国际机构和机制的援助来获得安全,解决其安全困境的办法来自外部。① 美国著名学者、复杂相互依存理论的开创者之一基欧汉根据国家在国际体系中的角色将其分为四类。其中,小国是决不能单独或在一个规模较小的国家集团中有所作为并对国际体系产生重大影响的国家;中等国家是不能单独有效地有所作为,但可以通过一个规模较小的国家集团或一个国际机构产生系统性影响的国家。因此,基欧汉将小国称为"不能影响体系"(system-ineffectual)的国家,将中等国家称为"(相对)影响体系"(system-affecting)的国家,同时将大国和次大国(本书将其命名为全球性大国和世界大国)称为"决定体系"(system-determining)和"(直接)影响体系"(system-influencing)的国家。②

"中间地带国家"大多是中小国家,中小国家的自主性不足表现为自主性缺失和自主性困境两种形式。国家自主性缺失是指一个国家的政权相对于本国的社会力量没有充足的行动能力,其国家政权的各类组织机构在调用本国各种资源解决内部问题的过程中出现不同程度的障碍,甚至出现国家政权对本国部分地区丧失强权管制力的现象,整个国家难以在实现国家利益和战略目标的问题上形成完全的合力。国家自主性困境是指一个国家自主性缺失的状态无法得到根本性逆转,其内部问题在国内外一系列消极因素的推动下进一步恶化,最终该国出现全国性混乱和秩序的丧失,其国家政权已无力依靠自己重新恢复对本国全部社会力量的凝聚、管理和控制。③

国家的自主性一旦出现不足,将难以充分地向社会提供必要的公共

---

① Robert Rothstein, "Alliances and Small Powers," New York: Columbia University Press, 1968, pp. 24–29.
② Robert Keohane, "Lilliputians' Dilemmas: Small States in International Politics," International Organization, Vol. 23, No. 2, 1969, pp. 295–296.
③ 李志永:《中国国家自主性的演进与外交的进步》,《外交评论(外交学院学报)》2014年第6期,第40—58页。

产品，进而造成社会秩序的逐渐混乱和公平正义的逐步丧失，国家经济的持续、稳定、协调与和谐发展难以实现。自主性不足的案例国家有很多，虽然其各自内政外交的国情不同，与大国关系演进的细节和结果各异，但它们通常具有以下特点中的一个或几个：

（一）政治层面

自主性不足的中小国家的政治特征集中体现在两个方面：(1) 就其内部而言，主要是民族政治利益的多元化、难以调和性和冲突性；(2) 就其外部而言，主要是对周边或域外大国显著的依赖性。[1]

从内部角度来分析，大部分自主性不足的中小国家是多民族国家[2]，各个民族都有自己的政治利益诉求，在国家间相互征伐、人口迁徙等历史因素的推动下，不同民族从各个方向汇聚在一个地区，并由此演进出持续多年的领土纠纷。中亚和外高加索国家就是如此，中东国家在这方面的表现更为突出。伊拉克以阿拉伯民族为主体，约占总人口的78%，但同时还有15%的库尔德人以及少量的亚美尼亚人、阿塞拜疆人、波斯人、亚述人、犹太人、土耳其人等。其中，库尔德人是中东的第四大民族，其建国的诉求遭到伊拉克政府的坚决反对。1974年4月，伊拉克政府强制推行《库尔德斯坦自治法》，拒绝了库尔德人全面自治的要求。1974年8月，复兴党执政的伊拉克中央政府与巴尔扎尼领导的10万库尔德武装之间爆发战争。库尔德人在伊朗、土耳其和叙利亚也有分布且数量相当可观，其谋求独立的意愿和举动对这三个国家的统一和领土完整都构成了很大威胁，其中土耳其的库尔德工人党制造的暴力事件更是经常见诸报端。再例如，东欧剧变后，南斯拉夫联盟共和国（以下称南联盟）内部多年的民族矛盾集中爆发，穆斯林、塞尔维亚族和阿尔巴尼亚族之间就科索沃归属问题产生的矛盾和对抗愈演愈烈，以

---

[1] 沈文辉、刘佳林：《国家自主性与文在寅政府的对朝政策》，《延边大学学报（社会科学版）》2020年第6期，第13—22页。

[2] 本书认为，如朝鲜、蒙古国这样的主要由单一民族构成的"中间地带国家"是个例。

美国为首的北约国家趁机插手南联盟事务并进行武力干预，最终导致1999年科索沃战争的爆发。[1] 民族矛盾的多元化、难以调和性和冲突性不仅是部分自主性不足的中小国家的显著政治特征，而且是其难以解决的复杂问题。由于自主性不足的中小国家面对内政矛盾的激化缺乏成熟有效的应对手段，它们在解决国内冲突矛盾的过程中很容易遭受外部大国的强烈影响。

从外部角度来分析，自主性不足的中小国家对大国有明显的依赖性，这是由其弱小的综合实力、所在区域国家之间的复杂矛盾和外部大国的意志共同决定的。1979年伊斯兰革命成功后，伊朗与伊拉克之间谋求中东领导地位的战略矛盾，长期存在的边界矛盾和历史遗留的民族、宗教仇恨不断激化，最终导致两国从1980年至1988年进行了长达八年的战争。虽然伊朗和伊拉克均为军事力量较为强大的发展中国家，但国防工业水平都较为落后，武器装备和相关零配件在战争中大量消耗而急需进口补充，因此，在军事装备上的供应不得不求助于美国和苏联。美苏出于相互间在中东的制衡以及防止伊朗或伊拉克独霸中东地区的目标，对两伊都进行了程度不同的支持和援助，这进一步强化了伊朗和伊拉克持续战争进程的能力以及对美苏的依赖。[2]

（二）经济层面

很多自主性不足的中小国家具有较强的资源、能源禀赋，但总体而言，它们大多是经济水平较为落后的发展中国家，没有强大的物质基础来持续保障国家完全的自主性。首先，这类国家大多无法独立建立起完整的工业体系，发展经济主要以能源出口、农业产品、初级工业产品等经济附加值较低的产业为主；其次，这类国家大多科技教育水平落后，很难为产品研发和国家产业升级提供足够的智力支持，在世界工业信息

---

[1] 谷亚红：《南斯拉夫解体根源国内研究述评》，《俄罗斯中亚东欧研究》2012年第2期，第89—90页。
[2] 邢文海、冀开运：《两伊战争起因叙论》，《军事历史研究》2018年第4期，第99—111页。

化和数字经济中难有一席之地；最后，这类国家缺乏国家工业化、信息化发展所需要的大量资金，而没有强大的资金链条和经济上的持续造血能力，国家经济就难以实现工业化的腾飞。① 综上所述，自主性不足的中小国家在全球化浪潮中所获得的分工"红利"主要是通过提供初级产品和劳动力获得，在全球产业价值链中处于低端位置，其经济发展水平与大国的差距越来越大。因此，自主性不足的中小国家不是全球化的最大受益者，全球化是世界大国主导且最为获益的全球化，中小国家在全球化中所扮演的角色更多是规则的接受者。

能源经济由于关乎世界经济的命脉而长期受到世界大国的特别关注。出于进口能源的需求，以及保证能源安全的要求和控制能源产地的追求，世界大国总是试图直接或间接地控制自主性不足的中小国家的能源部门。此外，世界大国或出于扩大自身在中小国家的市场空间，或因为在自主性不足的中小国家的某一经济领域（如国防工业、石油工业、核工业等等）有特殊利益，或意在加强与自主性不足的中小国家在经贸领域的总体合作而获取丰厚的收益，总是图谋将这类国家的经济建设与其联系在一起并为其自身的经济发展服务。比如，中亚国家地处内陆，其能源出口受制于俄罗斯；美国先后两次发动伊拉克战争，意在控制中东的石油；俄罗斯从帮助伊朗建设核电站和向其出口军品中获得收益，这是其当前力挺伊朗的原因之一。②

（三）文明层面

自主性不足的中小国家多属于文明与文化的断裂地带，即不同文明与文化属性的民众往往聚集在这类国家中。即使在现当代，自主性不足的中小国家内部由于文明与文化的差异而国家分裂的例子也不鲜见，1955年肇始的苏丹内战、1991年的南联盟解体、2014年的乌克兰危机

---

① 徐康宁：《现代化国家、经济增长与中国道路》，《江海学刊》2018年第1期，第97—104页。
② 陈旭：《国际关系中的小国权力论析》，《太平洋学报》2014年第10期，第37—47页。

是这样，1858—1947年南亚的英属印度也是如此。

1946年，二战后的英国无力继续维持对印度的殖民统治，印度各民族在英国殖民者分而治之的策略下矛盾加剧。英属印度分裂的直接原因在于印度教徒和穆斯林这两个宗教集团的矛盾，以及代表印度教徒利益的国大党和代表穆斯林利益的全印穆斯林联盟的领袖不愿意为了印度的统一而放弃党派和个人利益，并以发动内战和种族仇杀为手段强力推动各自领导的建国进程，最终引发英属印度的分裂——印巴分治，以及之后的印巴战争、孟加拉国的独立以及关于克什米尔地区归属的长期争端。而印巴分治的根源，就在于印度教徒和穆斯林之间长达几个世纪的矛盾和冲突。[①] 印度1945年的人口接近4亿，其中印度教徒占总数的2/3，穆斯林占1/4。

印度教徒与穆斯林之间最深刻的分歧是印度的穆斯林对印度没有认同感，他们认为自己首先是穆斯林，然后才是印度人；同时，他们认为印度教徒帮助英国人推翻了其在印度的征服和统治。1857年，英印当局镇压兵变后对穆斯林实行"不信任政策"，印度穆斯林认为这源自印度教徒对英印当局的挑唆。1884年，印度穆斯林宗教改革运动领袖向英国总督表示：新成立的印度国大党所宣传的民主原则会导致"多数人的教派利益完全压倒少数人的教派利益"，而从印度的和平与进步出发，英国最好能永久保持对印度的统治，以保护穆斯林免遭被欺压的灾难。印度其他穆斯林领袖也认为，无论是继续维持英国在印度的统治，还是将印度分裂为几个或几十个独立国家，都要好过在英属印度基础上出现一个完整、统一、独立的印度教国家。1940年，全印度穆斯林联盟更是进一步提出了在印度次大陆建立独立伊斯兰国家的决议，即《拉合尔宣言》。几个世纪以来，印度教徒和穆斯林这两大宗教集团的关系总体而言是分离、隔阂和对立的。尽管一些穆斯林领袖提出了团结印度教徒来共同反对英国统治的主张，甚至在政治上热烈拥护国大党，但他们无

[①] 汪长明：《"两个民族"理论与印巴分治》，《延边大学学报（社会科学版）》2011年第4期，第32—40页。

法代表整个穆斯林团体的政治利益,最后还是不得不回到传统的印巴分治路线上来。①

大国在历史、民族、文化、宗教、社会等文明要素的一个或几个方面与自主性不足的中小国家或有特殊的联系,或有紧密的纽带,或有共同的记忆,或有契合的利益,因而对这些国家的战略走向异常关注,并且可以通过文化层面的精神"桥梁"对其内政、外交、经济、社会施加影响。例如,乌克兰东部地区和南部的克里米亚地区生活着大量信奉东正教的俄罗斯族人和说俄语的乌克兰族人,他们与俄罗斯有千丝万缕的关系,这是俄罗斯介入乌克兰危机的重要原因之一。非洲在历史上曾经是英国、法国、意大利等欧洲列强的殖民地,尽管非洲大陆的国家已普遍获得独立,然而几个世纪的殖民历史给当地的语言、宗教信仰打上了深深的烙印,使这些国家难以割断与宗主国的政治、经济和文化联系。②

(四) 安全层面

部分中小国家占据的地理位置具有重要的通道价值和军事价值,因而被全球性大国视为实现自身安全利益所必须争夺、控制或至少能够施加重大影响的"前沿地区",并将其作为与其他大国间的战略缓冲地带。自主性不足的中小国家相对孱弱的国力和较强的对外依赖性使之长期难以摆脱全球性大国对其国家安全的强烈影响,进而不同程度地丧失了对本国安全层面上的自主性掌控。全球性大国的目标在于将这些国家拉进自己的战略轨道,让这些国家在其地区乃至全球的军事战略中充当战略支点,以抵御、对抗或隔离与自己敌对的其他大国,尽量避免或减缓外部竞争性势力对自身安全利益所产生的损害。出于上述各个层面的原因,全球性大国特别是美俄为实现地区稳定、维护其全球利益和谋求

---

① 陈劼:《印巴分治社会原因之剖析》,《南亚研究季刊》2002 年第 3 期,第 39—50 页。
② 张春:《非洲政治治理 60 年:多重长期困境与潜在创新出路》,《西亚非洲》2020 年第 2 期,第 66—90 页。

大国博弈的主动权而争相将部分中小国家纳入自己的战略体系中。埃及地跨亚非两洲，其境内的苏伊士运河更是西方国家石油运输的要道。苏联曾经在1955—1971年向埃及提供包括大量武器装备和贷款在内的总值超过25亿美元的军事援助。此外，苏联还向埃及派遣了大量军事顾问充实到埃及军队连一级单位，包括飞行员、导弹操作人员等一线作战军人。苏联对埃及的援助更多是为了将其纳入社会主义阵营和苏联的全球战略轨道之中，从而共同对抗以美国为首的西方国家。具体而言，苏联在冷战时期对诸如埃及、伊拉克这样的第三世界国家进行援助时，往往带有企图控制这些国家的强烈政治目的，苏联的军事顾问和经济顾问在接受援助的国家不仅具有军事和经济领域的决策权，还往往会触及受援国家的政治和外交领域。[①]

另一个典型案例就是在2001年的阿富汗反恐战争中，美国得到俄罗斯的许可后使用了中亚地区吉尔吉斯斯坦的玛纳斯空军基地，以缩短转运大批美军和大量军事物资进入阿富汗的距离。然而，在阿富汗战事平稳之后，美国力图将玛纳斯空军基地作为其拓展中亚地缘政治影响力的支撑点，而这遭到将中亚地区视为"后院"的俄罗斯的坚决反对。于是，美俄分别对吉尔吉斯斯坦提出包括提高租金和提供优惠贷款的承诺，其最终目的都是希望将吉尔吉斯斯坦乃至整个中亚地区并入到美俄自己的地缘政治和全球战略轨道中。2014年6月，俄罗斯在经过与美国多年的较量后最终迫使美军撤出玛纳斯空军基地，拔除了美国在阿富汗发动反恐战争时"顺便"设置的扩大影响和输出"民主"的据点。[②]

自主性不足固然是部分中小国家沦落为"中间地带国家"的内在根据和决定性因素，但外部因素对这些中小国家"中间地带化"的促动作用也极为重要，即全球性大国间的结构性矛盾是部分中小国家"中

[①] 陈翔：《冷战时期代理人战争为何频发》，《国际政治科学》2017年第4期，第124—155页。

[②] 李莹莹：《俄罗斯对阿富汗政策的调整》，《国际研究参考》2020年第12期，第1—7页；欧叶：《美关闭驻吉尔吉斯空军基地，或被普京从后院挤走》，中国日报中文网，2020年6月5日，http://world.chinadaily.com.cn/2014-06/05/content_17563840.htm。

间地带化"不可或缺的外部条件和外部推动力量，全球性大国特别是美俄以中小国家因自主性不足而导致的紊乱为契机介入其内部局势，从而实现它们的地区和全球地缘政治目标，这加速了部分中小国家开启本国"中间地带化"的进程。

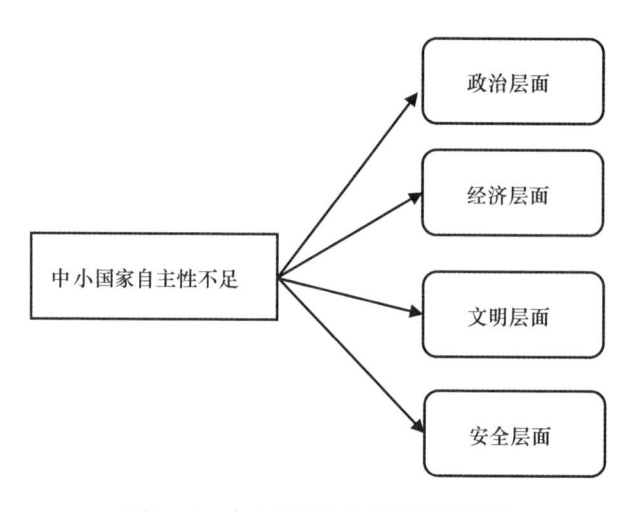

```
中小国家自主性不足 → 政治层面
                  → 经济层面
                  → 文明层面
                  → 安全层面
```

图 1-1　中小国家自主性不足的层面

第二节　"中间地带国家"通道政治形成的外因

本书认为"中间地带国家"形成的外在因素有以下几点：在地理上，这类国家的周边存在两个或两个以上的全球性大国或全球性大国领导的国家集团；这类国家在政治、经济、安全和文化等方面无可避免地受到周边全球性大国或全球性大国领导的国家集团影响力的强烈辐射；上述全球性大国或全球性大国领导的国家集团之间具有明显的，甚至已处于激化状态的国家间结构性矛盾，其中最突出的是不同全球性大国对潜在的"中间地带国家"有相互矛盾的地缘政治目标。

回顾国际关系特别是大国关系的历史，无论是国家间政治的博弈、军事的对抗，还是经济的竞争、文化的冲突，在林林总总貌似没有关联性的国际关系事件和表象背后，实则暗含一组相互联系并带有某种共性的机理在制约、规范和调节国家之间的关系，[①] 而这就是国家之间在互动过程中产生的结构性矛盾。在结构性矛盾规范下，全球性大国在国际社会中为追求更大的权力而积极参与地缘政治竞争，这是"中间地带国家"通道政治形成的外部条件和推动力。由于本书选取美国和俄罗斯作为全球性大国的研究案例，因此要研究这两个全球性大国夹缝下的"中间地带国家"的通道政治，就必须梳理美俄之间的结构性矛盾，并以此分析出美俄地缘政治博弈的根源，从而明确构成美俄影响下的"中间地带国家"通道政治外部条件的具体内容和推动力。

一、国家间结构性矛盾的内涵

国家为了实现自身利益的最大化而争相扩展其在世界格局中的权力，并在各自追逐权力的过程中进行彼此间的长期互动和形成对彼此的历史性认知。国家间结构性矛盾是指在无政府状态的国际社会中，国家之间基于对彼此的历史性认知和以实现自身利益为目标而在追逐权力的过程中产生的一组难以调和的矛盾，这组矛盾具有对立性、竞争性与综合性的特点。以现实主义国际关系理论体系的视角来分析，国家间结构性矛盾产生的本质原因就是在国际体系中，各个国家为实现国家利益而将获得、保持和增强权力作为服务自身的行为准则，这必然导致不同国家在"自助"过程中的相互竞争，特别是在涉及国家安全的问题上与其他国家发生冲突，进而使不同国家在追求以权力界定的国家利益的过程中由于权力分配的差异而不可避免地产生相互间的结构性矛盾。[②]

从性质的角度来看，结构性矛盾是指事物在同一体系中难以协调和

[①] 张宇燕等：《全球政治与安全报告（2017）》，社会科学文献出版社2017年版，第1页。

[②] Stanton K. Tefft, "Structural Contradictions, War Traps and Peace," Journal of Peace Research, Vol. 25, No. 2, June 1988, p.150.

共存的对立状态。而国家间的结构性矛盾则是指不同国家在同一国际体系中基于历史传承和认知的、相对固定的、难以协调的对立状态，基于各自对外战略和捍卫国家利益的考量而难以让步的冲突状态，以及基于在国际社会中对权力和地位的追求而产生的深度竞争状态。

从内容的角度来看，国家间结构性矛盾是一种综合性的矛盾：在无政府状态下的国际体系中，它不仅包含国家为争夺权力而产生的相互间战略政策矛盾，也包括国家间在历史问题、意识形态、价值观与文化等多方面的矛盾。

从表现的形式来看，国家间结构性矛盾分为仍处于潜伏、累积等量变状态的隐性矛盾与处于爆发、激化等质变状态的显性矛盾。[①] 隐性的结构性矛盾决定了国家间关系总体上处于合作状态和良性竞争状态，这时国家间为了追求共同的重大利益而在相互关系上选择合作大于分歧，或者国家的领导和精英阶层能够理性、谨慎地表达国家的政治意愿及追求国家的战略利益，从而使得国家间结构性矛盾处于被管控状态，国家间关系至少能够基本稳定。程度由低到高的显性结构性矛盾决定了国家间关系处于恶性竞争状态、对抗状态、冲突状态或战争状态，这时国家间或为了争夺全球和地区霸权及地缘政治主导权，或为了强力解决领土争端及维护、扩大势力范围，或为了在经济贸易、文化传播方面占据优势，而展开各种形态的激烈较量，包括21世纪的战争新形态——混合

---

① 对国家间结构性矛盾和美俄间结构性矛盾的论述是本书在总结相关文献的基础上给出的。通过现有文献的研究成果与世界史、国际关系史和国际关系经典著作中关于大国关系的论述，并结合对美俄关系的长期观察与思考，本书尝试对国家间结构性矛盾做更全面、详实和充分的定义及解释。在总结国家间结构性矛盾的过程中，本书主要参考了下列文献：[美]兹比格纽·布热津斯基著，中国国际问题研究所译：《大棋局：美国的首要地位及其地缘战略》，上海人民出版社1998年版；[美]亨利·基辛格著，胡利平、林华、曹爱菊译：《世界秩序》，中信出版集团2015年版；邹治波：《中美俄三角关系演变的内在机理与现实》，《国际经济评论》2017年第4期，第93—94页；牛治富：《新时期解决中印边界结构性矛盾的思考》，《西藏民族大学学报》（哲学社会科学版）2019年第5期，第82—83页；唐永胜、卢刚：《中美关系的结构性矛盾及其化解》，《现代国际关系》2007年第6期，第53—56页。

战争。①

从变化的趋势来看，国家间结构性矛盾是在国际体系、国家利益、对外战略、领土领海、历史文化、经济贸易等一系列与国家相关的要素和条件的复杂相互作用下逐渐产生的，不会完全按照可见和可预测的方向发展。对于政治家和国际战略家而言，在分析与国家相关的要素和条件的变化时，更难推测出这些变化可导致国家间结构性矛盾必定会出现某种特定的变化趋势或结果。当影响国家间结构性矛盾的要素和条件等变量发生不同程度变化时，其动态发展的结果也会向各种不同的方向变化。

基于对国际关系史实的分析，本书认为：国家间特别是大国间在长期的互动过程中产生的矛盾具有普遍性，然而，一旦国家间特别是大国间的矛盾发展为结构性矛盾，则它们相互间整体关系的性质和主导要素、合作和竞争的程度，② 以及相互间对抗和冲突的强度、广度、可缓解度就会受到这一矛盾的规范性制约和内在调节，即结构性矛盾就会成为它们之间复杂关系的共性表达、互动机理的高度概括和激烈博弈的重要原因。

二、国家间结构性矛盾层面划分

从系统论的角度来看：矛盾是由要素构成的系统或结构，要素之间的相互作用决定结构或系统的功能。因此，研究事物的矛盾不可忽视构成这一矛盾的任何一个要素，且矛盾的各要素间都可能有相关性。

同时，构成矛盾的各要素决定了矛盾这个系统的功能，而矛盾的功

---

① 混合战争，普遍被认为是为达到一定目的，由多个战争主体综合运用政治（舆论、外交、法律等）、经济（贸易战、能源战等）、军事（情报战、电子战、特种作战）等手段，在战略层面进行统一协调配合的战争行动。其要点是多种领域、手段、力量的混合。参见高巍：《时代的发展，抛弃了单纯依靠武力的传统作战方式，选择了混合运用多种手段的战争方式——混合战争：战略博弈新手段》，中国军网，2020年1月2日，http：//www.81.cn/jfjb-map/content/2020-01/02/content_251236.htm。

② 具有结构性矛盾的国家间也会有合作关系，比如"9·11"事件发生后，美俄随即展开了在阿富汗的反恐合作。

```
                    ┌──────────────────┐
                 ┌─→│   战略政策矛盾    │
                 │  └──────────────────┘
                 │  ┌──────────────────────┐
┌─────────────┐  ├─→│ 物理性利益和历史问题矛盾 │
│国家间结构性矛盾│─┤  └──────────────────────┘
└─────────────┘  │  ┌──────────────────┐
                 ├─→│ 意识形态和价值观矛盾│
                 │  └──────────────────┘
                 │  ┌──────────────────┐
                 └─→│   文明与文化矛盾  │
                    └──────────────────┘
```

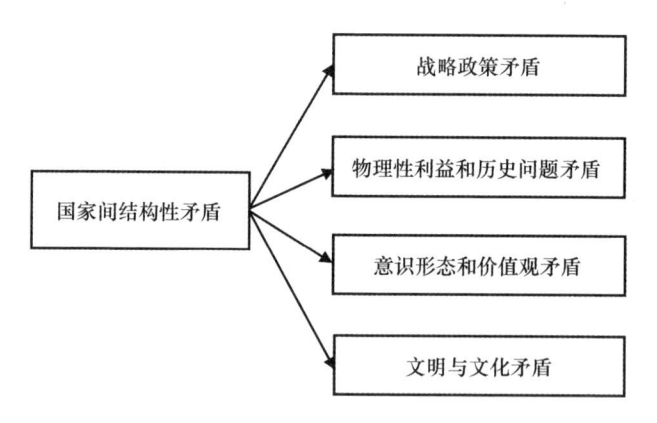

图 1-2　国家间结构性矛盾层面划分

能决定了事物发展变化的走向。① 国家间结构性矛盾的内涵是一个多要素的系统，而在要素和整体系统之间是结构性矛盾的各个层面，即系统中不同要素的分类。国家间结构性矛盾应当至少包括国家战略政策、物理性利益和历史问题、意识形态和价值观、文明与文化四个层面的内容，② 且各个层面之间紧密联系、相互影响。国家间特别是大国间的关系由多层面的结构性矛盾共同调节和规范。根据本书的设计思路，全球性大国之间在结构性矛盾规范下展开地缘政治博弈构成了夹缝下多个中小国家"中间地带化"的外因，这是部分中小国家成为"中间地带国家"的外部条件。因此，本书以全球性大国之间的结构性矛盾对地缘政治格局影响的方式由直接到间接为序，对国家间结构性矛盾的各层面进行分析。

（一）国家战略政策矛盾

国家战略政策是一国在国际格局中为构建于己有利的国际政治经济

---

① 徐健全：《试析一般系统论的哲学基础》，《哲学研究》1988 年第 2 期，第 37—44 页。
② 邹治波：《中美俄三角关系演变的内在机理与现实》，《国际经济评论》2017 年第 4 期，第 93—94 页。

秩序，提升国际地位和影响力，以及为获取更多权力和利益以维系本国生存发展而制定的一整套方针路线。国家战略政策矛盾是国家间结构性矛盾中最具现实意义的层面。从古典现实主义国际关系理论的视角来分析，国际政治的实质就是世界各国为追求以权力界定的利益而争斗。[1]在无政府状态的国际体系下，一个国家自身实力的提高，将实力转化为权力的能力的提升，以及对外战略的扩展都可能被其他国家视为对其权力和利益的威胁。当一国的综合国力和对外战略会威胁甚至损害到另一国的国家安全、所在区域的稳定和全球战略利益时，国家之间就会在无政府状态下的国际社会中产生战略层面的结构性矛盾。而国家对外战略包含一国对塑造于自身有利的国际政治经济秩序的谋求，对其在国际格局中占据主动位置和在国际社会中提升自身地位的追求，以及通过国家发展战略的贯彻实施来增进自身实力，从而对其在国际体系中获取更多权力和利益的要求。因此，国家战略的扩展与收缩对国家间结构性矛盾表现形式的变化有重要影响，即国家战略政策矛盾是触动国家间结构性矛盾由隐性转为显性，进而引发大国激烈博弈的关键因素。[2]

从结构现实主义国际关系理论的角度出发，国际格局在一个时期形成的决定性因素是国家间特别是大国间实力的分配和利益博弈。因此，权力结构在国际政治体系中对国家之间的互动具有很强的限制性作用。在国际政治的无政府状态下，国家作为国际体系中最主要的单元要素，无不通过追求权力来实现自身的政治、经济、安全、战略等利益，以达到在国际社会中"自助"的目的。[3] 各个国家在国际体系中由于权力对比和分配的不均衡，引发其相互间争夺权力的博弈和追求利益的竞争，从而在不断"自助"的过程中寻求本国权力和利益的最大化，并与其他国家形成国家战略的结构性矛盾。国际体系的结构主要表现为在无政

---

[1] [美]汉斯·摩根索著，徐昕、郝望、李保平译：《国家间政治：权力斗争与和平》（第七版），北京大学出版社2005年版，第45页。

[2] Kenneth Boulding, "Conflict and Defense," New York: Harper, 1962, p.107.

[3] Robert Jervis, "Cooperation under the Security Dilemma," World Politics, 1978, pp. 2-30.

府状态的国际社会中国家间特别是大国间的权力分配，以及大国将自身实力转变为权力的能力对比。大国间权力的重要变动将导致国际体系结构出现变化并改变国家间的关系，进而对所有国家的对外战略和政策产生重要影响。[1]

因此，国家间结构性矛盾的战略政策层面体现出：第一，由于资源的稀缺性和国际体系中金字塔形的权力地位配置，大国在无政府状态下追逐权力扩张和追求国家利益最大化的过程中必将有一个时期处于与其他大国难以完全调和、难以相互退让、难以互利共赢的状态。17—19世纪俄罗斯帝国与奥斯曼土耳其帝国为争夺高加索地区、巴尔干半岛、克里米亚半岛和黑海进行的十次战争，1898年美国为夺取西班牙的殖民地古巴、波多黎各和菲律宾而发动的海上对决，以及冷战时期美苏之间为争夺世界霸权而进行的全域性、集团性、零和性博弈，都是大国在崛起和发展的道路上以扩张权力为手段谋求自身政治、经济和安全利益最大化的典型案例。[2] 第二，一个或几个大国实力的增加或减少、能力的提升或下降、势力的扩张或衰退，意味着大国间权力分配的细微或巨大变动，而这必然对所有大国在国际格局中的地位有直接或间接的影响。美苏之所以会进行激烈的军备竞赛，就是不希望对方在国际格局中处于有利地位而损害自己的安全利益。第三，需要特别指出的是，国家之间的战略政策矛盾即使长期存在也并不总是处于最激烈的状态。时起时落的中美贸易战虽然对中美关系造成严重不良影响，但这并不是中美贸易的常态，更重要的是这仅是中美国家战略博弈的一个方面，并不意味着中美关系失控而走向全面对抗。

（二）物理性利益和历史问题矛盾

不同国家和民族在长期的历史发展进程中因相互征伐、民族压迫、

---

[1] [美] 肯尼思·华尔兹著，信强译：《国际政治理论》，上海人民出版社2003年版，第106—134页。

[2] 张江河：《美西战争与美国向东南亚地缘政治扩张的历史脉络》，《东南亚研究》2013年第5期，第18—26页。

宗教传播、人口迁徙等多重历史性原因而产生的领土、领海等物质性争端，对当前国家间物质资源的归属和划分产生消极影响。这些矛盾通常在国家间长期悬而未决，并通过历史的传承、宗教的鼓噪、爱国主义的渲染、教育的普及和国家媒体的宣传等方式使本国国民坚信自己的国家对争议中的物质性利益拥有无可争议的合法权益，这给当前国家间物质资源的归属和划分带来障碍，造成这类结构性矛盾难以解决。例如，纳戈尔诺-卡拉巴赫地区的归属是亚美尼亚和阿塞拜疆之间长期难以解决的矛盾，历史争议、民族对立、宗教信仰等多重因素的影响导致两国围绕该地区的归属爆发数次战争。阿拉伯国家和以色列之间因为巴勒斯坦领土问题而爆发五次中东战争，阿以矛盾似乎陷入了无解的恶性循环而长期难以全面缓解。

同时，对待种族灭绝、侵略、屠杀等诸多重大历史问题的不同看法也成为国际矛盾的重要方面，某些国家对历史问题不忠实的传承或基于自身利益对历史事件的重新解释致使"历史观问题"的激烈争论在某些国家之间甚嚣尘上。随着历史事实在时间上的远去，很多国际性的历史问题被某些国家的政客操控、利用或回避，其对历史事件的正义性、合法性等问题采取歪曲事实的解释，这极大伤害了历史上受害国人民的情感。例如，针对二战期间日本给亚洲国家人民造成的巨大灾难这一历史事实，日本右翼政党不断发表美化侵略战争、推诿战争责任等历史修正主义言行，这一颠倒黑白、混淆视听的错误做法引发包括中国、韩国在内的亚洲国家的普遍不满和强烈抗议，这也是中日关系、韩日关系难以完全顺利发展的重要原因。再如，乌克兰和俄罗斯就苏联卫国战争期间斯捷潘·班德拉分子的历史地位问题展开了激烈争论，[1] 亚美尼亚政府至今仍在控诉奥斯曼土耳其帝国对亚美尼亚进行的民族屠杀。[2] 这些因历史问题而产生的根深蒂固的争端和分歧通过各国民众的一代代传承

---

[1] 沈莉华：《历史真相中的乌克兰民族主义者组织》，《俄罗斯东欧中亚研究》2018年第3期，第79—93页。

[2] 张弘：《民族主义与政治转型的相互影响——以亚美尼亚为案例的研究》，《俄罗斯东欧中亚研究》2018年第3期，第67—78页。

而在民族国家中不断深化、内化和强化，这加剧了国家间结构性矛盾向更加激化的方向发展演变，对当代国际关系产生重大消极影响。

（三）意识形态和价值观矛盾

意识形态是一个国家全体国民思想、观念、价值观等上层建筑要素的集合，是一个国家政治、经济和社会基础的集中反映。作为国家思想的核心，意识形态是指导和"黏合"全体社会成员行为的思想纲领，是影响社会政治稳定的重要因素。在非一元和多样化的当今世界，由于没有统一和标准的国家意识形态模式，[①] 国家间的意识形态分歧是客观存在的。当一个国家有输出自身政治经济制度和价值观的欲望时，势必会对其他国家的利益产生影响，而国家之间特别是大国之间的意识形态矛盾和竞争就由此产生。例如，美国出于对外侵略和自我标榜的需要，基于对自身政治制度和发展道路的自信以及对自身意识形态普世的"特殊使命感"，积极以"民主化"样板改造如阿富汗、伊拉克、利比亚等中东国家，甚至不惜以武力强制输出自己的意识形态和价值观，而这引发了在上述三国有重要地缘利益的俄罗斯的强烈不满。

作为意识形态的重要组成部分，价值观是人们对于价值观念、理想信念等物质世界和精神世界内涵的判断、倾向和态度。价值观矛盾是一种观念形态的价值冲突，是不同价值观体系间的对比和冲撞。国家价值观是一国国民对信仰、信念、理想、道德等精神世界涵义的倾向和态度，不同价值体系有不同的价值取向和价值判断。各个国家根据其价值观来选择发展道路，即其实现政治改革、经济增长、文化创新和社会现代化的具体方式。国家间价值观的矛盾有深刻的社会根源：不同国家和民族在长期的历史进程中发展出不同层次的社会生产力，选择了不同方式的政治制度，在社会发展和文化进步的道路上各具特色，并凝结成不同形式的社会互动交往方式，逐渐形成自己的文化习俗、民族特点和历

[①] 邵峰：《大国竞合的四类主要分歧及化解之道》，《国家治理》2015 年第 25 期，第 29 页。

史传承，造就了不同的民族和国家价值观、符合本国国情的价值目标与多样化的价值取向，① 这决定了不同国家在价值观的沟通过程中会由于差异性的存在而产生相互间的矛盾。②

国家基于自身价值观与价值取向来选择发展道路，涵盖了国家和社会发展的目标和本质，国家以何种方式实现政治、经济和社会的现代化，以及对国家现实利益的实质性反映。经济发展、政治体制改革和社会转型是一个国家选择发展道路的核心和关键。因此，国家间在追求利益的过程中对价值观的评价标准和判断事物的准则难以完全达成一致，不同国家实现其价值目标的方式、过程和结果都各具特点。此外，从政治学角度来看，政治意识形态功能的发挥以及政治意识形态理论核心价值观的确立都需要借助相应政治制度的设计和安排。③ 综上所述，不同国家在贯彻自身意识形态、价值观、发展道路和政治制度的活动中会在不同行为、观念、意志和理想之间产生冲突和碰撞，国家间意识形态的对立和价值观的冲突构成了国家间结构性矛盾的重要层面。

（四）文明与文化认知矛盾

文明与文化是一个民族在人类社会发展的历史长河中经过发端、演进和内化而形成的具有独特性、固定性和延续性的物质和精神集合。文化是人类社会历史实践中创造的物质财富和精神财富的总和，是人类改变环境、适应生存的能力与方式，是人类精神风貌的直接反映。文明是人类物质生活发展到一定阶段的产物，是以物质形式来表现出的更高尚的精神价值，因此文明是文化发展的高级阶段。无论是文明还是文化，只有和民族相联系才有实际意义并能够解释实际问题。

---

① 胡惠林：《国家意识形态安全：挑战、治理与创新》，《福建论坛》（人文社会科学版）2019年第6期，第5—11页。
② Alexander Lukin, "Eurasian Integration and the Clash of Values," Survival, Vol. 56, No. 3, 2014, p. 49.
③ 张秀琴：《政治意识形态的理论、制度与实践》，《北京大学学报》（哲学社会科学版）2007年第4期，第47页。

西方倡导的所谓"普世文明"不存在或难以实现，文明与文化的冲突也不是常态化的。世界的不同文明之间固然有相互征服与竞争的历程，但也在相互合作、交流与借鉴中走过了几千年的发展史。冲突不是文明之间互动的必然结果，不同文明与文化对自身核心价值观与行为方式的保留、弘扬并不总是以冲突甚至战争的方式进行，文明沟通与文化交流正日益在世界范围内得到重视、推广和普及。

但不可否认的是，不同文明对人类社会的进步有着不同甚至完全对立的观点。例如，伊斯兰文明观认为，宗教信仰与科学知识应相互融合，唯信仰主义和唯科学主义都是必须要反对的，判断一个社会是否文明应坚持由两个标准来衡量：价值理性，即体现宗教信仰诸多价值实体的理性；科学理性，即用科技知识来定义社会生产力发展水平的理性。西方世界的文明观过于强调技术理性、工具理性，而以此为基础的商品主义实际上操纵了现代西方人的生活，从而导致价值理性的丢失和传统道德的解体，这一现象被一些西方的哲学家称为"理性的暴政"。[1] 基于不同文明和同一文明下不同文化的民族和国家，在长期交往和互动的过程中对彼此产生相对固定的观念和认知，这些观念和认知会融入一个民族和国家的血液中，使之对其他国家和民族的看法几乎是与生俱来的，也使在这一互动过程中产生的文明间和文化间的结构性矛盾长期难以改变，并对民族国家的对外政策产生最深远的影响。

文明与文化间由于存在差异所导致的矛盾根植于各国民众的历史和现实认知中。国家间文明与文化的结构性矛盾通过各国民众的一代代传承而延续，难以从根本上完全消解。因此，不同文明与文化间对事物认知的差别、发展程度的差距和对外交往的差异，会导致民族和国家间出现难以消解的结构性矛盾，且这一矛盾具有历史传承和难以逆转的特点。例如，以波兰为代表的东欧国家基于俄罗斯在帝国时期对其侵略的历史而对俄罗斯深怀戒备心理，拒绝被俄罗斯文化"同化"是这些国

---

[1] 周立人、周闻：《价值理性与科学理性的辩证统一——伊斯兰文明观与西方文明观之区别》，《回族研究》2014年第2期，第65页。

家文化意识中的一个重要方面，这突出表现为它们在冷战后积极融入西方。①

从相互联系的角度看，不同层面的国家间结构性矛盾不是孤立存在的，它们一道建构了国家间结构性矛盾的有机整体，在具体的国际和地区环境下相互影响并共同作用于国家间关系。国家间结构性矛盾在不同层面对国家间关系调节作用的大小是不同的，不同层面的结构性矛盾在国家间关系的不同历史时期的凸显程度也不同，而且这些差异随着历史进程的发展都可能会发生变化。因此，国家间结构性矛盾是动态发展的，国家间关系在此作用下也不是一成不变的。②

三、国家间结构性矛盾层面关系

国家间的结构性矛盾并不是静态的，四个层面的结构性矛盾在国家间大量友好的、竞争的或暴力的具体互动下相互作用，造成不同时期国家间结构性矛盾中主要矛盾和次要矛盾的变动，而国家间关系正是在结构性矛盾不断变化的调节下进入合作、竞争、对抗和战争等不同方向。

从属性的角度来看，国家间结构性矛盾可分为物质性层面的矛盾和精神性层面的矛盾。物质性矛盾是指不同国家在无政府状态下的国际体系中由于相互间实力变化、利益平衡和权力分配而引发的矛盾，包括国家间战略利益对立、领土和领海争端等矛盾。精神性矛盾是指不同国家和民族在各自独特的发展历程中由彼此间互动所塑造的精神世界的差异性，以及基于相互间的长期历史认知而引发的矛盾，包括在长期历史中形成的意识形态对抗和文明冲突等矛盾。物质性层面和精神性层面的矛盾在国际关系中相互作用：国家间物质性矛盾的演变可以引发对彼此精神性矛盾的历史共鸣，如韩日的领土争端和贸易战最终导致两国民众对

---

① 从1772年至1795年，俄罗斯帝国与普鲁士王国、奥地利帝国三次瓜分波兰，最终将波兰瓜分完毕。参见孙璐璐、章永乐：《从波兰问题反思卡尔·施米特的欧洲国际秩序论述》，《欧洲研究》2019年第2期，第129—154页。

② 王振民、尚庆飞：《新时代拓展和深化毛泽东〈矛盾论〉研究的路径和方法》，《现代哲学》2019年第4期，第52—59页。

二战历史遗留问题的重新回顾和对立情绪的产生;[①] 国家间精神性矛盾的历史延续也会引发彼此物质性矛盾的现实爆发,如俄(苏)美的意识形态对立是导致两国地缘政治博弈下物质利益争夺的因素之一。

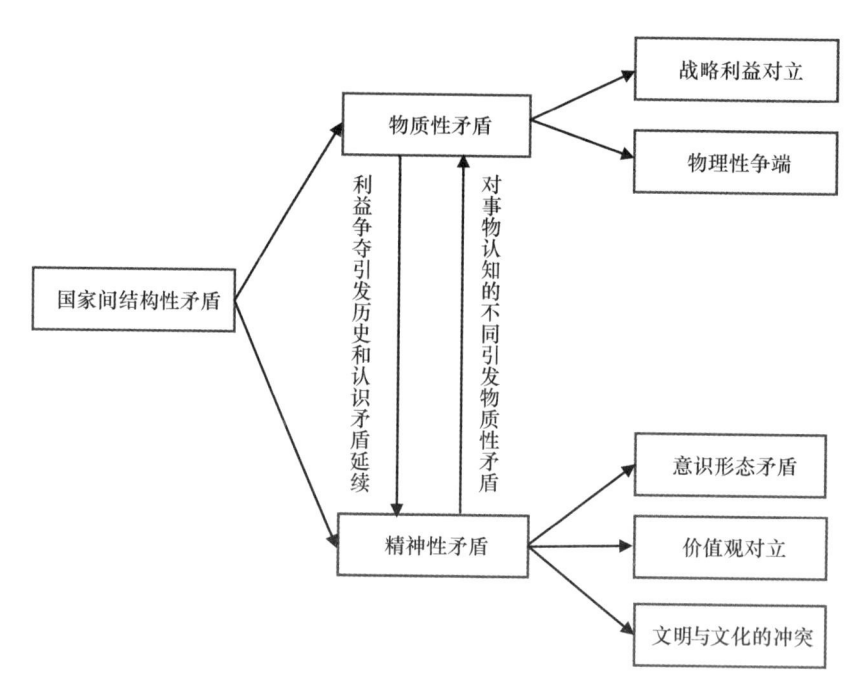

图 1-3 精神性层面和物质性层面矛盾的划分和关系

另外,物质性层面与精神性层面的国家间结构性矛盾对国家间关系的影响程度是不同的,这一程度是指国家在长期的发展过程中对彼此间结构性矛盾认知的历史继承性和牢固延续性维度。国家间物质性层面的结构性矛盾比精神性层面的结构性矛盾更容易调解和缓解,而精神性层面的结构性矛盾比物质性层面的结构性矛盾对国家间关系的影响更深远和持续。

---

① 刘荣荣、王珊:《沉疴与新患:日韩关系恶化探析》,《现代国际关系》2019 年第 8 期,第 12—18 页。

冷战后美国和伊朗的关系经历了戏剧性变化。伊斯兰革命前的伊朗是美国在中东的铁杆盟友，彼时双方之间的结构性主要矛盾是隐性的意识形态和价值观矛盾，即巴列维王朝的世俗化专制统治虽不能入美国民主的"法眼"，但这并没有对双方关系造成较大影响。但从美国的角度来看，伊朗在1979年伊斯兰革命爆发后建立的政教合一政权是极权的、专制的、反西方的，并严重侵犯人权。同时，伊朗的反美主义成为该政权获取本国民众支持的工具，这与美国的民主价值观念完全不符。伊朗扣押美国大使馆工作人员为人质长达444天等一系列与美国对抗的"互动"，更使美国将其列为"邪恶轴心国家"。而伊朗方面则认为，美国一直利用各种手段企图推翻伊斯兰革命后的伊朗政权，美国将伊朗列入"邪恶轴心国家"名单严重损害了伊朗的国家尊严。伊斯兰革命前，美伊两国在价值观、宗教信仰和社会制度等意识形态领域本就不同，而伊斯兰革命后伊朗在霍梅尼主义的指导下继续前行，两国在意识形态领域的差异更是急剧增加。此后，伊朗领导人继续追求自身在中东地区的大国地位和伊斯兰世界的领导地位，并坚定推行其反美政策。

伊朗伊斯兰革命后，意识形态和价值观的加剧对立使美国与伊朗重新建构了彼此的认知和关系。具体而言，美伊两国将对方视为对手和敌人，并在一定程度上不断"固化"和"强化"对彼此敌对身份建构的认知心理基础，而这也直接导致美国建立世界霸权的全球战略与伊朗构建中东主导权的地区战略形成直接对立：美国对企图主导中东的国家的遏制和伊朗力图成为中东核心国家的意志构成两国的核心利益冲突点，即伊朗所希望的中东地区角色与地位安排不符合美国的中东战略利益。由此，美伊的战略利益由总体一致转向相互矛盾，双方由伊斯兰革命前的地区战略盟友很快转变为地区战略对手。美国在中东的国家安全利益之一是保障海湾地区的石油稳定地出口到国际市场，进而保持国际油价及石油美元的稳定。但伊朗伊斯兰革命后，什叶派的伊朗扼守霍尔木兹海峡的地缘现状长期对美国支持的逊尼派海湾国家的石油运输通道构成直接安全挑战。同时，伊朗日益发展的导弹力量对美国在中东的军事基地和盟国安全也构成严重威胁。① 因此，一旦伊朗在意识形态和价值观领域与美国严重对立，进而显现出强烈的反美主义，以及显露出追求中东主导权或大幅扩张在中东影响力的企图时，美国就会利用各种手段来遏制其崛起。四十多年来，美国出于遏制伊朗而对该国采取的政治敌视政策和经济制裁措施，已经对伊朗国计民生的发展和国家安全构成最严重的威胁。

由上述美伊关系的案例可以看出：（1）国家间结构性矛盾的意识形态和价值观层面可以直接对国家战略政策层面构成巨大影响。（2）美伊之间不同时期结构性矛盾中的主要矛盾是不同的，巴列维时期的伊朗与美国之间最大的矛盾是意识形态和价值观矛盾，而伊斯兰革命后的伊朗与美国之间最大的矛盾是国家战略政策矛盾。（3）伊斯兰革命后，美伊之间的意识形态和价值观严重对立，两国关系急转直下且至今难以从根本上转圜，这说明精神性国家间结构性矛盾对美伊关系恶化的作用更具深度和牢固性。而美伊之间能于2015年达成伊朗核协议，说明相对意识形态矛盾而言，核技术与核力量这一国家战略层面的物质性矛盾在美伊关系中更易调节与缓和。

四、全球性大国之间的结构性矛盾

当前的世界正处于战略格局加速转圜、国际秩序深刻调整和国际局势不断变化的时代。大国时代的重新来临使大国关系这个传统的国际政治问题再次为世人所高度关注。② 大国关系的复杂性源于大国利益、战略、意识形态和文化的差异性，这决定了大国在共同参与国际事务、处理国际问题和发展对外关系时必然会面对众多深刻与尖锐的矛盾，而把握其中全球性大国之间难以调和的结构性矛盾就成为研究当前国际格局和地区问题所必须深入分析的实质性问题之一。由于本书选取美国和俄

---

① 程晓勇：《伊斯兰革命后的伊朗与美国关系——基于观念对立与利益冲突的分析》，《天津师范大学学报（社会科学版）》2013年第5期，第43—46页。
② 本书此处所论述的大国主要指全球性大国，但也包含世界大国。

罗斯作为全球性大国的研究案例，就全球性大国之间的结构性矛盾问题，本书主要围绕美俄关系展开论述。

（一）美俄之间的结构性矛盾

在大国时代重新来临的背景下，通过结合上述国家间结构性矛盾的相关理论、美俄关系的过往历史以及美俄处于"新冷战"状态的当前现实来分析，本书认为这两个全球性大国之间存在国家战略政策、意识形态和价值观以及文明与文化认知三个层面的结构性矛盾。

1. 美俄间的战略政策矛盾

国家战略政策矛盾是冷战结束以来美俄结构性矛盾中最突出的部分，也是当前美俄博弈的重中之重。在国家间结构性矛盾对立性、竞争性与综合性的长期规范和制约下，美俄这两个全球性大国的关系发展取决于世界战略格局和其国家战略这两个要素。[①] 首先，尽管美国等西方发达国家正在走向相对衰落，中俄等新兴经济体正在崛起，国际政治经济秩序正在历史性地向新的方向演进，但在未来可预见的一定时期内，以美国为首的西方世界仍将是国际社会的主导力量。

其次，无论是奥巴马提出的美国"要再领导世界一百年"，还是特朗普喊出的"美国优先"，都清晰地表明美国维持霸权和领导世界的全球战略不会改变，对推广自身价值观的"使命感"和维持霸权的收益仍然大于成本的现实也不允许美国放弃其全球战略。[②]

最后，大国复兴是俄罗斯从叶利钦时期到普京时代的既定战略，是俄罗斯未来的发展方向。美俄间的战略政策矛盾并没有随着冷战的结束而得到根本缓解，反而在两国20世纪90年代的"蜜月期"结束后呈现

[①] 邹治波：《中美俄三角关系演变的内在机理与现实》，《国际经济评论》2017年第4期，第98—99页。

[②] T. Cha, "The Return of Jacksonianism: The International Implications of the Trump Phenomenon," The Washington Quarterly, Vol. 39, No. 4, 2016, pp. 83 - 97; R. Friedman Lissner & M. Rapp - Hooper, "The Day after Trump: American Strategy for a New International Order," The Washington Quarterly, Vol. 41, No. 1, 2018, pp. 7 - 25; B. R. Posen, "The Rise of Illiberal Hegemony," Foreign Affairs, Vol. 97, No. 2, 2018, p. 20.

出愈演愈烈的态势。造成这种局面的具体原因有：美俄在科索沃战争、车臣战争和后苏联空间政权更迭运动问题上的激烈冲突和巨大分歧，俄罗斯国内政治改革的进程慢于美国的预期，而最关键的是北约在美国的领导下扩大至中欧和东欧。北约的扩大不仅成为"冷战结束以来俄罗斯与西方之间的第一次重大危机"①，而且还引发了双方持续的、难以完全缓和的紧张关系。② 面对近些年西方国家的战略挤压、军事威胁和经济制裁，以普京为首的俄罗斯执政阶层对大国复兴的战略目标更加坚定不移，而美国则视之为对其霸权的挑战。因此，美俄之间的结构性矛盾决定了两国间的战略对立难以消除，美国仍将在未来对俄罗斯进行战略遏制和围堵。

难以调和的国家战略政策矛盾是美俄结构性矛盾中最本质、最具决定性意义的部分，而在欧亚大陆的地缘政治矛盾则是美俄战略政策矛盾的具体体现。从美国在欧亚大陆遏制俄罗斯的地缘战略和俄罗斯重振大国地位的复兴战略这两者间的对立来看，美俄间的国家战略政策矛盾是遏制与反遏制、维持霸权与挑战霸权的矛盾，是一个逐渐衰弱的超级大国和一个正在复兴的全球性大国之间的矛盾，这种战略矛盾是结构性的、长期性的且难以从根本上调和的。③

2. 美俄间的意识形态和价值观矛盾

冷战的结束被美国学者福山描述为"历史的终结"，即"资本主义的民主意识形态获胜，没有任何西方的挑战者留下"。④ 虽然"历史的

---

① Pierre, Andrew J., and Dmitri Trenin, "Developing NATO – Russian Relations," Survival, Vol. 39, No. 1, 1997, pp. 5 – 18.

② Tsygankov and Andrei P., "The Russia – NATO Mistrust: Ethnophobia and the Double Expansion to Contain the Russian Bear," Communist and Post – Communist Studies, Vol. 46, No. 1, 2013, pp. 179 – 188; Richard Sakwa, "Frontline Ukraine: Crisis in the Borderlands," London and New York: IB Tauris, 2014, pp. 218 – 219; Rumer, Eugene, Richard Sololsky, Paul Stronski, and Andrew S. Weiss, "Illusions vs Reality: Twenty – Five Years of US Policy Toward Russia, Ukraine, and Eurasia," Washington DC: Carnegie Endowment for International Peace, 2017, p. 25.

③ A. Stent, "Putin's World: Russia Against the West and with the Rest," New York: Hachette Book Group, 2019, p. 433.

④ F. Fukuyama, "The End of History?" The National Interest, Vol. 16 (Summer), 1989, pp. 3 – 18.

终结"这一论调被随后的历史事实推翻,即国家间的竞争是以追求国家利益为核心,但自冷战结束以来,意识形态仍然在国际政治中发挥作用。值得注意的是,美国从20世纪90年代开始秉持被称为自由霸权的意识形态,① 即自由霸权将民主、自由市场经济和人权等自由价值观与美国的单极强国地位相结合。因此,自由霸权主义大体上与冷战初期美国建立在洛克自由主义基础上的意识形态基本相同,只是两者适用于不同的国际结构背景。就自由霸权主义而言,其突出强调在当前国际体系中美国的单极性,并扬弃冷战时国际格局的两极性。从20世纪90年代到21世纪初,这种自由霸权意识形态明确指导了美国的外交政策和大战略的制定。② 尽管意识形态对美国的外交仍然重要,但与冷战时期相比,美国在此方面的压力相对减轻。这一方面是因为冷战后美国在国际体系中所拥有的超强优势地位是威斯特伐利亚体系历史上前所未有的;③ 另一方面,美国学者认为因为自由国际秩序的开放、互惠和多边性基础使得"一个潜在的竞争对手越来越难以引入一套与美国竞争的原则和制度"④。

意识形态对美国的国家战略和外交政策具有理想主义和现实主义的双重影响,这主要表现在:第一,美国有推广自身意识形态的追求和特殊使命感,其实质就是将美国的自由主义普世价值观、民主思想理念和社会制度推广到全世界,以美国的自由和民主模式改造全世界。⑤ 第

---

① G. J. Ikenberry, "America's Liberal Hegemony," Current History, Vol. 98, No. 624, 1999, pp. 23 – 28; J. J. Mearsheimer & S. M. Walt, "The Case for Offshore Balancing: A Superior US Grand Strategy," Foreign Affairs, Vol. 95, No. 4, 2016, pp. 70 – 83.

② S. G. Brooks & W. C. Wolfforth, "World Out of Balance: International Relations and the Challenge of American Primacy. Princeton," NJ: Princeton University Press, 2010, p. 28; S. P. Huntington, "The Lonely Superpower," Foreign Affairs, Vol. 78, No. 2, 1999, pp. 35 – 49.

③ W. C. Wolfforth, "Unipolarity, Status Competition, and Great Power War," World Politics, Vol. 61, No. 1, 2009, pp. 28 – 57.

④ G. J. Ikenberry, "America's Liberal Hegemony," Current History, Vol. 98, No. 624, 1999, p. 28.

⑤ 金英君:《美国"民主制度输出"战略解析》,《马克思主义研究》2019年第4期,第141页。

二，美国以输出价值观为外在掩护去颠覆其他国家的政权，实质上是其为了追求自身的地缘政治经济利益和霸权护持。美国领导人坚定地认为，按照西方道路改造和发展并确保在政治制度中树立"民主""自由"等西方价值观的俄罗斯不仅会给西方带来巨大的经济利益，[①]而且还有利于西方世界的稳定和安全。[②]

冷战结束后，叶利钦领导下的俄罗斯完全倒向西方世界，试图用西方的民主价值标准改造俄罗斯。但与此相反，美国对俄罗斯意识形态和价值观的发展并不完全放心。布热津斯基认为：俄罗斯是一个充满民族主义动机的国家，有再度恢复帝国的本能，非常可能与其邻国发生激烈冲突，将不可避免地成为一种破坏性力量，这使世界越来越无法控制它。[③]

在21世纪初普京担任总统的早期，俄罗斯在与美国的互动问题上秉持的是"务实合作"的态度，这具体体现为俄罗斯在2001年对美国发动阿富汗反恐战争的支持，以及与美国在"全球反恐战争"中的合作。[④]然而，美俄的反恐合作阶段很快就随着2003年美国在格鲁吉亚推动政权更迭，以及2003年俄罗斯拒绝支持美国入侵伊拉克而结束。[⑤]此后，俄罗斯对西方国家总体上奉行强硬政策，开始重塑其国家体制和政治制度，明确其自身价值观，对西方世界的意识形态输出、渗透、扩张坚决抵制。普京在执政后加快国内意识形态领域的建设，通过将民主制度、市场经济与俄罗斯的现实状况进行有机结合，确定了以爱国主义、强国意识、国家观念和社会团结为核心的"俄罗斯新思想"作为俄罗

[①] 金家新：《美国对外意识形态输出的战略与策略》，《毛泽东邓小平理论研究》2018年第12期，第92页。

[②] 熊光清：《美国民主输出战略的发展与演变》，《人民论坛》2018年第27期，第33页。

[③] ［美］兹比格纽·布热津斯基著，潘嘉玢、刘瑞祥译：《大失控与大混乱》，中国社会科学出版社1995年版，第167页。

[④] A. P. Tsygankov, "Russia's Foreign Policy: Change and Continuity in National Identity," Lanham: Rowman & Littlefield, 2012, p. 29.

[⑤] Lancet Neurol, "How NATO Could Confront the Putin Doctrine," Foreign Policy, Vol. 4, No. 9, Sep. 2005, p. 526.

斯的核心价值观。其中,爱国主义是第一要义和国家思想。① 东正教的伦理观对俄罗斯价值观的形成有重大影响作用:第一,东正教的"弥赛亚"救世观使俄罗斯坚信其担负着拯救世界的使命,这是俄罗斯民族自信、民族凝聚力和爱国主义的重要来源;第二,以聚合性为基础的集体主义强调自由与统一的融合,这是俄罗斯集体主义价值观的重要来源。②

俄罗斯在意识形态领域建设上的明显变化是"普京主义"的确立。"普京主义"的提出建立在俄罗斯三个战略要务之上:(1)俄罗斯必须继续保持核超级大国的地位;(2)俄罗斯在国际事务的方方面面都是一个大国;(3)俄罗斯要成为地区(主要是独联体地区)政治、经济、军事的领导者。换言之,自2005年以来,"普京主义"意识形态的贯彻一直致力于使俄罗斯重新获得其在苏联解体时暂时失去的全球性大国地位。③ 在21世纪的第二个十年,"普京主义"这一带有中派保守主义的威权主义思想体系成为俄罗斯的国家治理理念和意识形态的关键组成部分。这表明俄罗斯在国家治理层面将坚持带有集权特点的"主权民主",将坚持恢复其传统主义价值观,以及将继续坚持其强国主义、传统爱国主义的铁腕治国理念。这也表明:俄罗斯不仅要在世界舞台展现其军事大国和强国的形象,而且要凭借以"普京主义"为核心的俄罗斯模式挑战美国在国际社会的政治大国和强国地位。④

美俄的意识形态和价值观竞争在中东欧地区尤其激烈。苏联解体后,欧洲的地缘政治环境依旧分裂,美俄竞相向双方博弈下包括中东欧在内的"中间地带"输出自己的价值观,这一结构性矛盾的凸显使美

---

① 雷蕾、叶·弗·布蕾兹卡琳娜:《普京时代俄罗斯核心价值观建构及价值观教育》,《比较教育研究》2019年第3期,第4—5页。
② 勒会新:《俄罗斯民族性格形成中的宗教信仰因素》,《俄罗斯学刊》2014年第1期,第78—79页。
③ F. Lukyanov, "Putin's Foreign Policy: The Quest to Restore Russia's Rightful Place," Foreign Affairs, Vol. 95, No. 3, 2016, pp. 30-37.
④ 马龙闪:《"普京主义"推出政治强国模式——解读俄罗斯总统助理苏尔科夫〈普京的长久国家〉一文》,《人民论坛》2019年第12期,第58—61页。

俄在中东欧价值观竞争的过程中往往采取零和博弈的对抗方式。①

美国自由霸权主义意识形态没有也不可能改变全世界,而对自身文明属性的重新定位展示了俄罗斯政权对"普京主义"意识形态的自信。今天的美俄都没有一种普世主义意识形态来推动其外交政策,两国的意识形态都侧重于对实现国家战略政策的解读,即"普京主义"坚持恢复具有独特文明的俄罗斯的大国地位,而奉行西方民主价值观的美国则继续致力于维护自身霸权地位,这使美俄关系难以从根本上得到改善。

3. 美俄间的文明与文化认知矛盾

根据亨廷顿的观点,"西方"一词现在被普遍用来指称以往西方基督教世界的那一部分地区。在现当代,西方文明是指欧美文明或北大西洋文明。② 一贯富有普世"使命感"的美国,认为包括俄罗斯在内的非西方国家应当认同西方文明和文化的民主、自由、人权、个人主义、个性解放、法治等价值观念,并将其纳入国家的政治体制、经济发展和社会进步中。但是对于世界其他文明下的民众而言,赞同、接纳和皈依西方文明与文化的只是少数,更多民众对西方文明在世界占据主导地位表示怀疑或强烈反对。亨廷顿认为,西方倡导的普世主义对非西方国家而言就是帝国主义。因此,西方文明在全球范围内的传播,西方国家实力的相对衰落,以及其他文明对自身文化的日益伸张等因素,共同决定了西方与非西方国家之间的关系总体而言是一种困难的关系。③ 同时,西方文明普世的动机与能力也有矛盾。作为当前西方文明的核心国家,美国虽然在全球范围内有推广西方文明与文化的强烈愿望,但自身实力的相对下降导致其推广能力难以与这一愿望完全匹配。

---

① James A. Caporaso, "The European Union and Forms of State: Westphalian, Regulatory or Post-Modern?" Journal of Common Market Studies, Vol. 34, No. 1, 1996, pp. 29–52.

② [美]塞缪尔·亨廷顿著,周琪等译:《文明的冲突与世界秩序的重建》,新华出版社1998年版,第31—32页。

③ [美]塞缪尔·亨廷顿著,周琪等译:《文明的冲突与世界秩序的重建》,新华出版社1998年版,第200—201页。

作为当前东正教文明核心国家的俄罗斯，其在文明文化层面与西方之间既有联系，也有分化。从历史发展的视角看，东正教文明与西方文明同属从古希腊－古罗马文明中产生的新一代文明。从这一意义上讲，东正教文明与西方文明有同样的渊源，也有学者认为东正教文明原本也是西方文明的一部分。① 在988年东罗马帝国（拜占庭帝国）的影响下，基督教开始逐渐融入到斯拉夫人的文明文化之中。② 但在1054年基督教东派教会与罗马天主教会分裂的影响下，③ 信奉东正教的俄罗斯开始与西方在文明和文化层面出现分化。④ 部分西方学者认为，东正教文明源自拜占庭文明，因此东正教是不同于西方文明的宗教；同时，东正教文明地区曾经遭受蒙古人二百年的统治，⑤ 以后又实行了君主专制制度，受文艺复兴、宗教改革、启蒙运动等西方重大思想解放运动的影响有限，所以东正教文明有别于西方基督教文明。在苏联解体后的最初几年，俄罗斯的主流政治精英却坚定认为俄罗斯具有"欧洲基因"和

---

① 在地理上，由于自7世纪起受到崛起的伊斯兰文明挤压，东正教文明向北扩展到东欧、北亚。从16世纪开始，东正教文明中最强有力的俄罗斯人历经四个世纪，最终占据2200多万平方公里的广阔土地。而西方文明转向欧洲西北部方向发展，并深深植入现在西欧、中欧、北欧国家的文化之中。

② 988年，早期的罗斯人领袖——基辅大公弗拉基米尔，在第聂伯河接受了基督教洗礼，并通过行政命令强制罗斯人接受了基督教流派之一希腊正教（东正教）。由此，基督教被确立为古罗斯的国教。

③ 1054年，基督教东派教会与罗马天主教会正式分裂。从此，东西方教会断绝往来，正式分裂为东正教和天主教，双方在近千年的时间里互相攻击。

④ 在古代，俄罗斯人曾经同欧洲其他国家建立了包括贸易、政治和外交等多方面的联系。例如，11世纪，雅罗斯拉夫大公曾同欧洲一些主要王朝联姻：他的妹妹嫁给了波兰的卡齐米日一世，他的儿子娶了拜占庭的公主，他的两个女儿分别嫁给了法国的亨利一世和挪威的哈拉尔三世。然而，俄罗斯人在接受"拜占庭的基督教"（东正教）的同时，还继承和维持了东正教与天主教之间的长期不和，这给后来俄罗斯人连通西方设置了障碍，并在某种程度上造成俄罗斯与西方关系的倒退。

⑤ 不仅是东正教与天主教的宗教争端，更大程度上是蒙古人的侵入和占领，终止了俄罗斯同西方的联系。基辅因地处森林和平原交界处，总是最易遭受袭击。1237年，蒙古人横扫了整个俄罗斯领土。除诺夫哥罗德因地处遥远的北方而幸免于难外，基辅和其他俄罗斯城市均被夷为平地。蒙古人虽自愿撤离欧洲中部，却愿意继续留在俄罗斯，他们在此建立了金帐汗国。在随后两个世纪，蒙古的统治给俄罗斯历史留下深刻印记，俄罗斯人被迫承认蒙古大汗的宗主权，每年纳贡。

"西方身份"，认为其文明与文化同欧洲一脉相承。但西方国家普遍认为俄罗斯不属于正统的西方文明，因为俄罗斯传统文化中的"专制"和"集权"要素与西方民主、自由的文化内涵难以相融。同时，以美国为首的西方国家认为俄罗斯一千年来的发展史就是一部依靠军事手段不断扩张的历史，其对领土的贪婪和对出海口的渴望，以及在历史上表现出的侵略性，令西方世界对俄罗斯的帝国心态难以改变的看法根深蒂固。苏联解体后，在意识形态、价值观分歧和地缘政治博弈的促动下，度过"蜜月期"的俄罗斯与西方之间文明的冲突愈发明显，欧美国家将俄罗斯"排除"出西方文明的观念愈发坚定。

在美苏冷战时期，全球文明的冲突，特别是西方文明、东正教文明和伊斯兰文明之间的冲突，由于受到意识形态斗争的影响而基本处于隐性状态。随着冷战结束、东欧剧变和苏联解体，后苏联空间出现意识形态真空，作为上层建筑一部分的宗教开始迅速复兴并填补意识形态空白。在后苏联空间和东欧国家，宗教在文明断层线边缘的纷争呈现出显性状态，甚至可以说是空前剧烈。在苏联解体后的三十多年中，不同文明核心国家最显性的战略目标之一就是扩张本文明的生存空间，进而实现本文明生存空间的最大化。故而，在冷战后欧亚大陆权力政治解构和权力分配重新洗牌的情况下，文明形态冲突的激烈爆发在所难免。

相较于西方文明，俄罗斯文化除了具有东正教文明的"保守性"等属性之外，（布热津斯基认为）还具有不同于西方文明的欧亚特性，俄罗斯自身也接受了欧亚主义思想作为其国家定位。从历史和文化角度来看，俄罗斯融合欧洲和亚洲文明、文化的特色和精髓，与西方古希腊文明、古罗马文明、拜占庭文明，以及东方的蒙古帝国和波斯帝国都有着千丝万缕的联系。因此，横跨欧亚的俄罗斯在文明与文化认知层面坚持独树一帜。而对于欧美，接纳俄罗斯就要在文明与文化领域面对是"欧洲的俄罗斯"还是"俄罗斯的欧洲"的艰难选择。[①]

[①] 李学江：《欧美对俄为何欲迎还拒——俄与欧美关系辨析（下）》，《人民日报》2004年12月24日。

尽管俄罗斯信奉的东正教与西方信奉的天主教、新教同属基督教，东正教文明与西方文明有着共同的古希腊-古罗马文明根源，但在热衷"普世"的西方文明与坚持"保守"的东正教文明之间，以及标榜"民主自由"的西方文化与尊崇传统、集权色彩浓厚的俄罗斯文化之间，存在历史性、内涵性、长期性的认知差异，以至于以美国为首的西方国家在苏联解体后一直无法从文明与文化层面成功接纳历史积淀深厚且独具特色的俄罗斯。而这一难以调和的认知差异就是美俄在文明与文化层面存在结构性矛盾的基础。同时，由这一认知差异引发的美俄意识形态对立难以从根本上改变，并对两国对外战略的博弈和意识形态领域的竞争产生了最深远的影响。

美俄的文明与文化认知矛盾在东欧地区尤为明显。进入21世纪，尽管意识形态的"铁幕"在欧洲不复存在，但文明与文化的"丝幕"却由若隐若现转变为清晰可见。以美国为主导的西方文明与文化的"普世动机"和以俄罗斯为核心的东正教文明以及俄罗斯文化的"守成决心"，在独立后的东欧原苏联加盟共和国根本对立，而这种对立在苏联解体后美俄三十多年的竞争、博弈和对抗中逐渐发酵，并由潜在状态逐步发展为显现状态，这使这些东欧国家构成的"中间地带"成为美俄大国战略博弈的核心地区之一。从世界史的视角来分析，由于文明的"丝幕"穿越东欧并将其割裂，西方文明与东正教文明、西方文化与俄罗斯文化的竞争也是引发东欧地缘政治危机的重要因素之一。从文明与文化建设的角度来看，由于苏联解体后俄罗斯国力处于相对衰弱的状态，其作为一种文明与文化核心国家的影响力有所下降，这使很多原先俄罗斯势力范围内的中小国家开始向其他文明特别是西方文明寻求发展经验。反观以冷战胜利者自居的美国，普世西方文明和输出自由民主制度成为其巩固冷战胜利成果和维持全球霸权地位的重要手段。无论从历史传承、人口数量、宗教文化，还是从地缘政治、地缘经济和地缘安全等多个要素来衡量，若东欧地区完全脱离俄罗斯的战略轨道，将会导致东正教文明和俄罗斯文化影响力的加速衰退。① 无论基于历史原因还是现实考量,美俄间文明与文化认知的结构性矛盾都难以调和,而东欧国家自主性不足的显著特点使其难以摆脱美俄对其在文明与文化层面的"撕扯"。美俄的这一结构性矛盾对东欧国家的影响虽然不是最直接的,但却是最深远的。

(二)美俄地缘政治博弈的根源

苏联解体后,国家战略政策、意识形态和价值观、文明与文化这三个层面国家间结构性矛盾的相互作用对美俄关系产生了重大影响,使美俄关系由"蜜月期"向"博弈期"和"对抗期"不断演进。在结构性矛盾规范下,美俄在追求国家利益的进程中无可避免地会相互竞争,从而导致美国对致力于在欧亚大陆扩展地缘政治影响力并实现国家复兴的俄罗斯采取打压和遏制措施,而俄罗斯对此势必会加以反制,这就是美俄两国以欧亚大陆为主进行地缘政治博弈的根源和驱动力。

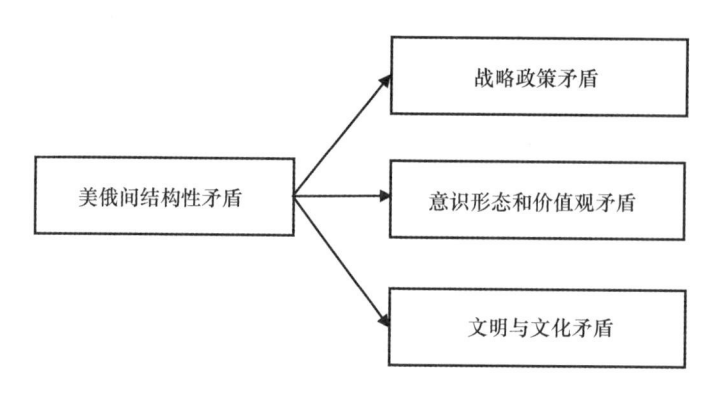

图1-4 美俄间结构性矛盾

美俄在欧亚地区结构性的战略利益冲突成为冷战后两国在国际格局变动中的基本矛盾。美国将防止欧亚大陆出现一个能挑战其霸权的国家

---

① 王庆平:《文明冲突视角下的乌克兰与俄罗斯关系研究》,《西伯利亚研究》2012年第6期,第38—39页。

或国家集团作为其重要的地缘政治目标，并将此作为美国"领导世界"、巩固全球霸权地位的全球战略的重要组成部分。① 对于俄罗斯而言，欧亚大陆特别是后苏联空间是其实现大国复兴的重要战略平台，但这个拥有巨型体量的全球性大国在欧亚大陆的复兴完全不符合美国的全球战略利益和地缘政治利益。尽管苏联的解体使俄罗斯的国家综合实力和国际地位一落千丈，但其依靠强大的军事力量、巨量的核武器存储、深厚的科技实力、广袤的国土和富足的资源禀赋，仍然具备回击美国打压和挑战美国霸权的潜力。1997年，美国总统顾问、战略学家布热津斯基提出了一项"欧亚地缘战略"，他认为，美国能否持久、有效地保持对欧亚大陆的主导地位将直接影响美国对全球事务的支配。② 鉴于俄罗斯在大国复兴战略下不断增强自身军力建设、扩展其在欧亚大陆的影响力以及与崛起的中国加强合作，美国自然将俄罗斯视为其全球霸权的挑战者和必须坚决打压的战略目标。

　　面对美国乘苏联解体之势而发动的战略遏制和在意识形态领域的步步紧逼，俄罗斯进行了相应回击。从1994年实施东西兼顾的"双头鹰"政策，到2000年后对西方国家奉行务实政策和强硬政策，恢复大国地位、实现重新崛起和确保国家安全就成为俄罗斯从叶利钦时期到普京时代一以贯之的战略方针。③ 在普京执掌最高权力后，尽管俄罗斯的对外战略随着其执政阶层对国际形势和国家综合实力的不同判断而有所变化，但总体上可以概括为：（1）强调国家和民族利益高于一切，强化大国主义和强国意识，绝不再以牺牲自身利益和委曲求全来换取与西方国家保持合作关系。（2）通过建立和强化一些国际机制来维护自身的国际地位，同国际社会中反对单极世界的国家一道积极构建多极世界。

---

　　① ［美］亨利·基辛格著，顾淑馨、林添贵译：《大外交》，海南出版社1998年版，第753—756页。

　　② ［美］兹比格纽·布热津斯基著，中国国际问题研究所译：《大棋局：美国的首要地位及其地缘战略》，上海人民出版社1998年版，第41页。

　　③ "Прямая линия с Владимиром Путиным," Президент России, http：//kremlin.ru/events/president/news/20796.

（3）在安全定位方面，将确保国家安全设定为涵盖政治、经济、军事、外交、社会、生态和网络等领域的高于一切的战略目标；将对外战略与安全利益、国家内部安全与地缘外部安全紧密结合，通过不断提升军力、修改军事学说，以及必要时敢于对外使用武力或"混合战争"来维护自身核心安全利益和强化大国地位；将与美国的军事均势作为安全领域的重要目标。（4）在地缘政治方面，认定独联体国家是俄罗斯的势力范围，俄罗斯在这一地区拥有"特殊利益"并需要"保持权力"。（5）在经济外交方面，尽一切努力为俄罗斯发展经济和改善人民生活，以及加速国家现代化创造良好的外部条件。①

　　美国精英阶层，特别是许多走保守主义老路的共和党人对俄罗斯不信任，将俄罗斯的大国复兴战略和奉行国家利益高于一切的对外政策视为"帝国思维"的延续。为了遏制俄罗斯，美国以干涉内政的方式对包括俄罗斯在内的原苏联国家积极推销西方的自由主义价值观和西方式的民主制度，支持这些国家的政治民主化，对这些国家的威权主义政治体制保持一定压力，力图促使这些国家的政权"改变颜色"。② 同时，以美国为首的西方国家积极推动原苏联国家实施市场经济改革和私有化，策动其他独联体国家摆脱俄罗斯传统主义、保守主义的价值观和意识形态影响，严防俄罗斯走对外扩张的帝国老路。在西方国家看来，威权主义以及普京总统对权力的高度掌控是俄政治体制"专制"和"集权"的表现，因而不认可俄罗斯的民主制度，认为其绝非"西方一员"。只要俄罗斯不在国内真正实施西方式的政治制度，不在国际舞台上成为美国的"小伙伴"，不在对外政策上顺从美国的国家利益，那么美国就不会承认俄罗斯的政治制度是"民主"的，俄罗斯也不可能被

---

① 柳丰华：《从大国经济外交到大国权力外交——普京总统第三、四任期的外交战略》，《国外理论动态》2019 年第 4 期，第 95—104 页；俞邃：《俄罗斯多方位外交战略与未来走势》，人民网，2018 年 7 月 17 日，http://world.people.com.cn/n1/2018/0717/c187656-30152992.html。

② 蒋莉、李静雅：《西方与俄罗斯的干涉和反干涉》，《现代国际关系》2020 年第 10 期，第 18—26 页。

允许融入西方世界。① 西方国家对俄罗斯输出意识形态和价值观不过是打压和改造俄罗斯的手段，目的在于使俄罗斯永远在全球听从美国的"差遣"。

作为对美国自由霸权意识形态的回应，俄罗斯的外交政策表现出日益强化的反美主义。苏联解体后，俄罗斯外交政策缺乏观念秩序感。② 俄罗斯这种本体论上的不安全感可以追溯到苏联解体初期，这也是多年来俄罗斯身份危机和意识形态不统一的关键诱因：在苏联解体后的十几年中，俄罗斯一直在"西方国家"和"欧亚国家"的身份中摇摆不定，俄罗斯的国家意识形态在这段时间也一直没有确定。③ 然而，随着北约和欧盟不断扩张，1999年科索沃战争、2008年俄格武装冲突和2014年乌克兰危机相继爆发，以及2003年以来部分原苏联国家发生政权更迭运动，俄罗斯更有意识地将美国及其西方盟友从当作"伙伴"转变为看作"竞争者"。自普京2012年再次当选总统以来，俄罗斯的外交政策在意识形态上获得了反美霸权倾向的合理性，这种合理性的基础是"普京主义"更深层次地将俄罗斯明确定位为一个在文化上与西方截然不同的大国，④ 即"普京主义"的内涵从重申俄罗斯的大国地位发展为重新将俄罗斯定位为一种文明，并将西方文明视为与东正教文明、俄罗斯文化不完全相同的另一种文明。⑤ 克里米亚脱乌入俄和俄罗斯干预叙利亚等违背西方意愿的行为，在某种程度上是其明确本体安全的宣示，是将俄罗斯作为一个大国和一个伟大文明的意识形态的伸张。俄罗斯用具体

① Scott Wilson, "Obama, in Brussels Speech, Prods Europe Need a New Rulebook for Russia, Bolster NATO," The Washington Post, Mar. 27, 2014, B5.
② J. Mitzen, "Ontological Security in World Politics: State Identity and the Security Dilemma," European Journal of International Relations, Vol. 12, No. 3, 2006, pp. 341–370.
③ A. P. Tsygankov, "Crafting the State – Civilization Vladimir Putin's Turn to Distinct Values," Problems of Post – Communism, Vol. 63, No. 3, 2016, pp. 146–158.
④ P. Rutland, "Trump, Putin, and the Future of US – Russian Relations," Slavic Review, Vol. 76, No. S1, 2017, pp. S41–S56.
⑤ N. R. Smith, "Assessing the Trajectory of West – Russia Relations in Eastern Europe: Gauging Three Potential Scenarios," Global Policy, 2017, https://www.globalpolicyjournal.com/articles/conflict – and – security/assessing – trajectory – west – russia – relations – eastern – europe – gauging – thr.

行动告诉西方国家：它可以独立行动而不受西方的控制。俄罗斯已经明确了其所属文明不同于西方文明的理念，因此其在对外走向和国家定位上最终不再照搬西方模式，不再寻求加入西方世界，而是以"欧亚主义"取代"西方中心主义"，即从"大欧洲"的梦想转向"大欧亚"的现实。因此，无论是在美国倡导的西方自由主义普世价值观与俄罗斯信奉的传统主义保守价值观之间，还是在美欧的民主自由制度与俄罗斯的"普京主义"治国理念之间，在追求国家权力和实现国家利益的过程中，美俄的意识形态和文明文化层面的"竞争"乃至"敌对"将成为两国外交战略政策和地缘政治博弈的重要组成部分。

在结构性矛盾的规范下，美俄关系在冷战后呈现出长期博弈、短期缓和的现象和循环状态，即美俄关系会不时出现好转的迹象，双方在矛盾中都会拿捏好尺度并会不时穿插缓和关系的举措，但在国际政治中更加凸显的是两国间多轮的激烈博弈和关系起伏不定的现实，这突出表现在两国的地缘政治博弈方面。

第三节 "中间地带国家"的形成和发展

对于自主性不足的中小国家而言，其内部的紊乱给追求扩大地缘政治利益的全球性大国留下影响该国内政的机会。在结构性矛盾规范下，全球性大国之间的关系难以长期调和，因此其在自主性不足的中小国家的地缘政治竞争难以避免，而这则会进一步加剧中小国家的自主性不足。具体而言，冷战结束后，全球特别是欧亚大陆的部分中小国家在政治、经济、文化、安全、意识形态等方面表现出自主性不足的状态。全球性大国出于各自在世界范围内地缘战略利益的考量和权衡而对这些中小国家进行渗透、干预和控制。在内因和外因的共同作用下，部分中小国家陷入了全球性大国地缘政治博弈的恶性循环，在"中间地带化"的道路上越走越远，并最终成为名副其实的"中间地带国家"。

"中间地带国家"面对的最大地缘政治难题就是全球性大国之间的

关系在结构性矛盾规范下陷入长期难以缓解的恶性循环，这也是其不得不长期面对的地缘政治现实和外部空间状态。对全球性大国而言，一旦它们之间的结构性矛盾由潜在状态转变为激化状态，则它们之间的利益博弈很大程度上就是围绕"中间地带国家"而展开的权力争夺。

一、"中间地带"和"中间地带国家"的含义

冷战结束后，一些国家的内政外交问题成为国际社会的热点问题，这些问题在全球性大国的参与下不断发酵，对以大国关系为核心的国际政治和世界经济造成重大影响，甚至关乎地区和全球的安宁。[1]

表1-1 "中间地带国家"所属地区

外部大国	影响的类别	地区	备注
美俄	地理上、政治上、战略上	东欧	
美俄	地理上、政治上、战略上	外高加索	
美俄	地理上、政治上、战略上	中亚	中国在地理上与中亚相连，近年来也在一定程度上参与了中亚地区的博弈，但该地区博弈的"主角"仍然是美俄
美俄	地理上、政治上、战略上	西亚	
美俄	地理上、政治上、战略上	北极	
中美	政治上、战略上	东南亚	
中美	政治上、战略上	大洋洲	不包括澳大利亚和新西兰

---

[1] S. Cohen, "Presidential Address: Global Geopolitical Change in the Post-Cold War Era," Annals of the Association of American Geographers, Vol. 81, No. 4, 1991, pp. 551–580.

续表

外部大国	影响的类别	地区	备注
中美俄	地理上、政治上、战略上	东北亚	只包括朝鲜、韩国和蒙古国。蒙古国在地理上处于中俄的夹缝下，但该国积极引入美国为"第三邻国"，因此美国在政治上也参与了在该国的博弈
中美俄	政治上、战略上	南亚	中国在地理上与南亚相连，该地区的"中间地带国家"不包括印度
中美俄	政治上、战略上	非洲	
中美俄	政治上、战略上	拉丁美洲	该地区与美国相连，全球性大国主要在政治上和战略上在此地区博弈
中美俄	政治上	南极洲	

例如，东欧地区历来就是俄罗斯与西方反复争夺的重点区域。冷战后北约对南联盟的军事行动，波罗的海三国等"新北约"成员国在北约框架内参与大量联合军事演习，[1] 美国在波兰和罗马尼亚部署反导系统并考虑将德国驻军东移至波兰，以及乌克兰在美国的推动下全面转向西方等事件导致俄罗斯强烈的军事和能源反制，这使欧洲安全局势一次又一次升温。[2] 外高加索地区的格鲁吉亚和中亚地区的吉尔吉斯斯坦位于美俄势力范围的交汇点，两国先后爆发政权更迭运动，特别是格鲁吉亚此后力图加入北约，造成其内外事务处于复杂和不稳定的局面。在中

---

[1] Olav Knudsen, "What Promise for Regional Cooperative Security? A Comparison of the Baltic Sea Region and Northeast Asia," Pacific Focus, Vol. 14, Iss. 2, Sep. 1999, pp. 5–42.

[2] W. Clark, J. Luik, E. Ramms, and R. Shirreff, "Closing NATO's Baltic Gap," International-al Centre for Defence and Security, 2016, pp. 1–28.

东及其边缘地区,对于西亚北非的伊拉克、利比亚、叙利亚以及南亚的阿富汗而言,[①]丰富的石油资源给这些国家带来了巨大财富,战略性的地缘位置给这些国家带来了通道收益的红利,但同时它们也因大国的争夺和博弈而深陷动荡的局面。东南亚国家人口众多、资源丰富,但在南海争端问题上处于中美博弈的夹缝中。拉丁美洲被美国视作"后院",拥有天然良港的古巴和丰富石油资源的委内瑞拉由于一贯的反美政策而遭到美国持续的制裁和打压。

上述国际热点问题所涉及的地区内的国家通常有以下共同特点:从衡量国家综合实力的指标来看,它们大部分为中小国家,其经济实力、科技水平、军事力量、外交能力、国土面积、人口数量、国家动员能力中的一项或几项(通常为多项)较为薄弱。[②]它们在地缘政治方面对大国具有战略意义,往往占据对全球性大国维护其地缘政治利益至关重要的通道,但其拥有通道优势和坐享地缘红利也是其成为大国或大国集团争相展现实力和争夺势力范围的舞台的重要原因之一。由于综合实力较弱,它们大多面临自主性不足的显著问题,其国家政权掌控对内和对外行使国家权力的能力出现不同程度的缺失,这给外部大国留下对其施加影响力的空间。某些外部大国甚至会对上述中小国家强力施加自己的意志来干预其内政,使其难以完全按照自身意愿自主地处理本国的内政外交问题,甚至丧失对国家政局的掌控。大国的竞争和对抗使它们在内外关系上处于持续紧张状态,而这往往造成它们内部的混乱和动荡,甚至导致其不可避免地陷入难以摆脱的内战困局。[③]这些国家最重要的对外关系就是与大国特别是全球性大国的关系,且这些国家在处理与大国关系的问题时几乎没有犯错误的资本,一旦它们没能在全球性大国之间保

---

① 从地理区划上来分,阿富汗属于最北端的南亚国家,也有国家把阿富汗划归为西亚或中亚国家。

② 本书所聚焦的是冷战后全球性大国之间的"中间地带",处于这一地带上的国家基本上都是国力较弱的中小国家。中小国家并不仅仅是指领土、领海较小的国家,而是更多指向综合实力相对落后、国际地位较低的国家。

③ 王鸣野:《"中间地带"的博弈与困境》,科学出版社2017年版,第4—5页。

持动态平衡，则其很容易沦为大国博弈的牺牲品，成为国际社会中战争和动乱的潜在爆发点。

由此可见，冷战后全球性大国之间的利益博弈在很大程度上就是对自主性不足且极具地缘战略意义的中小国家构成的"中间地带"的争夺。"中间地带"可分为以下三类：在地理上直接处于全球性大国或全球性大国领导的国家集团之间博弈的缝隙中，如东欧、外高加索、西亚、中亚、东北亚、北极地区；在政治上处于全球性大国掀起的争斗之中，如非洲、拉丁美洲；在战略上处于全球性大国意志伸张的范畴之中，如东南亚、大洋洲。

由上述分析可以看出：所谓"中间地带"，就是在地理、政治和战略上处在全球性大国或全球性大国领导下的国家集团的夹缝中并被其强烈影响的权力缺失地带。以国家政权对内和对外行使国家权力的程度为标准，处于"中间地带"的国家可分为三类：强权力缺失国家、半权力缺失国家和弱权力缺失国家。强权力缺失国家基本处于权力真空状态，是指那些已经深陷内战漩涡而难以自拔的国家，其政权在反对派武装和域外势力的打击下已经完全丧失对全国范围内国家权力的掌控，只掌握一小块区域的行政能力。同时，这类国家战乱的平息完全取决于全球性大国、世界大国和国际社会其他力量的介入，如2011—2015年处于内战状态的叙利亚。强权力缺失国家也指那些虽未爆发内战，但由于现政权缺乏某个全球性大国的支持而处于岌岌可危状态的国家，如2004年处于政权更迭运动中的格鲁吉亚。半权力缺失国家是指那些国内反对派已成气候，且能够组织武装力量与中央政府在部分地区进行激烈内战的国家。这类国家现有中央政府尚能够掌控国内一半或大部分区域的权力，并拥有充足的武装力量以保持全国大部分地区的稳定，如2014年爆发危机的乌克兰。弱权力缺失国家分为两种情形，第一种是指那些尽管国内反对派林立并声势浩大，社会出现街头抗议甚至骚乱的现象，但反对派尚不能够与中央政府进行内战或推翻现政权的国家。此时这类国家的中央政府仍牢牢掌握着国家的武装力量，能对全国各个地区行使权力，如2005年处于政权更迭运动中的吉尔吉斯斯坦。第二种是指那些不存在反对派、政局持续稳定的国家。这类国家的中央政府牢固掌控着国家的武装力量和全国范围的政权，但由于国家实力弱小而容易受到域外大国的强烈影响，因而不得不在大国的夹缝中生存。上述"中间地带"内权力缺失程度不一的国家就是"中间地带国家"。

表1-2 "中间地带国家"的分类

权力缺失程度	表现状态
强缺失	国家政权完全处于权力真空状态或无法逆转的更迭状态
半缺失	国家政权能够控制一半或大部分地区
弱缺失	国家政权能够掌控全局

二、"中间地带化"的含义

自15—17世纪西方主导全球地理大发现以来，亚洲、非洲、拉丁美洲和部分欧洲边缘国家都在不同时期强烈地受到来自西方列强的影响，并在这一影响的驱使下开启本国的西方化进程。而上述国家的西方化进程就是外来影响强势涌进和本国内部对此反弹或消化的历史进程。在此过程中，除了当代中国、印度等极少数国家通过现代化发展摆脱西方的控制以外，大多数落后国家仍然处在被西方国家影响甚至撕扯的状态中。这些国家力图以内部的"同一化"抵御因外部强势影响而造成的内部"离心化"，以保证国家政权对内政外交决策的完全掌控。这些国家的"同一化"主要是指其通过借鉴西方现代化的发展方式来抵制西方大国政治、经济、文化和意识形态影响的全部历程。但在西方大国的干预下，这些国家不但没有实现"同一化"的预定目标，反而在内外因素的相互作用下出现更加强烈的"离心化"趋势，最终造成这些国家的政局螺旋式地进入混乱的恶性循环中而难以自拔。

上述国家的"离心化"并不特指这些国家深陷动荡和战争漩涡的进程，而是指在西方大国的持续影响下，这些国家难以根据自己的实际情况和意愿自行处理本国或本地区内乱、冲突和战争的动态变化情况。

因此，西方国家强烈的、长期的影响就是这类国家"离心化"的外部条件和核心特征。近现代以来，亚、非、拉国家谋求民族解放、独立建国和发展自强的过程在某种程度上就是一部以国家的"同一化"来努力抵制和扭转国家"离心化"进程的历史。一旦这些国家进入"离心化"进程，就难以摆脱这一进程轨道运转的设定——其内部逐渐进入隐性或显性的对立、对抗甚至撕扯状态。而衡量一个国家是否进入"离心化"进程，关键是看该国是否已经开始"中间地带化"，其主要标准是：（1）该国在地理上、政治上和战略上已处于两个或两个以上全球性大国的争夺和较量中，且该国没有扭转此外部局面的主导能力。（2）全球性大国及其领导的大国集团（主要是西方国家）在意识形态领域的强烈输入在一定程度上动摇了该国民众对国家体制、政治制度和政治文化的认可。在这一民意基础上，该国逐渐形成"西方化"和"本土化"两个政治群体，该国的精英阶层逐渐分化为"亲西方"和"反西方"两个政党集团。（3）全球性大国及其领导的大国集团超强的经济和科技实力对该国的内部经济发展模式造成强烈冲击，这使这类国家的经济秩序甚至社会秩序陷入混乱状态，其后果是该国的经济命脉要么不得不向西方开放，要么被西方和西方在该国的代理人所把持，而难以被本国政权掌控。（4）该国内部和外部的安全依赖于外部全球性大国的支持，其内部出现动乱时往往需要全球性大国提供帮助才能维持秩序和控制局面，其外部出现安全威胁时往往也需要全球性大国及其领导的大国集团给予扶持才能渡过难关。（5）该国的大国倾向和国际道德具有模糊性、多变性，其对"道德"的思维逻辑认知和判定标准就是国家政权的稳定和国家安全利益的最大化。在对外战略方面，该国为了消除一个全球性大国对其过度的影响或控制而采取的一个主要战略，就是将另外一个全球性大国拉入到自己的对外战略体系中，以平衡和抵消其他全球性大国对自己的不利影响，并在全球性大国的相互制衡中极力争取本国的政治利益、经济利益和安全利益。但这样做的结果往往是使"中间地带国家"沦为大国博弈的筹码或牺牲品，并在大国博弈下逐渐走入无法掌控自身内政外交政策的局面。因此，该国可以很快与全球性大国结成盟友关系，也可以迅速与全球性大国转变成敌对关系。（6）与全球性大国相比，该国在政治、经济和安全领域处于极不对等的地位，致使其在全球性大国的强烈影响下，该国的部分民众尤其是精英阶层开始对自身文化表现出质疑，对全球性大国的文化（特别是西方文化）则由欣赏逐渐转变为接纳和内化。这一过程势必会与该国的传统文化产生冲突，并造成该国文化主导思想的混乱，而这又会进一步带动该国意识形态领域的混沌。①

从"中间地带化"的程度来分析，"中间地带国家"分为两类：一类是正处于"中间地带化"过程中的国家，这类国家在自主性时大时小的变化中于不同时期显现出不同程度的"中间地带化"；另一类是已完全"中间地带化"的国家，这类国家进入"中间地带化"的恶性循环而难以自拔。一旦自主性不足的中小国家开始"中间地带化"并成为"中间地带国家"，其将难以避免地陷入与全球性大国相互促动、相互影响的纠缠当中。"中间地带国家"对全球性大国博弈的信息反馈，如这些国家与不同大国之间关系的亲疏远近，对不同大国利益和要求的满足情况，对不同大国外交政策的稳定程度等，会缓解或加剧大国之间的结构性矛盾。而这一结果反过来又会对"中间地带国家"的利益产生积极或消极影响，这集中表现在"中间地带国家"对其自主性掌控的增加或减少。最终，某些"中间地带国家"基本或完全恢复了自主性，能够均衡地处理与全球性大国的外交关系，从而终止了其本国的"中间地带化"进程，并发展为国力日益壮大的强国或新兴国家，如二战后的德国。但大多数"中间地带国家"则在内因和外因的共同作用下螺旋式地进入更深层次的"中间地带化"，直至沦落为完全的"中间地带国家"。例如东欧和外高加索地区的"中间地带国家"，由于在地理上处于美国领导的北约和俄罗斯领导的独联体两大集团之间，其安全空间受到限制；由于在政治层面处于美俄的干预和影响之下，其无法自主决定本国内政外交的走向；由于在国际战略层面处于谋求控

---

① 王鸣野：《"中间地带"的博弈与困境》，科学出版社2017年版，第8—20页。

制欧亚大陆的美国与力图在欧亚大陆实现复兴的俄罗斯之间，它们成为美俄争夺和关注的焦点，甚至成为美俄"代理人"战争的战场。由于东欧和外高加索地区的"中间地带国家"深陷美俄博弈的恶性循环，它们不是已螺旋进入更深层次的"中间地带化"而难以自拔，就是已经成为综合实力不断下降和陷入自主性困境的完全意义上的"中间地带国家"。

对全球性大国而言，"中间地带"是一个与其他全球性大国相互联系的"连接地带"，这表现在全球性大国通过研究"中间地带国家"与其他全球性大国之间的互动关系可以获悉其他全球性大国对相关"中间地带"的认知、战略和政策，并对此进行反馈。① 而全球性大国在结构性矛盾的规范下追求国家权力的维持和扩大，寻求国家利益的最大化，因此全球性大国对某个"中间地带国家"的支持往往会招来其他全球性大国的猜疑、反对或遏制。"中间地带"作为全球性大国夹缝下的力量缺失地带，不仅为全球性大国提供了竞相展示实力的舞台，也是全球性大国之间的"力量缓冲地带"，这表现在：（1）全球性大国之间的直接武力对抗将可能给其自身带来毁灭性结果，这无疑最不符合它们的利益；（2）一旦全球性大国在"中间地带"的竞争中处于不利境地，它们就会选择摆脱"中间地带国家"的政治军事泥潭，使"中间地带国家"的博弈不至于影响或过度影响本国。② 以上就是全球性大国的"中间地带"观。

---

① 王鸣野：《"中间地带"的博弈与困境》，科学出版社2017年版，第30—31页。
② 例如，2001年的阿富汗战争和2003年的伊拉克战争将美国拖入了中东及其边缘地区的复杂政治、外交和安全局势中，继续在中东大规模驻军对美国而言得不偿失。2008年美国总统奥巴马和2017年美国总统特朗普上台后，美国多次宣称从中东撤军。由于美国远离中东地区，中东的反美力量难以大规模威胁美国本土。

表1-3 中小国家的"中间地带化"标准

序号	影响领域	影响内容
1	外部环境	在地理上、政治上或战略上处于两个或两个以上全球性大国博弈中
2	意识形态	在全球性大国的意识形态输出下，本国政治领域出现"西方化"与本土化的分裂
3	经济与科技	在全球性大国的冲击下陷入难以完全掌控的状态
4	国家安全	在安全领域对全球性大国有很强的依赖
5	对外战略	在全球性大国之间左右摇摆
6	文化	在政治精英对全球性大国的文化特别是西方文化的接纳下，本国出现主导文化思想的混乱

表1-4 全球性大国的"中间地带观"

表现方式	表现内容
连接地带	全球性大国之间传递彼此认知、战略和政策等信息的地带
缓冲地带	为全球性大国之间的地缘政治博弈提供回旋空间

三、"中间地带国家"的发展和演进机制

"中间地带国家"的形成过程就是一个国家"中间地带化"的进程，正如本书在导论第三节所言，这是一个国家内在和外在双重因素共同作用的结果。其中，内因作为第一位因素，是"中间地带国家"演进过程的根据并在其中起决定性作用；外因作为第二位因素，是"中间地带国家"演进过程中不可缺少的条件，并通过内因发挥作用。

部分中小国家"中间地带化"的内因是：在国内政治、经济、文化、民族、宗教、安全等一个或多个方面矛盾的消极作用下，这些国家陷入自主性缺失或自主性困境，没有足够的实力和能力完全扭转其自主性不足的状态，其国家政权难以完全控制本国内部事务，甚至逐渐丧失制定施政方针和确定外交走向的主导权，这些因素成为某些中小国家最终成为"中间地带国家"的决定性内在根据。

部分中小国家"中间地带化"的外因是：在结构性矛盾规范下，全球性大国之间所难以避免的地缘政治博弈。结构性矛盾是全球性大国关系演进的内生推动力，而结构性矛盾作用的结果便是各个全球性大国为了维护和扩展国家利益，而势必会争相在国际格局中谋求扩展自己的权力比重，这很大程度上体现在全球性大国对地区和全球地缘战略利益的争夺上。具体而言，每个全球性大国国家利益的全域性决定了它们与其他全球性大国地缘政治竞争的全域性，且全球性大国间的地缘博弈是以政治和经济为核心内容，而其中地缘政治博弈是最为核心的部分。"中间地带国家"在地理、政治和战略上处于全球性大国的夹缝中，对全球性大国平衡和压制对手在国际格局中的权力扩张极为重要。全球性大国若能获得"中间地带国家"的支持甚至是完全的倾向，则能在地区和全球地缘政治博弈中获得更大优势。因此，全球性大国在"中间地带国家"的核心利益与核心要务便是实现主导"中间地带国家"内政外交的地缘政治目标，从而扩展自身在国际格局中的权力——包括更强的政治影响力、更多的经济收益、更深的文化辐射力和更广阔的安全空间。基于以上考量，全球性大国持续围绕"中间地带国家"进行地缘政治竞争，利用"中间地带国家"自主性不足的内在弱点对其进行干预、把持或控制。国家战略政策、意识形态和价值观、物理性利益和历史问题、文明与文化四个层面的结构性矛盾通常会多个而非单一地规范全球性大国之间的关系，因此全球性大国直接或间接地对"中间地带国家"进行渗透、干预和控制必然是结构性矛盾多种层面的要素和要素组合共同作用的结果。同时，国家间结构性矛盾的四个层面会在全球性大国围绕"中间地带国家"博弈的过程中有不同程度的体现。[1]

综合以上分析可以得出"中间地带国家"的形成机制：部分中小国家在内部自主性不足和外部全球性大国结构性矛盾的共同作用下，陷

---

[1] Alexander Kolyandr, "Ukraine Signs Deal with Rebels to Create Buffer Zone," Wall Street Journal, Sep. 20, 2014, http://www.wsj.com/articles/ukraine-signs-deal-with-rebels-to-createbuffer-zone-1411207014.

入"中间地带化"的状态而难以自拔,成为"中间地带国家"。其中,部分中小国家的自主性不足是其成为"中间地带国家"最为根本的、决定性的内在依据;就全球性大国而言,由于它们之间的关系受到结构性矛盾的规范,因而在对其战略利益均很重要的部分中小国家势必会有不同甚至截然相反的地缘政治目标,全球性大国由此在这些中小国家展开地缘政治竞争,这是部分中小国家成为"中间地带国家"必不可少的外部条件。需要明确的是,这一外部条件只有在部分中小国家因自主性不足而出现内部紊乱时,才能对其陷入"中间地带化"进程起作用。

自主性不足的中小国家成为"中间地带国家"后,其发展和演进机制实际上是其内部不同政治势力、相关外部全球性大国及代理人之间几组复杂国际国内关系的相互作用进程:

一旦"中间地带国家"呈现出混乱局势,则其内部很可能出现相互对立的政治力量。全球性大国在地缘政治利益的驱动下势必会介入这些国家的局势,它们以干涉甚至控制"中间地带国家"的内政为目标,以对"中间地带国家"的经济和外交支持为诱惑,以与"中间地带国家"相互间的历史纽带、彼此间的意识形态共性、固有的文明与文化联系为手段,直接扶植"中间地带国家"内部亲近自己的政治力量(通常以某个政党为代表)上台执政并与之结成政治军事联盟,从而在战略上对抗其他全球性大国或大国集团。

在独木难支或成本过高的情况下,全球性大国会依靠世界大国和地区国家充当代理人,用以争夺和维系对"中间地带国家"的主导权,从而形成了全球性大国与其代理人国家间的利益组合关系、战略协作关系、准联盟关系或联盟关系。全球性大国及其代理人为了更深层次地干预"中间地带国家",会与这些国家内部的某些政治力量形成合作、扶植、援助等支持性关系,从而构建包含全球性大国、利益代理人国家以及"中间地带国家"内部的亲近政治力量三个层级的地区利益集团,这在本书第二章所列举的叙利亚案例中体现较为明显。[1]

---

[1] 陈翔:《内战为何演化成代理人战争》,《世界经济与政治》2018年第1期,第27—52页。

然而，在结构性矛盾规范下，此举必然会对"中间地带国家"外部另一个全球性大国或大国集团的地缘政治利益构成损害或威胁，从而引发全球性大国之间对竞争对手的相互反制，全球性大国之间的地缘政治博弈由此形成。上述由全球性大国领导的地区利益集团之间会形成多组复杂的抗衡性关系，即不同集团的不同层级之间均有可能在地缘政治问题上产生矛盾并展开博弈。

在两个全球性大国或大国集团之间持续反制和反反制的不断撕扯下，"中间地带国家"往往以螺旋向下的方式进入更深层次的"中间地带化"，甚至彻底掉入"中间地带化"的深渊而发展演变为完全意义上的"中间地带国家"。

"中间地带国家"也在自主性流失的过程中不断尝试走出"中间地带化"的窘境，但相互竞争的全球性大国都不愿"中间地带国家"脱离自己的地缘政治势力范围。它们根据"中间地带国家"内政外交的发展动态，以及相互间结构性矛盾的发展变化而做出旨在加强合作、竞争或对抗的决策，制定针对"中间地带国家"的新战略，进而据此继续加深对"中间地带国家"内政外交的影响、控制，并适时开启在"中间地带国家"新一轮的地缘政治博弈。这往往使"中间地带国家"陷入新一轮更深层次的"中间地带化"进程。

值得注意的是，上述几组国内国际关系并非一成不变。第一，全球性大国、全球性大国的代理人和"中间地带国家"内部若干政治力量之间的地缘政治利益并非总是完全一致，它们之间的支持性关系存在变化的可能。第二，对于全球性大国而言，拥有强大的综合国力决定了它们关系发展的对立统一，即它们相互之间敌友关系的双重性：一方面，在相互间结构性矛盾的规范下，全球性大国为争夺世界范围内的战略资源和地缘政治利益而难以避免地展开程度不一的竞争，此时的全球性大国之间呈现出紧张甚至敌对关系；另一方面，当全球性大国要解决事关自身安全的全球和地区问题时，也只有其他同样具备超强综合实力的全球性大国才能给予实质性帮助，此时的全球性大国之间呈现出合作关系。一旦全球性大国之间在"中间地带国家"有诸如反恐、防止核扩散、战后重建等共同关切,则它们领导的不同地区利益集团的各个层级之间就可能出现某种程度的缓和,其相互间也显现出一定的合作关系。第三,一个全球性大国出于强化地缘政治竞争能力的需要,有可能通过军售、经济援助等手段与另一个全球性大国领导的地区利益集团内部某些成员缓和关系,从而降低敌对全球性大国的地缘政治竞争力,甚至瓦解敌对全球性大国领导的地区利益集团。例如,在叙利亚问题上,通过支持土耳其总统埃尔多安挫败西方发动的未遂政变和向该北约成员国出口 S-400 防空系统,俄罗斯成功与叙利亚问题关键参与方土耳其结成战时利益组合,这对俄罗斯降低美国在叙利亚的地缘政治竞争能力非常有利。[①]

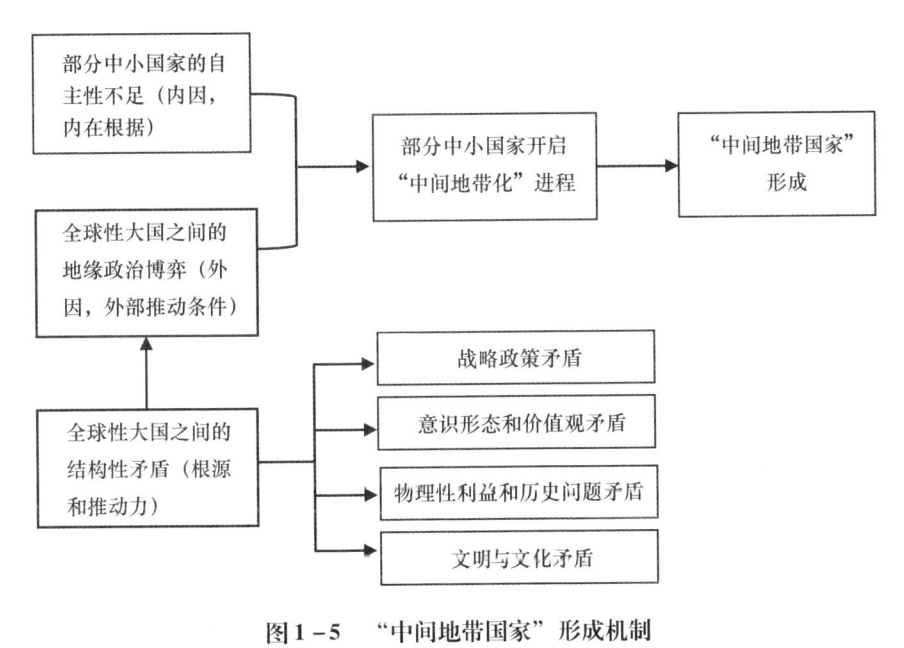

图 1-5 "中间地带国家"形成机制

对"中间地带国家"而言,若能于上述情形中保持在全球性大国

[①] 李云鹏:《浅析土耳其与美国关系的新变化》,《和平与发展》2019 年第 1 期,第 82—100 页。

之间的动态平衡，则其"中间地带化"会得到部分缓解，国家的"同一化"会有所增强。否则，一旦"中间地带国家"在全球性大国之间有过度的倾向性而导致战略失衡，其"中间地带化"会在全球性大国的持续博弈下进一步加剧。

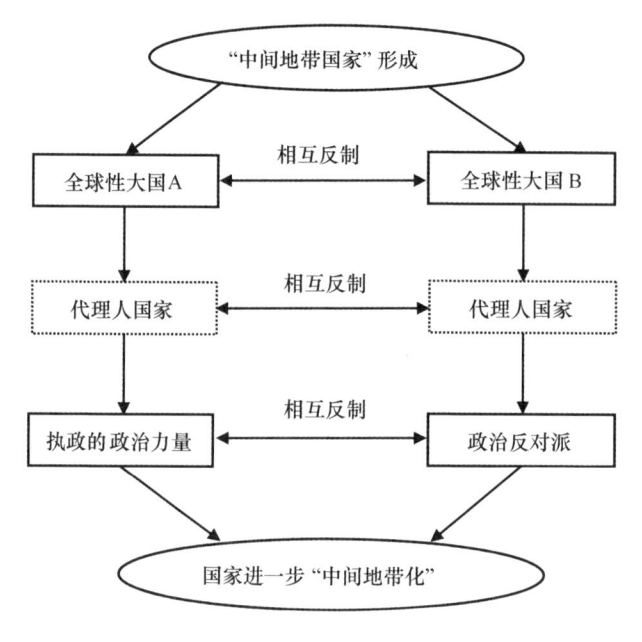

图 1-6　"中间地带国家"发展和演进机制

第四节　"中间地带国家"通道政治的形成

全球性大国参与"中间地带国家"地缘政治的重要方式之一，就是影响、介入"中间地带国家"与外部连接的各种形式的自然和人工通道。在此过程中，全球性大国和"中间地带国家"之间展开了控制与反控制的较量，处于结构性矛盾下的全球性大国和大国集团之间围绕"中间地带国家"展开了介入与反介入的争斗，而这些博弈的重点内容之一就是"中间地带国家"与全球性大国之间，以及全球性大国相互之间对通道主导权的激烈争夺。

从地缘政治、地缘经济、地缘文化和地缘安全的角度考量，这些通道也是"中间地带国家"向外界特别是全球性大国传递本国"中间地带化"进度和程度信息的重要渠道。因此，对"中间地带国家"而言，通道就是其内部自主性显著不足与外部全球性大国强烈影响共同作用的结合点之一，即通道的存在为全球性大国向"中间地带国家"输出影响力提供了现实抓手，使"中间地带国家"内部的各派政治势力有了向外部寻求支持的现实机遇。"中间地带国家"的通道不仅具有地理要素，还具有政治要素和战略要素，这些要素构成全球性大国在"中间地带国家"地缘政治利益的重要层面。全球性大国、世界大国为争夺地缘政治利益而围绕"中间地带国家"通道展开博弈，它们在互动过程中逐渐演进出几组合作、竞争和对抗的关系。随着这些关系不断变化和发展，"中间地带国家"通道政治得以形成和运行。

一、通道和通道政治的内涵

（一）"中间地带国家"的通道

冷战结束后，东欧、外高加索、中亚、西亚、东北亚、东南亚、南亚和北极等"中间地带"是全球性大国地缘政治博弈的热点地区。上述地区有两个特点：第一，这些地区位于欧亚大陆或欧亚大陆的边缘海；第二，这些地区环绕在中俄周围，它们或与中俄在陆地上相连或相近，或与中俄有海洋相通。位于上述地区的大部分"中间地带国家"与中俄有陆路通道和海洋通道连接，而这些通道往往成为以美国为首的西方国家介入"中间地带国家"并挤压中俄外部战略空间的突破口。

本书所论述的通道是指一个国家或地区在政治、经济、文化、安全等领域连接其他国家或地区的全部介质的集合。这些通道是全球性大国对"中间地带国家"施加自己的意志，以及"中间地带国家"经受外部影响并向外部传递回应信息的物质载体。"中间地带国家"主导这些通道程度的强弱体现出其在应对外部大国影响时自主性的高低。

　　本书所论述的"中间地带国家"通道具有鲜明的地理性、政治性和战略性相结合的特征，从不同视角研究可分为以下几类：从通道的形成方式来看，可将其划分为自然通道和人工通道。自然通道是指地理上天然形成的通道，如江河、海峡等。人工通道是指人类出于政治、经济、文化和安全等诸多方面的考量而专门以人力修建的通道，如能源管线、铁路、公路、桥梁等；或者是在某些地理上具备通道潜力的自然环境中，人类出于各种目的有意主动开掘的通道，如运河、隧道等。从通道的属性来看，可将其分为陆地通道、海洋通道、天空通道。从通道的功能来看，可将其分为经济发展通道、文明与文化交流通道、军事斗争通道，以及具有多重功能的综合性通道。随着冷战后各国人文领域互动和经贸往来的增多，文明与文化传播通道、经贸通道正受到更多关注。军事斗争通道通常包括军事转运基地、海上军事航线、水下潜航航道、军机飞行走廊等。尽管这些通道具有社会进步和发展等人文内涵，但仍要由具体的地理要素来承载。从通道的存续时间来看，可将其分为永久性通道、半永久性通道和临时性通道。永久性通道是指地理上长期存在的战略通道或能够长期发挥战略价值的通道，如巴拿马运河。半永久性通道是指地理上长期存在，但战略价值不稳定或不明确的通道，例如，俄罗斯的北极航道在北极冰川加速融化的背景下才得以显现出其巨大的经济和军事战略价值。[①] 临时性通道是指短期内具有战略或战术价值的通道，如战时建设的简易军用机场。从通道所在地区的自然环境和使用状态来看，可将其分为即用型通道和候用型通道。即用型通道是指不受或很少受自然环境变化影响的通道，该类通道立刻或在极短时间内就可以被使用，例如，位于克里米亚半岛的塞瓦斯托波尔为全年不冻军港。候用型通道是指受自然环境变化影响而无法全时段使用的通道，例如，

[①] 若俄罗斯的北极航路被彻底打通，则从远东地区至西欧的海上航线不必再穿行苏伊士运河、地中海和直布罗陀海峡，可以大大缩短航程；同时，俄罗斯海军的北方舰队和太平洋舰队也可"双剑合璧"。参见马得懿：《海洋航行自由的制度张力与北极航道秩序》，《太平洋学报》2016年第12期，第1—11页。

位于南美洲南段的太平洋与大西洋分界线合恩角，其附近海况极为复杂，因此即便是大吨位的航空母舰有时也无法通过。①

本书所阐释的通道完全是传统上与地缘政治紧密相关的地理性通道。随着现代技术的快速发展，"通道"一词的含义也更加广泛，外延领域更加全面，如太空通道、电磁通道和网络通道。②网络在当前已经成为传播意识形态的重要途径，并对国家安全具有重要影响力。在肇始于2010年的中东剧变中，西方通过网络散布"民主"思想，号召民众推翻政府。"伊斯兰国"等极端组织通过网络输出极端思想，在全球招募"圣战分子"。然而，这些通道已经远远超出本书的研究范畴，本书的通道研究围绕地缘政治主题展开。

（二）"中间地带国家"的通道政治

"中间地带国家"通道一直是具有显著国际性的战略通道，历来是西方列强争夺地区和全球霸权的关键。无论近现代以来的世界格局怎样转圜，全球性大国之间基于扩大各自地缘政治利益的需要，对"中间地带国家"通道的争夺从未停歇。在此过程中，全球性大国和"中间地带国家"围绕通道的主导权所展开的遏制与反遏制、介入与反介入、利用与反利用、包围与反包围的全部政治博弈进程就是"中间地带国家"

---

① 朱国强：《合恩角——艰险的航路》，《航海》1981年第2期，第8—9页。
② 地理（geography）是世界或某一地区的自然环境（山川、气候等）及社会要素的统称。本书认为：随着现当代科技力量的蓬勃发展，航空和航天工业的快速进步给现代人带来的交通便利和军事斗争革命已显而易见，人类开辟天空通道（如民用和军用航线）和太空通道（如卫星、航天飞机、宇宙飞船、无人战斗机、登月车）更异为了其在地理上实现更大程度的便捷。同时，随着当代电子工业、计算机产业的迅猛推进，已趋于饱和的电磁通道（如电磁频谱、航空无线电、电磁波）由于成为地理上某个点可用来连接外部的重要渠道而受到大国重视，卫星频率轨道资源中的好用频率已被瓜分殆尽，"黄金导航频率"的80%已被美国和俄罗斯率先抢占，电磁频谱资源为人类共同拥有。另外，网络通道（如实体的海底光缆、网络光纤和虚拟的网络攻击路径、地区网络服务路径）也成为一个地区与外部世界连接的重要甚至是不可或缺的渠道。综上所述：天空通道、太空通道、电磁通道和网络通道虽然貌似与传统地理关联度不高，但由于其高技术性、实用性和便利性，以及在地理领域为军民活动提供高科技支持，这些通道在当代已具有相当高的地理特性，但尚不涉及本书所研究的地缘政治范畴。

的通道政治，其核心内容是各方围绕通道的控制权、战略收益和战略走向所展开的激烈争夺。

"中间地带国家"的通道政治是由全球性大国主导的国际政治的重要组成部分。黑海海峡、马六甲海峡、苏伊士运河等国际战略型通道是近现代以来被西方大国视为关乎国家命脉的重要交通线，与这些通道主导权和控制权有关的国际事件时刻挑动着全球性大国的敏感神经。[①] 任何一个全球性大国对"中间地带国家"通道的控制企图和控制举措都可能会被其他全球性大国视为对其地缘政治利益的重大威胁。因此，"中间地带国家"通道的政治性就体现在全球性大国围绕这些通道的主导权和控制权所展开的政治、军事、经济、文化等多方面的博弈和较量上。

全球性大国参与通道政治的动机就是实现维持、扩大自身在"中间地带国家"的利益以及实现夺取"中间地带国家"主导权的地缘政治目标，这也是全球性大国参与"中间地带国家"通道政治的首要价值。此外，"中间地带国家"通道本身具有经济、军事、人文等多种功能，全球性大国就通道的功能属性而对其展开争夺则是它们参与通道政治的次要价值。通道政治的次要价值从属于首要价值，即全球性大国追求通道政治的功能价值是为其在"中间地带国家"实现地缘政治目标服务的，本书论述"中间地带国家"通道政治就是试图在这样的逻辑下进行相关探讨。

二、通道政治的层次

"中间地带国家"的通道政治分为两个层次，即全球性大国主导的通道政治与地区性大国主导的通道政治。这两者最大的区别在于：全球性大国主导的通道政治往往更具实质性，这是因为在"中间地带国家"的通道政治进程中，全球性大国可将其超强的综合国力转化为对"中间地带国家"超强的控制力，进而能够最直接、最根本地左右"中间地

---

① 梁甲瑞：《海上战略通道视角下中国南太地区的海洋战略》，《世界经济与政治论坛》2016年第3期，第47—60页。

带国家"通道政治的发展方向。地区性大国虽能依托自身独特的地缘优势主导部分"中间地带国家"的通道政治，但这不过是暂时的表象，"中间地带国家"通道政治的决定性力量仍然是全球性大国：一旦国际形势出现变化，全球性大国基于维护自身在"中间地带国家"地缘政治利益的需求，就会利用"中间地带国家"与外界联系的通道来介入"中间地带国家"的不稳定局势，进而从通道政治幕后的"操盘者"转变为前台的"直接参与者"和"实控者"，通道政治的主导权也就此转移至全球性大国手中。①

（一）全球性大国主导的通道政治

全球性大国主导的通道政治可分为两个层次。② 第一，"中间地带国家"的通道政治由一个全球性大国单独主导。这种情况下的通道政治尽管相对稳定，但是其他全球性大国出于自身全球战略利益和地区地缘政治利益的考量势必会对这一现状发起挑战。这种情况下的通道政治还具有不平衡性，单独主导通道政治的全球性大国往往在通道和通道所在地区拥有地缘政治、地缘经济和地缘安全等一个或几个方面的巨大优势，因而在通道政治中面对其他全球性大国的挑战时能够占据有利地位。③ 同时，从长期来看，这一不平衡性具有动态变化的特点，即全球性大国之间在某一"中间地带国家"通道博弈中的不平衡程度并非恒定，而是取决于不同时期全球性大国之间在某一通道上的不同力量对

---

① 王鸣野：《中间地带的通道政治与中间地带国家的国际行为——以吉尔吉斯斯坦玛纳斯空军基地为例》，《俄罗斯研究》2019年第3期，第123—156页。
② 正如前文所述，全球性大国是世界大国中综合实力最强、影响力最为广泛的国家，当前如英国、法国、德国、日本、巴西这样的世界大国在参与"中间地带国家"通道政治的过程中，往往扮演的是全球性大国特别是美国的"追随者"角色，因此在冷战后诸如科索沃战争、阿富汗战争、伊拉克战争、利比亚战争、中亚和外高加索油气管道建设等众多国际地缘政治热点事件中，世界大国总体上程度不一地融入了全球性大国针对"中间地带国家"建构的通道政治体系。基于上述分析，本书在此部分将世界大国主导的通道政治合并到全球性大国主导的通道政治中。
③ V. Veebel, "NATO Options and Dilemmas for Deterring Russia in Baltic States," Defence Studies, Vol. 18, No. 2, 2018, pp. 229–251.

比。例如，苏联解体后，俄罗斯依靠濒临黑海的地缘优势和围绕黑海部署的强大军事力量而依旧在黑海通道占据优势地位。因此，无论是美国促成罗马尼亚、保加利亚加入北约以及通过发动政权更迭运动促使格鲁吉亚向北约靠拢，还是2014年乌克兰危机后美国常态化派遣军舰进入黑海参加巡航和军事演习，① 虽然这些举措确实可以使黑海通道政治中的不平衡性发生变化，使西方与俄罗斯在黑海的竞争更加激烈，但都没有从根本上撼动俄罗斯主导黑海通道的现状。② 第二，"中间地带国家"的通道政治由两个或多个全球性大国共同主导，这种情况下的通道政治趋于均势。一旦全球性大国决定围绕"中间地带国家"通道展开隐性或显性的地缘政治博弈，那么其设定的战略目标就是尽可能夺取通道内外的主导权，从而凭借在通道这一条"线"的优势带动其在"中间地带国家"获得"面"的优势，进而削弱竞争对手在该区域的地缘政治影响力。例如，在2015年9月出兵叙利亚后，俄罗斯通过组建"四国联盟"等机制，在横跨伊朗、伊拉克、叙利亚并直达东地中海的中东"什叶派之弧"通道获得优势地位，这带动其在整个中东地区扩大了地缘政治影响力。但美国依靠更强的国力和中东地区的盟友支持而得以保持对该通道中伊拉克和叙利亚的强大渗透能力，因此中东"什叶派之弧"就此呈现出美俄共同主导、俄罗斯占据一定优势的状态。

（二）地区性大国主导的通道政治

"中间地带国家"通道政治可由单一的地区性大国主导，土耳其扼守的博斯普鲁斯海峡和达达尼尔海峡就是其中的典型案例。③ 在这种情

---

① Pynöniemi, "Russia's National Security Strategy: Analysis of Conceptual Evolution," *The Journal of Slavic Military Studies*, Vol. 31, No. 2, 2018, pp. 240–256.

② 黑海通道是黑海沿岸的乌克兰、罗马尼亚、保加利亚、格鲁吉亚等几个"中间地带国家"，以及俄罗斯和土耳其所共同拥有的海洋通道。该通道在地理上、政治上和战略上处于俄美的夹缝中，本书将其视为"中间地带国家"通道。

③ 尽管土耳其是中东地区的大国且具有较强的自主性，但本书认为：该国近些年的经济状况堪忧，在对外战略上游走于美俄之间并由此呈现出轻微的"中间地带化"。因此，本书暂将该国视为美俄夹缝下的"中间地带国家"。

况下，地区性大国在和平时期可以凭借自身在地理、宗教、经贸等一个或几个方面的优势主导其境内或其境外紧邻的通道。同时，由于该通道与全球性大国的地缘政治利益紧密相关，因此，尽管这类通道在表面上仍可能由地区性大国主导，且地区性大国也可将其作为与全球性大国博弈的筹码并从中获取战略收益，但从本质上来看，当全球性大国凭借自身超强的实力和能力向这类通道强烈施加自己的意志和影响力时，地区性大国在该类通道政治中的主导权只能让位于全球性大国。"中间地带国家"的通道政治也可由两个或多个地区性大国共同主导，这类通道政治更具多边性，沙特阿拉伯和伊朗共同主导的波斯湾通道政治就是其中的典型案例。在这种情况下，具备实力和能力的地区性大国可能试图将共同主导通道政治的现状转变为由其自身单独主导，并独享通道所带来的战略收益。但是，当地区性大国难以继续单独主导通道政治进程时，这些国家会针对通道组建多边性的地区集团或构建多边利益组合，以尽可能排除全球性大国对通道的控制和渗透，这在马来西亚、新加坡和印度尼西亚共管马六甲海峡的案例中有所体现。[①]

在经济全球化和工业革命浪潮的推动下，全球性大国对物质资料流动量的要求越来越高，对外部经贸的依赖程度越来越深。因此，无论地区性大国在本地区的通道政治中能够发挥多大的独特作用，拥有广袤国家领土、深远政治影响力、巨大经济体量和强大军事力量的全球性大国才是"中间地带国家"通道政治中的实质性主导力量，这是由全球性大国的战略利益、战略需求和战略能力共同决定的。

三、通道政治的新问题

全球性大国在结构性矛盾规范下展开地缘政治博弈是"中间地带国家"通道政治形成的外部条件，因此冷战后"中间地带国家"通道政治出现的新问题也与全球性大国实力此消彼长的格局变化密切相关。

[①] 张治国：《海上咽喉管控模式变迁——以马六甲海峡为例》，《太平洋学报》2018年第10期，第79—90页。

第一，长期稳定的国际格局发生显著变化致使新的"中间地带国家"出现，并由此形成新的通道政治问题。这种情况包括新兴大国在崛起过程中所伴生的通道政治，老牌大国衰落或解体所遗留的通道政治，全球自然气候变化所导致的通道政治，以及科技发展革新所衍生的通道政治。无论大国围绕通道展开政治博弈、经济战争还是武力较量，它们都可以在媾和后针对通道以国际法规的形式确立既定的制度安排和力量格局，以暂时性解决彼此的矛盾和冲突，从而达到在通道政治中利益的最大化或受损的最小化。[①] 然而，随着世界各力量中心实力对比的变化，旧有的国际格局会不断发生调整、转变甚至被颠覆，而这些变化会使全球性大国实质主导下的"中间地带国家"通道政治的格局也出现变化，即旧有的通道政治制度安排和政治规则已经难以适应大国间力量对比的变化和新国际格局的出现，这引发"中间地带国家"通道政治出现一系列新的问题。苏联的解体使俄罗斯以外的原苏联加盟共和国均成为"中间地带国家"，并由此引发美俄围绕这些新独立国家的能源通道、军事通道和海洋通道展开持续争夺。

第二，"中间地带国家"内战的爆发导致全球性大国介入这些国家的深度急剧增加，并在战争中引发新的临时性通道政治。"中间地带国家"的通道政治有显性和隐性之分。当全球性大国围绕通道进行政治、经济和文化等方面的暗中"冷"较量时，"中间地带国家"的通道政治会以隐性方式继续在复杂的进程中演进。而当全球性大国围绕通道直接进行军事力量的角逐，或通过扶植代理人间接参与"中间地带国家"的内战时，"中间地带国家"的通道政治会以显性方式向激化的方向快速发展。在此过程中，随着国际和地区局势以及战场形势的变化，"中间地带国家"可能会出现被赋予军事属性的交通枢纽、新开辟的军事基地、新建立的空中航线等临时性通道。它们往往成为某个全球性大国干预复杂地区局势的关键所在，而与其竞争的另一个全球性大国则会想方设法地切断这些通道，以消除对手在"中间地带国家"影响力的扩张。

[①] 孙学峰：《地区安全秩序与大国崛起》，《当代亚太》2018年第6期，第4—44页。

全球性大国之间的上述通道矛盾将可能引发其在"中间地带国家"展开临时性通道政治博弈。

"中间地带国家"的内部政治是"中间地带国家"通道政治的另一个重要方面。不稳定性和自主性不足是"中间地带国家"内部政治最显著的特征，这严重影响了其对外政策的连续性、国际政治的道德可信性和国际政治行为的可预测性。从长期的视角来观察，参与"中间地带国家"通道政治的全球性大国常常会面临这样的窘境：只要全球性大国没有给予"中间地带国家"足够的政治、经济和安全红利，那么"中间地带国家"在通道政治中针对全球性大国的国际道德就没有稳定的诚信可言，其对全球性大国"支持"与"反对"的立场时而坚定不移、时而迅速转换、时而界限模糊。只有当"中间地带国家"的通道政治显现出不平衡性，即一个全球性大国凭借针对"中间地带国家"通道展现出更强的实力、更坚定的意志以及准备分享更大的红利时，"中间地带国家"在通道政治的倾向上才可能对全球性大国表达暂时稳定的态度，各方围绕通道政治的博弈结果才会逐渐趋于明朗。"中间地带国家"在通道政治中针对全球性大国的国际行为也难以完全预测，呈现出多变性、反复性和不稳定性的特点，其经常采取通过融入一个全球性大国的体系来平衡另一个全球性大国影响力的策略。吉尔吉斯斯坦在玛纳斯空军基地的美军去留问题上于美俄之间左右摇摆的过程印证了上述论点。[1]

四、通道政治的形成和运行机制

本书认为：全球性大国参与"中间地带国家"的通道政治有两种方式。一是单独参与，即一个全球性大国为争夺某个通道的主导权而独自与另一个全球性大国和"中间地带国家"展开博弈，如美国就是通过这种方式参与玛纳斯空军基地的通道政治；二是集团参与，即一个全

---

[1] 王森、杨光海：《东盟"大国平衡外交"在南海问题上的运用》，《当代亚太》2014年第1期，第35—57页。

球性大国基于增强竞争力、降低竞争成本等考量，将某个通道的利益攸关方拉入自己的全球战略轨道和"中间地带国家"通道战略之中，并结成以其为核心的紧密程度不一的政治军事联盟，以此同另一个与其竞争或敌对的全球性大国（也可能是另一个全球性大国所领导的国家集团）和相关"中间地带国家"争夺通道的主导权和战略收益。"中间地带国家"通道的利益攸关方包括诸如英国、法国、德国这样的世界大国，伊朗、沙特阿拉伯、土耳其、埃及、哈萨克斯坦这样的地区性大国，以色列、越南这样的地区性强国以及其他国际政治力量。例如，冷战初期美国通过组建北约成为西方集团名副其实的领导力量，而北约成员国英国、法国和比利时在非洲拥有大量殖民地，这使美国企图将非洲也纳入自己称霸全球的战略中，并针对苏联提出了涉及东非、北非部分国家的"第四点计划"。而苏联为了打破以美国为首的西方阵营的封锁，通过经济和军事援助等方式与埃及、阿尔及利亚、埃塞俄比亚等非洲大国结盟，抢占了红海通道等至关重要的战略要道，动摇了美国、英国、法国在非洲大陆的根基。[①] 然而，世界大国、地区性大国和地区性强国等"中间地带国家"通道政治参与方的战略地位、扮演角色、对外决策和具体行为最终受制于美俄等全球性大国的约束或取决于美俄等全球性大国的意志，即全球性大国凭借其超强的地缘政治影响力、经济实力和军事实力能够强烈影响"中间地带国家"通道政治的参与方，使它们总体上不得不按照全球性大国的意愿行事。

全球性大国参与"中间地带国家"通道政治呈现出短期合作、长期竞争和对抗的规律，究其成因，在于全球性大国彼此间对"中间地带国家"通道的地缘政治和全球战略意义的判断存在差别，这自然会引发其对通道采取不同措施。而这一差别的产生主要受制于全球性大国与相关"中间地带国家"的地缘关系以及由此引发的地缘政治效应。对于一个全球性大国而言，越是与之地缘关系紧密的"中间地带国家"，越

[①] 张宏明：《大国在非洲格局的历史演进与跨世纪重组》，《当代世界》2020年第11期，第29—36页。

是不能容忍另一个全球性大国介入该"中间地带国家"的通道，该效应的直接后果便是全球性大国围绕"中间地带国家"通道的主导权展开博弈。全球性大国与"中间地带国家"的地缘关系可分为两类：第一，"中间地带国家"或某个"中间地带国家"所处的"中间地带"与至少一个全球性大国直接陆上相邻，如美俄之间的外高加索国家、东欧国家；第二，"中间地带国家"与全球性大国相近或间接相邻，但两者之间有陆地通道、海洋通道和空中通道将其连接，如美俄之间的中东国家、加勒比海沿岸国家。

若一个全球性大国是某个"中间地带国家"的直接陆上邻国，那么当另一个全球性大国对这个"中间地带国家"的通道施加影响时，该全球性大国对此的战略判断就是其在这个通道的固有利益可能将受到潜在威胁或直接损害。在微观层面上，此全球性大国所采取的应对举措可能就是在通道所在的"中间地带国家"实施针对性的破坏计划。在宏观层面上，此全球性大国所采取的应对举措可能就是在通道所在或相近的"中间地带国家"针对另一个全球性大国的通道战略进行反建构，使其无法实现既定的通道战略目标。这一点在俄美与俄欧围绕乌克兰天然气管线所展开的通道政治博弈中有所体现。

若一个全球性大国是某个"中间地带国家"的相近国家或间接邻国，那么当另一个全球性大国对这个"中间地带国家"的通道施加影响时，则其对此的战略解读就可能是对手企图通过主导该通道来控制自己的相近国家或间接邻国，进而压缩自己在此的外部战略空间。[①] 该全球性大国所采取的应对举措，一是可能通过开辟新通道来抵消另一个全球性大国的"通道攻势"，例如，面对俄罗斯对原苏联地区能源输出垄断的局面和挥舞"能源大棒"的现实，美欧力主推动的巴库-第比利斯-杰伊汉管线于2005年建造完成，这是外高加索地区第一条绕开俄罗斯的石油输出管道；二是可能构建由自己主导的联盟体系或利益组合

[①] 时殷弘等：《中美关系走向与国际格局之变（名家笔谈）》，《国际安全研究》2020年第6期，第3—38页。

来对另一个全球性大国构成战略遏制和包围态势。[①] 例如，美国在欧洲地缘政治问题上挑起俄罗斯与欧洲国家的矛盾，其目的之一就是尽可能遏制俄罗斯军事力量以波罗的海为通道进出大西洋。

通过结合本章第三节对"中间地带国家"和本节对"中间地带国家"通道政治概念的相关论述，以及本章第一节、第二节关于"中间地带国家"形成的内因和外因的相关分析，可以得出"中间地带国家"通道政治的形成机制：

在结构性矛盾多层面要素的动态调控下，各个全球性大国为了充分实现自己的地缘政治目标而难以避免地会在一定时期与其他全球性大国产生竞争和对抗的关系，并在对其至关重要的"中间地带国家"展开不同程度的地缘政治博弈。其中，通道是全球性大国影响"中间地带国家"内政的渠道和突破口，通道博弈是全球性大国对"中间地带国家"争夺的重要方式和内容。全球性大国在"中间地带国家"的地缘政治竞争必然会引发它们对"中间地带国家"通道的战略含义出现不同解读，即全球性大国将掌控"中间地带国家"通道的主导权视为其在地缘政治博弈中削弱、遏制和包围竞争对手的重要方式。对在地理上、政治上和战略上处于某个"中间地带国家"外部的全球性大国而言，一旦竞争对手开始介入通道，该国为维护其在"中间地带国家"的地缘政治利益而一定会对此进行反制。以上是"中间地带国家"通道政治形成的外在机理。

由于"中间地带国家"自主性不足，它们对与外界连接的通道的走向、利用和收益缺乏足够的控制能力，因此无法完全掌控通道的主导权。在此影响下，"中间地带国家"的内部在全球性大国围绕通道进行地缘政治博弈时会出现不同政治势力的分化，即其内部亲近不同全球性大国的各个政治力量因相互之间矛盾发酵、冲突加剧而陷入相互之间几乎无法妥协的境况，进而造成"中间地带国家"的内部局势更加动荡以及自身更深层次的"中间地带化"，这是"中间地带国家"通道政治

[①] 王鸣野：《"中间地带"的博弈与困境》，科学出版社2017年版，第28页。

形成的内在机理。①

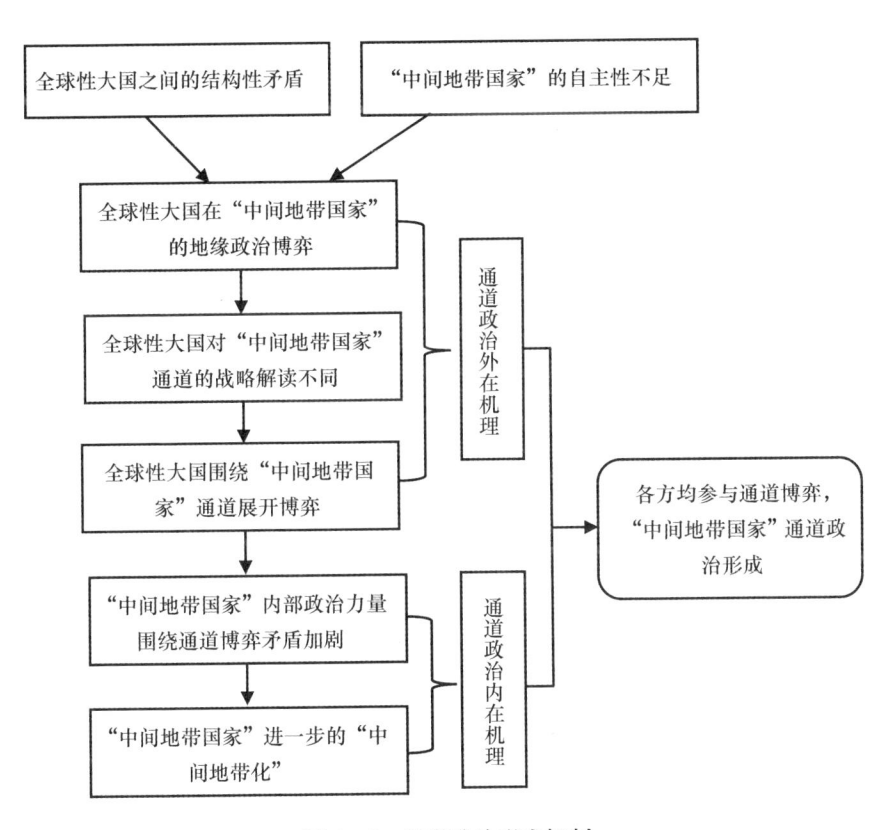

图 1-7 通道政治形成机制

"中间地带国家"为实现自身利益的最大化，会在通道的利用、收益、走向和主导权等问题上与全球性大国展开谈判。由此，各个全球性大国和"中间地带国家"围绕通道开启了国际国内的博弈进程，"中间地带国家"的通道政治就此形成。尽管全球性大国的介入是"中间地带国家"通道政治形成的决定性外部条件，但需要明确的是：形成"中间地带国家"通道政治与形成"中间地带国家"的内外因及内外因

---

① 王鸣野：《中间地带的通道政治与中间地带国家的国际行为——以吉尔吉斯斯坦玛纳斯空军基地为例》，《俄罗斯研究》2019 年第 3 期，第 123—156 页。

的辩证关系是相同的,即全球性大国之间在结构性矛盾规范下展开地缘政治竞争是外因(外在条件),这一外因只有在"中间地带国家"自主性不足这一内因(内在根据)确立时才能对通道政治的形成起作用。

通过对"中间地带国家"通道政治的形成机制与本章第三节"中间地带国家"的发展和演进机制进行分析,可以得出"中间地带国家"通道政治的运行机制:

对"中间地带国家"而言,全球性大国参与通道政治会产生两个地缘政治后果。第一,通道政治进程开始后,全球性大国为了夺取通道的主导权会扶植"中间地带国家"的某些政治力量更迭或取代现政权。由于"中间地带国家"不同政治力量在上台执政后制定的对全球性大国的倾向性政策不同,因此"中间地带国家"在通道政治中对全球性大国表现出反复无常,而这进一步引发全球性大国围绕通道主导权的争夺。第二,"中间地带国家"间的关系会出现变化。在某个"中间地带"内,一个"中间地带国家"的通道政治往往与其他"中间地带国家"紧密相关。全球性大国出于通道政治博弈的需要而力图把"中间地带国家"纳入自己的战略轨道,而地区内多数"中间地带国家"基于实际利益的最大化而可能在全球性大国之间摇摆不定,即在一定时期内根据不同全球性大国对其开出的"价码"高低而对它们表达出支持、反对或虚与委蛇等多种态度。在通道政治进程开始后,若不同"中间地带国家"对全球性大国"选边站队"的抉择不同,则可能会引发其相互间的地缘政治矛盾;若不同"中间地带国家"对某个全球性大国的倾向基本相同,则它们会在该全球性大国的领导下结成利益组合、准联盟或联盟。

上述地缘政治后果对"中间地带国家"通道政治的影响有两种表现方式:一是如叙利亚、格鲁吉亚和乌克兰那样,通道政治的对抗性、冲突性极为明显;二是如中亚五国、白俄罗斯那样,通道政治表现得暗流涌动、虚虚实实，却没有明显的国家间武力对抗。[①]

全球性大国凭借其超强的综合国力而成为"中间地带国家"通道政治中的决定性力量。在相互间结构性矛盾的规范下，如果全球性大国随着自身在国际格局中的权力变化和在"中间地带国家"的处境变化而对通道做出加强或减弱介入等战略决策调整，作为全球性大国盟友、合作方或利益攸关方的世界大国、地区性大国、地区性强国和其他国际社会力量则基于维护自身在"中间地带国家"地缘政治利益的考量，也不得不跟进调整其在通道博弈进程中的策略。上述全球性大国、"中间地带国家"及其他利益相关方所有互动的逻辑关系构成了"中间地带国家"通道政治的运行机制。

通过研究国家的自主性问题，本章明确了部分中小国家发展为"中间地带国家"的内因。通过研究国家间结构性矛盾，本章分析了全球性大国之间关系难以完全缓和的具体原因，这是全球性大国参与地缘政治竞争的根源所在。而全球性大国之间的地缘政治竞争又是"中间地带国家"和"中间地带国家"通道政治形成的外因和推动力。在对"中间地带国家"形成原因进行具体分析后，本章对"中间地带""中间地带国家"和"中间地带化"的涵义进行了论述，厘清了"中间地带国家"的发展和演进逻辑。"中间地带国家"始终难以完全按照自己的意愿处理内部事务和摆脱全球性大国的强烈影响，这一特点在"中间地带国家"通道政治的形成过程中鲜明地体现出来，而这也是全球性大国参与"中间地带国家"通道政治的立足点和出发点，即通道既是全球性大国干预"中间地带国家"的突破口之一，也是引发"中间地带国家"地缘政治博弈的源头之一。以"中间地带国家"的发展和演讲机制为基础，本章总结出"中间地带国家"通道政治的形成和运行机制，并将以此逻辑链条来对本书的案例部分进行分析和解读。

[①] 张严峻：《白俄罗斯民族文化认同的历史流变与现实境遇》，《俄罗斯研究》2018年第4期，第104—143页。

第二章 中东阿勒颇军事通道政治

自2011年叙利亚冲突爆发后，阿勒颇成为战时叙利亚连通内外的关键通道。美俄这两个全球性大国、土耳其和伊朗等中东地区性大国、以色列这一中东地区性强国、叙利亚内部不同政治势力为争夺阿勒颇市的控制权而展开的战役是叙利亚冲突的关键组成部分和重要转折点。阿勒颇战役的发展进程能够较为完整地体现出"中间地带国家"临时性军事通道政治的形成、发展和演进机制。

本章根据"中间地带国家"通道政治理论，首先对叙利亚成为"中间地带国家"的原因进行分析。本书认为，叙利亚"中间地带化"的内因是该国在不稳定的内政、落后的经济、多样的民族和教派、险恶的地缘政治环境等因素的共同作用下显现出自主性不足；叙利亚"中间地带化"的外因是受结构性矛盾规范的美俄在该国进行地缘政治博弈。以此为基础，本章分析了肇始于2010年的中东剧变对叙利亚的冲击，这是2011年叙利亚冲突爆发的背景。然后，本章详细分析了2012—2016年阿勒颇战役的激烈进程，以及参与和介入叙利亚冲突的各方为控制阿勒颇军事通道的走向、扩大战略影响和争夺主导权而展开的国际国内政治、军事博弈，从而总结出阿勒颇通道政治的形成和运行机制，并论述中东阿勒颇通道政治的演进过程。

第一节　叙利亚的"中间地带化"

就内部情况而言，叙利亚在国内政治、经济、民族、宗教等因素的影响下呈现出严重的"离心化"倾向。从外部环境来看，自奥斯曼帝国瓦解后，全球性大国便觊觎中东这个典型的"中间地带"，而地处中东地区中心位置、拥有地中海海岸线的叙利亚则始终是全球性大国关注的焦点。近代以来，英法等欧洲列强对中东的委任统治，二战后美苏在中东构建军事联盟和划分势力范围，冷战后三十多年美俄就扩大自身在中东的利益所展开的激烈争夺，都使不同时期的叙利亚被不同程度地纳入全球性大国和世界大国的战略轨道。在上述内外因素的共同作用下，叙利亚长期陷入"中间地带化"，这具体表现在该国内部难以保持长久的稳定、繁荣和发展，以及该国对外部的依附性较强，长期奉行追随全球性大国和世界大国的政策。不稳定的国内政治、难以成形的国家认同、激烈的教派冲突与民族矛盾、衰弱的国家经济和险恶的外部环境，使叙利亚难以完全自主地掌控其内政外交的全部走向。同时对美俄而言，在政治、经济和军事层面控制叙利亚这一战略要地对其各自中东战略的顺利推进极为重要。

一、叙利亚"中间地带化"的内因

叙利亚"中间地带化"的内在因素集中体现为叙利亚的政治体制、民族构成、经济状况和地理位置等多个方面。在内在因素多方面的共同作用下，叙利亚的内部政局由潜在的不稳定态势退化为明显的撕裂状态，并逐渐走向无法主导自身政局的深渊。

（一）不稳定的国内政治

叙利亚在20世纪40年代二战期间爆发的民族解放运动中取得独

立。在此之前，叙利亚一直处于奥斯曼帝国、英国、法国和俄罗斯势力范围的夹缝中。但在取得独立后的二十年中，叙利亚由于内部政党的分裂、治国理念的混乱和外部大国的频繁干预而发生20多次政变，民众起义此起彼伏。20世纪70年代，哈菲兹·阿萨德在叙利亚创建了军政合一的威权主义政治体制。[①] 威权体制是一种在民主政治和专制体制之间温和过渡的政治组织形式。国家领导人通过这一体制可以强制性地对国内政治进行整合，从而保持国内社会稳定，促进国家经济发展。[②] 在威权主义政治体制下，叙利亚的内政虽然一直处于相对稳定的状态，但该国未能从根本上推进政治改革和政治发展。

首先，阿萨德家族长期控制国家权力、任人唯亲，叙利亚公民政治参与的诉求难以满足。一方面，大量叙利亚社会和政治精英没有机会参与国家治理，致使国家政治体系运转不畅，这是叙利亚国内政治不稳定的根源。另一方面，叙利亚复兴党几乎垄断了国家的政治生活，阿萨德家族及其政治盟友长期占据复兴党的主要领导位置，且叙利亚政治系统内的官员多为阿萨德的族裔或亲信，他们以权谋私造成腐败蔓延，这引发叙国内民众和政治精英的不满。表2-1即为叙利亚2003—2020年的腐败指数和在世界范围内的腐败排名情况统计。

表2-1 2003—2020年叙利亚腐败情况统计

年份	腐败指数	腐败排名	年份	腐败指数	腐败排名
2003年	34	66	2008年	21	147
2004年	34	71	2009年	26	126
2005年	34	70	2010年	25	127
2006年	29	93	2011年	26	129
2007年	24	138	2012年	26	144

---

① 曹鹏鹏、韩隽：《叙利亚民族国家建构困境与启示：基于冲突治理的分析》，《统一战线学研究》2019年第3期，第84—91页。
② Myers R., "Persistence of Authoritarianism in the Middle East and North Africa," Munich: GRIN Verlag, 2009, p. 7.

续表

年份	腐败指数	腐败排名	年份	腐败指数	腐败排名
2013 年	17	168	2017 年	14	178
2014 年	20	159	2018 年	13	178
2015 年	18	154	2019 年	13	178
2016 年	13	173	2020 年	14	178

资料来源：叙利亚—腐败指数，Trading Economics，https：//zh.tradingeconomics.com/syria/corruption－index；叙利亚—腐败排名，Trading Economics，https：//zh.tradingeconomics.com/syria/corruption－rank。

注：腐败指数越低，腐败排名越高，说明该国腐败情况越严重。

其次，巴沙尔·阿萨德在2000年继任叙利亚总统后推行弱威权主义政治体制，实行被称为"大马士革之春"的改革，在形式上给普通民众更多参政的机会，而这同时也使国家治理出现危机。[1] 尽管叙利亚经济、文化和社会的现代化必然会引发政治改革的意愿，但叙利亚政府缺少改革所必需的政治权威和政治技巧，因此其政治改革并没有成功。西方式的政治民主改革、过度依赖公众散布性支持和巴沙尔对内政掌控能力的不足，削弱了叙利亚原有的威权政治体制，最终导致国内潜在的民族矛盾爆发、教派冲突愈演愈烈，以及"伊斯兰国"对叙利亚威权制度的动摇。

最后，阿萨德家族对政治安全的考虑影响了叙利亚的私有化改革。阿萨德家族所属的阿拉维派占据叙利亚执政的核心地位，在国内政治、经济和军事等各领域都受到政府优待。由于私有化改革只会让对现政权不满的逊尼派穆斯林受益，所以对阿萨德家族来说，经济的发展只能让位于政治安全。[2]

---

[1] Raymond Hinnebusch, "Syria: from 'Authoritarian Upgrading' to Revolution？" International Affairs, Vol. 88, No. 1, 2012, p. 98.

[2] 王新刚、马帅：《叙利亚阿萨德时期威权主义与政治稳定探析》，《西北大学学报》（哲学社会科学版）2016年第3期，第13—15页。

（二）落后的经济状况

自2000年巴沙尔总统执政以来，叙利亚的经济发展主要面临三个方面的问题。首先，叙利亚的经济结构较为单一。石油产业是叙利亚经济的支柱和主要外汇来源，该国在2011年之前每年出口石油可赚取20亿美元，这约占其国内生产总值的20%和对外出口总额的60%。然而，叙利亚的石油储量并不丰富，再加上2011年内战爆发后叙利亚石油产量大幅下降和国际油价持续走低，致使其国民经济受到很大冲击。其次，叙利亚的经济改革效果不明显。巴沙尔总统主导自由市场经济改革的目的是既保留国有企业，又鼓励民营资本发展。这项举措固然促进叙利亚经济取得了一定增长，但经济发展的成果却被少数阶层把持。同时，叙利亚的经济发展效率依旧很低，制造业发展缓慢，物价增长过快，失业率则居高不下。[1] 最后，叙利亚面临社会财富分配不公和国民仍然相对贫困的问题。叙利亚的人类发展指数落后于大部分中东国家，近1/3的民众生活在贫困线以下。与国民相对贫困形成鲜明对照的是叙利亚政府严重的腐败情况，这使叙利亚大部分经济领域无法实现市场的自由竞争。[2]

落后的经济发展水平无法为叙利亚独立自主地进行内政外交决策提供有力的物质支撑。2011年内战爆发后，叙利亚经济严重倒退，国内税收锐减、通货膨胀严重、失业率过高，国家财政赤字和经济滞胀局面严重，石油工业、制造业和农业的产量大幅下降，叙利亚未来的经济重

---

[1] Katarina Montgomery, "Syria Won't Recover for Decades' – An Expert's View on The Cost of War on The Country," News Deeply, Jun. 16, 2015, https://deeply.thenewhumanitarian.org/syria/articles/2015/06/16/syria-wont-recover-for-decades-an-experts-view-on-the-cost-of-war-on-the-country.

[2] 王晋：《叙利亚重建面临的政治、经济和外交挑战》，《国际关系研究》2018年第2期，第31—32页；王新刚：《现代叙利亚国家与政治》，人民出版社2016年版，第410—416页。

建和恢复发展面临严峻挑战。① 表2-2显示了叙利亚内战爆发前后该国国内生产总值的变动情况。

表2-2 2007—2017年叙利亚国内生产总值增长率统计

年份	2007年	2008年	2009年	2010年	2011年	2012年	2013年	2014年	2015年	2016年	2017年
增长率	+5.7%	+4.5%	+5.9%	+3.4%	+4.6%	-26.3%	-26.3%	-14.7%	-6.1%	-4%	+1.9%

资料来源：叙利亚—国内生产总值年增长率，Trading Economics，https：//zh.tradingeconomics.com/syria/gdp-growth-annual。

（三）多样的教派和民族

叙利亚是一个多教派、多民族的国家，碎片化的教派结构和星罗棋布的族群格局是该国政治生态的基本形式。从宗教认同来看，伊斯兰教、基督教和犹太教对叙利亚均有重要影响。从民族构成来看，叙利亚80%以上的人口是阿拉伯人，同时如土库曼人、库尔德人、亚美尼亚人等少数族裔在该国也有分布。其中，库尔德人作为中东的第四大民族一直谋求独立建国，但遭到叙利亚政府的长期压制。②

不同的教派和族群在叙利亚的地位不平等，导致该国宗教对立、派别摩擦和民族矛盾交织在一起，这深刻影响了叙利亚的国家和民族认同。宗教少数派阿拉维派在叙利亚政治体制中长期占据主导地位，这导致占叙利亚人口总数70%的逊尼派民众的不满和仇视。对叙利亚而言，国家权力的阿拉维化没有解决民族国家的构建问题，不同民族、教派在权力分配上的失衡与政治诉求得到满足的差别弱化了全民性的"叙利亚主义"国家认同，这也是叙利亚爆发危机的深层次原因。③ "伊斯兰国"

---

① 王晋：《叙利亚重建的困境、归因与超越》，《西亚非洲》2019年第1期，第15—19页。

② Ari Soffer, "The 'Non-Arab Spring'?" Arutz Sheva, Sep. 18, 2017, http://www.israelnationalnews.com/Articles/Article.aspx/13847.

③ 王新刚、张文涛：《叙利亚政党制度与政治稳定研究》，《外国问题研究》2018年第2期，第64—65页。

正是利用叙利亚教派和部族的分裂、国家认同的缺失、地方对中央的不满来制造混乱和激化矛盾,从而获取地方宗教权威。

(四) 险恶的地缘政治环境

叙利亚西部濒临东地中海并与塞浦路斯相望,西南与黎巴嫩、巴勒斯坦、以色列和约旦相邻,东部同伊拉克接壤并与伊朗西北部相近,北部则同土耳其有较长边界线。叙利亚在地理上处于欧、亚、非三大洲的"交汇地带"以及波斯湾、红海、地中海、黑海和里海围绕的"中心地带",是连接大西洋和印度洋通道的重要组成部分,也是连通中东各国的重要枢纽,自古以来就是大国逐鹿征伐和周边势力干预的重点国家。

在伊朗、叙利亚和伊拉克构成的中东"什叶派之弧"中,美国及其盟友以色列视伊朗、叙利亚和黎巴嫩为"抵抗轴心",其中叙利亚是中枢,也是伊朗将影响力延伸至地中海的过境通道。基于以上认知,美国认为叙利亚是妨碍其贯彻自己中东战略的桥头堡,故而对该国采取军事打击、外交孤立和经济封锁等严厉措施。在中东地区,以沙特阿拉伯为首的亲美逊尼派国家以及以色列为实现遏制和颠覆与其长期敌对的伊朗政权的目标,将伊朗的什叶派盟友叙利亚视为"眼中钉",试图利用各种方式颠覆巴沙尔政权。占据重要的地缘位置本来有利于叙利亚在域外大国和地区国家之间左右逢源,但与美国及其中东盟友的交恶使叙利亚在外交上被孤立,难以拥有安稳的地缘环境。

二、叙利亚"中间地带化"的外因

在相互间国家战略政策与意识形态和价值观两个层面结构性矛盾的规范下,美俄围绕中东地区特别是叙利亚展开了地缘政治博弈,这是叙利亚"中间地带化"的外在因素。一方面,美俄之间的战略对抗集中反映为两国在叙利亚地缘安全和能源安全战略上的矛盾,这突出表现为两国对叙利亚连通欧、亚、非三大洲的陆路和海路通道的争夺,以及对过境叙利亚的能源通道主导权的竞争。另一方面,美俄之间的意识形态和价值观冲突集中反映为两国在"民主输出"和更迭叙利亚政权问题上的尖锐对立。因此，在国家间结构性矛盾的调节和促动下，美俄为争夺在叙利亚的地缘政治利益势必会争相扩大其在叙利亚的影响力。[①] 在此过程中，美俄间的结构性矛盾进一步由隐性发展为显性，这加深了两国在叙利亚地缘政治博弈的程度。

（一）美俄在叙利亚的战略对抗

美俄在叙利亚博弈的焦点是其基于各自地缘政治、经济和军事利益而展开的权力争夺，这具体体现为两国在叙利亚甚至中东难以调和的战略矛盾。美俄围绕叙利亚展开的权力政治博弈主要体现在双方对中东地缘战略利益的争夺和维护方面。在战略政策层面结构性矛盾的规范和推动下，美俄在叙利亚的战略对抗和地缘政治博弈呈现出尖锐性、排他性和长期性的特点。

1. 美国的战略考量

美国在叙利亚与俄罗斯展开地缘战略博弈主要是出于地缘政治和能源经济的考量。无论是基于维持霸权和领导世界的全球战略，还是基于防止大国在欧亚大陆崛起的地缘战略，美国不仅要阻止俄罗斯在中东扩大影响力甚至占据主导地位，还要通过控制中东这一欧亚大陆的"边缘地带"来压缩俄罗斯南部的地缘空间。对美国而言，若能拔除叙利亚这颗俄罗斯楔入中东的"眼中钉"，不仅可以为其推翻伊朗政权提供便利，从而将中东完全置于美国的控制之下，还可以进一步在南线对俄罗斯实施战略合围。

2011年11月，美国总统奥巴马提出"亚太再平衡"战略，将美国的战略重心转向亚太。从2017年11月到2018年初，美国总统特朗普相继提出了对"亚太再平衡"进一步延伸的"印太战略"，以及将战略重心由反恐转向大国竞争。因此，2011年后美国相对减少了对中东事

[①] Louisa Loveluck and Loveday Morris, "As ISIS Retreats in Syria, U. S. and Iran Scramble for Control," The Washington Post, Jun. 7, 2017, p. B8.

务的直接军事干预。但这既不意味着中东地区在美国全球战略中的地位大幅下降,更不意味着美国会完全退出叙利亚事务。① 尽管在不同时期根据中东的具体情况有所调整,但美国的中东战略总体上是确保能源安全、反恐、防止大规模杀伤性武器扩散、保护盟国安全和促进民主制度输出,其中能源安全是美国在中东的根本利益。②

在美国已经控制中东大部分油气资源的背景下,进一步控制中东重要能源管线就成为美国完全管控中东能源的必然步骤。其中最重要的部分就是美国要将中东的什叶派能源管线改造为逊尼派能源管线。③ 第一,原有的什叶派管线以伊拉克基尔库克油田到叙利亚巴尼亚斯油港之间的石油管道为基础,包括从该管线开辟的从叙利亚霍姆斯省到黎巴嫩的黎波里港口④的支线。什叶派管线在2003年伊拉克战争中遭到美军破坏,叙利亚和伊拉克政府在2009年曾计划修复该管线,两国在2011年还签署了基于现有管线再建造两条原油管道的协议,但叙利亚内战的爆发使该协议搁浅。第二,叙利亚是中东国家筹划的逊尼派管线和什叶派管线的汇集点。伊朗、叙利亚和伊拉克在2011年7月25日签署了建造什叶派管线的协议,三方规划建设经过原先建造的基尔库克-巴尼亚斯管道,将伊朗南帕尔斯油气田的能源输送至叙利亚港口的石油管道。俄罗斯对此大力支持,并计划参与这一管道的建设。该管线投入运营后将用本币结算,而这是对美国石油美元霸权的严重威胁并因此成为美国介入叙利亚内战的原因之一。第三,美国对什叶派新管线的另一个回应是规划逊尼派管线,其目的在于绕过伊朗,将卡塔尔南帕尔斯油气田的能

---

① Andrew J. Macevich, "America's War for the Greater Middle East: A Military History," New York: Random House, 2016, p. 222.
② I. M. Oehler – Sincai, "United States 'Pivot' Towards Asia – Pacific: Rationale, Goals and Implications for the Relationship with China," Knowledge Horizons – Economics, Vol. 8, No. 1, 2016, pp. 25 –31.
③ 况腊生:《叙利亚战争沉思录:二十一世纪的"微型世界战争"》,人民出版社2018年版,第263—264页。
④ 的黎波里是黎巴嫩第二大港口城市、北部省会,位于黎巴嫩西北部地中海东岸阿里河河口,是黎巴嫩北方的商业、工业和旅游中心。

源经过叙利亚、伊拉克和土耳其输送到欧洲。① 美国此举是希望凭借逊尼派管线打通后所带来的巨大期望收益而将沙特阿拉伯等逊尼派国家绑定在美国的"能源战车"上，并将中东能源直接向欧洲大量输送，从而以压低石油价格的方式共同对俄罗斯发动石油战争，挤占俄罗斯主要的能源市场。② 能源出口是俄罗斯经济发展的支柱，③ 对美国而言，打压俄罗斯的能源经济就可以达到拖垮俄罗斯的战略目的。因此，为了掌控中东能源，美国以强大的政治影响力、军事实力和盟友体系来维持在中东的主导地位并不断插手叙利亚事务。

2. 俄罗斯的战略考量

冷战后俄罗斯的对外战略就是要在欧亚大陆恢复其大国地位，而中东地区则是俄罗斯展现大国外交和维持大国地位的重要平台。随着两极体系的终结和以美国为首的西方力量的相对衰退，国际格局缓慢进入重新建构的阶段，这为俄罗斯积极开展全方位外交、在国际事务中提升话语权和恢复大国影响力提供了空间。自20世纪90年代后半段以来，俄罗斯一直是中东问题的主要参与方之一，但其政策主要是强调联合国框架和多边合作机制在解决中东事务中的作用。同时，俄罗斯利用中东国家内部以及中东国家和外部大国之间的相互制衡来维护其在中东的地缘战略利益。在叙利亚危机前，俄罗斯由于自身综合国力的限制且战略重心一贯在欧洲，而没有在中东建立长期存在、相对稳固和设施齐全的战略支点。

然而，从2003年伊拉克战争到2011年席卷中东的政权更迭运动，在美国的持续军事打击和"民主"输出下，埃及、叙利亚、利比亚、也门、阿尔及利亚等多个与俄罗斯有传统友好关系的国家政权被推翻或

---

① 南帕尔斯油气田为伊朗和卡塔尔共有。参见"Inside Iran's Giant Natural Gas Complex," Jan. 27, 2016, https://money.cnn.com/2016/01/27/news/economy/iran-gas-industry-south-pars/index.html。

② 据美国能源信息署的数据，俄罗斯在2016年70%的石油出口至欧洲。参见美国能源信息署网站，https://www.eia.gov/todayinenergy/detail.php?id=33732。

③ 能源出口约占俄罗斯每年财政收入的一半，比如2018年油气税占俄联邦政府收入的46%。参见周伊敏、王永中：《俄罗斯油税新政不足忧》，《环球》2019年第14期。

出现重大危机，而其中叙利亚巴沙尔政权的去留问题更是引起俄罗斯的强烈关注。从地缘政治上看，叙利亚是冷战后俄罗斯在中东为数不多的传统铁杆盟友，巴沙尔总统在位就意味着俄罗斯依然能够依托叙利亚这个稳固的战略支点来参与中东事务。此外，叙利亚是俄罗斯与美国地缘政治博弈的重要筹码，俄罗斯在叙利亚的行动可与其对乌克兰危机的处理形成联动效应，即通过介入叙利亚以牵制西方国家的注意力，从而缓解俄罗斯在西南方向的战略压力。从地缘安全上看，叙利亚西部的塔尔图斯港是俄罗斯（苏联）在海外的第一个正规化海军基地，也是当前俄罗斯在地中海唯一的海军基地，其对俄罗斯主要具有以下战略价值：这是俄罗斯强化在地中海及中东军事存在的可靠后勤保障基地；这是俄罗斯海军控制东地中海从而维护俄罗斯南下红海、印度洋的军事和贸易通道，并可在必要时成为威胁西方国家地中海－苏伊士运河－红海－波斯湾－亚太的贸易和能源运输通道的支撑点；这是俄罗斯在北约"后院"打下的一个极有分量的楔子，成为其西南"软腹部"外围地区的重要军事屏障，以及俄军在北约南翼对其进行反包围和反遏制的重要立足点，对俄罗斯抑制由北约东扩带来的消极地缘安全影响和延伸俄军的南线活动空间有重大军事作用。从地缘经济上看，叙利亚虽然不与俄罗斯接壤，但两国相对较近的距离有利于经贸合作。俄罗斯在叙利亚有重要的能源、军火和投资利益，① 如临近叙利亚西海岸的拉塔基亚省和塔尔图斯省的地中海东部油气带，对俄罗斯能源经济意义重大。此外，若巴沙尔政权垮台，储量达 25 万亿立方米的廉价卡塔尔天然气就可经过叙利亚输送至欧洲，② 这将对俄罗斯的能源出口构成巨大冲击，并使俄罗斯牵制欧洲的"能源武器"很难再发挥巨大作用。③

---

① Валерия Сычева, "О чем не договорились Владимир Путин и Барак Обама в Санкт－Петербурге," No. 36, 9 Сентября 2013 г.
② 崔小西：《俄罗斯应对叙利亚危机的政策分析》，《阿拉伯世界研究》2014 年第 2 期，第 37 页。
③ Jack D. Sharples, "The Shifting Geopolitics of Russia's Natural Gas Exports and Their Impact on EU Russia Gas Relations," Geopolitics, Vol. 21, No. 4, 2016, p. 905.

(二) 美俄在叙利亚的意识形态和价值观冲突

冷战结束后，美国推动全球国际关系体制转型，在国际事务中以领导者自居，力图以自己的价值观作为新的国际秩序的基础，并高喊"民主"和"人权高于主权"的口号，在世界范围内积极推动意识形态和价值观革命。而俄罗斯则坚决抵制美国在其关键地缘战略利益区输出"民主"，煽动社会动乱和策动政权更迭，① 并在意识形态领域坚持"主权民主"。这是美俄在叙利亚危机的意识形态领域所表现出的最基本分歧。美俄围绕巴沙尔政权的去留问题而展开的叙利亚政治体制攻防战，既是两国意识形态和价值观结构性矛盾的显现，也是美俄以意识形态为切入点介入叙利亚局势，从而在实质上维护其地缘政治和战略利益的体现。

1. 美国的意识形态输出

美国政治学专家罗伯特·杰维斯认为：美国一直将把民主和自由主义扩展到全世界视为自己的目标。② 在小布什时期，推广"民主制度"是美国中东战略的重要组成部分，而"民主化"是美国改造中东国家的基本手段。2002 年的美国《国家安全战略》报告表明美国要积极推动伊斯兰世界"民主化"，推动中东国家的民主化"实践"和政权更迭，以促使中东各国的意识形态和政治制度符合美国的价值观要求，从而保障美国在中东的地缘战略利益。③ 美国于 2004 年推出"民主改造大中东计划"，认为中东独裁政权成为域外"一党专制国家"的战略依托，是"民主制度"在全球推广的障碍，不利于美国在中东反恐和实现维持中东地区霸权的目标。对于以传播"民主""自由"和"人权"等西方普世价值观为使命的美国而言，叙利亚开明的威权主义体制仍是

---

① 对俄罗斯而言，其关键地缘战略利益区包括东欧、中亚、北极、中东。其中，原苏联加盟共和国更是俄罗斯关键地缘战略利益区中的核心利益区。

② Robert Jervis, "The Compulsive Empire," Foreign Policy, July/August, 2003, p. 84.

③ "The National Security Strategy of the United States of America," The White House, Jul. 27, 2021, https://2009-2017.state.gov/documents/organization/63562.pdf.

"专制"和"独裁"的,显然不符合其在中东推动民主化改革的战略目标。① 在"布什主义"的驱动下,美国认为叙利亚与"抵抗轴心"国家联系紧密,将叙利亚列入"支持恐怖主义国家"和"无赖国家"的黑名单,② 指责叙利亚"帮助"国际恐怖组织危害美国国家安全。③

美国向叙利亚输出西方的意识形态确有其推广西方价值观和政治制度的目的,但实际上美国是以此为掩护来实现其地缘政治目标,包括美国在中东的物质利益和地区主导权力。对中东国家输出普世价值观和"民主"制度是美国在意识形态领域对伊斯兰世界进行"民主化"和"自由化"改造的具体实践,其目的是更好地消除恐怖主义根源及维护自身安全利益,从而保障美国实现在中东的地缘政治目标。只要美国认为巴沙尔政权的存在是其中东地缘政治的"消极因素",那么无论叙利亚政治体制未来如何改革,美国将始终为其贴上"专制"和"独裁"的标签。

在2011年席卷中东的政权更迭浪潮中,美国成为试图推翻叙利亚巴沙尔政权的外部推动者和叙利亚反对派的主要支持者,以及叙利亚危机不断发酵、演变的始作俑者和幕后推手。2009年奥巴马就任总统后,美国继续以西方惯用的鼓吹"民主"和公民选举的方式来削弱巴沙尔政权的合法性和权威性,对其实施经济制裁和外交围困,并"认定"巴沙尔政权和叙利亚反对派之间是专制与"民主"、镇压与反抗的带有教派色彩的冲突。在特朗普时期,美国更加关注"美国优先",并将更多资源投入到大国竞争战略中,其以输出西方民主制度为策略干预中东事务的模式趋于收缩和搁置。但在意识形态方面,固有的价值观推广动机和政治文化使美国很难完全放弃继续对外输出西方民主理念。美国和平研究所在2012年7月出台"翌日计划",建议加快叙利亚的"民主

---

① "President Bush Discusses Iraq in Veterans Day Address," The White House, Nov. 11, 2003, https://georgewbush-whitehouse.archives.gov/news/releases/2003/11/20031111-10.html.
② George W. Bush, "The President's Radio Address," Sep. 22, 2001, Weekly Compilation of Presidential Documents, Washington DC: United States Government Printing office, 2001, p. 36.
③ 董漫远:《叙利亚危机及前景》,《国际展望》2012年第6期,第83—84页。

过渡",以及"后巴沙尔时期"的叙利亚民主政府必须奉行与西方自由民主国家充分合作的政策。

2. 俄罗斯的回应

美国在叙利亚推动政权更迭的实质是在中东地区推行西方民主自由制度和构建其领导的地区秩序,从而打造亲美政权并扩展美国的地区利益。在意识形态领域,俄罗斯对中东政权更迭运动蔓延的态度日趋强硬。在普京总统看来,冷战以后西方主导的地区秩序已难以持续,美国在阿富汗和伊拉克的一连串失败表明单极世界已经走向末路,西方国家以输出民主为理由推翻他国政权和以保护人权为借口对他国进行外部干涉的伎俩在叙利亚不仅彻底失去了效力,而且由此产生的难民危机问题和恐怖袭击祸水反倒殃及西方国家自身。普京总统认为,西方势力介入叙利亚局势只是为了地缘政治博弈,一些西方国家"借助火箭和炸弹输出民主",但却对叙利亚内政和民生真实存在的问题漠不关心。① 巴沙尔总统在一定程度上放弃了"复兴社会主义"的国家认同,却将叙利亚带入现代民族建构的巨大困境。为了避免叙利亚像战后的伊拉克那样陷入持续动荡、一盘散沙的局面,俄罗斯虽然可以容许叙利亚"复兴社会主义"的意识形态出现某些"改良""调整""妥协",但决不允许叙利亚在战后选择多元化的意识形态道路。

叙利亚危机爆发后,由于美俄在对外部强加的政权更迭的合法性问题上分歧严重,联合国安理会对叙利亚问题几乎难以发挥实质性作用。俄罗斯对叙利亚政权更迭运动蔓延的坚决抵制并非只是为了维护威权制度,实质上是为了保持叙利亚国内稳定和捍卫其地区战略利益。2003年伊拉克战争爆发后,普京高调支持叙利亚威权制度并对西方国家发出警告说:"即使有不喜欢的政权,也不应该从外部对其加以改变。"② 2011年,利比亚政权垮台和卡扎菲身亡给当时仍在中东问题上执行消

---

① 刘海霞:《从叙利亚难民危机看西方民主输出的"罪与罚"》,《人民论坛》2015年第36期,第238页。

② Roy Allison, "Russia and Syria: Explaining Alignment with A Regime in Crisis," International Affairs, Vol. 89, No. 4, 2013, pp. 804–807.

极机会主义外交政策，并对西方在中东推行"民主"制度缺乏足够认识的俄罗斯敲响了警钟：对西方的一味妥协是无效的。[①] 从以上分析可以看出：国家核心价值观的认同是一个国家的人民对国家发展道路观点的总体态度，因此拥有国民认同的核心价值观对国家的政治稳定极为重要。

三、中东剧变浪潮引发的"中间地带化"进程

始于2010年的中东剧变爆发后，叙利亚内部出现混乱局势，而该国自主性明显不足又给美俄留下干预其内政的空间。在内外因素的共同作用下，叙利亚陷入更深层次的"中间地带化"，落入难以完全按照自身意愿处理内政外交的境地。[②]

（一）中东剧变浪潮下的冲击

2011年2月初，叙利亚反政府活动初露端倪，一些青年通过社交网络召集了近7800名网民，发起名为"愤怒星期五"的抗议独裁、腐败和专制的示威游行活动。叙利亚军警对其严厉控制，示威活动未能如期举行。2011年3月6日，叙利亚南部城市德拉的15名小学生因为在墙壁上涂鸦反政府标语而遭到扣押，这些学生的家长们和大批德拉民众随后走上街头进行抗议，同时还提出自由和反腐败的诉求，进而引发了叙利亚首次大规模反政府游行示威。在2010—2011年中东剧变的背景下，叙利亚的反政府示威活动成为阿拉伯世界反政府示威的一部分，德

[①] R. G. Kaufman, "Prudence and the Obama Doctrine," Orbis, Vol. 58, No. 23, 2014, pp. 441–459; S. Chesterman, "Leading from Behind: The Responsibility to Protect, the Obama Doctrine, and Humanitarian Intervention After Libya," Ethics & International Affairs, Vol. 25, No. 3, 2011, pp. 279–285.

[②] 本章所研究的主题是始于2011年的叙利亚内战中的阿勒颇通道政治，因此重点关注肇始于2010年中东剧变前后与此直接相关的叙利亚"中间地带化"进程。本书认为：自1941年独立建国以来，叙利亚一直处于程度强弱不等的"中间地带化"进程中，而叙利亚在2011年3月卷入中东剧变后，进入了建国以来程度最深的"中间地带化"阶段。

拉的示威游行揭开了叙利亚出现危机和日后陷入内战的序幕。[1]

在欧美的支持下,叙利亚反对派在首都大马士革成立了第一个政治组织"地方协调委员会",叙利亚反政府民众游行示威活动自此不断升级至全国范围。2011年3月16日,数百人在大马士革民政部大楼前举行了"没有暴政的叙利亚"的游行示威,呼吁释放政治犯和扩大民主。3月20日,德拉市民众焚烧了叙执政党阿拉伯复兴社会党总部、司法及警察机构的所属建筑。随后,叙利亚内部的反政府示威活动由德拉、大马士革蔓延到西部沿海城市拉塔基亚、西南部城市扎巴达尼、北部城市拉卡、中部城市哈马等地。[2]

面对中下层民众和反对派组织由社会经济问题和政治诉求所发起的抗议活动,巴沙尔政权当即采取了强硬措施。2011年3月23日,叙利亚政府以德拉非法武装分子藏匿武器弹药和绑架儿童为名派出军队袭击其隐藏地点,打死15人,逮捕数百人。3月25日,叙利亚警方与涌到阿萨德广场的民众发生冲突,造成至少20人死亡。同时,叙利亚巴沙尔政权极力吸取突尼斯、利比亚因处理问题不当而引发内部动荡的教训,在对民众示威活动强力打压之后采取了软硬兼施的策略。叙利亚官方声称,是"不法分子"冒充高级军警向德拉保安部队下达开枪命令,同时这伙武装分子受到了境外势力的支持和资助。接着,政府提出了调升工资、降低个人所得税起征点、向基础卫生事业投入更多资金、增加就业等改善民生的措施,以及尽快成立新反腐专门机构,废除1963年《紧急状态法》,尽快颁布允许多党参政的法律,建立与民众的沟通渠道,尽快出台新的新闻法规以增加政府透明度和加强司法管理等政治改革措施。[3]

---

[1] Jens Hanssen, "Elites and Transimperial Networks on the Eve of The Young Turk Revolution," International Journal of Middle East Studies, Vol. 43, No. 1, 2011, pp. 25–48.

[2] "Syria & Yemen Hit By Arab Revolutionary Wave; They Have To Opt To One Of 3 Models," APS Diplomat News Service, Vol. 74, Iss. 13, Mar. 28, 2011, pp. 56.

[3] Al Jazeera, "Siria: Habitantes DE Deraa Vigilados por Francotiradores," Noticias en Español, Apr. 29, 2011, p. 1.

为平息叙利亚抗议浪潮及防止流血冲突加剧，总统巴沙尔于3月30日对全国发表了自3月18日爆发大规模示威抗议以来的首次公开讲话。但叙利亚反对派对巴沙尔不再提及改革感到失望，反对派与政府之间的矛盾进一步激化。4月，叙利亚总统巴沙尔被迫采取解散政府、释放政治犯、取消《紧急状态法》等改革措施，但没有得到反对派的认可。进入5月，尽管国内形势仍持续动荡，但巴沙尔政权积极采取措施稳定政局：叙利亚政府军围困了几个出现反对派抗议的重点城市，以萨法尔为总理的新政府承诺将制订国家全面改革计划，并成立选举法草案起草委员会。[①]

与此同时，叙利亚反对派提出结束危机的具体方案，其主要内容包括：允许和平示威，举行民族和解对话，六个月后举行自由民主选举等。叙利亚政府承诺将展开全面民族对话，成立由副总统沙雷等人组成的与反对派对话的专门委员会。7月中旬，叙利亚政府重新控制中部和南部主要城市，局势逐渐得到平息，但并没有解决民众与政府之间的根本矛盾。

（二）美俄以政治为主的介入

正如本书在"中间地带国家"发展和演进机制中所论述的那样，叙利亚在中东剧变的冲击下出现内乱后，其内部很快就出现与政府对立的政治反对派。美俄为维系它们在叙利亚的地缘政治利益和争夺在叙利亚的地缘政治主导权，以政治、外交、军事支持为手段积极干预叙利亚政局，直接扶持该国内部亲近自己的政治力量并与之结成政治军事联盟，从而在战略上抗衡竞争对手。在结构性矛盾规范下，美俄的举措被对方视为地缘政治威胁，两国在相互反制中开始了在叙利亚的地缘政治博弈。在美俄的不断撕扯下，叙利亚短暂停火最终失败，内战全面爆

---

① John Zarocostas, "UN Body Condemns Syria for Use of Lethal Violence Against Protestors and for Denial of Access to Medical Treatment," British Medical Journal, London, Vol. 342, May 3, 2011, p. 1.

发,该国由此进入更深层次的"中间地带化"。

1. 叙利亚反对派成立

叙利亚内部出现上述政局动荡正好给了美国插手叙内部事务的绝好时机,即美国试图借机以武力推翻其在中东地区的眼中钉巴沙尔政权,进而打击黎巴嫩真主党、巴勒斯坦抵抗组织和遏制伊朗。2011 年 8 月后,随着利比亚卡扎菲政权败局已定,以美国为首的西方国家开始集中力量对付叙利亚,包括启动对叙利亚制裁,以及宣布巴沙尔政权丧失合法性,并支持叙反对派建立叙利亚自由军、叙利亚全国委员会、"全国民主变革力量民族协调机构"等军政组织。① 除此之外,它们还继续对巴沙尔政权实行外交孤立、经济制裁和舆论妖魔化。2011 年 12 月 6 日,美国国务卿希拉里会见叙利亚反对派叙利亚全国委员会的代表时表示,叙利亚应从"残酷、腐败的家族式独裁统治"向"民主政权"过渡,新政权必须建立公民社会和实行法治。②

在美国及其盟友的支持下,叙利亚自由军实力大增。2012 年 2 月 9 日,叙利亚自由军的规模已达到 3 万人,其随后逐渐控制大马士革郊区和第三大城市霍姆斯的部分地区。2 月下旬,叙利亚自由军攻占叙西北部伊德利卜省大部分地区,其通过整合大大小小的武装组织而成为全国最大的反政府军事力量,并以游击战的方式袭击叙利亚政府军和安全部队,成为叙利亚国内局势由民众游行示威发展为内战冲突的主要推手。③ 时任美国总统奥巴马与土耳其总理埃尔多安在 2012 年 3 月 25 日达成一致,同意向叙利亚反对派提供包括通信器材在内的非致命性武器援助。在美国中央情报局的帮助下,多个阿拉伯国家和土耳其在几个月内大幅提高了对叙利亚反对派的军事援助。

---

① John R Crook, "United States Recognizes Syrian Opposition as 'Legitimate Representative of the Syrian People,' Will Provide Small Arms and Ammunition to Opposition Forces," The American Journal of International Law, Washington, Vol. 107, Iss. 3, July 2013, pp. 654–658.

② 杨丽明:《叙利亚仍难逃一战》,《中国青年报》2011 年 12 月 8 日。

③ Margaret Hartmann, "Obama Says U. S. Will Recognize Syrian Rebel Group," Intelligence, Dec. 11, 2012, https: //nymag.com/intelligencer/2012/12/obama–recognizes–syrian–rebel–group.html.

美国趁机在叙利亚局势初现战乱状态之时火上浇油。2012年2月24日至7月6日，美国就叙利亚问题主导了三届"叙利亚之友"会议，其主要内容是：（1）明确叙利亚全国委员会是叙利亚人民的合法代表，呼吁巴沙尔政权把权力交给第一副总统，对叙利亚政府发布旅行禁令，并决定对叙采取冻结资产、终止石油贸易和阻止武器输出的措施，呼吁国际社会武装叙利亚反对派；（2）确认叙利亚全国委员会是所有叙利亚反对派的领导核心，是反对派与国际社会对话的主导力量；（3）海湾国家将对叙利亚反政府武装进行直接资助。

俄罗斯坚决反对"叙利亚之友"会议做出的武装叙反对派的决议。2012年3月2日，俄罗斯外交部表示有可靠证据显示叙反对派武装中有"基地"组织成员。3月7日，俄罗斯常驻联合国代表丘尔金指责利比亚政府在其境内建立营地培训叙利亚反政府武装。4月1日，俄罗斯外交部表示"叙利亚之友"会议决定向叙反政府武装提供包括军事援助在内的直接支持与和平解决叙利亚危机的宗旨背道而驰。[①]

2. 短暂停火

联合国前秘书长安南在就任叙利亚危机联合国与阿拉伯联盟联合特使后，提出了"六点和平建议"，极力协调叙冲突各方停火，但美俄对此有不同的看法。2012年3月12日，美国在安理会举行的中东问题部长级会议上坚持叙利亚政府必须首先停火。俄罗斯则认为冲突各方应同时停火。[②] 4月3日，当得知叙政府军开始撤离前线时，俄罗斯外交部表示叙利亚反对派武装应采取对等行动。4月6日，俄罗斯外长拉夫罗夫与安南通话，表示俄罗斯坚决主张反对派应与叙利亚政府同时履行停火义务。

由于没有收到叙利亚反对派和周边支持反对派国家的书面停火承诺，叙利亚政府没有在2012年4月10日（安理会4月5日支持安南设

---

① "Russia's Syrian Stance: Principled Self-Interest," Strategic Comments, Vol. 18, Iss. 7, 2012, pp. 1–3.

② "Assad Indigestion; Syrian Ceasefire," The Economist, Vol. 403, No. 8780, Apr. 14, 2012, p. 58.

置的最后撤军和停火期限）按期停火。对此，美、英、法等西方国家纷纷指责巴沙尔政权没有停火诚意，要求国际社会采取措施敦促叙政府履行停火义务。俄罗斯对此展开积极斡旋，4月10日，俄罗斯外长拉夫罗夫在与叙利亚外长穆阿利姆举行会谈时说服叙政府在没有反对派书面承诺的情况下继续撤军停火，但拉夫罗夫也强调叙利亚反对派应立即全面停火。在俄罗斯的积极调解和国际社会的种种压力下，叙利亚政府宣布于当地时间4月12日早上6时起停止一切战斗。①

3. 内战全面爆发

叙利亚全面停火的好景不长。经历短暂平静后，2012年4月14日，武装分子包围了阿勒颇广播电视中心，向在拉希德清真寺祷告的平民开枪，造成数十人伤亡，并呼吁外部国家对叙利亚进行军事干预。从4月至5月，叙利亚爆发了一连串武装冲突升级事件：叙政府军军官在大马士革农村遭遇暗杀，安全部队在德拉省遇袭，大马士革连续发生爆炸事件，武装分子与拉塔基亚港口的政府军交火。美国将这些暴力事件归责于巴沙尔政权，认为其是叙利亚安全问题升级的根源。在5月9日、5月10日和5月15日，美国国务院和白宫相继发声，认为叙利亚政府应承担联合国监督团在德拉市遇袭、大马士革连续爆炸等暴力事件的"绝大部分责任"。美方认为叙政府制造了"暴力气候"，巴沙尔不放弃权力导致叙利亚冲突持续不断。②

尽管巴沙尔政权在撤军停火的同时履行了安南"六点和平建议"中提出的其他义务，并采取释放在押反对派人员、举行多党制议会选举、开放冲突区的人道主义救援等缓和国内局势的措施，但叙利亚境内的暴力事件仍呈现上升趋势。2012年5月25日发生的胡拉镇炮击事件造成了包括妇女、儿童在内的408人伤亡，这一惨案显然是由某些不愿看到叙利亚停火的势力在幕后操作实施，但却将叙利亚政府推上了风口

---

① 《叙利亚宣布12日停止军事行动》，新华网，2012年4月12日，http://www.xinhuanet.com/world/2012-04/12/c_122963815.htm。

② 易爱军、冉维：《美国称监督团遇袭事件表明叙利亚停火未能维持》，环球网，2012年5月10日，https://world.huanqiu.com/article/9CaKrnJvmAt。

浪尖。美国认定这一事件是叙利亚政府所为。5月26日，美国白宫发言人表态称，胡拉镇屠杀是叙利亚当局不人道和非法的又一有力证据。俄罗斯反对在未充分调查的情况下就妄下结论。5月28日，俄罗斯外长拉夫罗夫发表声明，呼吁联合国对胡拉镇事件做客观公正的调查。同日，俄罗斯常驻联合国第一副代表亚历山大·潘金表示：在胡拉镇进行屠杀不符合叙利亚政府利益，只符合怂恿武装冲突与破坏叙利亚和平进程的人员的利益，不排除这一惨案是外国特工为搅乱叙利亚局势所采取的行动。叙利亚反对派以胡拉镇炮击事件为由放弃安南倡导的停火协议，在2012年6月发动全面进攻。① 6月12日，联合国首次宣称叙利亚冲突可称之为"内战"。6月26日，巴沙尔在新内阁讲话时称国内已陷入战争。②

在叙内战即将全面爆发之际，安南为叙利亚和平做出最后努力。他提议在国际社会协调下，叙利亚成立由巴沙尔政权和反对派组成的联合过渡政府，以缓和叙利亚局势。6月30日，这一提议在日内瓦得到安理会所有常任理事国、欧盟、阿拉伯联盟，以及叙利亚周边国家土耳其、伊拉克、科威特和卡塔尔参加的叙利亚问题行动小组外长会议的通过，但美俄就过渡政府是否包括巴沙尔政权仍存在根本分歧。美国表示过渡管理机构不能包括巴沙尔政权，俄罗斯则认为会议公报并未规定巴沙尔必须离职，叙利亚过渡政府应由叙利亚人民自主决定其构成，外来势力不应干涉。安南的过渡政府计划没有得到叙利亚政府的实质性支持，反对派对此也坚决不予接受。③

美俄在叙利亚问题上的政治分歧对安南斡旋失败有决定性影响。出于维护自身在中东的地缘战略利益，俄罗斯决不能接受叙利亚过渡政府

---

① 陈璐：《叙利亚炮击事件致32名儿童惨死 反对派威胁终止停火协议》，中国日报网，2012年5月28日，http://www.chinadaily.com.cn/hqzx/2012-05/28/content_15399010_2.htm。
② 李娜：《巴沙尔称叙陷入全面战争 指令新内阁赢得战事》，环球网，2012年6月27日，https://world.huanqiu.com/article/9CaKrnJvZiu。
③ 《安南提议成立叙利亚过渡政府》，环球网，2012年6月29日，https://world.huanqiu.com/article/9CaKrnJw1vq。

中没有巴沙尔的位置，否则等于将叙利亚送入西方的"怀抱"，因此坚决反对以美国为首的西方在叙利亚复制"利比亚模式"，并为此给予巴沙尔政权以政治、经济和军事上的坚定支持。而以美国为首的西方大国从来就没有打算真正去支持安南的斡旋，这些国家最为关心的是让巴沙尔下台，因此它们煽动和支持叙利亚反对派强化暴力攻击，以及拒绝与现政府对话。

第二节 叙利亚阿勒颇军事通道政治的形成

2012年7月19日，联合国安理会就美、英、法、德等国提交的叙利亚问题决议草案进行表决，由于常任理事国中国和俄罗斯行使否决权，决议未能获得通过。美国、欧盟、土耳其、沙特阿拉伯、卡塔尔等以"政治解决叙利亚危机失败"作为理由，把叙利亚人道主义灾难的责任有意推给中俄。由于美俄作为中东实质上的决定性力量在叙利亚问题上难以达成共识，因此所有关于叙利亚的斡旋成果都将难以长期有效。[1] 安南调停失败后，美国指责叙政府军没有从冲突城市撤离军队和重装武器。在美国的支持下，在调停过程中发展壮大的叙利亚反对派武装以此为由向叙利亚政府军发动大规模进攻，双方在哈马、大马士革、阿勒颇和霍姆斯等全国许多战略要地展开了极为激烈的争夺。在内部局势更加混乱和美俄地缘政治博弈的驱动下，叙利亚冲突全面爆发，该国由此逐渐呈现为强权力缺失状态，陷入难以逆转的内战困局，并成为完全意义上的"中间地带国家"。

在叙利亚冲突中，阿勒颇是各方武装力量争夺的焦点，这与其在叙利亚的重要地位有关。阿勒颇位于叙利亚北部，2011年内战爆发前是该国最大和人口最多的城市，以及中东最大的商业、制造业和手工业中

---

[1] 孙宇挺：《安理会叙利亚问题决议草案未获通过，中俄投否决票》，环球网，2020年8月22日，https://world.huanqiu.com/article/9CaKrnJwizl。

心之一。阿勒颇在中东地区连通四方，它背靠土耳其，坐落在地中海和美索不达米亚（主要部分为现今的伊拉克）之间，地处底格里斯河和幼发拉底河之间的新月沃土的北部，向西距地中海 120 公里，向南距大马士革约 350 公里，向东可连通叙利亚产油区拉卡省和代尔祖尔省，向北距土叙边境约 45 公里，能够起到连接地中海、南欧、小亚细亚半岛、阿拉伯半岛、伊朗高原、南亚次大陆和北非的作用。阿勒颇拥有南下首都大马士革、霍姆斯省和东进拉卡省、代尔祖尔省的便利交通线，是叙利亚的重要交通枢纽。具体而言，该城处于国际公路网上，有铁路通往叙利亚东部、南部地区以及伊拉克、土耳其、黎巴嫩和约旦，辖区内建有叙利亚第二大机场阿勒颇国际机场。由此可见，阿勒颇是一座连接叙利亚各地以及连通中东地区多国的枢纽城市。对叙利亚反对派而言，拿下阿勒颇就可以通过陆海空等渠道源源不断地获取境外势力的支持和补给。[1] 在叙利亚内战全面爆发后不久，阿勒颇就成为叙利亚政府军和反对派武装反复争夺的临时性军事通道。随着叙利亚冲突不断升级，美俄基于维护自身在中东地区的地缘政治利益而相继出兵叙利亚，而阿勒颇军事通道就成为美俄深度干预叙利亚政局的媒介。美俄双方都企图占领该通道，进而以此为中心向叙利亚各地进军。在此过程中，以美国为首的西方集团与以俄罗斯为首的中东战时利益集团围绕阿勒颇通道的主导权和战略走向展开了遏制与反遏制、介入与反介入、包围与反包围的激烈博弈，阿勒颇通道政治就此形成。

一、阿勒颇陷入内战

2012 年 7 月 22 日，叙利亚自由军开始猛烈进攻阿勒颇，这开启了阿勒颇战役的序幕。此后，叙利亚从"剧变时期"的自主性不足向"后剧变时期"的自主性困境的过渡已不可避免。阿勒颇云集了叙利亚政府军、海湾阿拉伯国家、土耳其及西方阵营支持的叙利亚自由军等反

---

[1] Elizabeth O'Bagy, "The Free Syrian Army," Institute for the Study of War, March 2013, http://www.understandingwar.org/sites/default/files/The-Free-Syrian-Army-24MAR.pdf.

对派武装，还混杂着"胜利阵线"等极端组织武装，成为各方激烈争斗的主战场之一。

从 2012 年 7 月 28 日开始，叙利亚政府军对反对派武装控制区进行猛烈攻击，开始了将其驱逐出阿勒颇的军事行动。反对派声称抵挡了政府军的第一波大规模进攻，并将阿勒颇决战作为推翻巴沙尔政权的起点。随着叙政府军攻势不断加强，叙利亚反对派开始向国际社会求助。7 月 29 日，叙利亚全国委员会主席希达在阿联酋声称反对派武装需要得到阻挡坦克和战斗机的武器，请求联合国安理会就叙利亚局势召开紧急会议。此后，叙利亚局势日趋严峻、急转直下，叙利亚政府军和反对派武装竞相在阿勒颇进行决战部署。2012 年 8 月 1 日，联合国驻叙利亚观察团证实，在阿勒颇及其附近地区的反对派武装叙利亚自由军已经装备重机枪、大炮、坦克、地对空导弹等重型先进武器。① 9 月 27 日，叙利亚反对派宣布与政府军的阿勒颇"决战"开始，数千名叙利亚反对派武装分子与政府军发生激战。9 月 29 日，叙利亚政府军重新控制了阿勒颇的塔勒扎拉济尔区和阿米里亚区。②

在叙利亚政府军和反对派武装激战的同时，以美国为首的西方国家一如既往地试图在外交和政治领域支持叙利亚反对派。由于美俄在叙利亚问题上仍然尖锐对立，国际社会对叙利亚内战的斡旋也陷入低谷。2012 年 8 月 2 日，叙利亚危机联合国与阿拉伯联盟联合特使安南宣布辞职。俄罗斯副外长加季洛夫认为，安南的卸任等于为希望武力解决叙利亚冲突的支持者松绑。8 月 3 日，在西方国家的操作下，联合国大会表决通过了不具有强制力的对叙利亚问题的决议。该决议谴责叙利亚政府侵犯人权，要求叙政府停止暴力。2012 年 12 月 11 日，奥巴马在接受采访时正式承认"叙利亚反对派和革命力量联盟"为叙利亚民众的"合

---

① 《叙内战双方决战阿勒颇，人类最古老城市落难》，环球网，2012 年 8 月 5 日，https://mil.huanqiu.com/article/9CaKrnJwxG1。
② 郭文静：《叙利亚反对派宣布阿勒颇"决战"开始》，环球网，2012 年 9 月 28 日，https://world.huanqiu.com/article/9CaKrnJxeEY。

法代表"，公开表示要资助叙利亚反对派抢班夺权。① 此外，以美国为首的西方国家及其盟友在暗地里武装叙利亚反对派。2012年8月11日，时任美国国务卿希拉里与土耳其外长达武特奥卢举行会谈后，宣布美土双方将在叙利亚设立"禁飞区"，这是西方国家企图在叙利亚复制"利比亚模式"的具体表现。同时，美国开始承认其参与了对叙利亚反对派的援助。② 8月15日，美国国务院发言人纽兰在新闻吹风会上表示，美方向叙利亚反对派提供了非军事物资，并正在与支持叙利亚反对派武装的国家就武器供应问题协调行动。俄罗斯媒体报道称，叙利亚反对派武装已获得来自多个国家的便携式地对空导弹，包括美国生产的"毒刺"导弹。俄军总长马卡罗夫认为："那些向反对派武装提供武器的人一定态度坚决。"美国随即否认了这一说法，但表示将继续向叙利亚反对派及与叙利亚战争有关联的周边国家提供非致命性援助。

经过2个月的来回拉锯，叙利亚冲突双方都表示自己在战场上取得了进展。2012年10月25日，叙利亚反对派武装表示已控制了阿勒颇，但叙利亚政府表示政府军当天在阿勒颇、霍姆斯、大马士革郊区展开了对叙利亚反对派的武装清剿，打死了数十名武装分子。虽然2012年阿勒颇战场的控制权属于哪一方的信息并不完整，但由上述内容可见叙利亚政府军与反对派武装对这座城市都极为看重，双方争夺非常激烈。

进入2013年，叙利亚政府军和反对派武装之间的较量依旧难解难分。叙利亚反对派武装受到土耳其的支持，因此其希望占领靠近土叙边境的阿勒颇，从而彻底打通从土耳其获得后勤与装备援助的通道，而叙利亚政府军则是不遗余力地要切断反对派武装的北方补给线。从2月12日起，叙利亚反对派发起攻占阿勒颇附近机场的战役。2月17日，阿勒颇郊区的国际机场、尼尔卜军用机场和库伊利斯军用机场都爆发了叙利亚政府军和反对派的武装冲突。5月4日，叙利亚政府军和反对派

---

① 《美国承认叙利亚"全国联盟"》，《人民日报》2012年12月13日。
② 陈小茹：《美土两国开始强力介入叙利亚内部事务》，《中国青年报》2012年8月15日。

武装围绕土叙边境阿扎兹以南6公里处的米纳空军基地展开争夺。8月6日，叙利亚反对派武装在用时8个月后，攻占了一个土叙边境附近的重要军用机场，该机场位于叙利亚北部阿勒颇和土耳其南部加济安泰普市之间的公路上，这进一步加强了叙利亚反对派武装对阿勒颇北部主要补给线的控制。①

叙利亚冲突愈演愈烈，叙利亚政府军与反对派武装的交火不断加剧。随着内战的不断升级，"化武疑云"出现在阿勒颇，并成为西方国家及叙利亚反对派与俄罗斯及巴沙尔政权用来相互攻击的舆论"工具"。2013年3月20日，叙利亚政府请求联合国调查叙反对派在阿勒颇省"使用化学武器"的问题。伊朗外交部发言人帕拉斯特声称伊朗对此表示支持，并认为支持叙利亚反对派的相关国家也要对此负责。4月18日，英国和法国向联合国秘书长潘基文报告，有可信证据显示叙利亚政府自2012年12月以来在阿勒颇、霍姆斯省及周边地区不止一次使用化学武器，其所言"可信证据"为土壤样本和目击者证词。2013年7月10日，俄罗斯外长拉夫罗夫表示，俄方有确凿证据表明叙利亚反对派使用了化学武器，并已将这些证据转交给西方国家核实。但美国坚持要求让联合国人员入叙调查，称根据现有证据，只有叙利亚政府军具备使用化学武器的能力。拉夫罗夫告诫西方国家，不要在使用化学武器这样一个严肃的问题上投机，并以此作为外交手段来实现自己的地缘政治目标。②

---

① 《叙利亚局势：战场无赢家，和谈难推动》，新华网，2013年2月18日，http://www.xinhuanet.com//world/2013-02/18/c_124353407.htm；刘阳、陈聪：《叙反对派大规模进攻阿勒颇省政府军重要基地》，央视网，2013年5月5日，http://news.cntv.cn/military/20130505/102470.shtml；《叙利亚反对派耗时8个月攻占边境地区重要军用机场》，中国日报网，2013年8月6日，http://www.chinadaily.com.cn/hqzx/2013-08/06/content_16874268.htm；Joseph Holiday, "The Assad Regime: From Counterinsurgency to Civil War," Institute for the Study of War, March 2013, http://www.understandingwar.org/sites/default/files/TheAssadRegime-eweb.pdf。

② 《伊朗认定叙反对派使用化学武器》，环球网，2013年3月21日，https://world.huanqiu.com/article/9CaKrnJzKyv；《俄罗斯说叙反对派使用化学武器的证据确凿》，参考消息网，2013年7月11日，https://world.cankaoxiaoxi.com/2013/0711/237399.shtml。

二、美俄相继出兵叙利亚

正当叙政府军与反对派武装在几乎整个叙利亚战场上争斗得不可开交之际，"伊斯兰国"等极端组织和恐怖组织在叙利亚悄然壮大，这不仅改变了参与阿勒颇通道博弈各方的力量格局，而且迫使美俄这两个全球性大国进一步介入到阿勒颇通道中来，这使阿勒颇通道政治更直接地体现为国际政治博弈进程。

（一）美国组建国际反恐联盟

2014年6月29日，极端组织"伊斯兰国"在叙利亚成立并"定都"拉卡，其头目巴格达迪在伊拉克北部城市摩苏尔自封"哈里发"。该组织在三个月内迅速发展壮大，其武装人员扩编到9万多人，控制区域达到26万平方公里，拥有超过20亿美元储备，并通过在占领区贩卖石油、文物等方式继续获取大量资金。从2014年下半年开始，随着"伊斯兰国"在叙利亚和伊拉克不断攻城略地，甚至向整个中东以及中亚、高加索等周边地区强烈辐射，美国认为该组织对其中东霸权构成了直接挑战。[1] 2014年9月10日，美国总统奥巴马全面阐述了打击"伊斯兰国"的战略，宣布要建立一个反"伊斯兰国"联盟，对"伊斯兰国"的空袭范围扩大到叙利亚，并支持叙利亚反对派武装与"伊斯兰国"作战。9月19日，美国国务院发布一份反"伊斯兰国"的国际联盟名单，包括英国、法国、意大利、澳大利亚、埃及、卡塔尔等54个国家，以及北约、欧盟、阿拉伯联盟等组织。[2] 9月24日，美国空军及国际反恐联盟成员国对阿勒颇近郊的"伊斯兰国"据点进行了打击。

从2014年9月至2015年6月，美国主导的国际反恐联盟各式先进

---

[1] Valerie Szybala, "Assad Strikes Damascus," Institute for the Study of War, January 2014, http://understandingwar.org/sites/default/files/ISWAssadStrikesDamascus_26JAN.pdf.

[2] 《美公布反"伊斯兰国"国际联盟名单》，人民网，2014年9月20日，http://world.people.com.cn/n/2014/0920/c157278-25699500.html。

战机轮番出动，对叙利亚和伊拉克境内的"伊斯兰国"极端组织目标实施了4000余次空袭，但没能有效阻止"伊斯兰国"势力的进一步扩张。极端组织出于报复，在一些西方国家发动恐怖袭击，给西方国家造成极大威胁和牵制。2015年6月2日，以美国为主导的国际反恐联盟部长级会议在巴黎结束。该会议未对近10个月以来收效甚微的反恐行动做出战略性调整，也没有制定下一步的具体行动方案。实际上，西方国家和海湾国家并不是真心打击"伊斯兰国"，而是想借"伊斯兰国"的力量消耗或消灭巴沙尔政权的有生力量。只有当"伊斯兰国"等极端组织军事动作或军事威胁过大，以至于显著影响以美国为首的西方国家的利益时，国际反恐联盟才出手对其实施打击。[①]

同时，国际社会也在呼吁通过政治途径解决叙利亚问题。2015年1月15日，联合国秘书长叙利亚问题特使斯塔凡·德米斯图拉表示，即将在莫斯科召开的叙利亚政府和反对派之间的内部对话（1月26—29日）和在开罗举行的叙利亚问题会议有助于推动叙利亚政治和解，他认为政治对话"是唯一的出路"和停止阿勒颇激烈战斗的"信号"。然而，叙利亚政府对此并不乐观。[②] 2015年4月17日，叙利亚总统巴沙尔表示，联合国和德米斯图拉就阿勒颇冲突"冻结"的倡议并不一定会实现，因为这可能被外部势力干扰和打乱，将叙利亚的冲突仅仅看作内部冲突是不切实际和不客观的。于是，叙利亚政府军继续对阿勒颇的极端组织展开猛烈进攻，力图获得战场主动权。5月30日，叙利亚政府军在阿勒颇和拉卡之间的空军学院附近区域消灭了部分"伊斯兰国"武装分子并缴获其交通工具和武器弹药，在位于阿勒颇西北部的哈里丹和阿那丹城区消灭了"胜利阵线"的一队恐怖分子。在阿勒颇城内，

[①] 应强：《新华国际时评：国际反恐联盟路向何方》，新华网，2015年6月3日，http://www.xinhuanet.com//world/2015－06/03/c_1115502701.htm。

[②] Anna Borshchevskaya, "What to Expect from Syria Peace Talks in Moscow," Policy Watch, N2360, Jan. 23, 2015.

叙利亚政府军在 10 个城区展开了对极端分子的围歼。[1]

由于国际反恐联盟对打击极端组织采取消极态度,阿勒颇战事仍旧处于胶着状态。截至 2015 年 8 月 16 日,叙利亚政府军尚控制着阿勒颇约 60% 的面积(包括市中心),但"伊斯兰国"和"胜利阵线"武装分子仍旧不断在阿勒颇为扩大地盘而发动袭击。

(二)俄罗斯出兵叙利亚

面对叙利亚危局,再度出任俄罗斯总统的普京做出决策,即以强硬方式抵制西方势力颠覆巴沙尔政权。2015 年 9 月 30 日,俄军开始在叙利亚采取军事行动,旨在打击"伊斯兰国"以及西方国家扶持的反对派武装,这是俄罗斯为制止中东剧变的"多米诺骨牌"效应危害其地缘政治利益所采取的决然措施。[2] 俄罗斯通过出兵叙利亚来向西方释放出这样一个信号:叙利亚是俄罗斯力保的势力范围,俄罗斯不惜以军事手段来扭转西方对该国的扩张势头。同时,一直协助叙利亚政府军抗击"伊斯兰国"和反对派武装的黎巴嫩真主党、伊朗伊斯兰革命卫队和亲叙利亚政府的什叶派民兵与俄军配合作战,叙利亚的战场形势由此发生有利于巴沙尔政权的逆转。

2015 年 10 月 4 日,两架苏 - 24 战机在阿勒颇机场附近对"伊斯兰国"恐怖分子的车队发动空袭,几乎摧毁了其所有装甲车辆和防空武器。在俄罗斯空天军的打击下,本准备攻打吉斯尔舒古尔镇的"联盟征服军"将自己的武装从叙利亚的西北部城市撤向土叙边境。该武装由叙利亚极端组织"胜利阵线"领导,沙特阿拉伯、土耳其和卡塔尔为其提供赞助和支持。[3] 10 月 7 日,俄罗斯里海舰队发射"口径 – NK"巡

---

[1]《叙利亚军队在阿勒颇对武装分子阵地进行打击》,俄罗斯卫星通讯社,2015 年 5 月 3 日,http://sputniknews.cn/politics/201505301014946239/。

[2] Дмитрий Тренин, "Позиция России по Сирии: логика есть, но политическая цена высока," https://carnegie.ru/2012/02/05/ru – pub – 47133.

[3] "Putin's Bombing of the Innocents; Russian Jets Pound Heavily Populated Civilian Areas as Cameron Savages Putin for Backing 'Butcher Assad'," Mail on Sunday (London), Oct. 4, 2015, p. 22.

航导弹击毁在叙利亚的"伊斯兰国"兵工厂、指挥点、弹药、燃烧物仓库以及恐怖分子训练基地。[①] 10月14日，俄罗斯国防部发言人伊戈尔·科纳申科夫表示，从赫梅米姆空军基地起飞的俄罗斯战机对"伊斯兰国"在阿勒颇省等地的40处基础设施进行了空袭，并摧毁了阿勒颇市的一处极端组织弹药供给地。11月5日，叙利亚政府军完全控制了从霍姆斯省的萨拉米通往阿勒颇的公路干线，该公路经哈马能够将阿勒颇与全国各地连接，是叙利亚政府军在阿勒颇的主要供给通道。11月10日，在叙利亚什叶派民兵和黎巴嫩真主党武装的支援下，叙利亚政府军占领了被反对派武装和"伊斯兰国"先后围困超过两年的阿勒颇省科威瑞斯空军基地，这有利于俄叙联军驻扎战机以打击阿勒颇的反政府武装和极端组织。11月26日，俄军空袭了行驶在土叙边境阿扎兹镇附近的一个支援反政府武装的土耳其运输车队。12月25日，叙利亚驻俄大使里亚德·哈达德表示，叙利亚政府军在阿勒颇成功推进，正在从防御转入进攻，其成果与俄罗斯战机的高效打击紧密相关。[②]

2016年2月3日，在民兵支持下，叙利亚政府军切断了叙利亚反政府武装分子从阿勒颇北部至土耳其获取弹药和支援的主要供给路线，突破了极端武装对阿勒颇省北部城市扎赫拉和努贝尔四年的包围。2月11日，两架美军A-10攻击机从土耳其进入叙利亚，对阿勒颇市内目标进行空袭。俄罗斯外长拉夫罗夫强调，阿勒颇的西部郊区至今仍被"伊斯兰国"和"胜利阵线"武装控制，这些武装分子从土耳其获得供给。2月22日，"伊斯兰国"武装分子切断了距离阿勒颇10公里处的哈纳瑟尔—阿勒颇公路，这是叙利亚政府军在阿勒颇获得食品、燃料及其他必需品的唯一供给通道。极端组织的这一举动会抑制叙利亚政府军在阿勒颇省北部及拉卡省西部的进攻速度。叙利亚政府军于当天收复了这一绕行公路。

[①] Barnard, Anne, and Andrew E. Kramer, "Russian Missiles Help Syrians Go on the Offensive," New York Times, Oct. 8, 2015, p. A1（L）.
[②] 《叙利亚驻俄大使：叙军队行动正在从防御转入进攻》，俄罗斯卫星通讯社，2015年12月25日，http://sputniknews.cn/politics/201512251017502613/。

由上述事实可以看出：俄罗斯在出兵叙利亚后迅速扭转了巴沙尔政权在战场上的颓势，并帮助叙利亚政府军在阿勒颇通道占据了一定优势；反巴沙尔政权的土耳其通过支持叙利亚反政府武装和极端组织武装来迟滞叙利亚政府军在阿勒颇的进攻锋芒；此时的阿勒颇及周边地区已汇集了包括俄美在内的多股力量，战场形势十分混乱，但各方展开激战的目标却十分清晰，即夺占并控制阿勒颇连通外界的支援和补给通道，从而为取得战场主动权奠定基础。尽管俄叙联军在阿勒颇获得了一定的主动权，但根据"中间地带国家"通道政治理论，这一状况必然会遭到与俄罗斯有结构性矛盾的美国的遏制。然而，此时的美国吸取了先前发起阿富汗战争和伊拉克战争的教训，不愿在叙利亚过多投入军事力量，并以和谈的"软手段"来为叙利亚反对派尽可能争取喘息的时间。

2016年2月21日，美国国务卿克里与俄罗斯外长拉夫罗夫原则上商定了2月27日叙利亚全面停火的临时协议。美俄在日内瓦商定了一份叙利亚停火文件，但"伊斯兰国"和"胜利阵线"被排除在停火协议之外。美国总统奥巴马赞成停止叙利亚的军事行动，但对叙利亚立即停火不抱幻想，他承认美国与俄罗斯、伊朗在叙利亚总统巴沙尔的去留问题上存有分歧。叙利亚政府对美俄达成的停火协议表示欢迎。叙利亚反对派最高谈判委员会2月26日表示，同意实施停火的叙利亚反对派已超过100个且其数量仍在增加。[①] 然而，从2月27日起的两个月内，恐怖分子在叙利亚多个省份集结部队，发动多次恐怖袭击并与叙政府军作战，其目的在于破坏和谈协议。2016年3月至4月，在联合国秘书长叙利亚问题特使德米斯图拉的主持下，叙利亚问题各方进行了多次会谈，但由于其相互间在巴沙尔去留问题上难以达成共识，和谈最终没有结果。从2016年3月起，美俄签署的停战协议实质上已经名存实亡。

---

① 《叙最高谈判委员会：叙利亚百余反对派加入停火 数量仍在增加》，俄罗斯卫星通讯社，2016年2月27日，http://sputniknews.cn/politics/201602271018226375/。

三、阿勒颇军事通道政治的形成和运行机制

根据以上事实以及本书第一章提出的"中间地带国家"的发展和演进机制与"中间地带国家"通道政治的形成和运行机制，可以分析总结出阿勒颇通道政治的形成和运行机制。

对俄罗斯而言，阿勒颇战役的成败对其西南和南部方向的战略稳定有重大影响。阿勒颇是拱卫叙利亚首都大马士革外围安全的战略支撑点。巴沙尔政权若能在俄罗斯的帮助下占领这个汇聚四方交通线的关键军事通道，就可以稳住叙利亚西部沿海这一该国政治经济的核心地带，进而可向南和向东进军来保持对全国政权的控制。一旦这一目标达成，俄罗斯就能以"什叶派之弧"为基础扩大在中东的影响力，进而维持其对黑海—地中海—红海—亚丁湾—阿拉伯海—印度洋这一海上战略通道的影响力，并在地缘政治上主导里海、黑海、地中海、红海和波斯湾之间的"五海连通"。这不仅能使俄罗斯在世界能源市场上保留自己的一席之地，而且还使俄罗斯获得从南翼包抄北约的战略空间和从南线突破西方地缘政治"包围圈"的战略支点。2011年叙利亚危机爆发后，俄罗斯从对中东实施"善变"和"权衡"的"机会主义"外交渐进式地调整为直接介入中东事务的积极外交，并逐步从中东事务的参与方转变为利益攸关方和事务决策方。① 在21世纪的第二个十年中，俄罗斯对其中东战略做出以下调整：在自身财政和军费有限的情况下，通过主动积极、灵活多变的战略和战术布局，以及充分利用其在中东的传统影响力来有限度地介入中东事务，从而保障其与中东国家的经贸合作稳定发展，并力求打破美国完全主导中东事务的地区格局。② 2010—2012年，俄罗斯加强了塔尔图斯军港的建设，将其从"物资技术保障站"升级

---

① 姜毅：《评析俄罗斯在中东的机会主义外交》，《西亚非洲》2016年第3期，第4—5页。
② 冯绍雷：《俄罗斯的中东战略：特点、背景与前景》，《当代世界》2016年第3期，第8页。

为可停靠巡洋舰和航空母舰等大型舰船的现代化海军基地。2013年9月，在美国即将对叙利亚动武的千钧一发之际，俄罗斯海军派遣"阿佐夫"号大型登陆舰、"莫斯科"号导弹巡洋舰、"机敏"号护卫舰等数艘军舰开赴地中海执行特别任务来力挺巴沙尔政权。同时，俄罗斯在危机时刻巧妙地提出和主导了巴沙尔政权"以化武换和平"的进程，成功阻止了美国等西方国家以叙利亚拥有并使用化学武器为由对其采取军事行动，从而确保了俄罗斯在中东的立足点，以及俄罗斯在地中海能源输出、贸易往来和军事活动的生命线的稳定。

对美国而言，掌控阿勒颇通道的主导权对其与俄罗斯在叙利亚乃至中东地区的地缘政治博弈态势有重要影响。若叙利亚反政府武装能够占领阿勒颇，则其可打通与土耳其接壤的陆上援助通道，甚至可依托阿勒颇距离地中海较近的地理位置而开辟陆上、海上支援通道，从而更方便地从西方大国和海湾国家获得更多武器、物资支持，并以阿勒颇为大本营成立叙利亚"临时政府"。除此之外，占领阿勒颇还有利于叙利亚反政府武装彻底打开与全国大部分战区相联系的陆上通道：乘势向叙南部和西部的大马士革省、拉塔基亚省、塔尔图斯省推进并切断巴沙尔政权的海上补给通道；向东挥师拉卡省并攻占叙利亚主要产油区代尔祖尔省，这样叙利亚反政府武装在获取石油收益资助的同时还可切断叙利亚与伊拉克的边境，并堵塞伊朗过境伊拉克援助巴沙尔政权的陆上通道。因此，若叙利亚反对派在美国的帮助下能够控制阿勒颇军事通道，则叙利亚战事将出现重大转折，这有利于美国推翻巴沙尔政权并强行将叙利亚"民主化"。一旦上述目标实现，美国就可以程度更深地阻滞俄罗斯由地中海南下的海上通道，甚至还可以联合其西方盟友完全控制地中海通道。届时，美国在中东地区还将拥有更多渗透、介入和打击伊朗的海陆通道。掌控这些通道有助于美国加快压垮伊朗政权，从而将俄罗斯在中东的势力范围和影响力大幅扫除，并有利于美国实现其巩固以石油美元为基础的世界霸权的战略目标。

由此可见，在结构性矛盾规范下，美俄在叙利亚乃至中东地区的地缘政治竞争和对抗难以避免，这构成了阿勒颇通道政治形成的外在条件。而在中东地缘政治上的根本对立导致美俄对阿勒颇通道战略含义的解读完全不同，这构成了中东阿勒颇军事通道政治的外在生成机理。

在中东剧变浪潮的冲击下，叙利亚冲突实质上是该国内部政治分歧、教派冲突、民族矛盾、经济落后、民生凋敝等诸多国家"离心化"问题的总爆发。在面对国家分裂和反叛势力的发展壮大时，巴沙尔政权没能继续保持叙利亚政局的相对稳定，致使该国由此陷入自主性困境，并在内部冲突中逐渐成为强权力缺失国家，这是阿勒颇通道政治形成的内在根据。全球性大国美俄在叙利亚的地缘政治博弈带动了叙利亚内部亲西方和亲俄集团更加激烈的争斗，并由此显现出叙利亚国内不同政治集团尖锐对立的新格局——叙利亚反对派和巴沙尔政权由于相互间几乎无法妥协而最终造成叙利亚自主性不足的境况进一步恶化，即该国在政治、经济和安全上的全面动乱。在叙利亚各派、美俄及其代理人的激烈争夺下，阿勒颇转变为一个连通陆路、海路和相关交通基础设施的临时性军事通道。对于参加阿勒颇战役的各方而言，谁能控制阿勒颇军事通道，谁就能为下一步进军叙利亚全域奠定重要基础，从而主导叙利亚日后的国家重构。这具体表现在：叙利亚反对派和巴沙尔政权都很清楚，谁能牢固掌控阿勒颇这个战略要点，谁就能以此为根据地打通与全国其他地区的道路，进而保证从国外获得援助的线路畅通无阻。因此，取得阿勒颇通道的控制权就取得了未来叙利亚战场的主动权。沙特阿拉伯、土耳其和伊朗非常明确，确保对阿勒颇通道的控制就是确保对叙利亚战局的控制。在叙利亚内战全面爆发和"伊斯兰国"以武力在中东大幅扩张后，美俄为了维护自身在中东的地缘政治利益而相继出兵叙利亚。就叙利亚问题而言，美俄的针锋相对也由单纯开启政治博弈的模式，逐渐转向贯彻直接政治博弈与间接军事较量并举的路线。而巴沙尔政权则在此过程中由于域外全球性大国直接、强势的干涉而基本丧失对整个国家的实质性主导权，致使叙利亚陷入国家内部政治的"碎片化"进程。自主性困境不断升级和外部美俄持续的地缘政治博弈共同推动叙利亚在内战中陷入更深层次的"中间地带化"，并使该国逐渐发展为完全意义上的"中间地带国家"。在此背景下，阿勒颇陷入更加激烈的多方混战。以上逻辑构成了中东阿勒颇军事通道政治的内在生成机理。

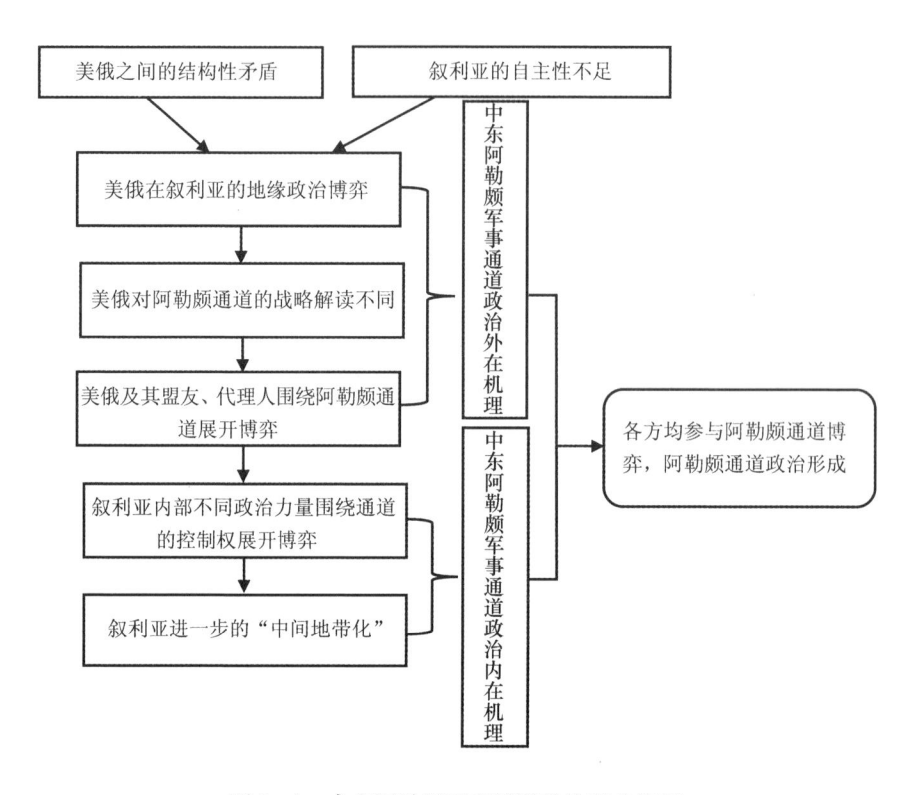

图 2-1 中东阿勒颇军事通道政治形成机理

中东阿勒颇军事通道政治具有集团性、代理性和复合性的特点。正如本章第一节所言，叙利亚陷入动荡后，全球性大国美国和俄罗斯，世界大国英国、法国、德国，中东地区性大国土耳其、沙特阿拉伯、伊朗，叙利亚周边国家以色列、卡塔尔、伊拉克、黎巴嫩相继介入该国局势，并以美俄为核心在中东构建了两大地缘政治集团。其中，美国与其地区盟友土耳其①、沙特阿拉伯、以色列、卡塔尔等共同扶持叙利亚反

---

① 2016年7月15日，土耳其国内发生美国操控的未遂政变，总统埃尔多安在俄罗斯的帮助下躲过一劫。俄土关系由此缓和，土耳其在叙利亚问题上开始更多与俄罗斯合作。参见李亚男：《未遂政变加速土耳其"东向"进程》，《世界知识》2016年第16期，第44页。

对派，俄罗斯则联合伊朗、黎巴嫩真主党、伊拉克等中东什叶派力量强力支持巴沙尔政权，以围困和剿灭叙利亚的叛军力量。美俄在叙利亚的直接军事投入总体而言是有限的，两国在分别以其为核心的中东地缘政治集团中均有代理人国家深度参与叙利亚内战。美国的代理人主要是土耳其以及沙特阿拉伯、卡塔尔等海湾国家，而俄罗斯的代理人是伊朗，同时俄罗斯与伊拉克结成了战时利益组合。代理人国家的作用是：在美俄均有限介入叙利亚局势的情况下，其代理人不仅可以更直接地对叙利亚亲近政治势力进行经济援助，更重要的是它们在美俄的支持下可以直接派遣大规模地面部队来驰援盟友。因此在叙利亚内战中，以美俄为首、相互对抗的两个政治军事集团都是由全球性大国、代理人国家和叙利亚亲近势力三个层次构成。其中，美俄这两个全球性大国作为中东地区最大的地缘政治玩家，是叙利亚内战走向的决定性力量。美俄参与的叙利亚阿勒颇军事通道政治显现出复合性特点，即美俄以有限的直接介入和依靠地区代理人的间接介入相结合的方式来干预叙利亚。美俄依据战场形势的发展动态，与敌对集团内不同层次国家的关系变化以及与本集团内其他层次国家关系的调整，来灵活掌控其直接介入和间接介入通道政治的尺度。

第三节　美俄对阿勒颇军事通道的争夺

阿勒颇通道是在叙利亚战火中催生的临时性军事通道，阿勒颇通道政治的走向关系到叙利亚战局未来发展的走向：对于以美俄为首的中东两大地缘政治集团而言，阿勒颇是其各自实现扩展中东地缘政治影响力的军事援助通道、军事推进通道和军事拓展通道。这两大集团对阿勒颇通道唯一共同的解读就是："伊斯兰国"的崛起对其在叙利亚和整个中东的地缘战略利益构成挑战，必须坚决抵制该组织对阿勒颇通道的控制。于是，在美俄就巴沙尔去留问题难以做出实质性让步的背景下，两国围绕阿勒颇通道的主导权展开了激烈博弈，并在反恐问题上表现出合作与分歧并存的特殊关系。

一、各方鏖战阿勒颇

在2016年3月和4月，由于叙利亚停火协议实质上已破裂，为取得阿勒颇战役的关键性胜利并夺取在叙利亚的地缘政治主导权，美俄或以更高的强度出动武装力量参与阿勒颇战役，或以更大的力度支持自己的代理人去控制阿勒颇通道。同时，美俄双方在打击极端组织"伊斯兰国"方面也进行了合作。总体而言，美俄在这一阶段围绕阿勒颇通道的控制权所展开的是竞争与合作并行的复杂博弈，此时的阿勒颇通道政治成为美俄共同直接主导的通道政治。由于阿勒颇为美俄进一步影响叙利亚内政提供了渠道和突破口，对阿勒颇通道主导权的争夺成为美俄强化对叙利亚争夺的重要方式和内容。美国斯特拉福分析中心专家称，阿勒颇战役的军事斗争结果将会彻底改变叙利亚政府军和反政府武装之间力量的相对平衡，会对叙利亚局势起到决定性作用。[1]

在美俄制定的叙利亚停火协议明显无法得到有效贯彻的情况下，叙利亚政府军加强了对阿勒颇反对派武装及恐怖组织、极端组织武装的攻势。2016年4月4日，叙利亚政府军突破反政府武装在阿勒颇近郊的一系列封锁并切断其补给线。由于叙利亚政府军在俄罗斯空天军配合下发起的强大攻势令叙利亚反对派武装难以招架，于是美国试图通过外交途径缓和局势。4月12日，美国国务院发言人马克·托纳表示，美国对俄在叙利亚阿勒颇及附近地区发动空袭来削弱和摧毁"伊斯兰国"组织持欢迎态度，但美方呼吁不要空袭叙利亚反对派武装。俄罗斯显然洞察到美国保护叙利亚反对派武装的意图，然而，此时美俄在阿勒颇通道尚有合作的空间，即两国面对共同的敌人"伊斯兰国"组织，与美国激化矛盾会使俄罗斯为稳定阿勒颇通道付出更多的成本。基于以上考量，俄罗斯选择以揭露事实真相的"软手段"来直击美国的软肋。4月

---

[1] 《美分析中心：阿勒颇军事行动结果或将决定叙未来》，俄罗斯卫星通讯社，2016年4月13日，http://sputniknews.cn/politics/201604131018828515/。

12日，俄罗斯常驻联合国代表维塔利·丘尔金称，数千反政府武装分子的一大部分从土耳其越境进入叙利亚阿勒颇地区，美国应保证土耳其不被用作极端组织和反对派武装渗透叙利亚的基地，① 这等于告诉美国：借停战谈判或呼吁停火之机帮助叙反对派补充和恢复战力的游戏不可能无限制地玩下去。4月19日，叙利亚政府谈判代表团团长巴沙尔·贾法里表示，沙特阿拉伯支持的叙利亚反对派高级谈判委员会要对破坏叙利亚停火机制负责，而不是指责大马士革。该组织领导的叙利亚自由军正在炮击阿勒颇。②

同时，美国始终不愿划分阿勒颇城中的温和反对派武装分子和极端组织恐怖分子，其目的就是以此增加俄叙联军收复阿勒颇的难度：只要俄罗斯不顾一切直接攻击叙利亚反对派武装，就必然会受到西方乃至国际舆论的一致谴责，这将致使俄罗斯在国际社会中更加被孤立。而美国则利用对阿勒颇城内武装分子性质划分的"模糊"以及放任盟友对极端组织的支持来延缓俄叙联军的进攻节奏，为城中的温和反对派武装甚至是极端组织提供喘息的机会，并借此消耗俄叙联军的力量，这成为阿勒颇通道政治中美俄结构性矛盾凸显的内容之一。俄罗斯外长拉夫罗夫表示，尽管美俄就叙利亚问题达成协议，但在过去的两个月内，美国未履行协议中撤出阿勒颇附近温和反对派组织，从而便利俄军对恐怖分子发动空袭的义务。2016年4月30日，美国国务院发言人约翰·柯比称，美国国务卿克里在与联合国秘书长叙利亚事务特使德米斯图拉以及叙反对派最高谈判委员会主席利雅得·希扎布进行电话会谈时认为，巴沙尔政权是叙利亚冲突加剧的根源，并呼吁俄方采取措施督促巴沙尔政权停止空袭阿勒颇。③ 拉夫罗夫表示，美国完全有能力将其支持的温和反对

---

① 《俄代表：美国应阻断武装分子从土耳其流向叙利亚》，俄罗斯卫星通讯社，2016年4月13日，http://sputniknews.cn/politics/201604131018827990/。

② 《大马士革代表团团长：叙反对派应对破坏停战机制负责》，俄罗斯卫星通讯社，2016年4月19日，http://sputniknews.cn/politics/201604191018899026/。

③ 《美国务卿与联合国特使及叙反对派最高谈判委员会主席进行电话交谈》，俄罗斯卫星通讯社，2016年5月11日，http://sputniknews.cn/politics/201605011019065180/。

派与"胜利阵线"和"伊斯兰国"等极端组织进行区分，但却始终未履行义务。① 5月6日，俄罗斯外交部发言人扎哈罗娃表示，当前阿勒颇局势恶化归罪于恐怖分子而不是政府军，极端组织恐怖分子竭力破坏美俄2016年2月22日的停火协议，并利用停战时间从土叙边境获得人员和武器的补充。联合国叙利亚事务临时代办闵采尔向联合国秘书长潘基文报告：阿勒颇的反政府武装在5月违反由俄罗斯提倡的停火规定；此外，若没有土耳其和沙特阿拉伯两国的支持，"自由沙姆人伊斯兰运动""胜利阵线"及其他恐怖组织早已覆灭。② 5月24日，"胜利阵线"头目在阿勒颇地区已基本完成武装力量的构建，总人数超过6000人。该组织计划从南方将叙利亚政府军封锁在阿勒颇，并截断通往努卜勒的通道。③ 6月6日，俄罗斯驻叙利亚冲突各方停火协调中心表示，"胜利阵线"武装分子凌晨炮击阿勒颇以北地区。由于俄叙空军不对温和反对派武装所在区域实施空袭，"胜利阵线"借此有利条件重组力量并补充武器弹药。超过2000名恐怖组织和温和反对派的武装分子集中在阿勒颇的谢赫·马克苏德区。④ 叙利亚反对派"民主委员会"的库尔德政治人士拉姆赞·拜达认为，"伊斯兰国"极端组织不断尝试进攻阿勒颇北部，目的是控制阿扎兹以便其控制土叙边境，并切断在阿勒颇的叙利亚反对派组织的供给通道。⑤

---

① 《俄外长：美国完全有能力争取让叙社会各阶层参加和谈》，俄罗斯卫星通讯社，2016年5月4日，http：//sputniknews.cn/politics/201605041019110424/；《俄外长：美方曾企图将"胜利阵线"的阵地划入阿勒颇停火计划》，俄罗斯卫星通讯社，2016年5月4日，http：//sputniknews.cn/russia/201605041019112379/。

② 《叙利亚驻联合国大使：武装分子对阿勒颇的进攻源自土沙两国协调》，俄罗斯卫星通讯社，2016年5月11日，http：//sputniknews.cn/politics/201605111019202991/。

③ 《俄国防部："胜利阵线"在叙阿勒颇组建6千人武装》，俄罗斯卫星通讯社，2016年5月24日，http：//sputniknews.cn/military/201605241019395486/。

④ 《"胜利阵线"炮击阿勒颇附近平民区造成平民伤亡》，俄罗斯卫星通讯社，2016年6月6日，http：//sputniknews.cn/military/201606061019570234/；《俄国防部：超过两千名恐怖分子和"温和反对派"部队集中在阿勒颇北部》，俄罗斯卫星通讯社，2016年6月6日，http：//sputniknews.cn/military/201606061019571227/。

⑤ 《库尔德政治人士："伊斯兰国"希望攫取阿勒颇并宣布其取代卡拉成为首都》，俄罗斯卫星通讯社，2016年6月8日，http：//sputniknews.cn/politics/201606081019610300/。

由以上事实可以看出：阿勒颇战场的形势错综复杂，俄叙力图控制阿勒颇通道，但又不愿过度刺激美国，始终留下与美国谈判的空间；美国及其盟友试图继续以和谈拖住俄叙对阿勒颇的进攻，并在暗地里支持极端组织打击叙利亚政府军。因此，对美国而言，"反恐"已不是其在这一阶段阿勒颇通道政治中的头等目标，尽一切可能延缓俄叙收复阿勒颇才是其当务之急。面对美国的盘算，俄叙及其盟友以强硬但不失灵活的举措给予了坚决回击，并尽力将战场主动权控制在自己手中。

2016年7月28日，俄罗斯国防部部长绍伊古表示，俄叙将一同在阿勒颇开展大规模的人道主义行动：将为平民设置三条走廊，为愿意放下武器的反政府武装分子建造一条走廊，以便他们撤出阿勒颇。但美国仍然没有提供任何关于叙利亚自由军和其他温和反对派武装的坐标、武器装备信息，以及极端组织"胜利阵线"的情况，因此需要在阿勒颇北部设立另外一条走廊让武装分子安全通过。对于俄罗斯提出的人道主义措施，美国方面反应冷淡。7月29日，美国国务院发言人柯比表示，在遵守停火协议的情况下，在阿勒颇开通人道主义通道没有任何必要。①

在阿勒颇战役如火如荼之时，国际社会的人道主义救援呼吁始终未停止。对于俄叙一方而言，最理想的就是尽快将阿勒颇城内的反政府武装分子直接消灭，否则他们要么利用欧美斡旋产生的喘息之机继续负隅顽抗，要么会从阿勒颇通道出发前往叙利亚其他战场，继续给俄叙联军施加压力。此时，阿勒颇的通道性得以完全显现：（1）对于俄罗斯和叙利亚而言，要想完全控制阿勒颇军事通道，就必须截断城中叙利亚反对派武装和极端分子的补给线，使敌方无法利用阿勒颇通道与外界联系；（2）开通人道主义救援通道是阿勒颇平民所需要的，俄叙在此方

---

① Ben Hubbard and Anne Barnard, "Syria Outlines Plans for Conquest of Aleppo, Backed by Russian Power," War In Content, Jul. 28, 2016, http://warincontext.org/2016/07/29/syria-outlines-plans-for-conquest-of-aleppo-backed-by-russian-power/;《美国务院称未看到俄方提出的在叙阿勒颇开通人道走廊的必要性》，俄罗斯卫星通讯社，2016年7月3日，http://sputniknews.cn/politics/201607301020351810/。

面表现得既主动又谨慎。俄叙对开通人道主义走廊持积极主动的态度，但将走廊的开设、运转完全置于其控制之下，不给西方国家以人道主义问题为借口来掀起舆论战的机会。8月7日，叙利亚政府军宣布阿勒颇西南地带为战区，虽然5000—8000名反政府武装分子结成联盟并试图突破叙利亚政府军对阿勒颇的围困，但是为阿勒颇提供补给的唯一绕行道路已被封锁。同日，叙利亚政府军在阿勒颇西南部打死至少2000名武装分子。① 8月8日，叙利亚政府军打通进入阿勒颇的交通走廊，其空军同日对阿勒颇反政府武装分子进行了密集性轰炸，消灭了试图向阿勒颇西南部进行增援的恐怖分子。此外，叙利亚政府军与反政府武装仍在阿勒颇炮兵学院、后勤学院区域内战斗。一天后，叙利亚政府军在阿勒颇西南部成功截断了可为极端分子输送给养的通道。8月12日，叙利亚政府军在阿勒颇西南部转为进攻。叙利亚空军轰炸了反政府武装和恐怖分子在炮兵学校和城内拉莫斯区水泥厂附近的阵地。②

　　由于叙利亚政府军在阿勒颇战场上频频得手，叙利亚反对派和西方国家不得不再次提出和谈事宜。8月13日，叙利亚最高谈判委员会发言人巴斯玛·科德马尼表示，希望俄罗斯能促成叙利亚停火。8月15日，德国外长施泰因迈尔表示，俄罗斯在阿勒颇停火和建立人道主义走廊方面担负着特殊责任。③ 面对西方及其支持的叙反对派被迫释放的"缓和信号"，俄罗斯却没有放缓继续进攻的脚步。8月16日，俄罗斯图-22M3中远程轰炸机和苏-34战斗轰炸机从伊朗哈马丹机场起飞，对位于叙利亚阿勒颇省、代尔祖尔省和伊德利卜省的极端恐怖组织阵地

---

① 《叙军宣布阿勒颇西南地带为战区》，俄罗斯卫星通讯社，2016年8月7日，http://sputniknews.cn/politics/201608071020439606/；《消息人士：叙利亚军队在阿勒颇西南部消灭2000多名武装分子》，俄罗斯卫星通讯社，2016年8月7日，http://sputniknews.cn/politics/201608071020441928/。

② 《叙政府军在阿勒颇西南部转入进攻》，俄罗斯卫星通讯社，2016年8月12日，http://sputniknews.cn/military/201608121020490673/。

③ 《德国外长：俄在阿勒颇担负着特殊责任》，俄罗斯卫星通讯社，2016年8月15日，http://sputniknews.cn/politics/201608151020501918/。

进行了空中打击。① 8月19日，俄罗斯国防部表示，俄罗斯黑海舰队导弹艇向叙利亚境内"胜利阵线"目标发射了"口径"巡航导弹，并摧毁了该恐怖组织在阿勒颇省生产炮弹的工厂和大型武器库。

在阿勒颇通道政治中，俄土关系的改善在一定程度上分化了以美国为首的地缘政治集团，这使俄罗斯在阿勒颇战场上更加游刃有余。对土耳其而言，其最大的地缘政治关切就是打击叙利亚境内的库尔德武装，使其无法与土耳其境内的库尔德武装连成一片。因此，土耳其并不愿过多干涉俄叙对阿勒颇的攻势，而是致力于对土叙边境的控制。同时，土耳其坚决反对巴沙尔政权，因此持续以地缘之便对阿勒颇的反对派武装进行补给，其目的是尽可能消耗叙利亚政府军的实力，使巴沙尔政权在阿勒颇战役后难以继续向全国进军以及在叙利亚的国家重建中难以保有重要位置。2016年8月24日，土耳其军队为打击"伊斯兰国"发起"幼发拉底之盾"行动，并在叙利亚反对派帮助下占领叙利亚北部边境城市贾拉布鲁斯。② 8月26日，俄罗斯总统普京与土耳其总统埃尔多安举行电话会谈，埃尔多安向普京通报了土耳其在叙利亚北部开展行动的情况和进度，并强调俄土合力打击"伊斯兰国"等极端组织及其武装力量的重要性。电话会议期间，两位领导人还就俄土关系正常化进行了磋商。③

二、美俄停火协议的失败

2016年9月，叙利亚政府军在俄罗斯的强力支持下继续在战场上推进。同时，美俄在叙利亚的通道政治博弈更趋复杂化，双方不仅在军事层面加强了间接对抗的力度，而且在外交层面也龃龉不断。9月4

---

① David Blair, "West's Decision to Stay out of Syria Has Left a Vacuum for Putin to Fill: Analysis," Daily Telegraph, Aug. 17, 2016, p. 12.
② Stephen Starr, "Isis Driven out of Town as Turkish Forces Cross Border: Syrian Rebels Meet Little Resistance as They Take Control of Town of Jarablus," Irish Times, Aug. 25, 2016, p. 8.
③ 《土耳其总统发言人：俄罗斯不反对土在叙利亚北部的行动》，俄罗斯卫星通讯社，2016年9月6日，http://sputniknews.cn/politics/201609061020690871/。

日，在民兵的支援下，叙利亚政府军完全收复了位于阿勒颇南部的空军学院与后勤学院，哈桑指挥的"老虎部队"成功切断了反政府武装在汗－图曼与阿勒颇之间的补给线，并发动了对阿勒颇西南部军事学院附近地区的最后进攻。①

在俄叙联军的持续打击下，阿勒颇城内的武装分子损失惨重，这导致美国在阿勒颇通道政治格局中的地位逐渐下降。于是，美国再次开启"和谈模式"，企图以表面的和谈减轻其支持的叙利亚反对派武装的压力，并增加俄叙收复阿勒颇的阻力。9月10日，俄罗斯外长拉夫罗夫表示，俄美就叙利亚问题成功起草一揽子文件，确定区分叙境内反对派和恐怖分子的任务。美国国务卿克里表示，美俄就叙利亚冲突起草的计划将能够积极改变叙利亚局势，双方必须尽快在阿勒颇建立非军事区。在美俄达成的此协议中，双方还商定将联合打击恐怖组织"胜利阵线"。尽管叙利亚政府和土耳其对此协议也非常满意，但围绕阿勒颇战场的各方争斗仍充满变数。9月13日，反政府武装分子违反停火协议，用迫击炮攻击叙利亚政府军阿勒颇北部阵地。9月13日，叙利亚政府军已完全停止军事行动，但对"胜利阵线"和"伊斯兰国"除外。然而，美国支持的叙利亚温和反对派武装并未完全停火，仍在炮击居民区，并为进攻阿勒颇地区而重新部署。俄军总参谋部代表波兹尼希尔表示，美国至今未向俄方提供有关叙利亚温和反对派武装位置、活动范围、战地指挥官姓名、人数等方面的准确信息，这加大了打击恐怖组织"胜利阵线"与运送人道主义援助的难度。② 9月18日，俄罗斯常驻联合国代表丘尔金宣读了俄美双方9月9日就叙利亚问题达成的协议的部分条款：美俄将共同努力稳定叙利亚局势，包括在阿勒颇采取特别措施，并划分"胜利阵线""伊斯兰国"与温和反对派势力的控制范围，区分温和反对派与"胜利阵线"武装分子是其主要优先任务。显然，

---

① 《叙政府军收复阿勒颇的战略要地军事学院》，俄罗斯卫星通讯社，2016年9月4日，http://sputniknews.cn/military/201609041020669089/。

② 《俄军总参谋部：美国至今未提供叙温和反对派的准确信息》，俄罗斯卫星通讯社，2016年9月15日，http://sputniknews.cn/military/201609151020758873/。

俄罗斯一方对文件内容的部分披露就是想让国际社会认清：以美国为首的西方根本就没有打算真正去和谈，和谈只是西方在阿勒颇通道政治中处于不利地位时维护自身利益的手段而已。[①]

在此轮与俄罗斯的外交较量中，美国没有占到任何便宜，于是就试图以军事行动和道德舆论战来打开阿勒颇通道政治的新局面。9月17日，美国领导的国际反恐联盟的战机对代尔祖尔机场附近被"伊斯兰国"包围的叙利亚政府军进行空袭，造成162名叙利亚军人伤亡。对此，美国国防部发言人却表示这是"误炸"。[②] 9月19日，至少18辆联合国和叙利亚红新月会联合人道主义车队的车辆在叙遭炮击。事件发生后，美俄立即开始相互指责是对方所为并出示证据。但很明显的是，俄罗斯此时已经在阿勒颇的争夺中占据主动，美国的嫁祸无法撼动俄罗斯在阿勒颇通道政治中的优势地位。9月20日，美国国务院称，联合国人道主义车队遇袭将使美国重审与俄罗斯在叙利亚的合作问题。作为回应，俄罗斯总统新闻秘书佩斯科夫表示，有关俄罗斯炮击联合国人道主义车队的指责毫无根据。俄罗斯国防部发言人科纳申科夫表示，俄叙战机都没有袭击联合国人道主义车队。美国在指责俄罗斯的同时也在极力洗清自己。9月22日，美国五角大楼发言人阿德里安·朗肯加洛韦表示，美国主导的国际反恐联盟军机未在联合国人道主义车队遭袭地区的上空飞行。[③] 面对美国的指责和对自身的洗白，此时已在阿勒颇通道政治中占据主动的俄罗斯没有任何退让。俄罗斯国防部发言人科纳申科夫表示，俄罗斯掌握的客观监测数据明确证实：在联合国人道主义车队遇袭的阿勒颇地区附近，有来自土耳其因吉尔利克空军基地的美国"捕食

[①] Abdalrhman Ismail, "Russia Says Syria's Ceasefire under Threat after U. S. Airstrikes," The Huffington Post, Sep. 18, 2016, http://www.huffingtonpost.com/entry/syria-ceasefire-russia_us_57de952ae4b0071a6e07cc1d.

[②] "US Apologises for Air Strike That Killed Dozens of Syrian Troops; Russia Expresses Anger after Regime Forces Are Hit in Coalition Attack Near Militant-Held Positions," Sunday Telegraph, Sep. 18, 2016, p. 20.

[③]《五角大楼否认美国空军在联合国车队在叙遭袭地区行动》，俄罗斯卫星通讯社，2016年9月22日，http://sputniknews.cn/military/201609221020800964/。

者"无人机在上空盘旋。俄罗斯外长拉夫罗夫表示,俄罗斯将不会认真考虑有关俄叙空军单方面暂停在叙利亚执行任务的请求,因为那只会有利于包括"胜利阵线"在内的极端组织武装分子补充人员、粮食和武器。①

三、战场争夺更加激烈

美俄两国视极端组织"伊斯兰国"为共同威胁,双方在打击阿勒颇城中"伊斯兰国"极端势力问题上有共同利益,这促使美俄在阿勒颇战役中能够达成短暂的共识与合作。然而,一旦俄罗斯在阿勒颇通道政治中占据上风,尤其是在阿勒颇战役中处于主动地位时,美国就会利用"伊斯兰国"消耗对手的力量,或以反恐为名打击叙利亚政府军。因此,美俄在阿勒颇的些许合作无法掩盖阿勒颇通道政治对抗性和冲突性的本质。

面对阿勒颇和谈难以继续的困局,美国再次借联合国的舞台在外交上对俄罗斯施压,并寄希望于俄罗斯能由此降低或停止对阿勒颇的攻势。同时,英法等欧洲国家对叙利亚政府军大规模进攻其所谓的"温和反对派"也感到不安。2016年9月25日,在美英法的倡议下,联合国安理会举行关于叙利亚阿勒颇形势的会议。俄罗斯联邦委员会国防委员会第一副主席弗朗茨·克林采维奇认为,这是西方再次试图将叙利亚停火协议未顺利落实的责任转嫁给俄罗斯的举措。② 9月28日,美国国务卿克里在与俄罗斯外长拉夫罗夫的电话会谈中称,如果俄继续推动在阿勒颇的攻势,美国准备在叙利亚问题上暂停与俄罗斯沟通。俄罗斯副外长里亚布科夫对此表示,美国关于暂停与俄罗斯就叙利亚局势展开合作的声明是对俄罗斯的威胁与讹诈,是想将有利于美国的方案强加于人,

---

① 《俄外长:俄将不再考虑单方面暂停行动》,俄罗斯卫星通讯社,2016年9月24日,http://sputniknews.cn/russia/201609241020819087/。
② 《俄议员:联合国安理会审议叙利亚问题是为了对俄罗斯实施信息攻击》,俄罗斯卫星通讯社,2016年9月25日,http://sputniknews.cn/politics/201609251020824224/。

这不利于美俄在叙利亚问题上的调解。① 对俄罗斯而言，此时阿勒颇局势已经到了"一战定乾坤"的关键阶段，因此其不仅不会理会西方的停战倡议，反而会在军事和外交层面坚持斗争，并支持巴沙尔政权加快收复阿勒颇的步伐。9月29日，叙利亚政府军和亲巴沙尔民兵再次夺回阿勒颇西北部的汉达拉特难民营，该难民营接近阿勒颇的北部供给通道卡斯特洛公路。在阿勒颇战局有可能出现转折之际，美国总统奥巴马和德国总理默克尔呼吁俄叙停止在阿勒颇的军事行动。② 但俄罗斯对西方的停战呼吁态度强硬，其副外长瑟罗莫洛托夫表示，俄罗斯不会与叙利亚恐怖组织进行任何接触或者谈判。这一表态的言下之意为告知西方俄罗斯绝不会在阿勒颇战场停下前进的脚步。10月8日，俄罗斯在联合国否决法国和西班牙关于在阿勒颇设立禁飞区的决议提案。③

2016年10月17日，美国国务卿克里和英国外交大臣鲍里斯·约翰逊考虑就阿勒颇局势的不断升级而对俄叙实施经济制裁。但卢森堡、法国和德国对此反对。卢森堡外交大臣阿瑟伯恩称制裁对解决叙利亚问题没有意义。德国社会民主党副主席拉弗·斯泰格勒表示，因阿勒颇问题而对俄罗斯实施制裁无法改善局势。法国外长艾罗指出，制裁并非上佳选择，西方的关键任务是劝服俄罗斯停止轰炸阿勒颇。④

由上述事实可见：以法德为首的欧洲国家虽然支持叙利亚反对派及其武装，但并不愿意因阿勒颇问题与俄罗斯彻底翻脸，这一是因为中东不是欧洲国家最核心的地缘政治利益区域，二是因为欧洲国家在能源上对俄罗斯有较深的依赖。在阿勒颇通道政治中，争斗最激烈、矛盾最深

---

① "John Kerry Threatens to End Syria Talks with Russia over Aleppo," CBS News, Sep. 28, 2016, https://www.cbsnews.com/news/kerry-syria-talks-russia-aleppo/.
② "Death of Diplomacy Draws Closer in Syria," The Cairns Post, Oct. 1, 2016, p. 32.
③ Paul Wood, "Syrian nightmare: Will This Conflict in the Middle East Lead to World War Three?" Spectator, Vol. 332, No. 9815, Oct. 8, 2016, p. 12.
④ 《媒体：欧盟对外事务理事会未将对俄制裁提上议程》，俄罗斯卫星通讯社，2016年10月17日，http://sputniknews.cn/politics/201610171020964431/；《美国务卿：几小时后或就对俄叙制裁问题做出决定》，俄罗斯卫星通讯社，2016年10月17日，http://sputniknews.cn/politics/201610171020963854/。

刻的行为主体仍是美俄，在美国既不愿过多投入军事力量，也没有与其利益完全一致且能对阿勒颇局势进行直接干预的强劲中东代理人的情况下，阿勒颇通道政治的主导权、控制权逐渐向俄罗斯倾斜。

尽管俄罗斯与西方国家围绕阿勒颇停战问题争吵得十分激烈，但双方对开辟人道主义走廊却能达成共识：对俄罗斯而言，阿勒颇的武装分子若能从这些通道撤离，则俄叙联军就可不战而屈人之兵，从而减少军队的伤亡和消耗，降低收复阿勒颇的成本；对西方国家而言，人道主义走廊的开设和运行可为阿勒颇的武装分子提供重组力量及恢复战力的时间。然而，因为双方在此问题上出发点的不同决定了阿勒颇短暂的停战难以维系，所以反对派武装和极端组织在休整后又会再次发起进攻。例如，俄军总参谋部作战管理总局局长鲁茨科伊表示，叙利亚反政府武装分子仍在获得和使用现代化装备，其中包括美国制造的"陶"式反坦克导弹系统。[①] 根据"中间地带国家"通道政治理论，只要美国在阿勒颇问题上不改变态度，则其代理人和盟友也不会调整其在阿勒颇通道上的策略，这就是阿勒颇战役在和平谈判和军事斗争两种模式中不断切换以及西方主导的阿勒颇"和谈大戏"多次上演的原因。

四、俄叙联军收复阿勒颇

在叙利亚冲突爆发的初期，美俄主要以政治和外交手段介入阿勒颇战局。在这种情况下，阿勒颇通道政治是美俄共同间接主导的通道政治。随着局势的发展，美俄对自己支持的叙利亚各派进行了大量直接军事援助。但显然，俄罗斯及其地区代理人伊朗对巴沙尔政权的军事支持更强。在这种情况下，阿勒颇通道政治逐渐呈现出不平衡性，最终转变为俄罗斯单独主导的通道政治。

就在俄叙在阿勒颇战役中顺利推进之际，西方国家及其盟友再次全力呼吁阿勒颇停火，并以其惯用的"人道主义"武器对俄罗斯施加压

---

① 《俄军总参谋部：俄战机经常打击向阿勒颇的武装分子运送武器的车队》，俄罗斯卫星通讯社，2016年10月18日，http：//sputniknews.cn/russia/201610181020972798/。

力。2016年10月17日,沙特阿拉伯外交大臣阿德尔·朱拜尔称,沙特阿拉伯打算为叙利亚阿勒颇温和反对派提供更多武器。① 俄罗斯则再次以区分阿勒颇城内的武装分子来回击西方的外交攻势,其目的在于拆穿西方希望阿勒颇停火的真正原因:西方表面上是维护其支持的叙利亚反对派武装,实际上是不甘心在阿勒颇战场上陷入进一步被动甚至是失败,进而失去对整个叙利亚局势的影响力。10月19日,俄罗斯常驻联合国代表丘尔金宣布暂停攻击阿勒颇后务必区分城内温和反对派与恐怖分子的声明草案,但被联合国安理会驳回。② 法国总统奥朗德与俄罗斯总统普京和德国总理默克尔在柏林会谈后表示,务必在阿勒颇局势上对俄罗斯施加更大压力。美国国务卿克里表示,叙利亚政府军在俄罗斯支持下以军事手段攻占阿勒颇只会导致政治解决叙利亚问题更困难。对于西方国家的施压和指责,俄罗斯进行了针锋相对的回击。俄罗斯常驻联合国代表丘尔金称,阿勒颇城中的叙利亚反对派与极端组织是互利共生关系。③ 俄罗斯外长拉夫罗夫表示,西方国家拒绝把叙利亚向民族和解方向推进,故意拖延和破坏联合国安理会有关立即无条件开始叙利亚政府和反对派对话的决议。

在美俄对阿勒颇局势始终没有达成一致的情况下,叙利亚政府军继续加强对阿勒颇的攻势。此时,阿勒颇战役的进程已经完全处于俄叙控制之下,市内武装分子的所有突围均已失败,④ 收复阿勒颇指日可待,但西方的停战呼声却始终没有停止。2016年10月27日,新西兰常驻联合国代表杰拉德·范博希曼表示,联合国安理会成员拒绝就新西兰提出

---

① 《沙特将为阿勒颇"温和反对派"提供更多武器》,俄罗斯卫星通讯社,2016年10月18日,http://sputniknews.cn/politics/201610181020972551/。
② Anne Barnard, "A Break From Airstrikes on Rebel – Held Aleppo," New York Times, Oct. 19, 2016, p. A9.
③ "Russia Disappointed UNGA Meeting on Syria Pays Little Attention to Terrorists," Sputnik International, Oct. 20, 2016, https://sputniknews.com/middleeast/201610201046564889 – russia – unga – syria – terrorism/.
④ James Marson and Noam Raydan, "World News: Rebels in Aleppo Reject Russia 'Pause' Plan," Wall Street Journal, Nov. 3, 2016, p. A4.

的叙利亚决议草案进行合作。该决议草案要求停止一切可能对平民的攻击，包括对阿勒颇的空袭，呼吁实行 48 小时人道主义停火。① 面对反政府武装在阿勒颇城内的颓势，美国再次向俄罗斯发起人道主义舆论战。美国国务院发言人柯比称，阿勒颇市民暂时收不到俄罗斯提供的人道主义援助。俄罗斯国防部发言人科纳申科夫称，俄罗斯向阿勒颇提供了超过 100 吨的生活必备品，而美国却连面包屑也没留下。②

进入 2016 年 11 月，叙利亚政府军、俄罗斯及其盟友加大了对叙利亚战场投入的力度，以求尽快解决阿勒颇战事。面对俄罗斯打出的军事铁拳以及土耳其的中立态度，美国已没有更多的回应选项。11 月 25 日，土耳其总理毕纳利·耶尔德勒姆称，土耳其在叙利亚北部参与"幼发拉底之盾"行动的军队不会参与阿勒颇战役。③ 11 月 29 日，叙利亚政府军一昼夜解放了阿勒颇东部 14 个街区，将阿勒颇东部 9 万人从恐怖分子手中解放出来，这标志着叙利亚政府军彻底扭转了阿勒颇局势。④

在俄叙联军收复阿勒颇市的最后阶段，以美国为首的西方国家仍企图拖延时间，但已在阿勒颇通道政治中处于主导地位的俄罗斯没有再给美国任何机会。事实表明：对土耳其发动未遂政变是美国外交的失策——至少在阿勒颇通道政治中，美国失去了本可以更多加以倚重的盟友。此外，美国直到最后仍在试图"挽救"叙利亚反对派武装，这进一步证明了通道政治的外在机理：在国家间结构性矛盾规范下的美俄对阿勒颇通道的战略含义的解读完全不同——对美国而言，失去阿勒颇通

---

① 《新西兰常驻联合国代表：安理会成员不愿就该国叙问题决议草案合作》，俄罗斯卫星通讯社，2016 年 10 月 27 日，http://sputniknews.cn/politics/201610271021040255/。

② "Russia Received No Intel from US on Any Terrorist Organization in Syria – MoD," Sputnik International, Nov. 6, 2016, https://sputniknews.com/middleeast/201611061047113512 – russia – us – syria – no – intel/.

③ "Ankara Warns Against Airstrikes on Turkish Troops in Syria – Prime Minister," Sputnik International, Nov. 25, 2016, https://sputniknews.com/middleeast/201611251047821988 – syria – turkey – airstrikes/.

④ 《俄停火中心：8500 多名居民离开阿勒颇武装分子控制地区》，俄罗斯卫星通讯社，2016 年 11 月 29 日，http://sputniknews.cn/military/201611291021275867/。

道就意味着在接下来的叙利亚局势,甚至是中东的地缘政治中落入下风;对俄罗斯而言,掌控阿勒颇通道意味着其将以此为基础帮助叙利亚政府军收复全国领土,进而依托"什叶派之弧"扩大俄罗斯在中东的地缘政治影响力。2016年12月1日,叙利亚反对派和革命力量全国联盟的萨米尔·纳沙尔表示,俄罗斯和叙利亚反对派在安卡拉举行了闭门会晤,美国没有参加谈判。① 12月2日,伊朗外长顾问侯赛因·谢赫伊斯兰表示,伊朗将与俄罗斯一道把人道援助物资运抵叙利亚阿勒颇,并将在与巴沙尔政权、俄罗斯、黎巴嫩真主党的积极合作下继续采取行动把必要物资运抵阿勒颇。② 12月5日,联合国安理会对有关叙利亚阿勒颇人道主义问题的决议进行投票。对此,常任理事国俄罗斯与中国投了否决票。该决议的起草方为埃及、西班牙和新西兰,其主要内容涉及在阿勒颇实施为期7天的停火,以便满足紧迫的人道主义需求。自2011年叙利亚冲突爆发以来,这是俄罗斯第六次就有关叙利亚的安理会决议草案行使否决权。俄罗斯外长拉夫罗夫表示,在美俄正在谈判的情况下,联合国安理会就阿勒颇问题进行表决毫无意义。拉夫罗夫指出,这一草案的提出在很大程度上是对俄美在叙利亚问题上所付出努力的挑衅行为,其设置停战期的做法只会为反政府极端分子提供重整旗鼓以利再战的机会。③

随着阿勒颇战役进入尾声,以美国为首的西方国家已难以在阿勒颇通道政治中再与俄叙进行较量。2016年12月9日,俄罗斯武装力量总参谋部作战管理总局局长鲁茨科伊表示,叙利亚政府军已经解放阿勒颇

---

① Erika Solomon, Mehul Srivastasa and Geoff Dyer, "Syrian Rebels in Secret Talks with Moscow to End Aleppo Fighting: Turkey Has Reportedly Been Brokering Talks in Ankara with the Russian Military," Irish Times, Dec. 2, 2016, p. 10.
② 《伊朗外交部顾问:伊朗准备好与俄共同将人道物资运抵阿勒颇》,俄罗斯卫星通讯社,2016年12月2日,http://sputniknews.cn/politics/201612021021311587/。
③ 《中俄否决安理会叙利亚问题决议草案 中国代表阐明立场》,中国新闻网,2016年12月6日,https://www.chinanews.com/gj/2016/12-06/8084574.shtml。

东部的 52 个街区，已经控制阿勒颇市 93% 的地区。① 面对已经极为不利的阿勒颇战场态势，西方国家及其中东盟友仍不愿放弃争取主动的努力。12 月 10 日，叙利亚问题外长会谈在巴黎举行，美国、英国、法国、德国、意大利、土耳其、沙特阿拉伯、卡塔尔、阿联酋、约旦等国以及欧盟派出外长或代表参会。法国外长艾罗在会后表示，叙利亚反对派最高谈判委员会愿重启无条件和谈。德国外长施泰因迈尔表示，国际反恐联盟不会抛弃阿勒颇，并将采取一切方法提供援助。卡塔尔外交大臣穆罕默德·本·阿卜杜拉赫曼在会后表示，各方再次确定了寻找阿勒颇局势政治解决途径的必要性，否决了军事解决方案。② 然而，此时西方国家及其中东盟友已失去了同俄罗斯和巴沙尔政权谈判的筹码。12 月 23 日，叙利亚政府军完全解放阿勒颇。③

第四节　俄罗斯单独掌控阿勒颇军事通道

在阿勒颇通道政治中，美国表现出态度相对消极、外交政策不连贯、军事打击效果不显著的状态；俄罗斯则表现出态度坚决、外交政策灵活和军事打击效率高的状态。因此，中东阿勒颇军事通道政治博弈的天平最终倒向了俄罗斯。而这一结果也从另一个方面反映出：相较于美国，俄罗斯对叙利亚的主导权更加志在必得，叙利亚的未来走向更加触及俄罗斯的核心利益。

在俄罗斯牢牢控制阿勒颇局势后，俄叙联军凭借这个连通四方的军事通道进一步收复叙利亚北部、东部和南部的大片国土，阿勒颇通道政治由此发展为俄罗斯直接掌控的通道政治。2017 年 5 月 24 日，俄罗斯

---

① 《叙利亚军队已解放阿勒颇东部 52 个街区 控制该市 93% 的地区》，俄罗斯卫星通讯社，2016 年 12 月 10 日，http://sputniknews.cn/military/201612101021364616/。
② 《法国外长：叙反对派最高谈判委员会愿重启和解谈判》，俄罗斯卫星通讯社，2016 年 12 月 11 日，http://sputniknews.cn/politics/201612111021370454/。
③ John Bacon, "Syrian Military Retakes Total Control of Aleppo," USA Today, Dec. 23, 2016, p. 03A.

国防部部长绍伊古在俄罗斯联邦上议院表示：俄军介入叙利亚冲突后出色完成了地缘政治任务，阻止了叙利亚境外势力推翻合法政权的图谋，中断了该国剧烈振荡的连锁反应。① 从 2015 年 9 月开始，俄罗斯在近五年的军事斗争中帮助叙利亚政府收复了 90% 以上的领土，在叙利亚战场取得了决定性胜利。同时，俄罗斯在叙利亚冲突中检验了包括苏－57 第五代战机、苏－35S 四代半战机、S－400"凯旋"防空导弹系统、"口径"巡航导弹等一大批先进武器装备的实战性能，以及俄军在战场上以军事、情报、特战、政治、媒体、科技等集合多种作战样式的俄版"混合战争"理论——"格拉西莫夫战法"的实用性，② 向西方国家显示出其强大的军事威慑能力和高度的战备水平。③

随着俄叙联军在战场上获得节节胜利，当前俄罗斯已经牢牢把握了在叙利亚的主动权，并以其纯熟的外交手腕在土耳其、伊朗、以色列、沙特阿拉伯和美国等叙利亚冲突主要外部参与方之间游刃有余地展开斡旋，同时见缝插针式地占领战略要地，并着手构建叙利亚的战后安排，从而保证其在后冲突时代的叙利亚有最大的发言权。虽然俄罗斯暂时在叙利亚占据主动，但无法消除美国在叙利亚的影响力。而美国尽管长期在中东占据主导地位，却完全无法回避俄罗斯再次在中东站稳脚跟的现状。因此，美俄在叙利亚的反复争斗仍将持续，任何一方都难以长期、完全、单独地控制这个"中间地带国家"，这就是美俄在叙利亚经历十年博弈后所必须面对的现实。随着 2020 年巴沙尔领导的叙利亚政府军继续收复失地，叙利亚这个"所有人反对所有人"的战场和深陷动荡的"中间地带国家"将逐渐进入战后重建的新时代，但其现实和未来

---

① "Министр обороны РФ Сергей Шойгу: Россия достигла стратегического паритета со странами НАТО，" ПЕРВЫЙ КАНАЛ России, 24 мая 2017, https: //www.1tv.ru/news/2017－05－24/325802－ministr_oborony_rf_sergey_shoygu_rossiya_dostigla_strategicheskogo_pariteta_so_stranami_nato.

② Валерий Герасимов, "Ценность науки в предвидении: Новые вызовы требуют переосмыслить формы и способы ведения боевых действий，" Военно－промышленный курьер, 27 февраля 2013 г.

③ 刘玮琦：《俄版"混合战争"亮剑叙利亚战场》，《解放军报》2018 年 9 月 20 日。

走向的决定性因素仍是美俄这两股全球性力量地缘政治博弈的过程和结果。首先，阿勒颇战役结束后，美俄在叙利亚的军力调动仍在持续。俄军在2019年下半年加快了向叙利亚北部和东部进军的步伐。2019年10月7日，美军从叙利亚东北部地区撤离，俄军则趁机占领并改建叙利亚东北部可降落大型军用飞机的卡米什利基地。该基地可与俄军在叙利亚西部的赫梅米姆空军基地相互呼应，从而使俄军机可以在较短时间内覆盖叙利亚全境。2019年11月1日，俄罗斯开始与土耳其在土叙边境展开联合巡逻。其次，俄军继续支援叙利亚政府军，帮助其扩大战果。2020年2月14日，在俄罗斯空天军的支援下，叙利亚政府军全面控制首都大马士革与北部重镇阿勒颇之间的M5高速公路，八年来首次全面控制这一战略要道。最后，俄罗斯开始与叙利亚政府商谈战后问题。2020年1月7日，俄罗斯总统普京访问大马士革，与叙利亚总统巴沙尔共同听取了驻叙俄军指挥官的汇报。在普京访问期间，俄叙双方讨论了叙利亚伊德利卜省和叙利亚北部局势、反恐合作及推进叙利亚政治进程等议题。3月19日，俄罗斯国防部部长绍伊古对叙利亚进行了工作访问并与巴沙尔总统进行了会谈，双方讨论了保障伊德利卜冲突降级区可持续停火、稳定叙利亚局势、联合反恐、军事技术合作、人道主义援助和在西方制裁下恢复叙利亚经济等一系列问题。[①]

然而，俄罗斯在叙利亚占据主导地位并不意味着美国将被完全排挤出叙利亚的"棋局"。第一，美国对从叙利亚撤军的行动又重新做了调整。2019年10月26日，美军从伊拉克调派兵力返回叙利亚东部的石油主产区代尔祖尔省。美国国防部部长埃斯珀表示，将按照总统的指示保持美军在叙利亚产油区的驻军存在，以确保油田的"安全"。美国此举

---

① 俄罗斯在叙利亚的相关情况。参见朱长生：《俄在叙增设新基地凸显战略决心》，《解放军报》2020年4月1日；《俄罗斯军警与土耳其军队首次启程在叙北部地区进行联合巡逻》，俄罗斯卫星通讯社，2019年11月1日，http://sputniknews.cn/military/201911011029969986/；郑一晗：《叙政府军全面控制大马士革至阿勒颇的战略要道》，新华网，2020年2月15日，http://www.xinhuanet.com//2020-02/15/c_1125576653.htm；《俄防长绍伊古在叙利亚会见阿萨德》，俄罗斯卫星通讯社，2020年3月23日，http://sputniknews.cn/politics/202003231031063935/；《俄国防部长访问叙利亚与叙总统会面》，环球网，2019年3月20日，https://world.huanqiu.com/article/9CaKrnKja6Z。

意在控制叙利亚经济，从而在后冲突时代的叙利亚政治重建中争取足够的发言权和主动权。第二，美军加强了在叙利亚边境地带的巡逻。2020年3月15日，美军11辆军车和62辆装载物资的卡车从伊叙边境的瓦利德口岸驶入其在叙利亚哈塞克省的基地。第三，美军在巡逻行动中与俄军发生摩擦。2020年初以来，美军和俄军多次相互拦截对方的巡逻车队，双方在叙利亚北部M4公路的"斗气车事件"不断，美军甚至为此派出战机助阵。[1] 根据以上信息可以分析出：叙利亚内战作为美国2011年后在中东介入较深、耗费精力较多的一场政治和安全冲突，其发展动向对美国的中东利益影响仍然很大，因此美国不会放弃在叙利亚的长期军事存在。尽管2008年金融危机后美国进入全球战略收缩时期，在中东的行动也呈现战略收缩态势，并将更多的中东地区责任分摊给欧洲盟国和地区盟友以减轻自身负担，但美国绝不会就此作罢，而是会试图在全球战略调整后重振其在中东的领导地位。[2]

美俄在叙利亚的地缘政治博弈与其在中东地区的盟国、代理人国家和叙利亚内部亲近政治势力紧密相关。各方为了维护自身的地缘政治利益而相继投入到叙利亚战场，使叙利亚内战最终成为一场"微型世界大战"，这决定了中东阿勒颇军事通道政治在多个国际政治行为体的频繁互动下必然显现出复杂、激烈和多变的特性。阿勒颇军事通道政治从美俄共同主导到俄罗斯单独主导的演进过程深刻反映出全球性大国才是"中间地带国家"通道政治的决定性力量，即全球性大国地缘政治博弈的结果决定了"中间地带国家"通道政治的走向。随着俄罗斯在阿勒

---

[1] 美国在叙利亚的相关情况。参见刘江：《美军从伊拉克调往叙利亚东部以确保油田安全》，新华网，2019年10月28日，http://www.xinhuanet.com/world/2019-10/28/c_1210329398.htm；田茂：《美在叙建新基地意在石油》，《解放军报》2019年11月13日；李潇：《俄土在叙伊德利卜开启联合巡逻》，《人民日报》2020年3月18日；《叙利亚境内俄罗斯军队拦截驻叙美军，双方剑拔弩张》，央视网，2020年5月11日，http://opinion.cctv.com/2020/05/11/ARTIPYqoLPae-OCXuTVATtAmE200511.shtml。

[2] Barack Obama, "Renewing American Leadership," Foreign Affairs, July/August 2008, p. 14; Jeffrey Goldberg, "The Obama Doctrine," Atlantic, April 2015, http://www.theatlantic.com/magazine/archive/2016/04/the-obama-doctrine/47152.

颇军事通道展现出更强的实力和更坚定的意志，美国最终无法在该通道与俄罗斯继续较量。

美俄结构性矛盾难以在短期内缓和的特性决定了美俄在叙利亚的地缘政治博弈将长期存在，而阿勒颇军事通道政治只是这一长期博弈进程中的一个组成部分。俄罗斯对阿勒颇军事通道由最初的政治参与、间接介入转变为军事打击、直接介入，这是近些年俄罗斯在与美国的博弈中由被动"反建构"转变为主动"建构"的直接体现。这也从侧面反映出，俄罗斯对当前西方尤其是美国主导的国际秩序是不满的，并对建立多极化的国际政治经济新秩序充满渴望。尽管阿勒颇军事通道政治随着阿勒颇战役的结束而暂时告一段落，但美俄间结构性矛盾的长期性、复杂性和动态性共同决定了双方在叙利亚这个"中间地带国家"进行地缘政治博弈的前景难以预料。

第三章　外高加索能源走廊通道政治

曾经担任过苏联外长（1985—1990年）和格鲁吉亚独立后第二任总统（1995—2003年）的谢瓦尔德纳泽没能始终如一地在美俄之间贯彻"平衡外交"的政策，而具有浓厚西方背景的第一任民选总统萨卡什维利更是使格鲁吉亚在偏离平衡大国利益的道路上越走越远。2003年在格鲁吉亚爆发的"玫瑰革命"是冷战后以美国为首的西方势力围绕独联体国家策动政权更迭的开端，以及重塑欧亚大陆乃至世界秩序的积极尝试。绕过俄罗斯发展新的能源出口基础设施，是冷战后美国和欧洲参与外高加索地区事务的一个基本要素。但俄罗斯将外高加索地区视为自己的"战略后院"，西方的战略意图对俄罗斯在外高加索地区的主导权构成了潜在威胁。为了平衡和摆脱俄罗斯的控制，格鲁吉亚历届政府基本上都寻求与欧洲－大西洋体系的一体化。

本章根据"中间地带国家"通道政治理论，首先对格鲁吉亚成为"中间地带国家"的原因进行分析。本书认为：格鲁吉亚"中间地带化"的内因是该国在分裂的内政、薄弱的经济、文明的差异、战略性的地缘位置等因素的共同作用下显现出自主性不足；格鲁吉亚"中间地带化"的外因是受结构性矛盾规范的美俄在该国进行地缘政治博弈。本章详细分析苏联解体所引发的外高加索能源格局变化，以及以美国为首的西方国家和格鲁吉亚、阿塞拜疆为打破俄罗斯在后苏联空间的能源输出垄断而推动的外高加索能源走廊建设，并以各方在此过程中的考量和举措为根据总结外高加索能源走廊通道政治的形成和运行机制。以此为基础，本章分析了2003年"玫瑰革命"和2011年阿富汗战争对美俄关系及格鲁吉亚地缘安全的影响，并据此论述外高加索能源走廊通道政治发展和深化的演进过程。

第一节 格鲁吉亚的"中间地带化"

从1991年独立伊始，格鲁吉亚内部便出现严重的对抗性政治竞争、社会经济挑战和民族分离主义问题。其国家治理的"西方化"倾向不但没有将格鲁吉亚带向繁荣和发展的轨道，反而给这个国家带来战争的灾祸。格鲁吉亚缺乏统一的民族认同，其民族分离倾向明显。南奥塞梯和阿布哈兹两个地区至今仍与格鲁吉亚中央政府处于对抗状态。

一、格鲁吉亚"中间地带化"的内因

（一）分裂的国内政治

1. 国家分裂问题

自1991年独立以来，格鲁吉亚一直处于内部分裂的状态。苏联解体前夕，该国西北部的阿布哈兹自治共和国就开始寻求独立。1989年，阿布哈兹自行宣布从自治共和国升格为独立于格鲁吉亚的共和国。1990年8月，阿布哈兹自治共和国宣布独立并退出格鲁吉亚。格鲁吉亚北部的南奥塞梯自治州也一直谋求独立。由于奥塞梯族无法与占据国家主体的格鲁吉亚族形成新的国家和民族认同，南奥塞梯自治州地区委员会于1992年以全民公决的形式要求成立独立的南奥塞梯共和国，然后将其与俄罗斯下辖的北奥塞梯-阿兰共和国合并。在地理上，南奥塞梯与俄罗斯的北奥塞梯分别位于高加索山脉的南北两侧。在历史上，南奥塞梯与俄罗斯在经济发展和文化交往方面关系密切。

苏联解体后，格鲁吉亚的南奥塞梯和阿布哈兹民族独立运动不断高

涨，最终爆发了血腥的分裂主义战争。1990年11月，兹维亚德·加姆萨胡尔季阿当选格鲁吉亚第一任总统，但他未能使格鲁吉亚的独立获得国际社会的承认，也未赢得格鲁吉亚民众的支持，最终在1992年1月被赶下台。1992年3月，作为苏联最后一任外长的谢瓦尔德纳泽回到故乡格鲁吉亚并被任命为国务委员会主席。1992年10月12日，他当选为议会主席，开始行使国家元首职能。在谢瓦尔德纳泽的领导下，尽管格鲁吉亚中央政府在1992–1993年分别与南奥塞梯自治州和阿布哈兹自治共和国分裂主义武装实现停火，以及在1993年镇压了前总统加姆萨胡尔季阿的武装起义，但格鲁吉亚未能彻底解决南奥塞梯和阿布哈兹的分裂问题：这两个行政区仍然在事实上处于分裂状态。[①] 独立伊始，格鲁吉亚中央政府也未成功将阿斯兰·阿巴希泽领导的阿扎尔自治共和国（位于格鲁吉亚西南部）置于其控制之下。在经济、历史、文化等方面，阿扎尔自治共和国与俄罗斯关系密切。苏联解体后，俄罗斯在该自治共和国首府巴统保留了一个军事基地。

除此以外，格鲁吉亚政府在处理少数民族问题上也同样面临挑战。一方面，格鲁吉亚政府为了被西方接受而遵守与保护少数民族和人权相关的国际公约；另一方面，格鲁吉亚政府担心促进少数民族的权利可能会为其制造分裂提供帮助。[②] 虽然格鲁吉亚议会在2005年批准了欧洲委员会《保护少数民族框架公约》，但也明确在恢复该国领土完整之前无法确保充分执行该公约。国际危机组织在2005年总结道："格鲁吉亚是一个多民族国家，应当建立民主体制，塑造公民身份。然而，该国在亚美尼亚族和阿塞拜疆族（这两个少数民族占总人口的12%以上）等少数民族的融合方面进展甚微。同时，该国少数民族政治代表性较低。"[③]

[①] 于洪君：《格鲁吉亚在兄弟阋墙的浩劫中痛苦挣扎》，《东欧中亚研究》1996年第2期，第35—42页。

[②] Johanna Popjanevski, "Minorities and the State in the South Caucasus: Assessing the Protection of National Minorities in Georgia and Azerbaijan," Central Asia–Caucasus Institute and Silk Road Studies Program, Johns Hopkins University, Baltimore, Md., 2006, p. 7.

[③] International Crisis Group, "Georgia's Armenian and Azeri Minorities," Europe Report, Nov. 22, 2006, p. 178.

2007年10月，联合国人权委员会对"格鲁吉亚少数民族在享受文化权利方面面临的障碍以及少数民族政治代表性低的问题"表示关注，这使格鲁吉亚民族问题进一步进入国际社会视野。[1]

2. 国家治理问题

1995年8月，格鲁吉亚议会通过了该国独立后的第一部宪法，明确格鲁吉亚实行总统制。在谢瓦尔德纳泽执政初期，其亲自组建的"格鲁吉亚公民联盟"内部的不同派系对稳定国内局势均发挥了显著作用，该政党最大的派别之一是格鲁吉亚的"年轻改革者"，其成员包括议会议长祖拉布·日瓦尼亚、米哈伊尔·萨卡什维利、乔治·巴拉米泽和祖拉布·诺盖德利等格鲁吉亚主要亲欧现代主义者。

2000年前后，谢瓦尔德纳泽和"格鲁吉亚公民联盟"仍能够控制格鲁吉亚政局。然而，在谢瓦尔德纳泽执政的十年间，格鲁吉亚政府虽然基本上一直在促进国内的政治转型、国家体制建设、经济变革和社会建设，也在一定程度上惩治了腐败，但该国经济发展依旧缓慢，民众生活水平提升不明显，同时西方对格鲁吉亚改革和发展所给予的援助与该国的实际需要相比仍有较大差距。上述这些状况都逐渐转化为格鲁吉亚反对派推翻谢瓦尔德纳泽政府的"民意基础"。在以美国为首的西方国家的推动下，格鲁吉亚公众对谢瓦尔德纳泽政权的不满情绪逐渐上升。此外，该国领导层人员也相继离职：议长祖拉布·日瓦尼亚在2001年离职，新任议长妮诺·布尔贾纳泽在2003年离职，司法部部长、后来"玫瑰革命"的核心人物萨卡什维利在2002年离职。

2003年11月2日，格鲁吉亚议会举行大选。谢瓦尔德纳泽领导的政党"为了新的格鲁吉亚"赢得21.32%的选票，排名第一；支持总统谢瓦尔德纳泽的"民主复兴联盟"获得了18.84%的选票；而反对派政党萨卡什维利领导的"统一民族运动"得票占比为18.8%、工党得票

---

[1] "Consideration of Reports Submitted by States Parties under Article 40 of the Covenant," Concluding Observations of the Human Rights Committee, Unedited Version, Georgia, https://www2.ohchr.org/english/bodies/hrc/docs/ccpr.c.geo.co.3.crp.1.pdf.

占比为12.04%、"布尔扎纳泽-民主派"得票占比为8.79%、"新右翼"得票占比为7.82%。① 这样,支持谢瓦尔德纳泽的政党获得超过40%的票数,赢得了议会的多数席位。而渐成气候的格鲁吉亚反对派认为选举中存在"舞弊"而拒绝承认选举结果,并召集其支持者连续举行大规模抗议游行示威活动,要求谢瓦尔德纳泽辞职。11月22日,萨卡什维利呼吁重新进行议会选举,议长布尔贾纳泽宣布自己为"代总统"。11月25日,格鲁吉亚最高法院正式宣布议会选举的大部分结果无效。在与反对派沟通后,谢瓦尔德纳泽辞去了总统职务。2004年1月4日,以推动格鲁吉亚经济发展、提高民众福利、维护国家安全和消除贫困为竞选纲领的萨卡什维利在新一轮大选中赢得了96%的高票,当选为格鲁吉亚新一任总统。②

在萨卡什维利政权中,其他亲西方的反对派政治精英也担任了国家要职。妮诺·布尔贾纳泽担任议会议长,祖拉布·日瓦尼亚担任新设的总理职务。格鲁吉亚新政府在国内进行了一定程度的改革,包括打击腐败和建立一支全新的警察部队。但萨卡什维利执政下格鲁吉亚的发展依旧缓慢证明了西方式改革,即政治向民主化发展、经济向私有化和市场化发展并不完全适应格鲁吉亚的国情抑或有利于格鲁吉亚的转型发展。一方面,这一改革并未实质上改变格鲁吉亚的国家体制和国家治理状况。另一方面,格鲁吉亚的政治精英们没有坚定的意识形态。其政治领导人虽然口头上支持民主等理想,但这不过是掩饰旧传统的表现。由于萨卡什维利参加2004年总统大选时承诺的施政目标没有实现,以及格鲁吉亚民众对政府自由主义改革的不满与日俱增,该国选民对萨卡什维利逐渐失望,其得票率由2004年1月4日当选总统时的96%骤降至

---

① 《格鲁吉亚议会大选结果:支持总统政党得票超40%》,中国新闻网,2003年11月21日,https://www.chinanews.com/n/2003-11-21/26/371558.html;《格公布大选结果 反对派不依不饶》,中国青年报网,2003年11月21日,http://zqb.cyol.com/content/2003-11/21/content_775287.htm。

② 《格鲁吉亚新总统宣誓就职 表示不亲美也不亲俄》,中国新闻网,2004年1月25日,https://www.chinanews.com/n/2004-01-25/26/394895.html。

2008年1月5日该国提前举行总统选举时的53.47%。但2008年1月9日，萨卡什维利在西方的支持下仍然赢得了第二个总统任期。然而，虽然萨卡什维利成功连任总统，但2008年8月爆发的俄格武装冲突激化了格鲁吉亚国内的社会矛盾，其由此受到格鲁吉亚民众的强烈指责。格鲁吉亚反对派则准备在议会选举中获取更多席位，从而取代萨卡什维利政权。2012年4月21日，伊万尼什维利组建的政党"格鲁吉亚梦想－民主格鲁吉亚"正式成立。该政党得到格鲁吉亚民众的支持，并多次组织反政府的街头抗议和示威。虽然这些运动在2007年和2011年均遭到萨卡什维利政府暴力镇压，但此举激怒了广大民众，反而为"格鲁吉亚梦想－民主格鲁吉亚"扩大了民意基础。

此外，格鲁吉亚仅仅是在形式上照搬美式民主模式。萨卡什维利再次就职总统后不断扩大总统权限，力图构建格鲁吉亚"弱议会、强总统"的政治架构，降低议会对总统的约束。然而，这一政治行为受到格鲁吉亚议会的抵制。2010年10月15日，格鲁吉亚议会通过《宪法》修正案，规定在2013年10月总统选举之后格鲁吉亚将实行议会制，即总理和议会将在国家政治生活中起决定性作用。在此背景下，2012年的议会选举结果决定了该国未来的战略走向。2012年10月8日，"格鲁吉亚梦想－民主格鲁吉亚"在议会选举中以54.97%的得票率胜选。萨卡什维利承认其领导的"统一民族运动"在选举中失败，并承诺和平移交权利，这标志着萨卡什维利在格鲁吉亚政治生涯的终结。2012年10月25日，格鲁吉亚议会正式批准比济纳·伊万尼什维利为新任政府总理，并通过其提出的政府新内阁成员名单。格鲁吉亚政坛由此出现两个相互间严重对立的权力中心，即总统萨卡什维利和总理伊万尼什维利分别代表的政治力量。总体上，萨卡什维利的权力受到控制议会的"格鲁吉亚梦想－民主格鲁吉亚"的极力限制，这导致身为总统的萨卡什维利在2013年虽然是名义上的最高国家领导人，但对格鲁吉亚政局却已没有了主导性影响力。2013年10月28日，"格鲁吉亚梦想－民主格鲁吉亚"推举的总统候选人格奥尔基·马尔格韦拉什维利以62.07%得票率的绝对优势赢得了格鲁吉亚总统大选，该国国内政治由此进入相对平稳的时期。①

（二）薄弱的国内经济

苏联解体后，格鲁吉亚经济大幅下滑。1991年到1994年上半年，格鲁吉亚经济的状况是：生产能力下降、生活必需品短缺、通货膨胀率急速上升和货币贬值严重。1989—1994年，格鲁吉亚国内生产总值下降75%，工业产值下降50%。② 从1994年下半年到1998年底，格鲁吉亚政府在国际货币基金组织和世界银行的帮助下积极调整国内经济和实施货币改革，结束了恶性通胀。尽管格鲁吉亚经济由此逐渐回稳，但问题依旧很大：政府机构腐败横生，公共部门无法支付工资，养老金也出现巨大缺口，③ 52%—55%的格鲁吉亚民众在2002—2003年度的收入不及最低标准。④

上述问题出现的原因是：1999—2003年，格鲁吉亚一直处于预算危机中，国家的预算赤字高达1.5亿美元，未支付的养老金累计7000万美元。而格鲁吉亚的预算持续紧张，是因为该国的税法难以发挥实际效用。首先，阿布哈兹和南奥塞梯不在格鲁吉亚政府的控制范围之内，不向中央政府纳税。其次，格鲁吉亚政府官员利用国家税法中存在的大量漏洞谋取私利，由此导致政府的实际税收与预期相距甚远。⑤ 最后，由于格鲁吉亚无法实现有效的国家预算，其未如西方所期待的那样向政治民主化和经济自由化变革，因此西方发达国家主导的国际货币基金组

---

① 梁英超：《萨卡什维利成为格鲁吉亚的敌人原因探究》，《西伯利亚研究》2015年第5期，第82-85页。

② The World Bank, "The World Bank in Georgia, 1993 – 2007," Country Assistance Evaluation, 2009, p. 12.

③ V. Papava, "Economic Achievements of Postrevolutionary Georgia – Myths and Reality," Problems of Economic Transition, Vol. 56, No. 2, 2013, pp. 51 – 65.

④ V. Papava, "Georgia's Economy – the Search for a Development Model," Problems of Economic Transition, Vol. 57, No. 3, 2014, pp. 83 – 94.

⑤ V. Papava, "'Rosy' Mistakes of the International Monetary Fund and the World Bank in Georgia," Voprosy Ekonomiki, Vol. 3, Iss. 3, pp. 143 – 152.

织在2002年暂停了对该国的资助项目。[1]

表3-1 2002—2019年格鲁吉亚腐败情况统计

年份	腐败指数	腐败排名	年份	腐败指数	腐败排名
2002年	24	85	2011年	41	64
2003年	18	124	2012年	52	51
2004年	20	133	2013年	49	55
2005年	23	130	2014年	52	50
2006年	28	99	2015年	52	48
2007年	34	79	2016年	57	44
2008年	39	67	2017年	56	46
2009年	41	66	2018年	58	41
2010年	38	68	2019年	56	44

资料来源：格鲁吉亚—腐败指数，Trading Economics，https：//zh.tradingeconomics.com/georgia/corruption – index；格鲁吉亚—腐败排名，Trading Economics，https：//zh.tradingeconomics.com/georgia/corruption – rank。

注：腐败指数越低，腐败排名越高，说明该国腐败情况越严重。

经济衰退是格鲁吉亚国内政治、社会动荡的重要原因之一。自苏联解体以来，格鲁吉亚民众对本国腐败问题的彻底解决、经济发展的稳定向上和社会福利的提升充满期待。在萨卡什维利于2004年1月25日就任总统后，虽然格鲁吉亚的经济有所发展，但萨卡什维利政权的经济发展模式并非完全的"新自由主义"，[2] 其鼓吹的欧洲政治发展和民主价值模式无法解决格鲁吉亚面临的经济发展问题。

由此可见，格鲁吉亚民众在"萨卡什维利时代"和"后萨卡什维

---

[1] 王凡妹、Kristina Papia、王子轩：《20世纪90年代以来的格鲁吉亚经济状况研究——以欧盟、俄罗斯及国际金融组织关系为视点的分析》，《北京科技大学学报（社会科学版）》2017年第1期，第99—112页。

[2] V. Papava, "Georgia's Economy – the Search for a Development Model," Problems of Economic Transition, Vol. 57, No. 3, 2014, pp. 83 – 94.

利时代"的生活水平并未得到显著提高,同时,格鲁吉亚脆弱的经济无法为其军事力量的发展提供强有力的支撑。

表3-2 1996—2019年格鲁吉亚国内生产总值和人均国内生产总值统计

年份	国内生产总值（10亿美元）	人均国内生产总值（美元）	年份	国内生产总值（10亿美元）	人均国内生产总值（美元）
1996年	3.09	1242.1	2008年	12.8	3107.7
1997年	3.51	1417.5	2009年	10.77	3021
1998年	3.61	1498.1	2010年	12.24	3233.3
1999年	2.8	1573.2	2011年	15.11	3500.5
2000年	3.06	1633.5	2012年	16.49	3751
2001年	3.22	1738.8	2013年	17.19	3898.6
2002年	3.4	1850.5	2014年	17.63	4049.4
2003年	3.99	2069.1	2015年	14.95	4185.8
2004年	5.13	2202.6	2016年	15.14	4304.9
2005年	6.41	2429.2	2017年	16.24	4512.8
2006年	7.75	2673.1	2018年	17.6	4734.4
2007年	10.17	3025.1	2019年	17.74	4985

资料来源：格鲁吉亚—国内生产总值, Trading Economics, https://zh.tradingeconomics.com/georgia/gdp；格鲁吉亚—人均国内生产总值, Trading Economics, https://zh.tradingeconomics.com/georgia/gdp-per-capita。

一方面,尽管格鲁吉亚政府出台政策取消市场监管机制,[1] 但由于该国的司法体系没有脱离政治体系,政府对私有工商业领域横加干涉,私有企业所有者的企业财产被剥夺。另一方面,格鲁吉亚的经济发展模式不利于该国发展实体经济。格鲁吉亚的经济增长主要依靠消费而不是生产,[2] 而该国消费的资金来源于格鲁吉亚商业银行向欧洲金融市场的

---

[1] N. Paresashvili, "Reforms and Policies Fostering Georgia as Emerging Market," Public Policy and Administration, Vol. 14, No. 1, 2015, pp. 54–64.

[2] V. Papava, "Georgia's Economy – the Search for a Development Model," Problems of Economic Transition, Vol. 57, No. 3, 2014, pp. 83–94.

借贷。这一经济发展模式所带来的后果之一便是2007—2015年格鲁吉亚的失业率始终在高位运行，其中2008—2010年的失业率高达16%及以上。① 此外，格鲁吉亚民众生活在贫困线以下的比例从2007年的6.4%增长到2014年的11.6%，其人口中遭遇严重社会困难者高达86%。② 同时，2008年的金融危机和俄格武装冲突也给国经济带来重大打击：其经济增长率仅为2%，通胀率为5.5%，官方货币拉里的汇率也不稳定。在全球金融危机爆发的背景下，投资者不愿给像格鲁吉亚这样陷入战争的国家投资。③

表3-3 1997—2018年格鲁吉亚军费统计

年份	军费（百万美元）	年份	军费（百万美元）
1997年	66.4	2008年	880
1998年	64.1	2009年	536
1999年	49.3	2010年	402
2000年	33.7	2011年	362
2001年	42.7	2012年	375
2002年	61.1	2013年	341
2003年	74.3	2014年	331
2004年	104	2015年	294
2005年	275	2016年	316
2006年	468	2017年	308
2007年	927	2018年	312

资料来源：格鲁吉亚—军费，Trading Economics，https://zh.tradingeconomics.com/georgia/military-expenditure。

---

① "Unemployment the Major Problem in Georgia," The Messenger Online, May 10, 2010, http://www.messenger.com.ge/issues/2102_may_10_2010/2102_econ_one.html.

② "National Statistics Office of Georgia: Living Conditions," https://www.geostat.ge/en; V. Papava, "Reforming of the Post-Soviet Georgia's Economy in 1991-2011," Economics, Political Science Public Economics: Fiscal Policies & Behavior of Economic Agents eJournal, Jul. 8, 2013.

③ V. Papava, "Reforming of the Post-Soviet Georgia's Economy in 1991-2011," Economics, Political Science Public Economics: Fiscal Policies & Behavior of Economic Agents eJournal, Jul. 8, 2013; N. Khaduri, "Central Eurasia 2008, Analytical Annual, 2009," http://www.ca-c.org/annual/2008-eng/cea-2008e.pdf.

(三) 文明的差异

根据总人口普查，格鲁吉亚人口构成为：格鲁吉亚族占比80%、亚美尼亚族占比6%、阿塞拜疆族占比6%、阿布哈兹族占比2%、俄罗斯族占比2%、奥塞梯族占比2%和其他少数民族占比2%。[①] 除了穆斯林阿塞拜疆人和部分阿扎尔人信仰伊斯兰教，亚美尼亚人信仰亚美尼亚基督教和一些少数民族信仰其他宗教，格鲁吉亚大部分人口信奉东正教。

从文明与文化的角度来看，格鲁吉亚所属的外高加索地区的文明成分非常复杂。该地区不仅处于东西方文明与文化的断裂线上，而且处于主要宗教的断裂线上。其中，西方文明、伊斯兰文明和东正教文明对格鲁吉亚的影响最为深远。作为欧亚交汇点的格鲁吉亚在历史上是兵家必争之地，屡遭外族入侵，是多个民族和帝国争夺的焦点。罗马帝国、拜占庭帝国、阿拉伯帝国、蒙古帝国、奥斯曼帝国和俄罗斯帝国都在格鲁吉亚留下了历史印迹，这也导致近代以来格鲁吉亚各民族在语言、文化、宗教信仰等方面的差异，其中最为突出的就是使用奥塞梯语的奥塞梯族（大多数信仰东正教，少数信仰逊尼派和苏菲派伊斯兰教）和使用阿布哈兹语的阿布哈兹人（大多数信仰东正教，少数信仰逊尼派伊斯兰教）一直没有融入格鲁吉亚国家体系，这两个少数民族对格鲁吉亚没有牢固的国家认同和归属感，独立倾向明显。

许多格鲁吉亚人热衷于说明他们不是来自东方的亚洲人，而是来自西方的欧洲人。换言之，格鲁吉亚似乎经常试图"把自己从地理上解放出来"。[②]

[①] "National Statistics Office of Georgia," https://www.geostat.ge/en.
[②] Silvia Serrano, "Géorgie – ortie d'Empire (Georgia – exit from an empire)," CNRS Editions, 2007, p. 342, http://www.cafe-geo.net/wp-content/uploads/georgie-sortie-empire.pdf.

（四）战略性的地缘位置

格鲁吉亚是随着苏联解体而独立的外高加索地区三国之一，地处高加索中部，面积6.97万平方公里，是外高加索三国和中亚五国中唯一的沿海国家，具有重要的地缘战略价值。在地理上，格鲁吉亚北部与全球性大国俄罗斯接壤，南部与阿塞拜疆、亚美尼亚、中东地区大国土耳其相连，与中东地区大国伊朗相近。同时，该国北接大高加索山脉，南部是小高加索山脉，西部濒临黑海，东部与里海相近，整体呈现出介于黑海和里海之间的狭长通道形状，是东西连接亚洲和欧洲以及南北连接中东和俄罗斯的桥梁，是现代欧亚交通的必经之地。因此，在至少两千年的时间里，格鲁吉亚在重要的贸易路线上扮演着中心角色，如著名的丝绸之路。苏联解体后，格鲁吉亚在地理方面的价值更加凸显，成为欧亚运输走廊和通道政治的核心国家之一。[①]

对中亚国家而言，其向西欧输送能源的最短通道要经过格鲁吉亚。对俄罗斯而言，控制格鲁吉亚就可以遏制阿塞拜疆、土库曼斯坦、哈萨克斯坦等里海沿岸国家绕开俄罗斯并直接向欧洲出口能源，从而维护俄罗斯向欧洲输送能源的垄断地位。在美国战略学家布热津斯基所著的《大棋局——美国的首要地位及其地缘战略》中，俄罗斯是有能力和意愿在境外运用实力来改变世界地缘政治格局的"地缘战略棋手"，阿塞拜疆与乌克兰由于其所处的敏感地理位置和潜在的脆弱状态被称为"地缘政治支轴国家"。对格鲁吉亚而言，其东部与阿塞拜疆接壤，西部经黑海可与乌克兰连通，北部与俄罗斯有较长边境线，是外高加索和中亚地区唯一能够同时连接阿塞拜疆、俄罗斯和乌克兰的国家。拥有独特的地理位置使格鲁吉亚成为美俄为争夺对东欧、中东和中亚等欧亚大陆重点区域的主导权而展开国际地缘政治博弈的核心之一。

---

① Frederik Coene, "For a Good Overview of the Caucasus, The Caucasus – An Introduction," Abingdon: Routledge, 2009, p. 34.

二、格鲁吉亚"中间地带化"的外因

在相互间国家战略政策与意识形态和价值观两个层面结构性矛盾的规范下，美俄围绕外高加索地区特别是格鲁吉亚展开了地缘政治博弈，这是格鲁吉亚"中间地带化"的外在因素。一方面，美俄之间的战略对抗集中反映为两国在格鲁吉亚能源战略和地缘安全上的矛盾，这突出表现为：以美国为首的西方国家希望通过建设过境格鲁吉亚的能源管线来打破俄罗斯在后苏联空间的能源输出垄断，并以格鲁吉亚为起点，通过军事渗透的方式将外高加索—里海—中亚这条围绕俄罗斯南部的战略走廊纳入西方的势力范围，从而巩固其打造外高加索能源通道的成果并加紧对俄罗斯的围堵；俄罗斯则极力维护自身对原苏联国家的能源输出垄断和解构美国对其南部设置的包围圈。另一方面，美俄在格鲁吉亚的意识形态和价值观冲突集中反映为两国在"玫瑰革命"问题上的尖锐对立。"玫瑰革命"并不只是以美国为首的西方国家在后苏联空间操作和推广"民主"的行为，这实质上是西方国家为巩固和扩展在格鲁吉亚的地缘政治利益而采取的举措。因此，在国家间结构性矛盾的调节和推动下，美俄为争夺在格鲁吉亚的地缘政治主导权而争相扩大其在外高加索和中亚地区的影响力。在此过程中，美俄间的结构性矛盾被进一步激化，这加深了两国在格鲁吉亚地缘政治博弈的程度。

（一）美俄在格鲁吉亚的战略对抗

自 1991 年独立以来，位于外高加索中部的格鲁吉亚一直被卷入以美国为首的西方集团和以俄罗斯为核心的独联体之间的利益冲突中，不可避免地成为美俄战略利益的交汇点，经历了一段地缘政治过渡时期。

一方面，苏联解体后，格鲁吉亚领导人谢瓦尔德纳泽公开表示其亲西方的外交政策。自 20 世纪 90 年代初期以来，美国及其北约盟国就与该国积极合作。对美国而言，其在欧亚大陆的战略目标之一就是遏制俄罗斯的崛起。从地缘战略角度来分析，控制外高加索地区是美国挤压俄罗斯生存空间和从西南部扎紧对俄"包围圈"的必然选择。从地缘经济角度来分析，由于外高加索地区连通里海和黑海，美国控制格鲁吉亚就可以使欧洲国家绕开俄罗斯而获得里海和中亚地区的能源，降低欧洲国家对俄罗斯的能源依赖。

另一方面，相较于西方国家，俄罗斯早在18世纪之前就确立了在中亚和外高加索地区的统治地位，与格鲁吉亚有长期的历史互动。苏联解体后，俄罗斯一直试图利用政治、经济、军事手段将格鲁吉亚重新纳入自己的势力范围，或者至少使其在美俄之间保持中立。对俄罗斯而言，格鲁吉亚有以下地缘战略影响：控制后苏联空间的能源出口通道，从而维护俄罗斯对欧亚地区能源的控制地位和向西方出口能源的主导地位；切断车臣分离主义势力与外部联系的通道，防止土耳其对后苏联空间内的突厥语国家施加影响，这对俄罗斯南部和西南部地区的稳定至关重要；维护俄罗斯在黑海的军事优势，保持与北约国家之间为数不多的"缓冲地带"，从而增强其西南"软腹部"的安全；[1] 格鲁吉亚的北部和南部分别与俄罗斯和俄罗斯的传统盟友亚美尼亚接壤，[2] 控制格鲁吉亚或与格鲁吉亚保持友好关系可保障俄罗斯与亚美尼亚之间的陆路通道畅通。尽管南奥塞梯和阿布哈兹的独立一直未得到国际社会的广泛承认，但事实上格鲁吉亚中央政府对其的影响相当有限。自格鲁吉亚独立以来，由于阿布哈兹和南奥塞梯在经济上得到了俄罗斯的有力支持，其经济发展水平远高于经济陷入困境的格鲁吉亚中央政权。除此以外，这两个地区无论是在被俄罗斯的同化程度上，还是在文化认同和价值取向等方面，其对俄罗斯的倾向程度都远高于格鲁吉亚其他地区。俄罗斯支持南奥塞梯和阿布哈兹谋求独立是基于其以下地缘政治利益的考量。在地缘政治上，一旦这两个地区事实上独立并被俄罗斯控制，则彻底分裂的

---

[1] 格鲁吉亚西部濒临黑海，且与其西南部接壤的土耳其是北约国家。因此从地缘安全的角度来观察，格鲁吉亚是俄罗斯在南部方向上与以美国为首的北约之间的"缓冲地带"。

[2] 苏联解体后，亚美尼亚成为俄罗斯在外高加索地区唯一的盟友，对俄罗斯控制外高加索地区极为重要。为巩固在外高加索地区的势力范围，俄罗斯保留了其在亚美尼亚的军事基地。

格鲁吉亚再加入北约和欧盟的机会只能是更加渺茫，其将会成为俄罗斯与北约之间更加稳固的"缓冲地带"。同时，在格鲁吉亚制定更加激进的融入欧洲－大西洋体系的内外政策时，俄罗斯可以凭借对南奥塞梯和阿布哈兹的控制而在与格鲁吉亚亲西方政府的博弈中占据更主动的位置。在地缘经济上，由于格鲁吉亚是西方国家打破俄罗斯对后苏联空间能源出口垄断的关键中转国家，俄罗斯加强对南奥塞梯和阿布哈兹的控制有利于抑制西方国家的能源进口多元化战略。对俄罗斯而言，控制阿布哈兹的黑海海岸线等于进一步压缩了格鲁吉亚面向欧洲的能源中转通道，扩大了俄罗斯的能源输出基地；而对南奥塞梯的控制则可能威胁格鲁吉亚的能源通道安全，进而遏制格鲁吉亚与西方国家的能源合作。由此可见，格鲁吉亚虽小，但却是俄罗斯维护其地缘安全和在欧亚大陆影响力的关键国家。

在谢瓦尔德纳泽时代，格鲁吉亚的许多内部问题，如阿布哈兹和南奥塞梯的独立问题、国家机构腐败猖獗和效率低下的问题等，阻碍了格鲁吉亚制定旨在融入欧洲－大西洋体系的连贯外交和国内政策。因此，在2003年"玫瑰革命"发生前，格鲁吉亚在外高加索地区的地缘政治角色长期不明确，即其在亲美和亲俄对外战略上徘徊不定。

2003年11月"玫瑰革命"爆发后，美俄在格鲁吉亚的博弈态势发生变化。新任总统萨卡什维利更加清晰地将格鲁吉亚在欧亚"大棋盘"上"拥美反俄"的角色勾勒出来，他极力推动格鲁吉亚脱离俄罗斯的地缘政治轨道并加强与美国的联系，积极谋求格鲁吉亚通过加入北约而落入欧洲－大西洋体系的安全保护伞之下。2008年8月8日，时任格鲁吉亚总统萨卡什维利为清除格鲁吉亚加入北约的障碍，强行向南奥塞梯派遣军队，试图以武力解决南奥塞梯的分裂问题。格鲁吉亚军队的行动遭到了早已有所准备的俄军的坚决回击，俄格之间由此爆发了持续五天的武装冲突。在格鲁吉亚于该冲突中全面溃败后，俄罗斯继续在阿布哈兹和南奥塞梯驻扎军队。这不仅给格鲁吉亚加入北约制造了巨大障碍，而且也给北约进一步扩展到后苏联空间的腹地带来了不小的阻力。2008年8月26日，时任俄罗斯总统梅德韦杰夫宣布承认南奥塞梯和阿布哈兹独立，这标志着俄格关系彻底破裂。

2014年11月24日，俄罗斯与"阿布哈兹共和国"签署了《俄阿联盟与战略协作伙伴关系条约》。该条约确定双方将建立共同的防御和安全空间，包括成立由双方军队组成的联合集团军以对抗侵略。这一条约的签署引发了西方国家的强烈不满：北约秘书长斯托尔滕贝格、美国国务院相继表示不会承认该条约的合法性，欧盟外交高级代表莫盖里尼称这一条约将破坏地区稳定。① 2015年3月18日，俄罗斯与"南奥塞梯共和国"在莫斯科正式签署为期25年的《俄罗斯-南奥塞梯联盟一体化条约》。该条约规定南奥塞梯的军队、执法部门、情报机构等强力部门与俄方合并，确立了俄罗斯向南奥塞梯提供国防援助、保护边界的义务，允许两国公民自由过境。显然，该条约的签署开启了俄罗斯与南奥塞梯更深层次的一体化进程。对此，美国国务院和北约相继发声，强调这一联盟条约破坏了格鲁吉亚的主权及领土完整，公开违反国际法和国际惯例，破坏了国际社会为外高加索和平与稳定所付出的努力。②

由以上事实可以看出：从谢瓦尔德纳泽到萨卡什维利，格鲁吉亚领导人都试图拉入以美国为首的西方国家的力量来制衡俄罗斯的影响力，并解决领土分裂的问题，但这反而导致南奥塞梯和阿布哈兹陷入程度更深的独立状态及其与俄罗斯更深层次的一体化。对格鲁吉亚而言，无论是回顾过往历史还是正视当代现实，该国都难以摆脱俄罗斯的地缘政治、地缘经济和地缘安全影响力，因此与俄罗斯缓和关系才是其解决领土分裂问题、保持国家内外稳定和发展国家经济的关键。③

从俄罗斯的视角来看，俄格武装冲突是对美国策动原苏联国家在地缘政治上倒向西方的有力回应，这使其在外高加索的地缘政治上取得两

---

① 《俄与阿布哈兹签约结盟，开辟与西方较量新战线》，环球网，2014年11月26日，https://world.huanqiu.com/article/9CaKrnJFSKC。
② 《俄罗斯与南奥塞梯签联盟协议，两国公民可自由过境》，央广网，2015年3月21日，http://china.cnr.cn/ygxw/20150321/t20150321_518075251.shtml。
③ Ó. Beacháin, D., "Elections and Nation-Building in Abkhazia," in R. Isaacs and A. Polese eds., Nation-Building and Identity in the Post-Soviet Space: New Tools and Approaches, London: Routledge, 2016, pp. 206–225.

个成果。第一，对格鲁吉亚采取军事行动是阻止该国加入北约的有效手段。格鲁吉亚在武装冲突中未能获得它所希望的欧洲－大西洋伙伴的支持，反而导致南奥塞梯和阿布哈兹事实上的独立。萨卡什维利对此极为不满，称西方的不作为等同于放纵俄罗斯入侵的"战略错误"。若此后美国再极力推动格鲁吉亚加入北约，则必将触发俄罗斯极大的战略反弹和强力反制。同时，以美国为首的西方国家绝不希望被拖入由格鲁吉亚分裂问题的激化而引发的战争泥潭中去，因此很难接纳处于分裂状态的格鲁吉亚成为北约盟国。第二，对格鲁吉亚采取军事行动瓦解了美国对外高加索这一"中间地带"地缘政治的重构计划。在格鲁吉亚推动"玫瑰革命"是美国为打通里海和黑海之间的战略走廊所做的努力，其目的是逐步在地缘政治上将处于中亚－外高加索－小亚细亚半岛的国家全部打造为"民主"的亲美国家，并控制这些国家的能源输出。对俄罗斯而言，俄格武装冲突的胜利对其保持在外高加索和中亚地区的军事威慑、能源利益、战略影响、主导地位以及维护俄罗斯南部方向的战略安全有重要作用。

（二）美俄在格鲁吉亚的意识形态和价值观冲突

1998年12月1日，美国克林顿政府发布国家安全战略报告——《新世纪国家安全战略》，提出将民主理想和价值观作为维持美国担任国际领导的支柱性力量，这也为美国在地缘政治层面扩张势力和在全球层面谋求霸权提供了意识形态工具。从2003年下半年至2004年初，以美国为首的西方国家利用格鲁吉亚民众对国内经济发展缓慢、腐败滋生的不满以及对国外"自由民主"风潮的盲目认同，推动格鲁吉亚反对派谋求国家政权更迭和国家对外战略方向的转移，力图使格鲁吉亚在价值观和政治制度上完全迎合西方国家。作为格鲁吉亚反政府活动实际的幕后推手，美国等西方国家表达了对反对派的支持，称格鲁吉亚2003年的选举违背民主原则。时任美国国务卿鲍威尔还劝已具亲西方倾向的谢瓦尔德纳泽放弃总统职务，以便更加亲美的萨卡什维利取而代之。美国此举是希望格鲁吉亚的"西方倾向"更加彻底，并以此为起点加强对独联体国家的"民主化改造"和对后苏联空间的控制。

格鲁吉亚反对派的政治精英利用民众的不满情绪,以"街头政治"将谢瓦尔德纳泽政权彻底推翻,在这场西方极力宣扬的"玫瑰革命"中完成了对国家政权的更迭。从意识形态的角度来看,美国积极介入格鲁吉亚事务的考量是:利用格鲁吉亚民众对"民主和人权"的向往,通过资金的投入和政治上的介入,帮助格鲁吉亚摆脱俄罗斯的控制,从而不给俄罗斯留下推行帝国政策的空间,并以格鲁吉亚为跳板进一步向俄罗斯输出"民主"。[①] 因此,美国在格鲁吉亚加大意识形态攻势的本质是为了扩大其在欧亚地区的地缘政治影响力和挤压俄罗斯的地缘政治空间。格鲁吉亚的政权更迭是美国扩大冷战成果的具体体现,即推动格鲁吉亚向美式民主政体和市场经济转型有利于增强该国对西方的倾向性,从而巩固美国在外高加索地区的长期利益。这也是美国以"西方民主攻势"在地缘政治上包围俄罗斯的关键一环,以及促使俄罗斯与专制主义、沙文主义传统决裂的尝试。[②]

苏联解体后,在格鲁吉亚和乌克兰相继爆发的政权更迭,以及国家对外战略方向的转变,促使独联体国家内政外交各项政策的"国际化"趋势更加难以逆转。这具体表现为:后苏联空间不再是原先统一的地缘政治空间,而是分化为亲美与亲俄两个阵营。由于美国力图将格鲁吉亚塑造为外高加索地区乃至整个独联体的"民主国家典范",俄罗斯不得不强硬回击美国在格鲁吉亚发动的意识形态攻势。第一,2008年8月对格鲁吉亚采取军事行动就是俄罗斯对所谓格鲁吉亚"民主化"进程的"当头一棒"。反观美国,其没有在武装冲突中给予格鲁吉亚实质性支持,这是因为:美国向格鲁吉亚输出"民主"是为实现其地缘战略,其决不会为格鲁吉亚的利益而与俄罗斯发生直接冲突。第二,俄罗斯重新整合盟友力量来应对美国以意识形态为工具在后苏联空间的地缘政治

---

① Odom W., "US Policy toward Central Asia and the South Caucasus," Caspian Crossroads, Iss. 1, 1997, p. 11.
② 吴大辉:《美国在独联体地区策动颜色革命的三重诉求》,《俄罗斯中亚东欧研究》2006年第2期,第2页。

扩张。2000年10月，俄罗斯在后苏联空间构建了以其为核心的欧亚经济共同体。除了俄罗斯，该组织还包括白俄罗斯、哈萨克斯坦、吉尔吉斯斯坦、塔吉克斯坦四个正式成员国，以及亚美尼亚、摩尔多瓦和乌克兰三个观察员国。2015年1月，俄罗斯在欧亚经济共同体的基础上发起成立欧亚经济联盟，成员国包括俄罗斯、白俄罗斯、哈萨克斯坦、吉尔吉斯斯坦和亚美尼亚。该联盟的目标是在2025年前实现其内部商品、服务、资本和劳动力自由流动，并推行协调一致的经济政策。

三、格鲁吉亚的"中间地带化"进程

由上述对格鲁吉亚"中间地带化"内外因的分析可以看出：苏联解体后，该国成为"中间地带国家"的过程实质上就是其不断寻求融入西方的过程。在此过程中，格鲁吉亚致力于融入西方的节奏越快，则美俄围绕该国地缘政治博弈的强度就越大，进而导致该国的"中间地带化"程度越高。这突出表现为格鲁吉亚在俄格武装冲突中惨败后大幅度丧失了对南奥塞梯分裂问题发挥作用的空间，成为半权力缺失国家。格鲁吉亚的西方导向外交可以分为两个阶段：谢瓦尔德纳泽当政时期的弱西方导向阶段（1992—2003年）和自萨卡什维利执政后的强西方导向阶段（2003年以来）。[①] 格鲁吉亚在这两个阶段外交实践上的表现大相径庭。

（一）"玫瑰革命"前的弱西方导向外交阶段

谢瓦尔德纳泽在1976年曾表示："对格鲁吉亚人来说，太阳不是从

---

① Olga Vasilieva, "The Foreign Policy Orientation of Georgia," SWP - AP, July 1996, p. 2968; Helena Fraser, "Managing Independence: Georgian Foreign Policy 1992 - 1996," MPhil thesis, St Anton's College, Oxford University, 1997, p. 98; Alexander Rondeli, "Georgia: Foreign Policy and National Security Priorities," UNDP Discussion Paper Series 3, Tbilisi, 1999, p. 74; Alexander Rondeli, "The Choice of Independent Georgia," in Gennady Chufrin, ed., The security of the Caspian Sea Region, Oxford: Oxford University Press, 2001, p. 195 - 211; David Aphrasidze, "Die Außen - und Sicherheitspolitik Georgiens," Nomos Verlagsgesellschaft, Baden - Baden, 2003, p. 69.

东方升起的，而是从北方的俄罗斯升起的。"① 然而，在1991年前后，身为苏联外长的谢瓦尔德纳泽却是推动苏联解体的主要政治家之一。在1992年谢瓦尔德纳泽执掌格鲁吉亚政权后不久，其在苏联解体中的政治表现就换来了西方对格鲁吉亚独立的承认和支持：格鲁吉亚于1992年加入了欧洲安全与合作组织（以下简称欧安组织），同时西方开启了对格鲁吉亚的人道主义和发展项目的资助。

尽管如此，当时美国和欧洲基于以下因素而不愿介入格鲁吉亚内部的分裂问题，也没有与格鲁吉亚建立强有力的政治对话渠道。苏联解体后，北约和欧盟根据世界格局的变化对其战略目标进行了调整，它们对俄罗斯奉行改造的政策，同时认为自己在外高加索地区的利益没有受到太大威胁。

基于美俄关系正处于"蜜月期"的现实，谢瓦尔德纳泽从1992年起强调格鲁吉亚奉行全方位的东西方平衡外交政策，并特别重视发展与俄罗斯的关系。他认为，由于历史、现实和经济等原因，格鲁吉亚在经济发展上要依靠俄罗斯，恢复领土完整也取决于俄罗斯，格俄发展睦邻关系符合两国的共同利益。这一时期格鲁吉亚在外交层面主要采取了以下措施：1993年12月，格鲁吉亚加入了俄罗斯主导的独联体；1994年1月，格鲁吉亚签署了《集体安全条约》，力图通过缓和对俄关系来缓解内部冲突局势；1992年5月15日，格鲁吉亚加入了北大西洋合作委员会；1994年3月23日，格鲁吉亚加入了北约"和平伙伴关系计划"。②

从1994年至1996年，随着美俄关系由"蜜月期"向"磨合期"过渡，西方开始将其影响力向俄罗斯传统势力范围之一的外高加索地区扩张。以美国为首的西方国家通过北约"和平伙伴关系计划"、世界银

---

① Carolyn McGiffert Ekedahl and Melvin A. Goodman, "The Wars of Eduard Shevardnadze," Second Edition, Dulles, Virginia: Brassey's, 2001, pp. 22 – 23.

② David Darchiashvili, "Trends of Strategic Thinking in Georgia, Achievements, Problems and Prospects," in Gary K. Bertsch ed., Crossroads and Conflict: Security and Foreign Policy in the Caucasus and Central Asia, New York: Routledge, 2000, p. 72.

行、国际货币基金组织等安全和经济工具来干预外高加索国家的内政外交。但更重要的是，西方国家通过其石油公司越来越多地参与外高加索地区和里海地区油气资源的勘探及开发。与西方相比，俄罗斯在苏联解体后背负了巨额债务，国内经济几乎处于崩溃的边缘。叶利钦在自传中描述了他任总统期间最担心的事：俄罗斯陷入完全混乱，联邦解体并分裂成无数交战的小国家。20世纪90年代，俄罗斯领导层对国内经济采取"休克疗法"，这导致俄罗斯经济通货膨胀、资本外流并连年出现负增长，没有足够的实力向包括格鲁吉亚在内的原苏联国家提供经济援助和安全保障。[1]

1993年11月，谢瓦尔德纳泽出任新成立的"格鲁吉亚公民联盟"主席。1995年11月，谢瓦尔德纳泽以高票当选总统。在他的领导下，格鲁吉亚在俄罗斯和西方之间扮演了微妙的平衡角色。但在1997年，格鲁吉亚外交政策发生重大变化，该国开始将其欧洲-大西洋的外交定位和加强同北约的合作作为外交政策的关键组成部分，将原先的平衡外交导向调整为弱西方外交导向。1999年，该国进一步明确其亲西方倾向：格鲁吉亚退出了俄罗斯主导的集体安全条约组织；格鲁吉亚领导层开始讨论加入北约的问题，并表示支持北约参与科索沃事务；俄格在伊斯坦布尔举行的欧安组织首脑峰会上签署了一项协议，该协议的主要内容是俄罗斯在《欧洲常规武装力量条约》框架下废除在格鲁吉亚领土上的四个军事基地；格鲁吉亚成为欧洲委员会成员国，与欧盟的伙伴关系与合作协定生效。

2000年，格鲁吉亚领导层通过了亲西方的外交政策概念文件《格鲁吉亚与世界：未来的愿景和战略》。谢瓦尔德纳泽表示，格鲁吉亚将在2002年北约布拉格首脑会议上提出加入该组织的申请，但该国内部对此却有不同声音：其外长梅纳加里什维利认为格鲁吉亚的内外局势不允许其加入北约；其国防部部长特夫扎泽声称，由于军费开支紧张，格

---

[1] George W. Breslauer and Catherine Dale, "Boris Yel'tsin and the Invention of a Russian Nation-State," Post-Soviet Affairs, Vol. 13, No. 4, 1997, pp. 303–332.

鲁吉亚军队难以达到北约成员国的标准。同时,不仅谢瓦尔德纳泽将欧盟视为格鲁吉亚的"终极港湾",而且格鲁吉亚政治精英中的欧洲主义者也要求谢瓦尔德纳泽彻底放弃其东西平衡的外交战略,加快格鲁吉亚全面转向欧洲-大西洋体系的步伐。然而,谢瓦尔德纳泽在2003年下台前与俄罗斯达成重新开通索契-阿布哈兹-第比利斯铁路的协议,在追随美国向伊拉克派遣格鲁吉亚士兵的同时还与俄罗斯就阿布哈兹问题进行了单方面谈判。此外,谢瓦尔德纳泽没有实质性推动格鲁吉亚加入北约,也没有迫切要求俄罗斯军队从格鲁吉亚军事基地全部撤出。实际上,谢瓦尔德纳泽亲近西方是出于务实合作而非意识形态认同,因此他对美国和欧盟的态度是模棱两可的,这是美欧决心支持"玫瑰革命"并将其推下台的原因之一。[①]

2003年3月底,格鲁吉亚议会通过了一项关于加快该国全面融入欧盟的决议,但该决议在"玫瑰革命"前几个月没有取得重大进展。2003年11月"玫瑰革命"爆发后,格鲁吉亚代总统妮诺·布尔贾纳泽迅速为该国未来的外交政策定下基调,并强调格鲁吉亚加入北约和"欧洲大家庭"的雄心,将北约和欧盟视为"格鲁吉亚安全和领土完整的保障者"。不过,她同时强调了加强与俄罗斯睦邻友好关系的重要性。

(二)"玫瑰革命"后的强西方导向外交阶段

1. 努力加入欧盟

萨卡什维利继任格鲁吉亚总统前就明确表示"渴望被人们铭记为使格鲁吉亚成为现代欧洲国家的人"。萨卡什维利致力于格鲁吉亚与欧盟和美国建立更密切的关系,原因之一是他相信西方是格鲁吉亚安全的唯一保障者。为此,格鲁吉亚还专门设立了"欧洲-大西洋一体化国务部"。尽管萨卡什维利不断重复与欧洲融合的口号,但也强调格鲁吉亚必须与北部邻国俄罗斯建立正常和友好的关系,以及格鲁吉亚的欧洲一

---

① Bruno Coppieters and Robert Legvold eds., "Statehood and Security: Georgia after the Rose Revolution," Cambridge, Mass: MIT Press, 2005, p.406.

体化进程"绝不会以任何形式损害俄罗斯的利益"。

为了融入欧洲－大西洋体系,格鲁吉亚政府坚定致力于按照欧洲和北约的标准对其外交部、司法系统、铁路系统、边防部队,甚至机场降落系统和移民服务台等进行改革或改造。2003年4月16日,欧盟东扩至波罗的海三国以及波兰、捷克、匈牙利、斯洛伐克等中东欧国家,这使萨卡什维利感到欧盟的东扩可能会继续下去,格鲁吉亚将"自动"加入欧盟。他在上任伊始即表示"欧洲正在证明我们是其扩张的下一个阶段"。为表示要带领格鲁吉亚融入欧洲的决心和信心,萨卡什维利在就职演说中强调:"格鲁吉亚的位置在欧洲"。他宣誓就职后,欧盟旗帜在格鲁吉亚议会大厦门前立即被升起,并与格鲁吉亚新国旗并排飘扬。2004年1月28日,作为格鲁吉亚新任总统,萨卡什维利在伊斯坦布尔欧洲委员会办公大楼门前升起格鲁吉亚新国旗,他表示:"这是一个重要的历史时刻。格鲁吉亚新国旗在伊斯坦布尔上空的升起,证明格鲁吉亚完全有资格称自己为古老的基督教国家和欧洲国家。"同日,萨卡什维利在欧安组织大会上发言时称:"欧洲是格鲁吉亚外交的优先发展方向。我现在并没有面临着亲俄或者亲美的选择。我是格鲁吉亚人,同时也是欧洲人,这一点最为重要。"在欧洲委员会议会大会上,萨卡什维利还表示:"格鲁吉亚一直希望早日加入欧盟。'玫瑰革命'充分体现出格鲁吉亚人民对欧洲价值观的认同和对民主自由的渴望。"[①]

2. 努力加入北约

对于格鲁吉亚政治精英而言,"西方"和"欧洲"在很大程度上就是"民主""安全"概念的同义词。不同的欧洲－大西洋机构有各自的特点和使命,这些机构之间的优先事项并不总是完全相关的:北约和欧安组织侧重于与安全有关的事务,欧盟是一个以经济利益为基础的区域一体化组织,而欧洲委员会则侧重于民主、法治和人权。格鲁吉亚政治精英常常把推动"民主"作为该国与欧盟合作的政治基础,把维护国

[①] 关健斌:《萨卡什维利走上"兴邦之路"》,中国青年报网,2004年1月30日,http://zqb.cyol.com/content/2004-01/30/content_810336.htm。

家安全作为该国与北约合作的动因。在谈到欧洲时,他们同时会提到与美国和北约的合作,并将欧洲-大西洋方向描绘成一个单一和完全一致的外交政策方向。在格鲁吉亚政治精英的视野中,该国与北约、欧盟以及与其他欧洲-大西洋机构的一体化是同步推进、相互直接影响的关系。例如,在萨卡什维利看来,格鲁吉亚加入北约将成为该国加入欧盟的入场券。

2004年下半年开始,尽管格鲁吉亚亲西方的外交政策基调没有改变,但格鲁吉亚融入欧洲-大西洋体系的重点明显从欧盟转移到北约,即加入北约成为格鲁吉亚外交政策的中心主题之一。2004年10月29日,格鲁吉亚与北约签署"个别伙伴关系行动计划"(Individual Partnership Action Plan)。① 2005年11月23日,萨卡什维利在格鲁吉亚首都第比利斯召开的新闻发布会上表示:"我确信到2008年我总统任期结束之前,格鲁吉亚能够加入北约。但是对于格鲁吉亚能否加入欧盟,我还没有太大的把握,不过目前我们已经尽力去做了。"②

2006年9月21日,在纽约举行的北约外长会议上,北约秘书长宣布该组织决定将格鲁吉亚纳入"强化对话机制"(Intensified Dialogue)。在该机制下,格鲁吉亚将能够与北约国家就其加入北约的愿望和相关改革进行更密切的互动交流。虽然这些互动交流的内容可涉及与该国加入北约有关的所有政治、军事、金融和安全问题,但不影响北约就格鲁吉亚加入北约的进程做出任何最终决定。这种协商机制在不同级别进行,包括从北约秘书处与格鲁吉亚当局之间的会谈到格鲁吉亚与北大西洋理事会之间的高级别政治协商。同时,格鲁吉亚将继续执行其与北约的"个别伙伴关系行动计划"。该计划仍然是格鲁吉亚国防和体制改革的

---

① "Individual Partnership Action Plans," NATO Official Website, https://www.nato.int/cps/en/natohq/topics_49290.htm.
② 《格鲁吉亚三年内加入北约 俄家门口又添北约成员》,中国新闻网,2005年11月26日,https://www.chinanews.com/news/2005/2005-11-26/8/656996.shtml。

关键方案。①

在萨卡什维利看来，格鲁吉亚加入"强化对话机制"就是加入北约不可逆转的保证。在阿布哈兹和南奥塞梯的分裂问题仍是格鲁吉亚加入北约主要障碍的情况下，该国媒体将欧洲政界人士和北约高级官员对该国加入北约的模糊表态描绘成对格鲁吉亚加入北约的支持言论和具体承诺，而这给格鲁吉亚领导层带来该国很快就能加入北约的希望。2006年10月4日，萨卡什维利对国民发表电视讲话时表示，格鲁吉亚将继续致力于加入北约，转入与北约"强化对话机制"阶段标志着格鲁吉亚在加入北约的道路上迈出关键步伐。他认为格鲁吉亚加入北约的可能性非常大，加入北约有助于巩固其国家安全。②

2004年，格鲁吉亚政府几乎完全以积极的口吻评论俄格关系。2004年1月27日，萨卡什维利在接受塔斯社记者采访时表示，"格俄必须从以前相互猜疑的老套路中解脱出来，沿着理性的轨道发展两国关系"。萨卡什维利强调，格俄两国政府必须采取措施解决双边关系中的经济、政治、安全以及与第三国关系等问题，而不是相互隔离。格鲁吉亚不会与其他国家结成损害俄罗斯安全利益的关系。他还表示："在格境内的俄军事基地对俄国家安全利益没有任何实际意义，俄罗斯需要它们，只是担心失去其在高加索的影响。"此外，萨卡什维利希望俄罗斯能够允许其军事院校为格鲁吉亚培训军官，并以优惠条件向格鲁吉亚出售武器装备。他还呼吁俄罗斯企业家积极到格投资，并强调"俄罗斯在格鲁吉亚经济发展中具有不可估量的作用"。由萨卡什维利的上述表态可以看出：至少在表面上，亲西方的格鲁吉亚新任领导人在上任伊始并不愿意与俄罗斯交恶，甚至摆出在美、俄、欧三方之间保持适度平衡，

---

① "NATO Offers Intensified Dialogue to Georgia," NATO Official Website, https://www.nato.int/cps/en/natohq/news_22173.htm? selectedLocale = en.
② 《萨卡什维利表示格鲁吉亚将继续致力于加入北约》，央视网，2006年10月5日，http://news.cctv.com/world/20061005/100050.shtml。

以扩展格鲁吉亚国家利益的姿态。①

但从 2005 年底开始,格鲁吉亚政府对俄罗斯的态度开始逐渐改变。2005 年 2 月,祖拉布·日瓦尼亚突然去世,他在谢瓦尔德纳泽时代对格鲁吉亚融入欧洲－大西洋体系发挥了主导作用,是一位温和的战略思想家,主张格鲁吉亚在西方和俄罗斯之间应采取平衡的外交策略。2003 年格鲁吉亚爆发"玫瑰革命"后,作为内阁总理的日瓦尼亚在新政府中对调和温和派和强硬派之间的矛盾起到很大作用。日瓦尼亚去世后,格鲁吉亚的外交平衡被打破,国内的一些强硬派政治精英如国防部部长伊拉克利·奥克鲁阿什维利在政坛占据上风,他们普遍呼吁格鲁吉亚应退出独联体并摆脱俄罗斯的控制,以及通过欧洲－大西洋体系的协助来应对俄罗斯的威胁。

格鲁吉亚对俄态度出现变化的原因是:在这一时期,该国内政由着力解决内部社会经济发展问题向着力解决国家领土分裂问题转变,这是格鲁吉亚领导人面对现实做出的选择。第一,由于欧洲领导人没有充分认可格鲁吉亚加入欧盟的前景,以及欧盟也没有提供任何推动格鲁吉亚加入该组织的具体框架,格鲁吉亚领导层认识到其与欧盟的一体化似乎仍然遥不可及。2006 年 11 月,尽管格鲁吉亚被欧盟纳入"欧盟邻国政策"行动计划中来,但欧盟只是重新讨论了其与格鲁吉亚的相近性,而不是格鲁吉亚成为欧盟成员国的问题。② 第二,格鲁吉亚加入北约的前景并不完全明朗。2007 年 6 月 25 日,在俄罗斯圣彼得堡访问的北约秘书长夏侯雅伯表示,北约当前正与格鲁吉亚进行紧张对话,该对话尚未进展到讨论格鲁吉亚加入北约的阶段,这一问题还未列入北约议事日

---

① 关健斌:《萨卡什维利走上"兴邦之路"》,中国青年报网,2004 年 1 月 30 日,http://zqb.cyol.com/content/2004-01/30/content_810336.htm。

② "European Neighbourhood Policy – GEORGIA," The European Commission Official Website, https://ec.europa.eu/commission/presscorner/api/files/document/print/en/memo_08_207/MEMO_08_207_EN.pdf.

程。① 第三，虽然格鲁吉亚呼吁与俄罗斯进行平等的公开对话，② 但俄罗斯鉴于格鲁吉亚强烈的亲西方举动而对此反应冷淡。2005年末，俄罗斯天然气工业股份公司突然提高了向格鲁吉亚出口天然气的价格。2006年9月27日，5名俄罗斯军人被格鲁吉亚警方和反间谍机构以"在格鲁吉亚从事侦察活动和策划渗透"为由扣压并逮捕。随后，格鲁吉亚安全部队包围了位于首都第比利斯的俄军驻外高加索集群司令部，要求其交出另一名隶属"格鲁乌"（俄罗斯军事情报总局）的"俄罗斯间谍"——中校康斯坦丁·比秋基。格鲁吉亚内政部长瓦诺·梅拉比什维利表示，被扣留的俄军军官不仅一直在搜集有关格鲁吉亚与北约关系的情报，而且还关注该国的能源安全、反对派和非政府组织、格鲁吉亚军队组成与军事采购、海港以及铁路运输等方面的资料。格方的举措在俄罗斯引起轩然大波，持续发酵的舆论引发国际社会的广泛忧虑。俄罗斯外交部在事发后立即召见格鲁吉亚驻俄大使，谴责该国领导人奉行的"反俄立场"。在俄格关系日趋紧张的情况下，鉴于俄罗斯驻格鲁吉亚人员所受的安全威胁不断增加，俄罗斯外交部9月29日派出飞机撤出部分人员。③ 此外，俄罗斯各地开始清查格鲁吉亚籍"非法移民者"，有400名格鲁吉亚人遭到驱逐。10月2日，俄罗斯暂停了与格鲁吉亚的陆海空交通联系，并对格鲁吉亚的电信邮政业务实施经济制裁。其后果是，数十万格鲁吉亚劳工赴俄罗斯工作更加困难，格鲁吉亚的劳务汇款渠道被中断，致使格鲁吉亚每天损失数百万美元外汇。④ 受俄格间谍风波的影响，俄罗斯随后不久又禁运了格鲁吉亚的葡萄酒、矿泉水和果

---

① 卢敬利：《北约秘书长称格鲁吉亚加入北约尚未列入议程》，央视网，2007年6月25日，http://news.cctv.com/world/20070625/106460.shtml。

② 参见新华网莫斯科2006年10月19日电（记者宋世益）第比利斯消息：格鲁吉亚总统萨卡什维利19日表示，格鲁吉亚愿意在相互尊重和考虑彼此利益的基础上同俄罗斯就两国间的问题进行各个级别的对话。

③ 韩显阳：《"间谍风暴"使俄格关系突变》，光明日报网，2006年9月30日，https://www.gmw.cn/01gmrb/2006-09/30/content_487788.htm。

④ 韩显阳：《俄"三管齐下"对付格鲁吉亚》，光明日报网，2006年10月30日，https://www.gmw.cn/01gmrb/2006-10/30/content_500214.htm。

汁。上述事件清楚地表明俄格两国关系的进一步恶化，① 这加剧了格鲁吉亚的反俄情绪。对于俄罗斯的反制举措，一方面，萨卡什维利强调格鲁吉亚不惧怕威胁。他在讲话中指出，俄罗斯对格鲁吉亚警方逮捕俄军人这一举动的反应"过激和不适当"，指责俄罗斯的撤离计划是一种"歇斯底里"的表现，并表示"格鲁吉亚已经习惯了俄当局制造的各种经济制裁和麻烦"。另一方面，萨卡什维利在表达不满的同时还是声称愿意继续与俄罗斯展开对话。他认为自1991年格鲁吉亚独立以来，该国一直在遭受俄罗斯可能进行军事干预的"威胁"。他表示："格鲁吉亚向我们的邻国俄罗斯传达的信息是：'我们受够了。'我们希望建立良好的关系，我们希望双边关系有建设性，我们希望与俄罗斯对话，但我们不能被视为某个重新崛起的帝国的二流后院。"②

2008年8月俄格武装冲突结束后，面对短期内对分裂地区难以实现控制的现实，格鲁吉亚民众转而更关心其生活条件的改善，他们倾向于将国家的政策重心从收复领土和加入北约的安全问题转移到社会经济发展层面。因此，相较于加入北约，其更加支持本国与欧盟的一体化。而格鲁吉亚政治精英和政府更多考虑的仍是安全问题，因此始终对加入北约的问题高度重视。这一差别是该国内政"离心化"的又一体现。

第二节　外高加索能源运输走廊通道政治的形成

对于格鲁吉亚这个外高加索国家而言，其最突出的地缘价值之一就是接壤阿塞拜疆这个沿里海的能源出口大国和濒临黑海这个通向西方的"窗口"，进而能在外高加索能源走廊博弈中发挥连通欧亚和贯通"两海"的地理作用。因此，在国际能源博弈中，格鲁吉亚不仅对外高加索

---

① 《俄扩大禁运名单 禁止格鲁吉亚果汁进入本国市场》，中国新闻网，2006年10月9日，https://www.chinanews.com/gj/oz/news/2006/10-09/801519.shtml。

② "Spy Row Ends, but Tensions Remain," Civil Georgia, https://civil.ge/archives/115505.

地区其他国家不可或缺，而且对相邻的中亚国家以及美国、俄罗斯和欧盟都至关重要。由于缺乏石油、天然气、黄金等资源，格鲁吉亚融入西方和提升国际地位的途径之一就是发挥里海能源输出"过境国"的地理功能。对于美俄而言，在外高加索能源走廊通道政治中占据主导地位的前提是实现控制格鲁吉亚或至少能够左右该国战略走向的地缘政治目标。随着在20世纪90年代以西方石油公司为主力的财团与阿塞拜疆、格鲁吉亚等国达成开采油气田和建设绕开俄罗斯的石油、天然气管线的协议，外高加索能源走廊的构造进程就此开始。俄罗斯无力阻止这些管线的建设，只能通过参与阿塞拜疆的"世纪合同"和构建新的能源管线来加以应对。美俄的地缘政治竞争造成外高加索地区出现了两个能源联盟：格鲁吉亚与阿塞拜疆、土耳其组成利益集团，并得到美国和欧盟的支持；俄罗斯与亚美尼亚是盟友关系，并向南延伸与伊朗保持密切合作。上述能源通道博弈进程构成了外高加索能源走廊通道政治。

一、冷战后中亚-外高加索地区能源政治格局的新变化

（一）地缘经济层面

即便在苏联解体三十多年后，苏联各加盟共和国之间的联系仍然能够影响整个欧亚地区的局势。特别是在20世纪90年代，此联系的突出表现之一是俄罗斯不仅拥有巨大的能源储量和能源出口量，还控制着大部分中亚和外高加索地区能源的运输管线。以中亚国家哈萨克斯坦为例，该国绝大部分出口的石油需过境俄罗斯。[1] 因此不可否认的是，俄罗斯对包括中亚和外高加索地区在内的苏联加盟共和国的政治、经济和社会仍有重大影响。

而在苏联解体伊始，无论是外高加索三国还是中亚五国，基于其作为独立政治实体的经济社会发展需求，都渴望尽早融入国际社会，扩大

---

[1] 20世纪90年代，哈萨克斯坦的主要石油管线有阿特劳（哈萨克斯坦石油加工业城市）-萨马拉（俄罗斯石油开采和加工中心）输油管线和里海输油管线（哈萨克斯坦田吉兹-俄罗斯新罗西斯克港）等。

与外部世界特别是西方的政治、经济联系。对于与外高加索和中亚地区有着传统密切政治、经济联系的俄罗斯而言，其国内经济困难、政治动荡、社会混乱、内部冲突加剧，对后苏联空间的掌控力呈现下降趋势。有鉴于此，外高加索和中亚国家纷纷试图调整国家对外政治、经济发展战略，希望建设新的、在地理上绕开俄罗斯的经济发展走廊，以避免在政治、经济上对俄罗斯的过度依赖。

就处于外高加索地区的格鲁吉亚而言，由于其具有连接东西、贯通南北的独特地理位置，在建设地理上独立于俄罗斯的经济发展通道方面具有得天独厚的优势。为此，格鲁吉亚领导人对于将本国打造为连通欧亚的通道极为重视：格鲁吉亚前总统谢瓦尔德纳泽提出复兴"丝绸之路"以及"欧洲-高加索-亚洲运输走廊"方案，萨卡什维利当选格鲁吉亚总统后也曾表示格鲁吉亚政府将继续重视振兴"新丝绸之路"。[①] 特别是在能源方面，格鲁吉亚对于建设连接里海沿岸的中亚、外高加索国家与西方的能源管线有很强的意愿，因为这不仅可以使格鲁吉亚和西方获得不受俄罗斯牵制的能源管线，以更好地满足欧洲国家和格鲁吉亚的能源需求，以及阿塞拜疆、哈萨克斯坦、土库曼斯坦等里海沿岸的中亚-外高加索国家向西方出口其能源的意愿，还可以使格鲁吉亚在该能源通道建设的过程中提高其地缘经济地位。

里海不仅是欧亚大陆交通的中枢，而且其沿岸国家具有丰富的能源储量。该区域石油储量约占全球的17.35%，天然气储量约占全球的47.7%，在国际能源市场占有重要地位。苏联解体前，根据1921年《俄波友好合作条约》和1940年《苏伊贸易和航海条约》的原则，

---

① 事实上，在1989年访问日本时，时任苏联外长的谢瓦尔德纳泽即首次提出复兴"丝绸之路"。1990年9月，在俄罗斯符拉迪沃斯托克（海参崴）市召开的"亚太地区：对话、安全与合作"国际学术会议上，谢瓦尔德纳泽再次提出复兴"丝绸之路"的设想。该设想旨在推动建设东西方合作的"新丝绸之路"。然而，尽管谢瓦尔德纳泽在当选为格鲁吉亚总统后并未将俄罗斯排除出"丝绸之路"设想，但其对于建设绕开俄罗斯的能源管线则强力支持。这或许多少反映出20世纪90年代格鲁吉亚执政阶层的双重心态：希望保持与俄罗斯的经济联系以从中获得利益，但更想摆脱俄罗斯的经济特别是能源控制，以实现国家经济的自立自强。然而，一旦经济问题特别是能源问题与地缘政治挂钩，则格鲁吉亚势必会遭到俄罗斯的反制。

里海除了南岸附近水域划归伊朗外，大部分水域均归苏联所有，即苏联拥有里海实际的控制权。苏联解体后，里海重新被俄罗斯以及中亚的哈萨克斯坦和土库曼斯坦，外高加索的阿塞拜疆、西亚的伊朗环绕，而这一变化给了除俄罗斯以外的里海沿岸国家连接外部世界的潜在能源出口通道。对于里海沿岸的中亚和外高加索国家而言，能源出口是其经济支柱，开发里海水域的油气资源对振兴其国家经济能起到重要作用。

但在20世纪90年代，外高加索和中亚国家没有足够的国力独自推动连通外部的交通运输和能源管线建设项目。以格鲁吉亚为例，该国在独立后战乱不断、政局动荡和技术落后，致使其国内经济增长缓慢，基础设施落后，无法独自建成欧亚商贸物流中心、交通走廊和能源过境通道。因此，外高加索和中亚国家希望通过向西方寻求资金支持来建设能源和交通基础设施，以此减少对俄罗斯在能源出口管线方面的依赖，以及打通连接西方的经贸通道，从而在获得巨大经济收益的同时提升本国政治、经济独立的程度。格鲁吉亚虽能源贫乏，但拥有濒临黑海、连通东西的地理优势。阿塞拜疆、哈萨克斯坦、土库曼斯坦虽地处内陆，但能源富集且可开采程度高。而苏联解体后，美国在欧亚大陆的战略目标之一（在一定程度上也是欧盟的战略目标）就是打破俄罗斯对里海沿岸国家能源的生产及其向西方输送能源的通道的垄断，确保这些通道不受俄罗斯的影响，以进一步满足其对能源的巨大需求。20世纪90年代初期，美国能源部曾表示，由于苏联解体，全世界获得了打通地球上最大能源供应地之一（里海和中亚）与外部联系（通过外高加索国家）的机会。以国家经济利益契合为出发点，中亚-外高加索的里海沿岸国家以其能源储量和地理位置为筹码，可换取西方国家交通和能源通道建设资金的涌入，以及由此带来的经济利益。从地缘经济的视角来看，这是由中亚和外高加索国家实现能源出口多元化战略与西方打破俄罗斯能源垄断战略的目标内容中具有一致性的部分所决定的。

表 3-4　里海沿岸各国油气探明储量（截至 2019 年）

国家	已探明石油储量（10 亿吨）	占世界份额	已探明天然气储量（万亿立方米）	占世界份额
阿塞拜疆	1.0	0.4%	2.8	1.4%
伊朗	21.4	9.0%	32.0	16.1%
哈萨克斯坦	3.9	1.7%	2.7	1.3%
俄罗斯	14.7	6.2%	38.0	19.1%
土库曼斯坦	0.1	少于 0.05%	19.5	9.8%
总计	41.1	少于 17.35%	95.0	47.7%

资料来源："Statistical Review of World Energy 2020 (69th edition)," https://www.bp.com/content/dam/bp/business-sites/en/global/corporate/pdfs/energy-economics/statistical-review/bp-stats-review-2020-full-report.pdf, p.32。

（二）地缘政治层面

苏联的解体和俄罗斯的衰弱使外高加索和中亚地区处于地缘政治相对真空的状态。有鉴于此，西方大国开始加紧拉拢外高加索和中亚国家，以填补上述地区的地缘政治真空，与俄罗斯在后苏联空间展开地缘政治争夺。

自 20 世纪 90 年代中期以来，西方国家乘苏联解体之势将影响力向俄罗斯的传统势力范围外高加索地区延伸。而格鲁吉亚则成为西方在打破俄罗斯对里海能源运输垄断的进程中所能依靠的最得力、最便捷和最坚定的国家。除了俄罗斯和格鲁吉亚，里海沿岸的中亚和外高加索国家还可以选择阿塞拜疆-亚美尼亚-土耳其这一运输线路作为连接西方的能源通道。但由于亚美尼亚和阿塞拜疆之间就纳戈尔诺-卡拉巴赫的归属问题所引发的激烈争端时断时续，且亚美尼亚是俄罗斯的铁杆盟友，这条绕开俄罗斯的能源运输线路对东西两端的能源消费方欧洲国家和能源供应方里海沿岸国家而言并不十分可靠。此外，从欧洲的角度来看，向南过境伊朗的能源运输路线要绕很多弯路，且伊朗与以美国为首的西方国家关系长期紧张，因此这条能源线路同样不可靠。同时，尽管阿富汗地处中亚和南亚的交界地带，可作为连通欧亚的备选能源通道，但该国安全局势处于不稳定状态。因此对西方而言，以阿富汗为里海能源的过境通道并不稳固。美国优尼科石油公司就未能如愿建立穿越该国的天然气管道。由此可见，对于美国和欧盟而言，从地缘经济视角考虑到运输距离近、接壤或靠近里海能源各聚集地，从地缘政治视角考虑到局势相对稳定和对西方的亲近态度，选择格鲁吉亚作为绕开俄罗斯的里海能源运输通道更为合适。

因此，随着欧洲对里海石油和天然气需求的增长，格鲁吉亚的地缘战略重要性不断提升，西方国家拉拢格鲁吉亚的力度也与日俱增。美国格鲁吉亚协会主席马穆卡·泽雷泰利曾声称，在美国或欧洲，并非所有人都意识到格鲁吉亚对西方长期安全利益的战略重要性。他建议美国政府制订一项格鲁吉亚和乌克兰加入北约的行动计划，以"确保这些国家的稳定，从而保持通往欧亚大陆的替代通道的顺畅"。[1]

然而，由于格鲁吉亚政府难以独自应对阿布哈兹自治共和国和南奥塞梯自治州的独立运动和武装冲突，以及前总统加姆萨胡尔季阿的武装进攻所造成的内政失控局面，1993年10月，时任格鲁吉亚总统的谢瓦尔德纳泽为把国家从混乱中拯救出来，选择加入俄罗斯主导的独联体，并求助俄军赴格鲁吉亚执行维和任务。但在1994年，鉴于国内形势趋于稳定，格鲁吉亚、亚美尼亚和阿塞拜疆这三个外高加索国家共同加入了北约"和平伙伴关系计划"（Partnership for Peace）。[2] 1996年4月22日，三国与欧盟正式签署"伙伴关系与合作协定"（Partnership and Co

---

[1] Mamuka Tsereteli, "Beyond Georgia: Russia's Strategic Interest in Eurasia," CACI Analyst, Nov. 6, 2008, p. 3.

[2] "和平伙伴关系计划"是北约最早确立的伙伴关系机制，也是其伙伴关系网络最核心的组成部分。截至2023年4月，共有20个伙伴国：芬兰、瑞典、爱尔兰、奥地利、马耳他、瑞士、塞尔维亚、波黑、俄罗斯、白俄罗斯、乌克兰、格鲁吉亚、亚美尼亚、阿塞拜疆、摩尔多瓦、哈萨克斯坦、吉尔吉斯斯坦、塔吉克斯坦、土库曼斯坦、乌兹别克斯坦。

operation Agreement）。① 在1997年，三国又加入欧洲-大西洋伙伴关系理事会。② 与此同时，格鲁吉亚在政治上也选择逐渐向欧洲大西洋体系倾斜。早在1997年9月，格鲁吉亚议会就决定将本国立法与欧盟立法相协调。但谢瓦尔德纳泽表示，格鲁吉亚的主要目标仍然是"将格鲁吉亚融入欧洲运输框架"，即此时谢瓦尔德纳泽寻求的是与欧洲的务实合作，而不是完全的一体化。③ 然而，两年后，格鲁吉亚议会正式宣布该国将力图作为正式成员加入欧盟。在1999年，欧盟与外高加索国家之间的"伙伴关系与合作协定"生效，这意味着"欧盟开始正式将外高加索纳入其势力范围"。④ 1999年4月27日，格鲁吉亚成为欧洲委员会成员国。⑤ 接下来在2001年，亚美尼亚和阿塞拜疆也加入了该组织。值得一提的是，俄罗斯也是欧洲委员会的成员国，并与欧盟签署了《俄罗斯与欧盟之间关于建立伙伴关系的联合政治声明》。这可以被解读为：在苏联解体后的十年中，西方国家在对外战略上注意尽可能不过度刺激俄罗斯，或者至少在表面上尽可能不让俄罗斯有被欧洲孤立的感觉。

由上述事实可见：在地缘经济和地缘政治两个层面，格鲁吉亚以及里海沿岸的外高加索和中亚国家，在与西方走近的过程中客观上配合了西方向中亚和外高加索地区渗透的战略步骤。这导致俄罗斯与西方之间

---

① 《欧盟与外高加索三国签署伙伴合作协定》，《光明日报》1996年4月24日；"Partnership and Cooperation Agreement（PCA），" Office of the State Minister of Georgia for Reconciliation and Civic Quality Official Website, https：//smr. gov. ge/uploads/prev/2_Partner_cce01fcf. pdf.
② "欧洲-大西洋伙伴关系理事会"是北约组织架构的一部分，其成员包括俄罗斯在内的所有原苏联加盟共和国。该理事会由"北大西洋合作委员会"与"和平伙伴关系计划"相关机制合并而成。截至2024年7月，理事会共有50个成员国，包括32个北约成员国和18个欧洲和欧亚地区伙伴国（"和平伙伴关系计划"国家）。"Relations with Georgia," NATO Official Website, https：//www. nato. int/cps/en/natohq/topics_38988. htm。
③ Econ Verlag, "Eduard Schewardnadze, Die Neue Seidenstrasse – Verkehrweg in Die 21," in Jahrhundert ed. , The New Silk Road：A Communication Route of the Twenty – First Century, Munich, 1999, p. 51.
④ Gaidz Minassian, "Caucase du Sud, la nouvelle guerrre froide（South Caucasus, the New Cold War），" Éditions Autrement, Paris 2007.
⑤ "Georgia // 46 States, One Europe," Council of Europe Official Website, https：//www. coe. int/en/web/portal/georgia.

难以避免地在欧亚大陆产生地缘战略矛盾：俄罗斯力图通过控制中亚和外高加索的能源及其运输管线来尽可能多地在经济、安全上保持地区优势和影响力，维护其传统势力范围，而这与以美国为首的西方国家不允许俄罗斯继续对中亚和外高加索地区持有能源出口特权形成尖锐矛盾。在此战略矛盾下，自20世纪90年代初期以来，整个中亚和外高加索地区就成为美俄激烈争夺和博弈的对象。[1]

二、里海能源出口的多元化发展

（一）阿塞拜疆"世纪合同"的签署

20世纪90年代初期，俄罗斯仍在很大程度上控制着外高加索地区的石油出口。1996年2月18日，阿塞拜疆国际运营公司、阿塞拜疆国家石油公司和俄罗斯国家石油管道运输公司签订建设从巴库附近的桑加查尔到俄罗斯黑海沿岸的新罗西斯克的输油管线的三方合同。该管线全长1330公里，其管道的阿塞拜疆段由阿塞拜疆国家石油公司运营，俄罗斯段由俄罗斯国家石油管道运输公司运营。巴库－新罗西斯克输油管道（北方管线）于1997年10月25日开始运行，是当时能够将阿塞拜疆石油输送到国际能源市场的唯一运营通道。[2] 巴库－新罗西斯克管道自苏联时代（1983年）就已存在。该管道用于将原油从格罗兹尼运输到巴库进行加工。自1997年以来，这条管道一直用于将石油从阿塞拜疆反向输送到俄罗斯黑海新罗西斯克港。

对俄罗斯而言，尽管巴库－新罗西斯克输油管道的修复有利于其加强对外高加索地区的能源控制，然而，这条输油管道却需要经过俄罗斯南部与格鲁吉亚接壤的车臣共和国的首府格罗兹尼。1991年，以杜达耶夫为首的激进民族独立运动组织实际接管了车臣共和国政权，成为俄

---

[1] Shiriyev, Zaur, and Kornely Kakachia, "Azerbaijani – Georgian Relations: The Foundations and Challenges of the Strategic Alliance," SAM Review, 2013, pp. 7 – 8.

[2] "The Main Transport Routes of Energy Resources," Azerbaijan. AZ, https://azerbaijan.az/en/information/401.

罗斯联邦内部最主要的分裂势力。车臣自治共和国所处的内高加索地区不仅蕴含丰富的石油和天然气，而且对俄罗斯影响和控制外高加索地区至关重要。因此，作为全球性大国的俄罗斯不可能允许该联邦主体的分裂。1994年，时任俄罗斯总统叶利钦决定武力干预内高加索乱局，发动了第一次车臣战争，致力于消灭叛军武装。但在西方的支持下，车臣武装得到了资金和武器支持。在此情况下，俄军在内高加索地区遭到顽强抵抗并陷入血战、无功而返。最终，第一次车臣战争以1996年俄罗斯中央政府和车臣分裂势力之间签署停火协议而告终。

苏联解体后国力大幅下滑是俄罗斯在第一次车臣战争中失败的重要原因之一，俄罗斯在此次战争中未能获胜使高加索地区的力量格局出现了短暂变化，即这一事件导致俄罗斯对外高加索的主导权和控制权出现了一定动摇：格鲁吉亚、乌兹别克斯坦等原苏联国家在谴责俄罗斯"帝国主义政策"的同时进一步坚定了向西方国家适度靠拢的决心；车臣的动荡局势使阿塞拜疆"北线"输油管道的安全性遭到直接威胁，于是该国利用俄罗斯疲于应付国家分裂问题的空隙与西方国家在能源领域展开了实质性合作。阿塞拜疆政府于1994年9月20日与阿塞拜疆国际运营公司签署了"世纪合同"。该公司作为一个主要由西方石油巨头组成的财团在三十年内投资74亿美元，负责开发阿塞拜疆的阿塞里－奇拉格－古内什利近里海油田。在该项目中，约80%的利润流向阿塞拜疆。"世纪合同"的参与者是来自阿塞拜疆、美国、英国、俄罗斯、土耳其、挪威、日本和沙特阿拉伯8个国家的13家大型石油公司，包括英国阿莫科公司、英国石油公司、英国兰柯公司、美国麦克德莫特公司、美国优尼科公司、美国埃克森美孚公司、美国宾兹石油公司、美国三角洲石油公司、阿塞拜疆索卡尔石油公司、俄罗斯卢克石油公司、挪威国家石油公司、土耳其石油公司、日本伊藤忠商事株式会社。[①] 1995年1月，阿塞拜疆与外国石油公司签署了第二个"世纪合同"，并为此成立

---

① "The Contract of the Century," The Ministry of Energy of the Republic of Azerbaijan Official Website, https://minenergy.gov.az/en/neft/esrin－muqavilesi.

开采卡拉巴赫油田的国际财团。该油田计划开采25年，投资额为17亿美元，所产原油的65%—80%将归阿塞拜疆所有。1996年6月4日，阿塞拜疆的第三个"世纪合同"在首都巴库签署。阿塞拜疆与法国、挪威、土耳其、俄罗斯和伊朗的石油公司决定联合开发沙赫·杰尼兹气田，该合同期限三十年，投资额为40亿美元。1996年，阿塞拜疆与外国公司签署了第四个"世纪合同"，其内容是阿塞拜疆与外方联合开采阿什拉菲和达恩－乌尔杜祖油田，该油田储量1.5亿吨，合同期限二十五年，投资额为20亿美元。同年8月，阿塞拜疆政府和阿塞拜疆国际运营公司又在第一个"世纪合同"的基础上签订了扩大投资33亿美元的协议。至2004年，阿塞拜疆在20世纪90年代和21世纪初期先后与外国特别是西方国家的能源公司签署了23个石油开采的"世纪合同"，[①]从实质上推动了本国里海能源向西方国家的出口。在阿塞拜疆的带动下，沿里海的中亚国家也开始或适当向西方靠拢，或与俄罗斯保持距离：土库曼斯坦宣布永久中立并于1995年被联合国所接受，哈萨克斯坦在1997年成为美国的战略伙伴。以美国为首的西方各国之所以与阿塞拜疆合作并签订"世纪合同"，其目的是最终把阿塞拜疆、哈萨克斯坦和土库曼斯坦的油气资源纳入自己的控制范围，从而获得对中亚－外高加索地区较以往更大的影响力，特别是能源方面的影响力。

美国的能源公司在阿塞拜疆的第一个"世纪合同"中获得了40%的份额，在开采阿塞拜疆里海大陆架石油方面占据了主导地位。截至1999年7月，美国的能源公司在阿塞拜疆与国外石油公司签订的19项合同中参与了14项。[②]多年来，沿里海国家在里海的划分和归属问题上一直存在矛盾。俄罗斯为获得更多的里海资源和加强其在该地区的地位而倾向于沿岸国家共同开采，并宣布1994年阿塞拜疆的"世纪合同"

[①]《外国石油公司在阿油气领域投资状况分析》，中华人民共和国商务部官网，2005年4月，http://az.mofcom.gov.cn/sys/print.shtml?/ztdy/200504/20050400083975。

[②] Jim Nichol, "Central Asia's New State: Political Development and Implications for U. S. Interests," CRS Report for Congress, Mar. 31, 2000, IB93108.

是非法的。① 然而，俄罗斯的卢克石油公司也参与了阿塞拜疆的第一个"世纪合同"，这等于是俄罗斯对该合同的默认。此外，俄罗斯在1999年调整了其里海政策。除伊朗外，其与沿里海的3个原苏联国家哈萨克斯坦、土库曼斯坦和阿塞拜疆在里海的法律归属方面或多或少达成了一致。由此可见，随着俄罗斯对里海地区能源开发的垄断被西方国家实质性打破，外高加索国家和中亚国家在能源经济上迎来了新的机遇，但同时也面临新的问题，即这些国家的能源出口仍然依赖俄罗斯。因此对于这些国家和西方国家而言，建设绕开俄罗斯的能源运输管线迫在眉睫，而这必然会遭到俄罗斯的坚决反对。

（二）"直通西方"的能源管线建设

从20世纪90年代初开始，阿塞拜疆和格鲁吉亚在两国总统的领导下展开了区域内促进稳定和经济发展的合作。一方面，谢瓦尔德纳泽摒弃了疏远格鲁吉亚50万阿塞拜疆人的民族主义言论；另一方面，阿利耶夫意识到，面对俄罗斯垄断后苏联空间能源运输管线的局面，格鲁吉亚可以成为将里海石油和天然气向西方输送的另一个重要能源通道。打破俄罗斯对里海能源运输垄断的目标成为连接这两个邻国的政治、经济和战略纽带。

从1999年11月开始，为了本国的政治、经济和安全利益，格鲁吉亚政府以更大力度加强与西方国家的合作，相继决定参与建设巴库－第比利斯－苏普萨输油管道、巴库－第比利斯－杰伊汉输油管道和巴库－第比利斯－埃尔祖鲁姆输气管道来运输阿塞拜疆向西方出口的能源，这三条能源管线都绕开了俄罗斯及其盟友亚美尼亚的领土，使里海的能源经过格鲁吉亚和土耳其而输送到国际市场。

---

① Nasser Sagheb, Masoud Javadi, "Azerbaijan's 'Contract of the Century' Finally Signed with Western OilConsortium," Azerbaijan International, Winter 1994 (2.4), pp. 26 – 28, http://az-er.com/aiweb/categories/magazine/24_folder/24_articles/24_aioc.html.

1. 巴库－第比利斯－苏普萨石油管道

巴库－第比利斯－苏普萨石油管道建设的准备工作始于1994年。1996年3月8日，阿塞拜疆和格鲁吉亚就该管道的铺设达成协议，阿塞拜疆国际运营公司、阿塞拜疆国家石油公司与格鲁吉亚政府签署了三方合同。同年，该项目的牵头合同授予了挪威工程和建筑公司。巴库－第比利斯－苏普萨管道于1998年建成，全长833公里。该管线将阿塞拜疆里海水域阿泽里－奇拉格－丘涅什利油田的石油运输至格鲁吉亚黑海沿岸，管道和码头的建设总成本为5.56亿美元。其中，3.7亿美元用于建设格鲁吉亚境内该管线的基础设施，由英国石油公司操作。1999年4月17日，巴库－第比利斯－苏普萨石油管道投入运营。该管道的输油量为每天14.5万桶（2.31万立方米），并有升级至每天30万至60万桶（4.8万至9.5万立方米）的空间。[1]

2. 巴库－第比利斯－杰伊汉输油管道

1992年春，土耳其总理苏莱曼·德米雷尔向阿塞拜疆和中亚国家提议修建绕过俄罗斯且穿越土耳其的输油管道。1993年3月9日，阿塞拜疆和土耳其在安卡拉签署了关于修建巴库－第比利斯－杰伊汉输油管道的第一份文件。从阿塞拜疆至土耳其的管道路线可以选择穿过格鲁吉亚或亚美尼亚。相对于穿过亚美尼亚的能源路线，阿塞拜疆－格鲁吉亚－土耳其路线迂回度更强、长度更大、建造成本更高。但在亚美尼亚和阿塞拜疆之间关于纳戈尔诺－卡拉巴赫的归属问题尚未解决的情况下，穿越亚美尼亚的能源路线在政治和安全上均难以实现。1998年10月29日，在阿塞拜疆总统阿利耶夫、格鲁吉亚总统谢瓦尔德纳泽、哈萨克斯坦总统纳扎尔巴耶夫、土耳其总统德米雷尔和乌兹别克斯坦总统卡里莫夫的推动下，在美国能源部部长比尔·理查森的见证下，阿塞拜疆、格鲁吉亚、哈萨克斯坦、土耳其和乌兹别克斯坦通过了《安卡拉宣言》，这使巴库－第比利斯－杰伊汉输油管道的建设筹划取

---

[1] 邓浩：《外高加索地区形势演变及其走向》，《国际问题研究》2016年第2期，第66—81页。

得了实质性进展。比尔·理查森代表美国政府对巴库－第比利斯－杰伊汉输油管道的筹划和建设表示了强烈支持。1999年11月18日，在美国总统克林顿的直接推动下，阿塞拜疆、格鲁吉亚和土耳其在土耳其伊斯坦布尔举行的欧安组织会议上签署了支持里海输油管道的政府间协定。①

巴库－第比利斯－杰伊汉输油管道全长1768公里（在阿塞拜疆境内443公里，格鲁吉亚境内249公里，土耳其境内1076公里），其将阿塞拜疆里海水域的阿泽里－奇拉格－丘涅什利油田的石油经巴库附近的里海桑加查尔港口输送到土耳其的地中海东南沿岸港口杰伊汉，途中经过格鲁吉亚首都第比利斯，在正常容量下每天可输送100万桶（160×103立方米）石油，年设计输送能力5000万吨石油。巴库－第比利斯－杰伊汉管道耗资39亿美元。其中，70%的费用由第三方提供，包括由世界银行的国际金融公司、欧洲复兴开发银行、7个国家的出口信贷机构和15家商业银行组成的财团。该管线由巴库－第比利斯－杰伊汉公司拥有和运营。

巴库－第比利斯－杰伊汉管道的动土开工仪式于2002年9月18日在巴库南40公里的山卡戈拉村举行。2003年4月，该管线的建造工程启动。其中，阿塞拜疆段由希腊的国际联合承包商公司建造，格鲁吉亚段由法国的斯皮卡帕公司和英国派特法石油工程公司的合资企业建造，土耳其段由该国的波塔斯输油管线公司建造。美国的建筑和工程企业贝克特尔公司是工程、采购和施工的总承包商。2006年5月28日，从巴库经该管线输出的第一批石油抵达杰伊汉。②

---

① 陈小沁：《俄美在外高加索地区的能源政策博弈》，《国际关系学院学报》2010年第4期，第63—68页。

② 孙霞：《中亚能源地缘战略格局与多边能源合作》，《世界经济研究》2008年第5期，第37—43页。

表3-5　巴库-第比利斯-杰伊汉石油管道股东

公司名称	所属国家	股份
英国石油公司	英国	30.10%
阿塞拜疆国家石油公司	阿塞拜疆	25.00%
雪佛龙股份有限公司	美国	8.90%
挪威国家石油公司	挪威	8.71%
土耳其国家石油公司	土耳其	6.53%
埃尼集团	意大利	5.00%
道达尔公司	法国	5.00%
伊藤忠商事株式会社	日本	3.40%
日本国际石油开发株式会社	日本	2.50%
埃克森美孚	美国	2.50%
印度石油天然气公司	印度	2.36%

资料来源：阿塞拜疆石油公司官方网站，https：//socar.az/socar/en/activities/transportation/baku-tbilisi-ceyhan-btc-main-export-oil-pipeline。

巴库-第比利斯-杰伊汉输油管道是外高加索国家在苏联解体后第一次打开的"通往西方的石油窗口"，[1] 打破了俄罗斯对里海能源出口的垄断，是外高加索地区能源经济发展和欧洲能源供应安全保障的里程碑。该管线的建成给欧洲提供了能源进口的新选择，使格鲁吉亚降低了对俄罗斯的能源依赖程度，标志着美国支持的外高加索能源管线多元化取得了突破以及格鲁吉亚和阿塞拜疆融入西方能源市场的势头将不可逆转。对于以美国为首的西方国家而言，该管线的建设是其支持和资助中亚和外高加索国家建设绕开俄罗斯并直通欧洲的能源通道的第一步，该管线的建成则使中亚和外高加索国家在外高加索能源走廊通道政治中更加亲近西方。[2] 由此，东西方的能源运输走廊增加了一个重要分支，这不仅使土耳其的地缘政治地位更加重要，而且使外高加索地区对于全球

---

[1] S. Frederick Starr and Svante E. Cornell, "The Baku-Tbilisi-Ceyhan Pipeline: Oil Window to the West, Central Asia-Caucasus Institute and Silk Road Studies Program," Johns Hopkins University, Baltimore, Md., 2005, p. 79.

[2] F. William Engdahl, "Color Revolutions, Geopolitics and the Baku Pipeline," Global Research, Jun. 25, 2005, p. 90.

经济和能源安全的重要性更加凸显。

巴库－第比利斯－杰伊汉输油管道的建设是在当时欧洲石油需求不断增加、石油增产降低的背景下进行的。尽管该管线在第一阶段仅供应全球石油需求的1%,[1] 只能部分缓解美国和其他西方国家对中东石油的依赖,但毕竟有利于全球石油供应多样化。不仅如此,该管道的建设也为东道国的经济作出了贡献。在该输油管道开通一年后(2007年上半年),阿塞拜疆的实际国内生产总值增长率达到创纪录的35%,格鲁吉亚国家预算可以从直接过境费中收入5000万美元,[2] 土耳其在该管线运营的最初几年每年可以收到大约2亿美元的过境费。[3]

3. 巴库－第比利斯－埃尔祖鲁姆天然气管道

巴库－第比利斯－埃尔祖鲁姆天然气管道又称"外高加索天然气管道"。该管线与巴库－第比利斯－杰伊汉输油管道并行,将阿塞拜疆里海水域沙赫·杰尼兹气田的天然气输送至土耳其东部的埃尔祖鲁姆市。1999年发现的沙赫·杰尼兹气田是世界上最大的天然气和凝析气田之一。2004年10月21日,英国石油公司宣布开工建设巴库－第比利斯－埃尔祖鲁姆管线,承建商为希腊公司和法国－美国联合公司。2006年12月15日,该管线开始输送天然气。巴库－第比利斯－埃尔祖鲁姆天然气管道全长692公里,其中阿塞拜疆段442公里,格鲁吉亚段248公里。该管道的初始容量为每年88亿立方米,设计输气能力为每年100亿立方米,总造价约10亿美元。这条管道的首要经济价值体现为向土耳其和格鲁吉亚供应天然气。作为过境国,格鲁吉亚有权以获取该管道年天然气流量的5%来代替过境关税,并可以以折扣价格每年再购买5

---

[1] "Baku – Tbilisi – Ceyhan (BTC) Caspian Pipeline," Hydrocarbons Technology, https：//www.hydrocarbons – technology.com/projects/bp/.

[2] "Baku – Tbilisi – Ceyhan," Georgia Oil & Gas Corporation Official Website, https：//www.gogc.ge/en/project/baku – tbilisi – ceyhan/28#；~：text = The%20pipeline%20is%20operated%20by%20BP%20and%20the, received%20%2450%20ml%20as%20a%20direct%20transit%20fee.

[3] "Baku – Tbilisi – Ceyhan Pipeline," Alchetron, https：//alchetron.com/Baku – Tbilisi – Ceyhan – pipeline.

亿立方米的天然气，从而降低了该国对俄罗斯天然气供应的依赖。[①] 从长远来看，它将通过计划中的南部天然气走廊管道（如跨亚得里亚海管道和跨安纳托利亚天然气管道）向欧洲供应里海地区的天然气。

巴库-第比利斯-埃尔祖鲁姆天然气管道由外高加索管道公司拥有。该公司股东是由英国石油公司和阿塞拜疆国家石油公司牵头的财团。管道的技术运营商是英国石油公司，商业运营商是挪威国家石油公司。

表3-6 巴库-第比利斯-埃尔祖鲁姆天然气管道股东

公司名称	所属国家	股份
英国石油公司	英国	28.83%
土耳其国家石油公司	土耳其	19%
阿塞拜疆国家石油公司	阿塞拜疆	16.67%
马来西亚国家石油公司	马来西亚	15.5%
卢克石油公司	俄罗斯	10%
纳夫蒂兰国际贸易公司	伊朗	10%

资料来源：阿塞拜疆石油公司官方网站，https://socar.az/socar/en/activities/transportation/baku-tbilisi-erzurum-gas-pipeline。

（三）能源基础设施建设支持

为进一步确保能源供应安全，欧盟在1995年发起"向欧洲输送石油和天然气国家间项目"（INOGATE，Interstate Oil and Gas Transportation to Europe）。该项目于1996—2016年实施，是欧盟、黑海和里海沿岸国及其邻国之间的一项国际能源合作方案，是欧盟资助的运行时间最长的能源技术援助项目之一，也是改善参与国和欧盟能源供应安全保障的重要工具与合作平台。在"向欧洲输送石油和天然气国家间项目"框架下，欧盟对项目参与国的能源基础设施、工作人员技术培训以及对

[①] 杨玲：《21世纪俄罗斯里海地区能源外交述评》，《国际政治研究》2011年第4期，第154—167页。

从外高加索和中亚到欧洲的不同能源运输路线的可行性评估提供支持，致力于推进通往欧洲的石油和天然气管道建设。该项目由塔西斯（TACIS, Technical Assistance to the Commonwealth of Independent States）区域合作方案和欧盟睦邻与伙伴关系工具下（ENPI, European Neighborhood Partnership Instrument）的东部区域指示性方案（2007—2010年，2010—2013年）提供资金。① 欧洲国际开发署通过欧洲发展倡议和发展合作文书支持该方案。该项目合作伙伴国家包括：亚美尼亚、阿塞拜疆、白俄罗斯、格鲁吉亚、哈萨克斯坦、吉尔吉斯斯坦、摩尔多瓦、土耳其、土库曼斯坦、乌克兰、乌兹别克斯坦、塔吉克斯坦、俄罗斯（仅具有观察员地位）。该项目还与其他"倡议"协调行动，如欧盟-俄罗斯能源对话、欧洲-地中海能源论坛（"巴塞罗那进程"，包括南地中海国家）。

"向欧洲输送石油和天然气国家间项目"致力于吸引投资以加强能源供应网络，并成为汇集私人投资者和国际金融机构参与能源基础设施项目的渠道。2001年2月，21个国家在基辅就加强能源管道开发合作而签署了《关于建立国家间油气运输系统的体制框架的总括协定》。作为"向欧洲输送石油和天然气国家间项目"的制度支柱，该协定旨在促进国家间油气运输系统发展制度体系的合理化，并吸引能源运输系统建设和运营所需的投资；呼吁更有效地建设和使用将外高加索地区、小亚细亚半岛、中亚地区和欧盟连接在一起的运输系统，并寻求帮助以减少跨境石油、天然气管道工程的国际风险。正如一份评估"向欧洲输送石油和天然气国家间项目"主要资金来源之一的塔西斯报告所述，该项目帮助原苏联国家在能源运输领域以经济法、合同谈判和共同技术标准为基础的市场模式取代了以中央规划为基础的区域内开发指挥和控制模式。②

"向欧洲输送石油和天然气国家间项目"的大部分工作都集中在技术援助的四个领域：市场相关研究、资源评估研究、项目可行性研究和

---

① "EU/NIS: Commission Approves TACIS Assistance Projects for Former USSR," European Report, Brussels, Sep. 27, 1997.

② "EU/NIS: INOGATE Summit Opens Energy Umbrella Agreement over NIS," European Report, Brussels, Jul. 24, 1999.

机构研究，包括从里海到中东欧的石油、天然气运输路线的可行性研究和评估。除此之外，该项目的工作内容还包括为与项目有关的技术、财务和法律问题提供咨询意见，旨在实现所有成员国能源合作的标准化。欧盟之所以在资助项目研究、吸引国际金融机构融资、培训工作人员、设计监管框架等方面发挥关键作用，其目的在于整合和建设后苏联空间的跨境基础设施，以创建可持续的区域能源出口市场。具体而言，欧盟在其中主导的工作包括该项目1996年审计确定的关键石油管道翻修的诊断和初步工程研究；1996年审计确定的关键天然气管道翻修的初步工程研究以及天然气和石油基础设施的进一步优先投资研究；1998年和1999年对穿越里海的石油和天然气运输管线的初步工程研究。2003—2004年，"向欧洲输送石油和天然气国家间项目"技术秘书处开展了该项目的第一次协调招商活动。在2004年3月31日举行的投资圆桌会议上，该项目在吸引投资方面工作的进展达到高潮，其向国际金融机构和潜在的私人投资者推荐了12个子项目。2004—2007年，"向欧洲输送石油和天然气国家间项目"的重大进展包括为中亚天然气运输系统的安全和改善开采条件采取紧急优先行动；为天然气运输和储存基础设施的安全建立卫星监测和事故预防系统进行可行性研究；为外高加索三国、土耳其和中亚国家的油气基础设施建设进行筹融资；为中亚天然气公司提供管网信息系统。[①]

2004年11月13日，在巴库举行的能源部长会议上，欧盟与"向欧洲输送石油和天然气国家间项目"伙伴国就能源合作进行了政策对话，并宣布了"巴库倡议"。该倡议的目标是加强参与国能源市场与欧盟能源市场的一体化，以便建立透明的能源市场、吸引投资和加强能源供应的安全。伙伴国家商定了以下目标：统一法律和技术标准，以便根据欧盟法律和国际法建立对综合能源市场的监管框架；通过扩展和现代化升级现有能源运输管网等基础设施来提高能源供应的安全保障，发展

---

① "Environmental Resource Management," Evaluation of TACIS Inter – State Energy and INOGATE Programmes, pp. 1 – F3.

现代监测系统；通过整合高效和可持续的能源系统来改善能源供应和需求管理；促进对能源的融资以及共同关心的环保能源项目发展。2006年11月30日，欧盟与"向欧洲输送石油和天然气国家间项目"伙伴国在阿斯塔纳举行了第二次部长级会议，会议通过了该项目伙伴国家实现巴库倡议相关目标的"路线图"。巴库和阿斯塔纳会议的举办确定了"向欧洲输送石油和天然气国家间项目"发展成为欧盟与原苏联国家（不包括俄罗斯和波罗的海三国）之间更广泛的能源合作平台。

2008年12月，欧盟宣布启动一个为期两年的项目，以改善中亚地区石油和天然气活动对环境的影响。欧盟为此提供技术援助，包括监测和控制油气运输作业对环境的影响。作为"向欧洲输送石油和天然气国家间项目"的一部分，这一耗资363万美元的项目旨在推进阿塞拜疆、格鲁吉亚（外高加索地区）和土耳其（小亚细亚半岛）成为欧洲和中亚地区之间开展可持续能源合作和保障能源供应安全的桥梁。[1]

"向欧洲输送石油和天然气国家间项目"通过技术援助将潜在计划项目转化为现实投资项目，其实施有利于整合后苏联空间的能源运输资源、推进从中亚到欧洲能源运输的区域一体化合作和提高能源基础设施的使用效率，有助于阿塞拜疆、哈萨克斯坦、土库曼斯坦等沿里海的能源出口国家与格鲁吉亚、土耳其等能源中转国家和作为能源消费方的欧盟建立能源部门的职能联系，以及开展积极的政治对话。[2]

（四）联运走廊建设支持

除了推动连通欧亚石油和天然气管道建设的"向欧洲输送石油和天然气国家间项目"外，欧盟还积极向除俄罗斯以外的相关国家提供资金以提升其交通基础设施建设水平，从而助力中亚地区和外高加索地区国家的能源产品能够更加顺畅便捷地运输至欧洲。1993年5月，来自哈

---

[1] "Azerbaijan Develops Transport Infrastructure under TRACECA," Trend – Daily News, Dec. 4, 2008, p. 15.

[2] "INOGATE (2015)," A Review of Energy Tariffs in INOGATE Partner Countries, http://www.inogate.org/documents/A_Review_of_Energy_Tariffs_in_INOGATE_Partner_Countries.pdf.

萨克斯坦、吉尔吉斯斯坦、塔吉克斯坦、乌兹别克斯坦、亚美尼亚、阿塞拜疆、格鲁吉亚的交通部部长和商务部部长及欧盟代表在布鲁塞尔签署了欧洲－高加索－亚洲运输走廊（TRACECA，Basic Multilateral Agreement on International Transport for Development of the Europe – the Caucasus – Asia Corridor）协议。这一国际运输的多边协定作为欧盟向除俄罗斯以外的其他独联体国家提供技术援助和投资计划的一部分，旨在开发一条由欧盟资助的从中亚地区穿过里海、外高加索地区、土耳其，进而横跨黑海到达欧洲的欧亚交通走廊。该走廊的主要运输方式是公路、铁路、轮渡。[1] 欧洲－高加索－亚洲运输走廊协议发展欧盟成员国、外高加索和中亚国家之间包括公路、铁路和海运在内的运输通道，以加强黑海盆地、外高加索和中亚地区的经贸关系，增加外高加索和中亚国家摆脱俄罗斯控制并参与欧洲市场和融入全球经济的机会，促进参与国之间运输路线的国际标准化、过境手续专业化，并使运输路线长度最短、速度最快、过境费低，从而支持沿线国家的政治和经济独立。该协议有五个工作组，分别负责海运、航空、公路和铁路、运输安全和运输基础设施。[2] 该协议最初成员包括亚美尼亚、阿塞拜疆、格鲁吉亚、哈萨克斯坦、吉尔吉斯斯坦、塔吉克斯坦、土库曼斯坦和乌兹别克斯坦。伊朗、摩尔多瓦、土耳其、乌克兰以及罗马尼亚后来也加入了该项目，这使欧盟在该协议框架下能够主导建设包括欧洲－高加索－亚洲运输走廊13个成员国在内的运输系统。[3]

对于欧盟而言，其发起欧洲－高加索－亚洲运输走廊协议的目的在于通过更新和整合后苏联空间的基础设施，从而使外高加索和中亚国家能够绕开俄罗斯向欧洲提供能源产品。这不仅可以促进欧盟能源供应的

---

[1] "EU/NIS: Commission Approves TACIS Assistance Projects for Former USSR," European Report, Brussels, Sep. 27, 1997.

[2] T. Torosyan, A. Vardanyan, "Geopolitics," Vol. 20, Iss. 4, 2015, pp. 559 – 582.

[3] Teimuraz Gorshkov and George Bagaturia, "TRACECA: Restoration of Silk Route," Japan Railway and Transport Review 28, 2001, p. 52.

多元化，还有利于其影响这些国家的政治和经济。① 具体而言，欧洲－高加索－亚洲运输走廊协议的运输路线经过原材料和能源资源丰富的中亚和外高加索地区，运输的货物中有很大一部分是原油和石油产品、矿物、金属、建筑材料、化工产品和消费品。只有给这些地区配备现代化的功能性通道，才能使其更高效、更经济地向欧洲消费者提供所需产品。自 2000 年以来，随着阿塞拜疆、哈萨克斯坦和土库曼斯坦的油气田加速开发，欧洲－高加索－亚洲运输走廊的货物过境量增加了 6—10 倍，其中碳氢化合物（主要是石油）占 70%。② 2005—2007 年，仅通过里海海运的原油和石油产品就达到 135 亿吨以上，商品运输的过境量自 1996 年以来增加了 10 倍。2006 年，欧洲－高加索－亚洲运输走廊协议成员国之间的贸易额增长了 22%，接近 3000 亿欧元，而其中与欧盟相关的贸易额达到 2000 亿欧元。③

1996—2006 年，欧洲－高加索－亚洲运输走廊协议在十年间取得显著成果，包括制定了 61 个技术援助项目计划和 15 个投资项目计划。欧盟委员会为此提供了 1.57 亿美元的资金。1998 年 9 月 8 日，该协议各成员国在巴库签署核心多边协定。欧洲－高加索－亚洲运输走廊协议秘书处还计划与欧盟的跨欧洲网络（TEN，Trans－European Networks）计划建立联系，旨在通过现代化高效的基础设施将"欧亚大陆的各个地区和国家网络"联系起来。④ 1998 年 9 月 28 日，在赫尔辛基召开的第三次泛欧交通会议上，参会各国确认欧洲－高加索－亚洲运输走廊项目为欧洲交通体系的优先发展方向。

欧盟和国际金融机构的支持一直是该协议大多数项目得以落实的关

---

① Karl Deutsch, "Political Community at the International Level: Problems of Definition and Measurement," Doubleday, Garden City, New York, 1954, p. 33.

② Vladimir Socor, "Too Little, But Not Yet Too Late," Wall Street Journal, Oct. 6, 2003, p. 21.

③ "TACIS Evaluation Unit," Evaluation of the Tacis Interstate TRACECA Programme, p. 41.

④ "Connecting Europe and Asia: The EU Strategy," EU – Asia Policy Document, Brussels, Sep. 19, 2018, http://eeas.europa.eu; Baku Initiative, TRACECA Office Website, https://traceca－org.org/en/home/baku－initiative－and－summit－1998/.

键：欧洲复兴开发银行承诺为该协议沿线的港口、铁路和公路的资本项目提供大量资金，世界银行为亚美尼亚和格鲁吉亚的公路建设提供新融资项目，亚洲开发银行为欧洲－高加索－亚洲运输走廊沿线公路和铁路的改善拨出大量资金，伊斯兰开发银行为欧洲－高加索－亚洲运输走廊参与国运输部门的发展进行投资，[1] 欧盟为欧洲－高加索－亚洲运输走廊协议每年提供900万至1100万欧元的资金。截至2008年，国际金融机构已向欧洲－高加索－亚洲运输走廊的各个项目共投资了13亿欧元。欧洲－高加索－亚洲运输走廊协议的项目数量自其成立以来显著增长。其中部分项目如下：制定协调一致的国家运输价格；改善欧洲－高加索－亚洲运输走廊和跨欧洲网络走廊之间的海上联系；分析和预测欧洲－高加索－亚洲运输走廊协议成员国的交通流量和区域间运输一体化，包括在欧洲邻国政策框架内组织欧盟和独联体国家之间的对话；加强哈萨克斯坦里海沿岸阿克套港的开发，包括总体规划和可行性研究。欧洲－高加索－亚洲运输走廊还致力于在法律上简化沿途国家的跨境贸易，格鲁吉亚、阿塞拜疆、土库曼斯坦和乌兹别克斯坦在欧洲－高加索－亚洲运输走廊体系下于1996年签署了一项管制"过境运输"的协议，土耳其后来也加入了该协议，这对协调铁路商业活动大有帮助。[2]

欧洲－高加索－亚洲运输走廊协议推动了中亚至外高加索地区旧公路、铁路、桥梁、港口和其他交通运输网络基础设施的更新与建设。该协议吸引了对伊利切维斯克（乌克兰黑海港口）、波蒂（格鲁吉亚黑海港口）、巴统（格鲁吉亚黑海港口）、土库曼巴什（土库曼斯坦里海港口）、巴库（阿塞拜疆里海港口）和阿克套（哈萨克斯坦里海港口）等港口建设的投资项目。在欧洲－高加索－亚洲运输走廊项目的支持下，

---

[1] Frederick Starr, Svante E. Cornell and Nicklas Norling, "The EU, Central Asia and the Development of Continental Transport and Trade," Silk Road Paper, December 2015, Central Asia-Caucasus Institute Silk Road Studies Program, Washington DC, USA, https://www.silkroadstudies.org/resources/2015-starr-cornell-norling-eu-central-asia-continental-transport-and-trade.pdf, p. 1.

[2] "Tacis Annual Report 1998," Report from the Commission of the European Communities, Brussels, Jul. 23, 1999, http://aei.pitt.edu/6078/1/6078.pdf.

阿塞拜疆升级了其铁路控制系统。该国铁路公司于1998年在迪乌本迪修建了一座油库和新车站，用于对接其与哈萨克斯坦的石油运输。同时，哈萨克斯坦60%的铁路轨道得到改善。欧洲复兴开发银行向哈萨克斯坦里海阿克套港的现代化改造投资5400万美元，使该港口具有处理200万吨散货和600万吨石油的能力。乌克兰开通了连接格鲁吉亚的波蒂－伊利切维斯克运输中心，并修复了1870公里的轨道基础设施。[①]此外，沿瓦尔纳－伊利切维斯克－波蒂－巴统和巴库－阿克套的定期铁路和轮渡已开通。这条线路将中亚、外高加索和东欧连接起来，而格鲁吉亚就是其中连接欧亚的枢纽。[②] 欧洲－高加索－亚洲运输走廊协议还支持昆格勒－贝内乌－阿克套铁路的现代化升级改造以及经过吉尔吉斯斯坦的安集延－喀什铁路的建设。[③] 土耳其博斯普鲁斯海峡下马尔马拉海底隧道的施工和建成进一步促进了欧亚陆路交通的连通。除了俄罗斯，中亚地区的运输路线必须通过外高加索和土耳其才能连接到欧洲。这一客观地理状况反过来又进一步推动阿塞拜疆、格鲁吉亚和土耳其为实现连通欧洲的目标来整合其交通基础设施，从而提高了欧洲－高加索－亚洲运输走廊沿途地区国家之间的运输效率，促进贸易往来。2005年，约有5000万吨货物从亚洲经外高加索地区运往欧洲。2008年，7个月内有3000万吨货物通过同一路线过境。[④]

自2004年以来，欧洲－高加索－亚洲运输走廊协议鼓励参与国分摊总预算的15%。截至2006年，欧盟通过塔西斯计划向欧洲－高加索－亚洲运输走廊提供了1.05亿欧元的技术援助项目和14个价值5200万欧元的投资项目。有13个国家是该协议的受益者，包括俄罗斯和白俄罗斯以外的所有尚未加入欧盟的原苏联国家。然而，自2000年初以

[①] Teimuraz Gorshkov and George Bagaturia, "TRACECA – Restoration of Silk Route," Japan Railway and Transport Review, Sep. 28, 2001, pp. 50 – 55.

[②] 瓦尔纳（Varna）是保加利亚黑海港口。

[③] 昆格勒（Kungrad）是乌兹别克斯坦西部卡拉卡尔帕克自治共和国城市，贝内乌（Beineu）位于哈萨克斯坦境内。

[④] Mushtaq A. Kaw, "Transcending Multilateral Conflicts in Eurasia: Some Sustainable Peaceful Alternatives," Comparative Islamic Studies, Vol. 7 (1 – 2), 2012, pp. 349 – 381.

来，欧盟开始减少对该协议的资助。因此，欧洲－高加索－亚洲运输走廊协议成员国承担了更多费用以支持常设秘书处、工作组等机构的运转。自2009年以来，欧洲－高加索－亚洲运输走廊协议完全由成员国提供资金。①

除了欧洲－高加索－亚洲运输走廊协议外，外高加索国家也积极开展其他项目建设连通欧亚的交通线路。2007年9月20日，格鲁吉亚、阿塞拜疆和土耳其三国还联合动工修建了巴库－第比利斯－卡尔斯铁路，以充分发挥三国的地缘经济优势。修建该铁路的主要工作包括对既有线路进行现代化改造，以及建设105公里的新铁路线。2017年10月30日，这条全长826公里的铁路投入运营，年运输能力计划将达到1500万吨，运营后使中国至欧洲的货物运输时间缩短为原来的1/4，②成为土耳其推动的"中间走廊"与"一带一路"对接的重要组成部分。③此外，2017年12月，格鲁吉亚总理格奥尔吉·克维里卡什维利表示，该国黑海沿岸城市阿纳克利亚开始建设连接欧洲和亚洲、年吞吐量将达1亿吨的深水港。④

---

① Mushtaq A. Kaw, "New US Silk Route Project for Post – 2014 Afghanistan or Reality," Journal of Central Asian and Caucasian Studies, International Strategic Research Organisation, Ankara Turkey, Vol. 9, No. 17, 2014, pp. 75 – 98.

② 《巴库－第比利斯－卡尔斯铁路投入运营后使中国至欧洲货物运输时间缩短为原来的1/4》，中华人民共和国商务部官网，2017年11月20日，http://www.mofcom.gov.cn/article/tongjiziliao/fuwzn/oymytj/201711/20171102664038.shtml。

③ 在2017年10月30日巴库－第比利斯－卡尔斯铁路通车仪式上，阿塞拜疆总统阿利耶夫致辞说："巴库－第比利斯－卡尔斯跨国铁路是一个历史性工程，是业欧之间最便捷、最安全的陆上通道，是亚欧大陆交通网的重要组成部分。"他表示，该铁路的开通将为相关国家加深合作创造新的机遇。为建设该铁路的格鲁吉亚段，阿塞拜疆向格提供为期二十五年、年息1%的2亿美元贷款，从而在格鲁吉亚境内新建29公里铁路线路。详见《巴库－第比利斯－卡尔斯跨国铁路正式开通》，中国一带一路网，2020年12月30日，https://www.yidaiyilu.gov.cn/p/32341.html。2020年4月10日，土耳其总统埃尔多安在突厥语国家理事会首脑视频会上表示，穿越里海的运输走廊十分重要。经土耳其－阿塞拜疆－格鲁吉亚的货物运输铁路可以扩展到中亚地区。详见《巴库－第比利斯－卡尔斯铁路或可延伸至中亚》，2020年4月29日，中华人民共和国商务部官网，http://www.mofcom.gov.cn/article/i/jyjl/e/202004/20200402954627.shtml。

④ 克维里卡什维利称，这是格鲁吉亚21世纪的最大项目，将是格鲁吉亚从过境国转向工业国、物流国和产业发展国的起点。详见《格鲁吉亚阿纳克利亚开始建设深水港》，俄罗斯卫星通讯社，2017年12月25日，https://sputniknews.cn/20171225/1024352161.html。

三、外高加索能源走廊通道政治的形成和运行机制

外高加索能源走廊通道政治并不只是涉及格鲁吉亚的能源进口和能源中转，实质上是美俄在结构性矛盾的规范下围绕中亚和外高加索两个地区的能源开发、能源贸易和能源运输所进行的地缘政治博弈。

对美国和欧盟而言，积极参与中亚和外高加索地区的能源开采和出口通道的多元化建设是为了实现以下战略目标：第一，集中力量获取更多的油气资源，并将里海打造为第二个波斯湾，以获得长期、稳定的油气供应；第二，将其经济力量向中亚和外高加索地区释放，更重要的是通过介入对中亚和外高加索国家至关重要的能源经济，使这些地区的国家在地缘经济、地缘政治和外交上更加亲近西方。从欧洲的视角来看，开发里海地区的油气资源和建设绕开俄罗斯的中亚－里海－外高加索能源管线将使其能源进口的多元化和安全性得到进一步保障。而欧洲－高加索－亚洲运输走廊和"向欧洲输送石油和天然气国家间项目"实质上就是欧盟为其获取里海能源而配套的能源产品运输基础设施援建方案和能源管线援建方案，它们使中亚和外高加索参与国扩大了与欧洲经济合作的机会，并使这些国家在能源领域更充分地融入国际能源体系，在物流领域起到将欧亚运输走廊与欧洲及世界能源运输系统连接起来的作用。因此，欧美倡导的欧亚"运输走廊"实质上与能源运输的联系最为紧密。[1]

对于阿塞拜疆、哈萨克斯坦、土库曼斯坦等具有丰富油气资源的里海沿岸国家而言，吸纳西方的石油公司开采本国的油气田，建设绕过俄罗斯的能源输出通道，实现能源出口的多元化等举措，在经济上可带来丰厚的能源红利，在政治上可借西方势力平衡俄罗斯的影响力，在战略上可提升它们在全球性大国对外战略和世界格局中的地位。因此，这三

---

[1] Taleh Ziyadov, "The Kars – Akhalkalaki Railroad: A Missing Link Between Europe and Asia," Central Asia – Caucasus Analyst, Apr. 19, 2006, pp. 5 – 6.

个里海沿岸国家热衷于在所有可能的方向上多样化其能源出口通道。[①]其中，与阿塞拜疆接壤是格鲁吉亚连接里海和西方的关键性条件。西方专家认为：在外高加索的能源经济中，格鲁吉亚只有与阿塞拜疆结成利益共同体才能发挥出其能源走廊的地缘优势。2008年5月22—23日，欧洲能源安全会议在基辅举行，格鲁吉亚、阿塞拜疆、乌克兰、立陶宛、拉脱维亚、爱沙尼亚和波兰的总统出席了此次能源峰会。会议期间，各国领导人签署了《里海-黑海-波罗的海能源运输空间联合声明》《乌克兰、阿塞拜疆、格鲁吉亚、立陶宛、波兰五国总统关于建立亚欧石油运输走廊的联合声明》等文件，[②] 明确提出了建设一条从里海通往欧洲的新"能源运输走廊"的倡议，即在不穿越俄罗斯领土的情况下，从哈萨克斯坦和阿塞拜疆经格鲁吉亚向乌克兰输送石油，再经乌克兰向波兰的格但斯克港口输送石油。

为扭转在第一次车臣战争中的惨败局面和遏制西方国家以能源合作为渠道对后苏联空间腹地的介入，俄罗斯在高加索地区做出了强势回应。1999年10月，俄军在时任俄罗斯总理普京的指挥下开进车臣地区，对侵犯俄罗斯北高加索地区达吉斯坦自治共和国的车臣武装分子进行了坚决围剿。2000年2月6日，俄罗斯军队全面控制了车臣共和国首府格罗兹尼，取得了第二次车臣战争的胜利，这标志着俄罗斯重新掌控了高加索地区的局势。这场战争的胜利也是俄罗斯向西方发出的强烈信号，即不要低估俄罗斯的实力，高加索地区仍是俄罗斯的势力范围，西方必须尊重俄罗斯在高加索的利益和影响力。在能源方面，不受俄罗斯控制的里海能源管道主要是巴库-第比利斯-苏普萨石油管道、巴库-第比利斯-杰伊汉石油管道和巴库-第比利斯-埃尔祖鲁姆天然气管道。由于这三条管道向欧洲输送的能源仍然远远不能满足欧洲的需求，

[①] Mushtaq A. Kaw, "Restoring India's Silk Route Links with South and Central Asia across Kashmir: Challenges and Opportunities," The China and Eurasia Forum Quarterly, Vol. 7, No. 2, May/June, 2009, pp. 59-74.

[②] 《欧洲能源峰会在基辅举行》，中华人民共和国商务部官网，2008年5月5日，http://ua.mofcom.gov.cn/aarticle/jmxw/200805/20080505562783.html。

欧洲对俄罗斯的能源依赖依然很深。同时，对欧洲、中亚和外高加索国家撇开自己进行能源贸易，俄罗斯采取了以下方式来积极应对：第一，通过俄罗斯天然气工业股份公司与哈萨克斯坦和土库曼斯坦签订长期能源供应合同；第二，试图建立一个政府间的天然气企业联盟；第三，为从里海到欧洲的能源运输提供新的基础设施，如从俄罗斯到保加利亚的布尔加斯 - 亚历山德罗波利斯管道和"蓝溪"天然气管道，减少欧洲对纳布科和阿尔及利亚 - 西班牙输气管道等项目的依赖；第四，利用欧盟暂时无法制定共同能源战略的条件，俄罗斯天然气工业股份公司购买欧洲能源公司的多数股份，并与个别欧盟国家达成双边协议。[①]

作为里海能源通往西方的"瓶口"，格鲁吉亚因其能源中转国的战略性地位而自然受到美国的高度关注。于是，美国在20世纪末加紧了对该国的拉拢。美国国务院国家安全顾问委员会帮助格鲁吉亚建立了"格鲁吉亚与世界"的战略概念，即建议将格鲁吉亚纳入欧洲 - 大西洋体系。1999年，格鲁吉亚和美国盟友以色列开始军事合作。1999年，格鲁吉亚退出了独联体下的集体安全条约组织。1999年初，美国总统克林顿就北约轰炸南联盟一事发表了被称为"克林顿主义"的声明，这被解读为"美国努力将北约从保护西欧的防御性联盟转变为华盛顿管理的地区警察部队"的起点，以及"美国渴望控制原苏联国家的信号"。

以上所有事实和分析说明：美国、欧盟、俄罗斯围绕里海能源的开采、里海通向欧洲能源管线的建设和中亚至欧洲的交通基础设施的升级展开了一系列博弈。在此进程中，外高加索能源走廊通道政治就此形成。这一通道政治的形成和运行机制是：

在国家间结构性矛盾的规范下，美国基于在国际体系中对更多权力的追求，势必要压缩俄罗斯在欧亚大陆的地缘政治影响力，这在苏联解

---

① Svante E. Cornell and Niklas Nilsson, eds., "Europe's Energy Security: Gazprom's Dominance and Caspian Supply Alternatives," Central Asia Caucasus Institute and Silk Road Studies Program, 2008, p. 12.

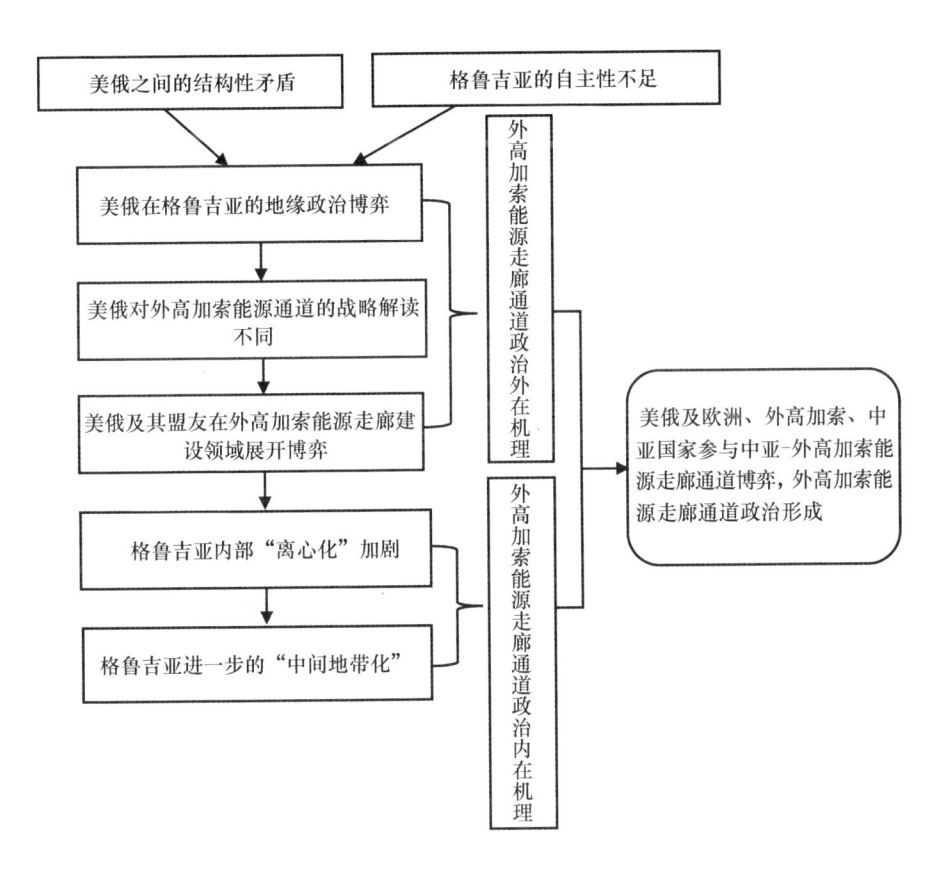

```
                    ┌─────────────────────┐  ┌─────────────────────┐
                    │  美俄之间的结构性矛盾  │  │  格鲁吉亚的自主性不足  │
                    └──────────┬──────────┘  └──────────┬──────────┘
                               │                         │
                               ▼                         ▼
                    ┌─────────────────────┐
                    │ 美俄在格鲁吉亚的地缘政治博弈 │ ┐
                    └──────────┬──────────┘  │ 外
                               │             │ 高
                               ▼             │ 加
                    ┌─────────────────────┐  │ 索
                    │ 美俄对外高加索能源通道的战略解读 │ │ 能
                    │        不同          │  │ 源
                    └──────────┬──────────┘  │ 走
                               │             │ 廊
                               ▼             │ 通
                    ┌─────────────────────┐  │ 道
                    │ 美俄及其盟友在外高加索能源走廊建 │ │ 政
                    │     设领域展开博弈    │  │ 治
                    └──────────┬──────────┘  │ 外
                               │             │ 在
                               ▼             │ 机
                                             │ 理
```

图 3-1 所示的关系图示意

（此处为简化的文字描述版本）
```

体后突出表现为美国出于地缘政治利益的考量而将自己的势力向外高加索和中亚国家扩展。随着美俄"蜜月期"的结束，以及在20世纪90年代中后期俄罗斯领导层逐渐看清了美国对俄战略的遏制本质，俄罗斯开始重新将外交的重点放在独联体国家；将后苏联空间视为其大国复兴的重要平台，视外高加索地区为自己的"后院"，并把格鲁吉亚作为外高加索地区中可以连通东西的陆地走廊。美俄由此在外高加索地区不可避免地展开了地缘政治博弈，而穿过格鲁吉亚的能源管线和能源运输的交通基础设施则成为美俄介入外高加索地区政治、经济的重要渠道。
```

地缘政治竞争势必导致美俄对外高加索能源走廊战略含义的解读完全不同。以美国为首的西方国家凭借对中亚和外高加索国家能源经济的投资介入到这些国家的能源开发和出口中，打通了西方国家在苏联时期无法企及的能源走廊。对美国而言，外高加索能源走廊的战略意义是在欧亚大陆打破了俄罗斯对原苏联地区能源经济的垄断，有利于进一步削减俄罗斯的能源收入，且能将中亚和外高加索国家纳入西方的战略轨道，从而挤压俄罗斯在环里海地区的传统势力范围。对俄罗斯而言，西方主导的外高加索能源走廊建设是对俄罗斯在中亚和外高加索地区能源行业上下游垄断的重大威胁。以上美俄对外高加索能源走廊解读的巨大差异构成了外高加索能源走廊通道政治形成的外在机理。

格鲁吉亚在内部自主性不足和外部美俄博弈的共同作用下成为"中间地带国家"。对欧美国家而言，其有绕过俄罗斯、亚美尼亚和伊朗来获取里海能源以及从南部围堵俄罗斯的战略需求；对中亚和外高加索国家而言，其有摆脱俄罗斯影响、绕过俄罗斯而出口里海能源来发展本国经济的战略需求；对格鲁吉亚而言，独特的地理位置使其成为满足上述国家需求的极佳选项。但由于格鲁吉亚在内政上并不稳定，且在外交上没有做到平衡西方与俄罗斯的影响力，其进一步陷入"中间地带化"并在经济上长期处于落后状态，根本无力修建大量能源管道。过境格鲁吉亚的外高加索能源管线基本上都是由西方企业来融资和建造。格鲁吉亚的自主性不足和"中间地带化"是外高加索能源走廊通道政治形成的内在机理。

美国对外高加索能源管线建设和格鲁吉亚加入北约的支持无疑是对俄罗斯在外高加索地缘政治利益的损害。根据"中间地带国家"通道政治理论，这必然会遭到俄罗斯的坚决反对和反制。俄罗斯采取收购里海能源等经济方式和间接出兵等军事方式（坚决打赢内高加索地区的车臣战争）来对美国在外高加索地区的举措加以遏制，从而维持其对外高加索以及中亚地区的地缘政治影响力。尽管格鲁吉亚可以从西方支持的能源管线运营中收取过境费用，但其不但没有这些管道的所有权和主导权，反而由此将自己置于俄罗斯"能源对手"的境地，这进一步恶化了其与俄罗斯的紧张关系。于是，外高加索能源管线通道政治就在以西方为主导的地缘政治集团和俄罗斯之间以通道与反通道、遏制与反遏制的方式在欧亚大陆运行和演进。而弱小的格鲁吉亚根本无力扭转这场通道政治运行后所带来的地缘安全恶果，因此无可避免地成为美俄博弈的又一牺牲品。

第三节　外高加索能源走廊通道政治博弈

外高加索地区自古以来就是连接欧亚的纽带。在苏联时期，中亚、里海地区和高加索地区被俄罗斯牢牢控制。1991年苏联解体后，地区国家间边境封锁、铁路中断、种族冲突和领土争端等原因，造成外高加索地区支离破碎。随着20世纪90年代中期和后期外高加索三国政局趋于稳定，以及美俄在相互间结构性矛盾的规范下争相追逐在欧亚大陆的权力而导致两国的地缘政治博弈不断加剧，以美国为首的西方国家将地缘扩张的目标对准了外高加索地区，开始打造绕开俄罗斯的外高加索能源走廊。格鲁吉亚由此逐渐融入美国主导的能源经济体系。西方势力成功进入外高加索地区后，美国积极推动将格鲁吉亚纳入西方的势力范围和遏制俄罗斯的战略轨道，并以此巩固其在外高加索能源走廊通道方面所取得的成果，这突出表现在2002年美国借发动阿富汗反恐战争的机会将其军事力量渗透到外高加索和中亚。在此之后，外高加索能源走廊通道政治与外高加索－中亚地缘安全局势的联系更加紧密。2003年"玫瑰革命"爆发后，格鲁吉亚在安全领域更加激进地向以美国为首的北约靠拢。从发动阿富汗战争到推动格鲁吉亚政权更迭，美国一步步加强对格鲁吉亚的控制。其战略目标是力图将外高加索这一狭长地带打造为一条双向运输通道：外高加索三国向西输送欧洲国家所需要的里海和中亚能源；美国将自己的军事力量经外高加索地区向东输送到中亚，再经中亚输送至阿富汗。因此，外高加索地区被以美国为首的西方国家视为在能源上、安全上和战略上连接中亚和欧洲的战略走廊。

美国和格鲁吉亚在安全领域的密切互动引发了俄罗斯的强烈不满和坚决反制。俄罗斯的应对策略是：（1）在安全上使格鲁吉亚陷入混乱局势，从而抑制西方在外高加索建设绕开俄罗斯能源管线的企图。格鲁吉亚"玫瑰革命"的后续发酵最终引发了2008年8月的俄格武装冲突，致使俄格关系更加对立以及美俄在格鲁吉亚的地缘政治、地缘安全博弈更加激烈。西方看到，如果在格鲁吉亚问题上完全不顾及俄罗斯的核心利益，则其推动的外高加索能源输出通道必然会受到安全威胁。（2）在经济上提高出口格鲁吉亚的能源价格，并以建设新能源通道的方式来与西方建设的外高加索能源通道竞争，比如俄罗斯推动建设"蓝溪""土耳其溪"等管线。

一、反恐战争引发的地缘政治博弈

进入21世纪，格鲁吉亚逐渐放弃在俄罗斯和西方之间的平衡战略，转向拉近与美国的距离，在安全领域积极引入美国的军事力量来平衡俄罗斯的军事影响力，并极力排斥俄罗斯在其境内基地的军事力量。

（一）格鲁吉亚参与美国主导的"反恐战争"

2001年"9·11"事件发生后，美国开始向阿富汗派遣军事力量进行"反恐战争"。俄罗斯支持美国的反恐行动，对美国运输人道主义和后勤保障物资的军机开放了领空，[1] 许可美军使用中亚国家吉尔吉斯斯坦的玛纳斯空军基地和乌兹别克斯坦的哈纳巴德空军基地。格鲁吉亚和阿塞拜疆是最早支持美国进行全球反恐战争的国家，也是美国在阿富汗反恐行动的军力中转国[2]，这两个国家向美军开放领空，使参战的美军军机可经过外高加索和里海到达中亚，而不被"里海瓶颈"所限制。除了将格鲁吉亚作为进军阿富汗的通道，美国还直接向格鲁吉亚派遣军事人员。

---

[1] Adam Albion, "U. S. Men and Materiel Reportedly Land in Uzbekistan," RFE/RL Central Asia Report, Vol. 1, No. 10, Sep. 28, 2001, p. 9.

[2] Kenneth Yalowitz and Svante Cornell, "The Critical but Perilous Caucasus," Orbis, Vol. 48, No. 1, 2004, p. 6.

2003年8月，200名格鲁吉亚士兵被派往伊拉克，参与美国在中东的"反恐战争"。2003年10月23日，格鲁吉亚副外长亚历山大·纳尔班多夫表示，第比利斯未来可在不参加北约成员国行动计划的情况下加入北约。在格鲁吉亚官方看来，该国能否加入北约主要取决于其能否满足北约提出的各种专业化改革要求以及北约新老成员国就此问题的利益考量。而格鲁吉亚一直努力促使以上两个因素向对其有利的方向发展，且其本身已是北约"个别伙伴关系行动计划"的成员国（这是从北约"和平伙伴关系计划"过渡到北约成员国行动计划的阶段），因此该国加入北约是很有希望的。①

（二）美国向格鲁吉亚提供军事援助

21世纪初期，美国向格鲁吉亚武装力量提供了不少财政援助和装备。2002年，美国启动了格鲁吉亚训练和装备计划（Georgia Train and Equip Program），陆续向格鲁吉亚派出了包括反恐特战教官在内的军事人员，并向该国提供武装直升机等重型军事设备，以及枪支弹药、通信器材、医疗设备等援助。2002年2月底，格美达成美国向格鲁吉亚派遣军事专家的协议，以帮助格鲁吉亚培训反恐怖特种部队。2002年4月27日，在美国华盛顿访问的格鲁吉亚"新同盟"议员团领导人加姆克列利泽表示，美国总统小布什4月18日签署同意向格鲁吉亚派遣美国军事专家的命令。格鲁吉亚国防部副部长格拉·别茹阿什维利当天向媒体证实上述消息。首批美国军事专家约200人，将在几个月内帮助培训格方2000人的特种部队。此外，2002年，美国向格方提供了10架UH-1H"休伊"型直升机，并派遣军事小组协助格鲁吉亚政府接收和保养该批直升机，以及培训飞行员。②

2004年12月13日，格鲁吉亚国防部宣布美国在保障稳定行动计划

---

① 《美国计划增兵阿富汗，格鲁吉亚积极表现为入北约》，中国网，2009年11月1日，http://www.china.com.cn/military/txt/2009-11/01/content_18804731_2.htm。
② Rusudan Zabakhidze, "Georgian Defense Forces: The Role of Military Partnerships," Middle East Institute, https://www.mei.edu/publications/georgian-defense-forces-role-military-partnerships.

框架下，向其提出新的军队援助计划：美方将拨款6500万美元，在一年半的时间内培训格鲁吉亚2000多名军人，同时为格鲁吉亚国防部队修建基础设施。此前，从2002年5月至2004年6月，美国政府拨款6400万美元，用以培训格军4支2000人规模的部队，并计划在2005、2006年培训1万名格军人。美国援助格军的新计划从2004年4月开始实施，为期五年。根据该计划，美国将按照美军标准训练格军5000人规模的一个旅，并将其部署在格鲁吉亚东部。同时，美军计划帮助格军训练另一个5000人规模的旅，并打算将其部署在格鲁吉亚西部。[①] 从上述事件可以看出：21世纪伊始，美国以"反恐"名义将其军事力量渗透到欧亚大陆腹地的中亚与外高加索地区，意在争夺这两个地区的地缘政治主导权。

（三）潘基西峡谷"反恐"博弈

2001年10月，格鲁吉亚指责俄罗斯军机对其东北部边境地区潘基西峡谷的村庄进行猛烈轰炸，而俄罗斯则认为格鲁吉亚政府纵容盘踞在潘基西峡谷的车臣匪徒潜入俄罗斯境内进行恐怖活动。11月30日，普京在记者招待会上表示，国际恐怖组织的营地就驻扎在格鲁吉亚。俄罗斯要求派军队进入潘基西峡谷进行清剿行动，但遭到格鲁吉亚的拒绝。美国方面认为"基地"恐怖分子和其他一些伊斯兰极端武装组织藏匿在潘基西峡谷中，于是派遣绿色贝雷帽陆军空降特种部队训练格鲁吉亚军队，使之胜任在潘基西峡谷地区的反恐任务。但俄罗斯认为美国是想以此为借口向外高加索派遣军事力量。[②] 2002年6月24日，俄罗斯总统普京表示，如果没有俄罗斯特种部队的直接和积极参与，美军和格军

[①] 章田、雅龙：《美欲拨款6500万美元 为格鲁吉亚培训两千多军人》，中国新闻网，2004年12月14日，https://www.chinanews.com/news/2004/2004-12-14/26/516601.shtml。

[②] 《格鲁吉亚邀请欧安组织派观察员赴潘基西峡谷》，中国新闻网，2002年9月13日，https://www.chinanews.com/2002-09-13/26/222411.html；《担心遭俄打击 格鲁吉亚呼吁恢复两国边界的监控》，国际在线，2005年1月15日，http://news.cri.cn/gb/3821/2005/01/15/1062@423868.htm。

无法解决潘基西峡谷的反恐问题。在潘基西峡谷问题上,俄格一度关系紧张。2002年8月,格鲁吉亚议会以压倒多数通过了有关格鲁吉亚退出独联体的决议,以抗议俄军对潘基西峡谷的空袭行为。[①]

(四) 俄罗斯撤出格鲁吉亚境内军事基地

苏联解体后,俄罗斯在格鲁吉亚境内共保留了四个军事基地:位于首都第比利斯市郊瓦兹阿尼第137号军事基地(第405摩步团驻防)、位于阿布哈兹自治共和国境内的古达乌塔第50号军事基地(第10独立维和伞兵团驻防)、位于阿哈尔卡拉基第62号军事基地(第147摩步师驻防)和位于阿扎尔自治共和国境内首府巴统的第12号军事基地(第145摩步师驻防)。

根据俄格双方在1999年11月17日于伊斯坦布尔欧安组织会议期间签订的协议,俄罗斯应在2001年7月1日前关闭在格瓦兹阿尼和古达乌塔的两个军事基地。其中,瓦兹阿尼军事基地在冷战时期是苏联五大军事基地之一,这里距离俄罗斯边境只有80公里。2001年6月29日,俄罗斯结束对瓦兹阿尼军事基地的控制权。格鲁吉亚陆军第一步兵旅的一个营随后占领了该基地的军事设施。2002年4月,随着"制造不稳定局势专家"理查德·迈尔斯就任美国新一任驻格鲁吉亚大使,美国加快向格鲁吉亚渗透的步伐。2002年6月17日,作为年度北约"和平伙伴关系计划"的一部分,北约"2002最佳努力"联合军事演习在靠近第比利斯的瓦兹阿尼军事基地举行。来自6个北约国家和9个北约伙伴国的近600名军人参加了此次军事演习。该演习旨在让参与者在各种维和行动中交流轻步兵技能。此次演习的联合主任拉贝上校在6月15日的首次新闻发布会上表示,"2002最佳努力"联合军演是几年前计划的,是北约"和平伙伴关系计划"的一部分,当然与任何现实世

[①] 《综述:格大选未决局势一触即发 俄欧美三方关注》,中国新闻网,2003年11月7日,https://www.chinanews.com/n/2003-11-07/26/365874.html。

界的事件都没有联系"。① 由以上信息可以看出，尽管北约军官出言谨慎，不想刺激俄罗斯，但却无法掩盖以美国为首的北约急不可耐地将格鲁吉亚纳入地缘政治势力范围的企图。

2001年10月27日，俄罗斯国防部代表称俄军10月26日从古达乌塔军事基地撤走最后一批武器装备。11月9日，俄罗斯外交部发表声明称，按照《欧洲常规武装力量条约》，在国际观察员公开监督下，俄军全部撤出古达乌塔军事基地，并就地销毁了在格鲁吉亚境内多余的武器装备，同时独联体在阿布哈兹地区的维和部队将继续驻扎在古达乌塔军事基地。② 但在撤出格鲁吉亚境内其他两个军事基地的问题上，俄罗斯以"撤军经费紧张"为由，采取撤出时间"能拖就拖"的战术。此外，俄方要求其从军事基地撤出后，格方应书面承诺不允许外国在格鲁吉亚境内驻军。然而，格方对此只肯口头承诺。③

显然，考虑到以美国为首的北约国家对外高加索地区的不断渗透，俄罗斯自然不愿从格鲁吉亚撤军，因为这将对俄罗斯维护其地缘战略利益和保持其对外高加索地区的控制力产生消极影响。2003年夏天，美国在阿富汗的战事已大幅缓解，但却没有任何从中亚撤兵的举措。美国对外高加索—中亚地区采取政治和军事双管齐下的措施，其战略意图不言而喻：只要美国在格鲁吉亚站稳脚跟，就可以乘发动"反恐战争"之势将其影响力完全扩展到整个中亚和外高加索；再加上土耳其早已是北约成员国，这样美国就可以实现地中海、黑海和里海在其控制下的连通，从而打造亲美的地中海—小亚细亚半岛—外高加索—里海—中亚走廊和黑海—外高加索—里海—中亚走廊。美国依托这两个走廊向南可扼制西亚的伊朗、伊拉克与南亚的阿富汗、巴基斯坦和印度，向东可窥视

---

① "NATO Military Exercises Start at Vaziani Base," Civil Georgia, https：//civil. ge/archives/101878；"Vaziani Military Base," INFOGALACTIC：The Planetary Knowledge Core, https：//infogalactic. com/info/Vaziani_Military_Base.

② "Russia Pulled out Only Scrap Metal From Gudauta Military Base？" Civil Georgia, https：//civil. ge/archives/100533.

③ 关健斌：《格俄为军事基地重开"口水战"》，中国青年报网，2005年3月18日，http：//zqb. cyol. com/content/2005－03/18/content_1051676. htm。

中国，向北可加紧控制俄罗斯的南部外围区域，并保障美国在里海的能源利益和掌握里海地缘政治走向。

就俄军从格鲁吉亚境内军事基地撤出问题，俄格双方争执不下。经过多轮会谈，俄罗斯最后还是陆续履行了协议，但做了保留。2007年11月15日，俄罗斯陆军总司令阿列克谢·马斯洛夫表示，俄方已撤离全部驻格鲁吉亚军队并撤除相关军事基地设备，仅保留驻格鲁吉亚境内阿布哈兹和南奥塞梯两个自治共和国的维和人员。[1]

借"9·11"事件、潘基西峡谷事件，以及向格鲁吉亚提供军援和在军事基地问题上支持格鲁吉亚，[2] 美国在俄格之间插进了"军事楔子"，加剧了俄格矛盾，并将格鲁吉亚打造为西方主导的欧亚能源运输以及西方进入中亚和阿富汗的关键战略支点。这打破了外高加索地区的战略平衡，引发了俄罗斯的强烈不满。2002年3月6日，俄罗斯国家杜马发表声明，对美军进入格鲁吉亚后的外高加索形势表示"严重不安"，对格鲁吉亚无视俄罗斯的建议并求助于美国的做法"深表遗憾"。此外，随着2003年3月20日伊拉克战争的爆发以及美国与伊朗关系的持续恶化，外高加索地区已不仅仅是美军通往阿富汗的一条过境通道，而且成为美国对伊拉克和伊朗进行军事斗争准备所无法忽视的中心。因此，格鲁吉亚的能源通道和军事通道地位对美国而言具有长期的战略性；保持格鲁吉亚的亲美立场对美国维持其中东利益和保障国家安全愈发重要。2003年2月12日，谢瓦尔德纳泽宣布，美军飞机可以在前往伊拉克的途中使用瓦兹阿尼军用机场。[3] 2003年4月16日，俄罗斯国家杜马发表声明，指出格鲁吉亚议会批准的格鲁吉亚与美国军事合作协

---

[1] 《俄罗斯撤出全部驻格俄军》，央视网，2007年11月16日，http://news.cctv.com/world/20071116/100558.shtml。

[2] 在2004年1月13日，美国国务院高层人士表示，美国准备为俄罗斯驻格鲁吉亚军事基地的撤出提供资助。美国曾经在2001年资助俄罗斯从格鲁吉亚两个军事基地撤出。参见王晓玉：《俄罗斯撤军 美国人买单——俄罗斯为撤出驻格军事基地开价5亿美元》，中国青年报网，2004年1月15日，http://zqb.cyol.com/content/2004-01/15/content_806139.htm。

[3] "Shevardnadze Offered US to Use Geogian Air Fields?" Civil Geogia, Feb. 13, 2003, http//civil.ge/archives/102874.

定违背了即将签署的"俄格友好睦邻合作和相互安全条约"的精神。声明指出,该协定允许美国随时把军队及其武器装备和运输工具部署到格鲁吉亚境内并自由调动,这实际上使美军获得使馆外交人员享受的特权,由此将导致美国进一步增加在外高加索地区的军事存在。声明还指出,俄罗斯在格鲁吉亚的军事基地人员从未得到这种权利。若格鲁吉亚不给予俄罗斯相应待遇以抵消格美协定的影响,俄美在格鲁吉亚将处于不平等的法律地位。格美协定会严重打破外高加索地区的力量平衡,并对国际安全、首先是对俄罗斯的安全构成威胁。但格鲁吉亚外长梅纳加里什维利表示,俄罗斯国家杜马通过上述声明是企图干涉格鲁吉亚内政的又一表现。[1]

值得注意的是,在2003年11月格鲁吉亚政局出现剧烈动荡,国家外交战略转向西方之前,美俄之间尚未彻底摊牌,因此两国在格鲁吉亚的博弈仍是在可控范围内进行的。

二、内政干涉引发的地缘政治博弈

2003年格鲁吉亚爆发的"玫瑰革命"成为西方国家在后苏联空间推动政权更迭的开端,也使外高加索的地缘安全格局发生了对俄罗斯不利的变化。2005年5月,美国总统小布什访问格鲁吉亚,称赞"玫瑰革命"鼓舞了从黑海、里海到波斯湾甚至更远地方的"民主和自由改革者"。为了将格鲁吉亚纳入西方的战略轨道和安全体系,美国对格鲁吉亚给予了大量经济支持。1992—2016年,美国累计援助格鲁吉亚37亿美元,[2] 是格鲁吉亚最大的经济援助国。就美国对外国的人均援助额而言,格鲁吉亚常年排名第一。2004年5月,美国宣布成立"世纪挑战账户"(Millennium Challenge Corporation),格鲁吉亚达到了美国所谓

---

[1] 《俄杜马声明对格鲁吉亚与美签订军事协定表示不满》,搜狐网,2003年4月17日,http://news.sohu.com/06/37/news208553706.shtml。
[2] 《美国累计对格鲁吉亚援助达37亿美元》,中华人民共和国商务部官网,2016年6月13日,http://ge.mofcom.gov.cn/article/jmxw/201606/20160601349908.shtml。

的"民主和经济改革所要求的标准",被邀请申请该账户的援助。2005年8月,"世纪挑战账户"批准了与格鲁吉亚签订一项为期五年、价值2.953亿美元的协议。该协议的内容涉及基础设施建设、设立小企业投资基金及设立农业补助金。①

美国以格鲁吉亚为核心向整个外高加索地区渗透还基于以下战略考量:2008年初,五位美国前高级军事领导人在一项名为"为一个不确定的世界制定一项宏大战略——重建跨大西洋伙伴关系"的研究中提出了"从芬兰到美国阿拉斯加州的民主国家联盟的长期愿景",但这一愿景并不包括俄罗斯。他们还提议"建立一个由美国、欧盟和北约组成的理事会",该理事会将"协调跨大西洋共同利益领域的所有合作"。

格鲁吉亚和乌克兰的政权更迭使俄罗斯领导层认识到:只有加强俄罗斯在后苏联空间的影响力,才能在与美国的欧亚大陆地缘政治博弈中扭转局面。2002年12月,俄罗斯获得在吉尔吉斯斯坦使用坎特空军基地的权利,这与美国在该国使用玛纳斯空军基地可谓是针锋相对。2005年11月,俄罗斯说服乌兹别克斯坦领导层关闭了美国在哈纳巴德的基地,开始清除美国在中亚的军事存在。② 乌兹别克斯坦要求美军离开哈纳巴德基地是该国倒向俄罗斯的战略转变的象征。一个亲西方的智囊团称:"中亚五国,特别是乌兹别克斯坦,在与西方国家发展多年友好关系之后,正在重返俄罗斯的怀抱。而西方国家在整个中亚地区的影响力正在下降。"③ 此外,俄罗斯支持摩尔多瓦的分裂地区"德涅斯特河左岸共和国",并在这一地区驻扎军队。2008年8月,俄罗斯为强化自身

---

① "Georgia Compact," Millennium Challenge Corporation (MCC) Official Website, https://www.mcc.gov/resources/doc/report-georgia-closed-compact.

② Vladimir Socor, and S. Frederick Starr, "The Unfolding of the U.S. – Uzbekistan Crisis," in John C. K. Daly, Kurt H. Meppen, eds, Anatomy of a Crisis: U.S. – Uzbekistan Relations, 2001–2005, Washington DC and Uppsala, Sweden: CACI & SRSP Silk Road Paper, February 2006, pp. 44–65.

③ Marlène Laruelle, "Russia's Central Asia Policy and the Role of Russian Nationalism," Central Asia – Caucasus Institute and Silk Road Studies Program, April 2008, http://www.silkroadstudies.org/publications/silkroad-papers-and-monographs/item/13137-russias-central-asia-policy-and-the-role-of-russian-nationalism.html.

在外高加索的主导权而不惜与格鲁吉亚一战，并在战后迅速推进与阿布哈兹和南奥塞梯的一体化。这是向美国传递以下明确信息：西方必须明白，俄罗斯仍然是该地区的主要力量，且俄罗斯不会再接受西方国家像1999年颠覆南斯拉夫政权那样控制外高加索。

政权更迭及转向西方给某些国家带来的混乱，使整个地区所有国家的领导人看清了西方国家尤其是美国力挺、资助本国亲西方政治反对派的本质，并对其极为警惕。这等于在一定程度上又把这些国家推回到俄罗斯一方，其突出表现为美国在对中亚和外高加索国家发动的政权更迭运动也有适得其反的一面，即个别原苏联国家的政权尽管在西方支持的反对派冲击下岌岌可危或被更迭，但在此之后这些国家的长期战略走向并不确定，并非像西方所希望的那样彻底、长期地"改旗易帜"。例如，2005年的吉尔吉斯斯坦"郁金香革命"发生后，该国一时成为旗帜鲜明的亲西方堡垒。但该国的新政权在相当程度上仍然是亲俄罗斯的，并在2009年初决定终止美国对其军事基地的使用权。2009年2月3日，吉尔吉斯斯坦总统库尔曼别克·巴基耶夫宣布，美国在玛纳斯机场的甘西基地必须关闭。2月20日，美国驻比什凯克的大使馆接到通知，吉尔吉斯斯坦要求美军在180天内撤离甘西基地。[①]

俄罗斯在后苏联空间的一系列反击不仅抑制了西方国家势力范围的扩张势头，而且对西方国家的能源安全构成严重威胁。例如，格鲁吉亚内部由分裂问题引发的冲突威胁到外高加索能源走廊的稳定。2008年8月12日，受俄格武装冲突影响，英国石油公司出于安全考量暂时关闭了巴库-苏普萨石油管道，这导致过境俄罗斯的巴库-新罗西斯克管道的石油运输量急剧增加。出于同一原因，英国石油公司作为管道运营商关闭了巴库-第比利斯-埃尔祖鲁姆天然气管道，至8月14日才恢复。[②] 2008年8月23日，美国前副助理国务卿、驻阿塞拜疆前大使、

---

① 《巴基耶夫：关闭美国空军基地不会影响吉美关系》，俄罗斯卫星通讯社，2009年2月11日，https://sputniknews.cn/20090211/42407356.html。
② 《英石油公司暂时关闭两条穿过格鲁吉亚的油气管道》，中国新闻网，2008年8月14日，http://www.chinanews.com.cn/gj/oz/news/2008/08-14/1347264.shtml。

国际防务研究中心主任马修·布里扎表示："俄罗斯没有试图（在俄格武装冲突中）破坏巴库－第比利斯－杰伊汉输油管道。"① 尽管俄罗斯没有采取切断外高加索能源管线的行动，但对西方而言，格鲁吉亚境内能源管线的安全仍然是受到挑战的，即在俄格武装冲突中取得完全胜利使俄罗斯具备了威胁甚至破坏里海－外高加索－欧洲能源管线的权力。②

俄罗斯在外高加索的强势出击使美国不得不重新考虑其外高加索政策以及外高加索能源走廊中的俄罗斯要素。2009年初，美国詹姆斯敦基金会在一份关于俄格武装冲突对格鲁吉亚石油和天然气运输路线的影响报告中再次强调，由于"无法忽视俄罗斯的影响因素，格鲁吉亚和阿塞拜疆不能独立地保证其过境能源管线的安全，只有美国和欧洲才能防止对这些能源基础设施的破坏性行动"。③ 于是，为进一步强化与格鲁吉亚的关系，美国政府在2009年1月与该国签署了两国战略伙伴关系条约。④ 2009年7月7日，美国总统奥巴马在莫斯科发表讲话时宣称，美国希望看到一个强大、和平、繁荣的俄罗斯。2009年9月17日，奥巴马在白宫发表声明，称美国取消了在波兰和捷克部署导弹系统的计划。⑤ 2009年9月25日，在美国匹兹堡参加二十国集团领导人峰会的俄罗斯总统梅德韦杰夫称，他将撤销俄罗斯在东欧的飞地加里宁格勒州部署导弹的决定。⑥ 同时，俄罗斯继续履行允许美军通过俄罗斯领土向

---

① "Moscow 'Not Targeting' Baku－Ceyhan Pipeline," Azernews, https：//www.azernews.az/region/6431.html.

② "Congressional Budget Presentation for Foreign Operations, FY 2008," US Department of State Official Website, https：//2009－2017.state.gov/s/d/rm/rls/statecbj/2008/index.htm.

③ Mamuka Tsereteli, "The Impact of the Russia－Georgia War on the South Caucasus Transportation Corridor," Jamestown Foundation, https：//www.voltairenet.org/IMG/pdf/Impact_of_the_Russia－Georgia_War.pdf.

④ 《美国与格鲁吉亚将签署两国战略伙伴关系条约》，中国新闻网，2008年12月23日，https：//www.chinanews.com/gj/gjzj/news/2008/12－23/1499473.shtml。

⑤ 《奥巴马宣布放弃在东欧设导弹防御基地计划》，中国网，2009年9月18日，http：//www.china.com.cn/military/txt/2009－09/18/content_18548598.htm。

⑥ 《梅德韦杰夫：放弃在飞地－－加里宁格勒部署导弹》，中国网，2009年9月29日，http：//www.china.com.cn/news/txt/2009－09/29/content_18627786.htm。

阿富汗运送军队和物资的协议。① 上述美国暂时承认俄罗斯对包括格鲁吉亚在内的原苏联国家的影响力，以及俄罗斯继续支持美国的反恐军事行动等事实，表明美俄关系有所缓和，这是因为：（1）美俄双方在打击伊斯兰恐怖主义势力方面有合作空间和相互"默契"——无论是俄罗斯在北高加索地区打击的极端组织，还是美国在阿富汗打击的"基地"组织，都会对俄罗斯在后苏联空间的能源管线和西方推动的中亚-外高加索能源走廊的安全构成重大威胁。（2）虽然俄罗斯难以完全阻挡西方向外高加索地区渗透自己的势力以及在外高加索地区建设能源管线，但俄格武装冲突的结果却显示出保证这些通道顺畅的锁钥很大程度上掌握在俄罗斯手中。

三、美俄围绕外高加索能源通道的对抗

（一）俄罗斯动用能源武器

对于西方在格鲁吉亚发动政权更迭运动以及开发绕过俄罗斯的石油和天然气管道，俄罗斯在能源领域进行了坚决回击。首先，俄罗斯凭借其在原苏联地区天然气运输和出口格局中近乎垄断的地位，使用"经济杠杆"来惩罚亲西方的格鲁吉亚。俄罗斯国有天然气工业股份公司以每千立方米50美元的低价购买中亚国家的天然气，然后再以每千立方米250美元的价格出售给西欧和东欧国家。中亚国家在天然气输出至国际市场的过程中要依赖过境俄罗斯的能源管线，因而在能源出口上很难有其他选择。② 2005年底、2006年和2007年，俄罗斯国有天然气工业股份公司宣布提高输往格鲁吉亚的天然气价格。在电力方面，俄罗斯统一电力公司成功地控制了大多数独联体国家的电力生产和分配，包括格鲁吉亚、亚美尼亚和中亚国家。其次，俄罗斯以能源垄断作为政策工具，利

---

① 《美国务院赞许俄罗斯允许美军过境向阿运送物资》，中国日报网，2009年10月9日，http://www.chinadaily.com.cn/hqgj/2009-10/09/content_8771060.htm。

② "Central Asian Gas: Prospects for the 2020s," Oxford Institute for Energy Studies (Registered Charity, No. 286084), https://www.oxfordenergy.org/wpcms/wp-content/uploads/2019/12/Central-Asian-Gas-NG-155.pdf.

用政治杠杆来与其他原苏联国家达成债务换资产的长期协议,即以注销国家债务来换取对这些国家与能源、电力等有关的战略企业的控股权,从而使俄罗斯对这些国家拥有长期的经济影响力。同时,俄罗斯天然气工业股份公司规划了几条与里海-外高加索能源通道相竞争的输欧油气管线,其中包括从俄罗斯经波罗的海至德国的"北溪"天然气管道,以及从里海经俄罗斯和黑海到保加利亚和意大利的"南溪"天然气管道。

表3-7 2005年俄罗斯出口至外高加索国家天然气价格变化

国家	原价格（美元/千立方米）	新价格（美元/千立方米）
格鲁吉亚	64	110
阿塞拜疆	60	110
亚美尼亚	54	110

资料来源:"The New Government's Performance in 2005: A View of Non-Governmental Think Tanks," National Security & Defence, 2005, pp. 12-20。

注:亚美尼亚当时没有正式收到俄罗斯天然气涨价的文件;格鲁吉亚与哈萨克斯坦签署了一份价格为每千立方米67美元的天然气供应协议,该协议须得到俄罗斯天然气工业股份公司的批准。

俄罗斯于2007年提出建设"南溪"天然气管道项目,旨在通过黑海、保加利亚、斯洛文尼亚和奥地利输送俄罗斯天然气(由俄罗斯天然气工业股份公司提供)。欧盟委员会认为该管线项目不符合欧盟的竞争和能源法规,因此在2014年底将其取消。但俄罗斯很快又推出跨黑海的"土耳其溪"天然气管道项目。该项目计划在土耳其-希腊边境建设一个天然气枢纽,从而向土耳其每年输送160亿立方米的天然气,向南欧每年输送470亿立方米的天然气。

(二)西方推动外高加索能源走廊的建设

随着各条绕开俄罗斯的能源管线相继建设成功,外高加索国家在与俄罗斯进行能源博弈时的地位明显提高。例如,2006年12月6日,在俄乌天然气争端爆发后，阿塞拜疆政府宣布将从2007年1月1日起停止通过巴库－新罗西斯克管道出口阿塞拜疆石油。2008年2月，由于与俄罗斯国家石油管道运输公司的价格分歧，阿塞拜疆国家石油公司暂停了通过巴库－新罗西斯克管道出口石油。2008年和2009年该管道的石油输送量分别为130万吨和255万吨。2012年，阿塞拜疆国家石油公司共出口石油2500万吨，其中通过巴库－新罗西斯克管道只出口了200万吨，而通过巴库－第比利斯－杰伊汉和巴库－苏普萨管道分别出口了2000万吨和300万吨。

在西方国家的推动下，过境格鲁吉亚的各条外高加索能源管线在建成后又得到进一步发展。然而，这只是西方特别是欧洲国家摆脱对俄罗斯能源依赖以及外高加索国家提升能源博弈能力的初步成功。由外高加索能源通道中的各条管线输出的石油和天然气还远不能满足欧洲巨大的能源需求，因此欧洲对俄罗斯的能源进口依赖仍然很深。而这是俄罗斯在外高加索能源走廊通道政治中仍然可以与西方持续较量的重要砝码。[1]

1. 巴库－第比利斯－杰伊汉管道

在巴库－第比利斯－杰伊汉管道建成后不久，哈萨克斯坦政府宣布将修建一条从里海沿岸的阿克套港到阿塞拜疆巴库港的跨里海输油管道来与该管道对接石油出口。2006年6月，哈萨克斯坦和阿塞拜疆两国总统在阿斯塔纳会晤，签署了两国联合实施跨里海输油管道系统项目的备忘录。2007年8月8日，哈萨克斯坦和阿塞拜疆签署了保证经过里海和巴库－第比利斯－杰伊汉管道向国际市场输送哈原油的政府间合作协议。[2] 但由于俄罗斯和伊朗的反对，哈萨克斯坦、土库曼斯坦只能用油轮穿越里海向巴库－第比利斯－杰伊汉管道输送石油。实际上，凭借对中亚国家能源出口的控制和里海区舰队的70艘舰船，俄罗斯拥

---

[1] 冯绍雷：《从俄格冲突到国际金融危机的"危机政治经济学"——俄罗斯与大国关系的变迁及其对中国的启示》，《俄罗斯研究》2009年第3期，第68—86页。
[2] 《哈萨克斯坦和阿塞拜疆拟建跨里海石油管道》，环球网，2020年11月23日，https://world.huanqiu.com/article/9CaKrnJlkgX。

有足够的能源手段和军事能力来否决跨里海的输油和输气管道的建设。①

2018年8月12日，里海沿岸五国领导人在哈萨克斯坦里海东岸城市阿克套举行了第五次峰会，共同签署了《里海法律地位公约》以及6份相关协议和备忘录，这为沿里海五国的能源合作奠定了法律基础。《里海法律地位公约》明确了各国有权在里海底部铺设管道，只要与管道所经里海国家协商一致即可，这使哈萨克斯坦、土库曼斯坦铺设连接阿塞拜疆的跨里海油气管道有了可能性。② 2019年8月19日，据哈萨克斯坦媒体报道，中国已同意与欧盟国家共同建设300公里长、年输气能力达300亿立方米的跨里海天然气管道。该管线连接土库曼斯坦的里海港口土库曼巴什和阿塞拜疆的里海港口巴库，将哈萨克斯坦和土库曼斯坦的天然气经阿塞拜疆运往格鲁吉亚、土耳其和欧盟，从而有利于欧洲降低对俄罗斯和伊朗天然气的依赖。协议由中欧公司组成的财团代表与土库曼斯坦主管油气的副总理梅列多夫共同签署。③

从形式上看，俄罗斯之前是基于生态保护的原因而反对建设跨里海输油和输气管道；但实际上，生态不过是"建设性谈判的问题"。跨里海油气管线的建设将实现中亚能源与巴库－第比利斯－杰伊汉输油管道和巴库－第比利斯－埃尔祖鲁姆输气管道更高效的对接，从而使中亚国家进一步摆脱对俄罗斯的能源出口依赖，并通过里海—外高加索—欧洲能源运输走廊加强与西方国家的能源经贸往来。

2. 巴库－第比利斯－埃尔祖鲁姆管道

作为巴库－第比利斯－埃尔祖鲁姆管道的气源地，阿塞拜疆的沙赫·杰尼兹天然气田在经过第二阶段耗资30亿美元的开发后，年产能

---

① 许勤华：《解析"巴杰管线"对里海地区的战略影响》，《亚非纵横》2006年第1期，第24—28页。
② 《里海安全有了新保障 区域合作迎来新契机》，中国新闻网，2018年8月15日，https://www.chinanews.com/gj/2018/08-15/8600553.shtml。
③ 《欧洲与中国公司将参与跨里海天然气管道建设项目》，中华人民共和国商务部官网，2019年8月20日，http://kz.www.mofcom.gov.cn/article/jmxw/201908/20190802892200.shtml。

将增加160亿立方米。作为沙赫·杰尼兹气田开发项目的一部分，英国石油公司通过沙赫·杰尼兹2号项目扩建巴库－第比利斯－埃尔祖鲁姆管道的格鲁吉亚段（59公里）和阿塞拜疆段（428公里）。这将使该管道的运输能力增加1.6倍，由原先每年100亿立方米提升至每年260亿立方米。由于该管道有可能通过计划中的跨里海天然气管道与土库曼斯坦和哈萨克斯坦相连，阿塞拜疆提议通过修建巴库－第比利斯－埃尔祖鲁姆输气管道2号线，将该管道的年输气能力扩大到600亿立方米。① 作为沙赫·杰尼兹气田开发项目的一部分，英国石油公司将通过沙赫·杰尼兹2号项目扩建巴库—第比利斯—埃尔祖鲁姆管道的格鲁吉亚段和土耳其段，这将使管道目前的运输能力达到每年260亿立方米。②

3. 纳布科管道

纳布科管道是从土耳其的埃尔祖鲁姆到奥地利的鲍姆加滕的天然气管道项目，旨在促进欧盟与里海、中东地区的天然气资源更好地连接起来，使欧洲的天然气供应商和输送路线多样化，以减少欧洲对俄罗斯能源的依赖。该项目得到了多个欧盟国家和美国的支持。在"跨欧洲能源网络"计划中，纳布科管道被指定为具有重要地缘战略意义的项目。2002年6月，奥地利石油天然气集团、匈牙利油气工业股份公司、保加利亚天然气公司、罗马尼亚天然气运输公司、土耳其管道和石油运输公司签署了一份关于建设纳布科管道的意向协议。2009年7月13日，土耳其、罗马尼亚、保加利亚、匈牙利和奥地利在安卡拉签署了纳布科输气管道政府间协定。该管线计划中或潜在的主要天然气来源地包括阿塞拜疆、土库曼斯坦、哈萨克斯坦、乌兹别克斯坦、伊朗、伊拉克以及埃及等国。③

---

① "Shah Deniz Stage 2," BP Website, https：//www.bp.com/en_az/azerbaijan/home/who－we－are/operationsprojects/shahdeniz/shah－deniz－stage－2.html.

② 《阿塞拜疆 Shah Deniz 油田天然气产量达1000亿立方米》，中华人民共和国商务部官网，2019年1月18日，http：//az.mofcom.gov.cn/article/jmxw/201901/20190102824562.shtml.

③ 《纳布科天然气管道项目流产》，国家能源局官网，2020年11月23日，http：//www.nea.gov.cn/2013－06/28/c_132494692.htm。

面对西方在外高加索能源管线通道政治中的进展，俄罗斯通过建造新能源管线来抵消纳布科管道项目的竞争力，从而针锋相对地与西方展开了"能源管线斗争"。2006年，俄罗斯天然气工业股份公司提出了"南溪"天然气管道项目与纳布科管道相竞争。该项目计划在黑海水面下建造天然气管道至土耳其，并将其延伸至保加利亚和塞尔维亚，直至匈牙利西部。2007年，"南溪"天然气管道项目的路线调整为通过保加利亚、塞尔维亚、匈牙利和斯洛文尼亚到奥地利和意大利。2010年3月10日，意大利埃尼集团首席执行官保罗·斯卡罗尼提议合并纳布科和"南溪"项目，以"减少投资、降低运营成本并提高整体回报"。俄罗斯能源部部长谢尔盖·什马特科拒绝了这一提议，称"南溪"比纳布科更有竞争力。据国际能源署前执行主任田中信夫称，纳布科项目将比"南溪"项目更能有效增加欧洲的能源安全，因为它将增加天然气供应商的数量。俄罗斯国家杜马能源委员会副主席伊万·格拉切夫质疑纳布科项目的可行性，认为该项目更多是由西方出于向俄罗斯施压而提出。作为应对，俄罗斯试图通过购买阿塞拜疆和土库曼斯坦天然气的方式来削减纳布科管线的潜在天然气供应量。2013年6月26日，在阿塞拜疆沙赫·杰尼兹2号气田财团决定选择跨亚得里亚海管道作为替代项目向欧洲输气后，两者间一场持续多年的管道争夺战就此画上句号。① 对此，俄罗斯天然气工业股份公司总裁米勒直言不讳地称，在沙赫·杰尼兹财团做出该选择后，纳布科管道已是名存实亡。② 俄罗斯国家能源安全基金会副总裁阿列克谢·格里瓦奇认为，欧盟之所以倾向于跨亚得里亚海天然气管道，主要是基于地缘政治考量，而不是沙赫·杰尼兹气田的储量及未来输气能力本身。

4. "南方天然气走廊"建设成功

里海—欧洲"南方天然气走廊"由自东向西的外高加索管道、跨

---

① 庞昌伟、柏锁柱：《"纳布科"项目与美欧俄及里海新兴资源国能源博弈》，《国际展望》2010年第2期，第58~77页。
② 张琪：《纳布科名存实亡》，《中国能源报》2013年7月8日。

安纳托利亚天然气管道和跨亚得里亚海天然气管道组成,这一能源走廊将阿塞拜疆沙赫·杰尼兹气田的天然气输往欧洲,到达意大利南部。跨安纳托利亚天然气管道在土耳其和希腊的边境与跨亚得里亚海天然气管道连接。如果修建连接土库曼斯坦和阿塞拜疆的跨里海天然气管道,并与"南方天然气走廊"连接,则该走廊的初始输气能力将有进一步提升的空间。此外,保加利亚每年通过新建的内部管线从该走廊中进口10亿立方米的天然气,该内部管线在希腊东北部城镇科莫蒂尼与跨亚得里亚海天然气管道连接。①

2011年12月,阿塞拜疆和土耳其签署建设跨安纳托利亚天然气管道合作备忘录。这条管道东接外高加索天然气管线,在横跨土耳其全境后,在该国西部与希腊交界处对接跨亚得里亚海管道,从而将阿塞拜疆里海沙赫·杰尼兹气田的天然气输送到欧洲国家。该管线全长约1850公里,设计年输气量为160亿立方米,其中,60亿立方米供应土耳其市场,其余100亿立方米供应欧洲市场。2015年3月,阿塞拜疆、格鲁吉亚、土耳其三国动工修建跨安纳托利亚天然气管道。② 2018年6月12日,跨安纳托利亚天然气管道正式开通,"南方天然气走廊"已初具规模,乌克兰总统波罗申科表示,该国准备通过保加利亚和罗马尼亚从跨安纳托利亚管线接收天然气,以实现能源进口多元化。美国负责能源外交问题的助理国务卿桑德拉·奥德科克表示,跨安纳托利亚天然气管道是土耳其和欧洲能源安全的重要组成部分,美国对此坚定支持。③

---

① 庞昌伟、张萌:《纳布科天然气管道与欧俄能源博弈》,《世界经济与政治》2010年第3期,第116—140页。
② 毕洪业:《俄罗斯与美欧在阿塞拜疆油气管线上的争夺及前景》,《国际石油经济》2014年第Z1期,第125—132页。
③ 《"世纪项目"跨安纳托利亚天然气管道正式开通》,中青在线,2018年6月13日,http://news.cyol.com/yuanchuang/2018-06/13/content_17288142.htm。

表3-8 "南方天然气走廊"概况

管线	长度（公里）	路线	年输送能力	股东和股权
外高加索管线	692	巴库（阿塞拜疆）-第比利斯（格鲁吉亚）-埃尔祖鲁姆（土耳其）	88亿—250亿立方米	1. 英国石油公司：28.8% 2. 土耳其国家石油公司：19% 3. 阿塞拜疆国家石油公司：16.7% 4. 马来西亚国家石油公司：15.5% 5. 俄罗斯卢克石油公司：10% 6. 伊朗纳夫蒂兰国际贸易公司：10%
跨安纳托利亚管线	1850	该管线横跨土耳其，起始于该国与格鲁吉亚接壤的土尔克祖村，止于该国埃迪尔内省伊普萨拉区（与希腊边界外），其中19公里在马尔马拉海	160亿—600亿立方米	1. 阿塞拜疆国家石油公司：58% 2. 土耳其波塔斯输油管线公司：30% 3. 英国石油公司：12%
跨亚得里亚海管线	878	希腊-阿尔巴尼亚-意大利（其中105公里在亚得里亚海）	100亿—200亿立方米	1. 英国石油公司：20% 2. 阿塞拜疆国家石油公司：20% 3. 意大利天然气运营商斯那姆公司：20% 4. 比利时天然气运营商弗拉克西斯公司：19% 5. 西班牙国家天然气公司：16% 6. 瑞士能源公司：5%

资料来源：Meliha B. Altunisik, Oktay F. Tanrisever, "The South Caucasus – Security, Energy and Europeanization," New York：Routledge, 2018, p.187。

俄罗斯对跨安纳托利亚天然气管道项目的实施不以为然：该管道的输气量仅是俄罗斯向欧洲供应量的1/12，难以对俄罗斯天然气工业股份公司构成竞争。但从长远来看，跨安纳托利亚天然气管道潜力巨大，为沿线国家开辟了能源经济的新通道：（1）如果阿塞拜疆在此基础上再整合沿里海中亚国家的天然气资源,则该管线的输气潜力将不可低估;(2)这条天然气管线进一步巩固了阿塞拜疆、格鲁吉亚和土耳其之间的能源经济关系,使这三国之间的区域合作更上一个台阶;(3)跨安纳托利亚天然气管道也是一条地缘政治通道,这个"世纪项目"使外高加索地区与欧洲更加密切地联系在一起,并影响了外高加索地区的力量格局;(4)美国对此项目给予政治支持,其目的是"鼓励"里海沿岸国家在能源方面尽可能摆脱俄罗斯的影响。[1]

2016年5月17日,跨亚得里亚海天然气管线协议签署仪式于希腊塞萨洛尼基举行。该管线是"南方天然气走廊"项目的欧洲部分,将阿塞拜疆里海水域沙赫·杰尼兹气田生产的天然气通过土耳其西部输送至希腊、阿尔巴尼亚,然后穿过亚得里亚海输送至意大利,初步计划每年向欧洲市场供应100亿立方米天然气,足够满足700万欧洲家庭的用气量。[2] 跨亚得里亚海天然气管线耗资50亿欧元(56.7亿美元),全长878公里。其中,550公里在希腊境内,215公里在阿尔巴尼亚境内,105公里在亚得里亚海底部,最后8公里位于意大利南部。2020年11月15日,据意大利安莎社报道,跨亚得里亚海天然气管线投入运营,这标志着"南方天然气走廊"建设取得成功。[3]

对美欧而言,"南方天然气走廊"是里海至欧洲的单向能源输出管道,是欧盟与外高加索、中亚地区国家在商品、投资、信息、人员等领域双向交流的一条动脉,也是进一步传播西方价值理念和扩大西方地缘政治影响的通道。因此,外高加索能源管线通道政治博弈既是经济利益之争,也是商贸信息乃至文化、意识形态、价值理念的竞争。

格鲁吉亚的真正独立并不意味着该国必须充当俄罗斯或美国的卫星

---

[1] 杨恕、张会丽:《俄格冲突后的格鲁吉亚局势》,《俄罗斯中亚东欧研究》2010年第1期,第68-75页。

[2] 《跨亚得里亚海天然气管道(TAP)项目86%已完工》,中华人民共和国商务部官网,2019年4月29日,http://m.mofcom.gov.cn/article/i/jyjl/e/201904/20190402858635.shtml。

[3] "TAP Natural Gas Pipeline Begins Commercial Service," Oil & Gas Journal, Tulsa, Vol. 118, Iss. 11d, Nov. 30, 2020, p. 13.

国。对于包括格鲁吉亚在内的所有外高加索国家而言,在美俄之间的最佳战略选择是推动区域合作,从而使自己成为欧亚大陆东西方和南北方之间沟通的走廊,而不是争端和冲突的中心。[①] 格鲁吉亚作为俄罗斯和西方之间的政治、经济桥梁,只有当美俄之间由地区竞争转变为地区合作时,才能最大限度避免成为全球性大国强权政治的牺牲品。

格鲁吉亚在政治、经济和安全方面倒向西方势必对俄罗斯整合后苏联空间、保持在欧亚地区的主导地位构成挑战,并导致其与俄罗斯矛盾的长期化、战略化,这是俄格武装冲突爆发的重要原因之一。在外高加索能源走廊通道政治中,尽管以美国为首的西方国家利用20世纪90年代俄罗斯的虚弱和"玫瑰革命"后格鲁吉亚坚定的反俄倾向而赢得了暂时的主动,但外高加索地区毕竟不是美国最核心的利益区,因此美国没有足够的意愿和充足的实力来完全消解俄罗斯在该地区的权力。当前,俄罗斯在外高加索的地缘政治和地缘安全方面仍具有优势地位。但随着国际和地区格局的风云变幻,外高加索能源走廊通道政治的不平衡性仍可能在相关国际国内博弈进程中被改变。

[①] Eldar Ismailov and Vladimer Papava, "Central Caucasus, from Geopolitics to Geoeconomics," CA&CC Press, Stockholm, 2006, p. 87.

第四章　欧洲天然气管线通道政治

本章根据"中间地带国家"通道政治理论,对中东欧国家成为"中间地带国家"的原因进行分析。本书认为:中东欧国家"中间地带化"的内因是其在自身相对弱小的国力、军力以及能源无法自给自足的情况下显现出自主性不足,从而无法主导自己的国内政治和外交走向;中东欧国家"中间地带化"的外因是在国家战略对立、意识形态和价值观分歧、文明与文化不认同等三个层面结构性矛盾规范下,美俄对其展开地缘政治博弈。以此为基础,本章首先分析冷战后中东欧国家的政治经济形势,明确欧洲天然气供应危机爆发的背景。然后,本章详细分析2006年、2009年和2014年欧洲三次天然气争端爆发的过程,以及参与和介入争端的俄罗斯、欧洲国家和美国为争夺欧洲天然气管线的战略走向、战略收益和主导权而展开的国际国内政治、经济博弈进程,总结欧洲天然气管线通道政治的形成和运行机制,论述欧洲天然气管线通道政治进一步的演进过程。

第一节　地缘政治与经济分裂下中东欧国家的"中间地带化"

对部分中东欧国家而言,其在苏联解体后面对的地缘问题之一便是在地缘政治方面需要依靠美国和北约的护佑,在地缘经济方面又不同程度地依赖俄罗斯相对廉价的管道天然气。在俄罗斯与西方关系较好时，该问题尚不突出。而一旦俄罗斯与西方特别是美国关系紧张，该问题就成为足以影响欧洲经济和民生的关键问题。

一、俄欧能源相互依赖下的地缘政治与地缘经济

21世纪以来，能源合作是俄欧关系发展和转变的重要推动力之一。在以往的文献中，从天然气合作视角研究俄欧关系主要围绕以下三个方向展开：[1]

第一，一些学者从罗伯特·基欧汉和约瑟夫·奈的权力与相互依赖理论视角出发，认为国家能源权力源自能源市场的不对称相互依赖。迈赫迪·阿巴斯和凯瑟琳·洛卡泰利指出，俄罗斯凭借其在欧洲市场的垄断地位得以对欧盟发动天然气价格战。[2] 埃里克·索瓦吉特认为，由于欧盟以液化天然气替代俄罗斯管线天然气的方案受到生产和消费模式限制，其在天然气领域降低敏感性和脆弱性相互依赖程度的最好选择仍是维持与俄合作。[3] 塔蒂阿娜·罗曼诺娃认为，尽管俄罗斯希望保持俄欧能源相互依赖关系，但其在能源政策选择方面受到自身政治经济体系、"资源诅咒"和路径依赖的限制。[4]

第二，一些学者从博弈论视角研究俄欧天然气市场议价能力问题。彼得·兹韦费尔等学者通过分析天然气市场权力，发现在合作博弈模型下，俄欧天然气管线建设能够提升俄罗斯的议价能力。[5] 米海·罗曼和

---

[1] 富景筠:《"页岩气革命"、"乌克兰危机"与俄欧能源关系——对天然气市场结构与权力结构的动态分析》，《欧洲研究》2014年第6期，第83—85页。

[2] Mehdi Abbas and Catherine Locatelli, "National Institutional Systems' Hybridisation through Interdependence: The Case of EU – Russia Gas Relations," Post – Communist Economies, Vol. 32, No. 4, 2020, p. 441.

[3] Eric Pardo Sauvageot, "Between Russia as Producer and Ukraine as a Transit Country: EU Dilemma of Interdependence and Energy Security," Energy Policy, Vol. 145, 2020, p. 11.

[4] Tatiana Romanova, "Russia's Political Discourse on the EU's Energy Transition (2014 – 2019) and Its Effect on EU – Russia Energy Relations," Energy Policy, Vol. 154, 2021, p. 11.

[5] Peter Zweifel, Boris Krey and Sandro Schirillo, "Russian Gas to Western Europe: A Game – Theoretic Analysis," Journal of Energy Markets, Vol. 2, No. 4, 2009, pp. 3 – 28.

戴安娜·斯坦库莱斯库运用合作博弈理论构建欧洲天然气运输管线网络博弈模型，他们发现：在俄乌管线输气量维持现状、相对减少和完全中断三种情况下，俄罗斯凭借庞大天然气储量和生产能力均拥有最强议价能力。①

第三，还有一些学者从国际政治经济学视角展开研究。亚当·斯图尔伯格认为，尽管俄欧天然气合作的商业逻辑很强，但随着欧洲气源及管网建设多元化，俄天然气外交的有效性将会降低。② 菲利普斯·普罗德鲁指出，由于俄罗斯相较于能源利益更重视对欧盟的地缘政治目标，这两个要素在俄能源战略中并不协调。③ 富景筠认为，欧盟将经济力量转变为政治意图的能力决定其能否应对不断加剧的美俄天然气地缘竞争。④

以上观点对本章分析欧洲天然气管线通道政治颇具启示意义。本书认为，俄欧天然气合作既是能源市场问题，也是权力政治问题。若以此视角研究俄欧关系，则应分析国际关系行为体（以下简称行为体）在地缘战略中地缘经济和地缘政治的相互作用关系。20世纪90年代，美国学者爱德华·卢特沃克首次提出"地缘经济学"概念，用以描述在冷战后的国际体系中，国家间竞争的主要领域是经济而非军事。⑤ 当前地缘经济理论关注经济权力的地缘战略运用，其核心观点是：国家可以

---

① Mihai Daniel Roman and Diana Mihaela Stanculescu, "An Analysis of Countries' Bargaining Power Derived from the Natural Gas Transportation System Using a Cooperative Game Theory Model," Energies, Vol. 14, No. 12, 2021, pp. 3595–3605.

② Adam N. Stulberg, "Out of Gas? Russia, Ukraine, Europe, And the Changing Geopolitics of Natural Gas," Problems of Post–Communism, Vol. 62, 2015, pp. 116–125.

③ Filippos Proedrou, "Why Russian Gas Diplomacy Fails: The Geopolitics–Energy Nexus in Ukraine and Turkey," Asia Europe Journal, Vol. 15, No. 1, 2017, pp. 21–23.

④ 富景筠：《商业理念还是地缘政治？——欧美在欧洲对俄天然气进口依赖上的分歧根源及其影响》，《欧洲研究》2020年第2期，第142—143页。

⑤ Edward Luttwak, "From Geopolitics to Geo–Economics: Logic of Conflict, Grammar of Commerce," The National Interest, No. 20, pp. 17–23.

使用经济手段实施权力政治,以达成地缘战略目标。①

地缘经济和地缘政治在大国地缘战略的现实运用中往往相互交融。为便于分析,本书根据马克斯·韦伯的理想类型理论构建地缘经济与地缘政治战略既可脱钩又可相互影响的分析模型。② 由于两者的运行方式不同,它们的运行逻辑和可见性也显著不同。在此规范下,行为体对目标国或联盟实施不同地缘战略所产生的反作用力、威胁认知和行为倾向也不同。

表4-1 地缘经济战略和地缘政治战略的对比

	地缘战略	地缘经济	地缘政治
行为体	性质	经济权力的地缘战略运用	政治权力的地缘战略运用
	运行方式	贸易、投资等经济方式	军事和外交
	可见性	相对隐蔽的	公开的
	运行逻辑	选择性调整	对抗
目标国	威胁认知	中或低	高
	反作用力	离心力	向心力
	行为倾向	失衡	平衡

资料来源:Antto Vihma and Mikael Wigell, "Unclear and Present Danger: Russia's Geoeconomics and the Nord Stream II Pipeline," Global Affairs, Vol. 2, No. 4, 2016, p. 380。

地缘经济战略以经济手段等相对隐蔽的方式运行,以选择性调整为运作逻辑。选择性调整是指行为体利用经济让步等诱惑手段,从竞争或敌对集团(以下简称目标联盟)争取部分目标国的"楔入奖赏"策略。在地缘经济战略下,行为体不与目标国正面对抗,而是或利用目标国对其在某一经济领域的依赖,或选择性地对某些目标国动用补偿性支付、

---

① Mikael Wigell, "Conceptualizing Regional Powers' Geoeconomic Strategies: Neo-Imperialism, Neo-Mercantilism, Hegemony, and Liberal Institutionalism," Asia Europe Journal, Vol. 14, No. 2, 2016, p. 137.

② Richard Swedberg, "How to Use Max Weber's Ideal Type in Sociological Analysis," Journal of Classical Sociology, Vol. 18, No. 3, p. 181.

价格折扣等经济激励手段，试图削弱目标国并分裂目标联盟。一些目标国为从上述选择性经济诱惑中获益，不仅混淆或淡化了行为体的威胁，而且可能成为其地缘经济战略举措的支持者。于是，行为体的地缘经济攻势往往导致目标国产生更低、更分散的威胁认知，并引发目标联盟因内部经济利益不协调而产生离心力，从而由此抵消其成员国的凝聚力。面对地缘经济攻势，各目标国在平衡行为体权力的问题上或基于较平时更大的搭便车动机而相互推卸责任，或基于自身经济利益而与行为体的敌对国家或联盟保持距离。在利益难以调和与相互推诿的动态下，目标国和目标联盟制衡行为体的潜力被削弱。①

相较而言，地缘政治战略以军事手段等公开方式运行，以对抗为运作逻辑。在此战略下，行为体对目标国发出恐吓或可信的威胁，致力于阻止目标国采取敌对行动或迫使其见风使舵。行为体的地缘政治攻势通常会加剧目标联盟内部的共同威胁认知，由此触发其成员国产生联合应对敌对行为体的向心力。在不断激化的局势下，目标国或联盟会采取平衡行为体力量的举措。② 由此理论分析可见，行为体实施地缘政治战略可能会削弱其地缘经济战略的效力。

同时，国家间经济相互依赖关系的变化也会对行为体实施地缘经济战略的效力产生重大影响。国家经济权力往往源于不对称的脆弱性相互依赖，由市场权重、资源获取能力和国际经济互动规则塑造能力三要素为基础构成。在经济全球化、国际冲突与国家战略竞争并存的时代背景下，一些国家充分利用其在优势经济领域的有利地位，以不对称的经济相互依赖作为权力杠杆来实现地缘战略目标。③

本章试图构建由"中间地带国家"通道政治理论，以及上述地缘

---

① Mikael Mattlin and Mikael Wigell, "Geoeconomics in the Context of Restive Regional Powers," Asia Europe Journal, Vol. 14, No. 2, 2016, pp. 126 – 127.

② Timothy Crawford, "Preventing Enemy Coalitions: How Wedge Strategies Shape Power Politics," International Security, Vol. 35, No. 4, 2011, p. 161.

③ Christian Fjäder, "Interdependence as Dependence: Economic Security in the Age of Global Interconnectedness," in Mikael Wigell, Sören Scholvin and Mika Aaltola, eds., Geo – Economics and Power Politics in the 21st Century, Abingdon, New York: Routledge, 2019, pp. 28 – 40.

战略和相互依赖理论相结合的分析框架,通过研究俄欧天然气合作,明确俄罗斯地缘政治战略和俄欧能源相互依赖关系对俄地缘经济战略效力的作用,从而以此窥探俄欧关系前景。在第 26 届联合国气候变化大会(COP 26)上,世界各国就减排议题的激烈争论再次反映出:在后疫情时代全球经济复苏的背景下,中国经济发展面临国际能源价格高企、实现 2060 年前碳中和目标等多重挑战。研究俄欧天然气合作及其对俄欧关系的影响,对于中国应对国际天然气贸易的潜在风险和预测全球能源供需格局的变化也具有现实意义。

二、美俄在中东欧的结构性矛盾

21 世纪初,在相互间国家战略政策、意识形态和价值观、文明与文化三个层面结构性矛盾的规范下,美俄围绕中东欧展开了地缘政治博弈,这是中东欧部分国家"中间地带化"的外在因素。第一,美俄之间的战略对抗集中反映为两国在中东欧的地缘安全和能源安全战略上的矛盾。这突出表现为:中东欧部分国家是俄罗斯影响欧洲的战略走廊和向欧洲出口能源最便捷的战略通道,美俄在中东欧的战略对抗实质上是两国在欧洲地缘政治影响力的争夺以及在欧亚大陆遏制与反遏制、围堵与反围堵的地缘政治博弈。第二,美俄在中东欧的意识形态和价值观冲突集中反映为两国对该地区部分国家政权更迭问题的尖锐对立,即俄罗斯坚决反对美国以"输出民主"的方式将部分中东欧国家纳入势力范围。第三,由于中东欧地区跨越文明的断层线,美俄在该地区的文明与文化矛盾集中反映为以美国为首的西方文明、西方文化与以俄罗斯为首的东正教文明、俄罗斯文化的竞争。这也为美俄干预部分中东欧国家的内政提供了抓手,是美俄在该地区进行地缘政治博弈的重要因素。因此,在国家间结构性矛盾的调节和规范下,美俄为争夺在中东欧的地缘政治利益而势必会争相扩大在该地区的影响力。在此过程中,美俄间的结构性矛盾进一步由显性状态演进为激化状态,这加深了两国在中东欧地缘政治博弈的程度。

美俄关于中东欧的战略对立主要体现在欧亚大陆的地缘战略层面。在后苏联空间维持主导地位是俄罗斯推进其大国复兴战略的重要支撑，在欧亚地区实现强国梦是俄罗斯长期广泛的社会共识和奋斗目标。俄罗斯的欧亚战略包括欧亚经济联盟、"大欧亚伙伴关系计划"和"转向东方"战略，旨在维护俄罗斯在独联体的势力范围，以及与前苏联国家特别是白俄罗斯和乌克兰重新实现一体化。

处于中东欧地区的部分国家是影响欧洲地缘战略走向的重要枢纽，是俄罗斯与西方在地缘上的连接地带和交叉点，对俄罗斯的大国复兴战略极为关键。比如，布热津斯基认为：拥有乌克兰，俄罗斯仍有成为欧亚帝国的资本；但失去乌克兰，俄罗斯最多只能成为亚洲帝国。[1] 在地缘政治方面，亲西方的部分中东欧国家不仅可以对俄罗斯在欧亚地区的主导地位构成冲击，而且可能会断送俄罗斯影响欧洲事务的重要走廊。[2] 在地缘经济方面，对俄罗斯而言，失去对邻近的中东欧国家的主导权，就没有欧亚经济联盟在后苏联空间真正意义上的经济整合；[3] 而没有欧亚经济联盟的支撑，俄罗斯就不能在世界经济格局中与美国和欧盟分庭抗礼。例如，中东欧国家是俄罗斯天然气出口至西欧的主要过境国、工业领域的合作伙伴和商品出口的重要市场，对俄罗斯的能源经济和外贸有较大影响。在地缘安全方面，邻近俄罗斯西部、西南部的中东欧国家是俄罗斯保护自身"软腹部"以及与西方保持"缓冲地带"的重要安全屏障。例如，克里米亚半岛是俄罗斯黑海舰队前出至地中海和大西洋，并从外线对北约实施军事反威慑和反包围的战略基地。因此，部分中东欧国家"向东"还是"向西"，对俄罗斯的离心力和向心力孰重孰轻，是俄罗斯建成欧亚经济联盟、保持自身大国地位和国际影响力

---

[1] ［美］兹比格纽·布热津斯基著，中国国际问题研究所译：《大棋局：美国的首要地位及其地缘战略》，上海人民出版社1998年版，第121页。

[2] Bertil Nygren, "The Rebuilding of Greater Russia: Putin's Foreign Policy towards the CIS Countries," New York: Routledge, 2007, p. 49.

[3] Yevgency Vinokurov, "Pragmatic Eurasianism," Russia in Global Affairs, No. 2, 2013, pp. 87–96.

的重要影响因素。①

纵观近现代国际关系史，俄罗斯不容许领土周边有西方的军事存在和战略渗透，不愿看到其周边出现敌对性的地缘政治联盟或者竞争性的强权势力在靠近自己边境的地区部署军事基地和战略战术武器，总是尽力维持和西方国家之间的"缓冲地带"，确保其周边安全和生存空间，这一直是俄罗斯在欧亚大陆的地缘政治准则。波罗的海三国加入北约已经使俄罗斯在西北方向失去战略纵深，所以俄罗斯绝不可能允许其西南方向的"近邻国家"再加入西方的政治和安全体系。②

基于上述考量，俄罗斯坚决阻止北约东扩的决心与北约一直谋求东扩的信心等量齐观。③ 后苏联空间被俄罗斯视为"后院"，在自己的"后院"建立控制机制使俄罗斯的大国地位有基本依托。所以，其"近邻政策"的中心目标就是阻止这些"后院"国家倒向西方。俄罗斯对近邻东欧国家的政策就是：尽可能将其保留在势力范围内，决不允许其出现"完全去俄罗斯化"；这些国家至少要在俄罗斯与西方之间保持中立，而不是完全倒向西方且作为西方遏制俄罗斯的前沿基地，这是俄罗斯的战略底线和"红线"。在俄罗斯人的地缘政治意识中，可以允许"近邻国家"拥有独立主权地位，但无论是现在还是将来，都不允许其完全"脱俄入欧"。④

美国遏制俄罗斯在欧亚大陆重新崛起的意志与俄罗斯大国复兴的决心同样坚定。面对俄罗斯在冷战后以恢复大国强国为目标的欧亚战略，以美国为首的西方国家对此出台了相应的"弱俄"和"遏俄"战略。

---

① L. Freedman, "Ukraine and the Art of Crisis Management," Survival, Vol. 56, No. 3, 2014, p. 8.

② Р. С. Мухаметов, "Внешнеполитические приоритеты России в Ближнем Зарубежье: основные средства реализации," Известия Уральского государственного университета, Сер. 3, Общественные науки, Vol. 69, No. 3, 2009, С. 35.

③ Condoleezza Rice, "Will America Heed the Wake-up Call of Ukraine?" The Washington Post, Mar. 7, 2014, p. B3.

④ 梁强：《从"近邻政策"到"向东看"：乌克兰危机与普京的战略决策》，《外交评论》2015年第6期，第132页。

因此，冷战后美国力促北约东扩，将俄罗斯的势力范围推回到远离西欧的地带。同时，美国积极谋划从西、南和东三个战略方向，即从中东欧新北约国家、外高加索国家和中亚国家，到亚太的日韩和美国阿拉斯加构建对俄战略包围圈，并在北极方向与俄罗斯展开战略竞争。对美国而言，部分近邻俄罗斯的东欧国家在地缘上围堵俄罗斯有以下三个层面的作用：从地缘政治来看，这些国家是俄罗斯在西部、西南方向与西方国家之间在欧洲的最后一块"缓冲地带"，其倒向西方会使俄罗斯在欧洲施展地缘政治影响的空间进一步大幅压缩。从军事角度分析，打压俄罗斯黑海舰队的活动空间是美国在"心脏地带"地缘安全的重要目标之一。例如，失去乌克兰将使俄罗斯黑海舰队失去重要的海军基地，进而使俄罗斯对黑海的控制权受到严峻挑战。而"拥有"这些国家，可帮助西方国家将刺刀顶在俄罗斯的胸膛上，将各种战略和战术武器部署在俄罗斯的家门口，以及限制俄军的投送距离和作战范围。从战略影响力衡量，若这些国家完全融入西方，则独联体内部将产生"连锁反应"和"示范效应"，这有利于鼓动独联体国家内部的反对派力量加速政权更迭，从而使独联体国家脱离俄罗斯的地缘战略影响。

因此，作为麦金德"陆权论"中的"心脏地带"，中东欧国家具有强大的地缘功能，是美国阻止俄罗斯大国复兴极有分量的战略棋子。俄罗斯的欧亚战略和西方国家的遏制战略都需要部分中东欧国家这关键一环。[1]

三、中东欧国家"中间地带化"解析

美俄结构性矛盾是冷战后两国围绕"中间地带"不断展开地缘政治博弈的逻辑起点。美俄关系陷入长期难以缓解的恶性循环是处于两国博弈之下的国家不得不长期面对的地缘政治现实和外部空间状态。苏联解体后，两极体系不复存在，中东欧地区的地缘政治格局发生剧烈震

---

[1] Richard Sakwa, "Frontline Ukraine: Crisis in the Borderlands," London: I. B. Tauris Press, 2014, pp. 23 – 24.

动，使其成为全球性大国的夹缝下又一个"中间地带"：波罗的海三国爱沙尼亚、拉脱维亚和立陶宛，原华沙条约阵营的波兰、捷克、斯洛伐克、匈牙利、罗马尼亚、保加利亚和阿尔巴尼亚纷纷倒向西方，加入北约；南斯拉夫联盟共和国逐渐解体为塞尔维亚、斯洛文尼亚、克罗地亚、波斯尼亚和黑塞哥维那、北马其顿和黑山六个国家，且除塞尔维亚、波斯尼亚和黑塞哥维那外，其他几个国家均加入了北约或欧盟；乌克兰不断向西方靠拢。对美国而言，遏制俄罗斯对欧洲的影响力是其冷战后在欧亚大陆的战略目标之一，其中就包括尽可能弱化俄欧之间的政治、经济联系，以保持美国对欧洲的领导力和控制力。对俄罗斯而言，在北约和欧盟东扩的进程中，欧洲地缘政治格局对其愈发不利。因此，俄罗斯不得不采取地缘政治和地缘经济双重举措来维护自身在欧洲的地缘影响力。

于是，无论在地理上、政治上，还是战略上，在美俄的地缘政治和地缘经济博弈进程中，部分中东欧国家在苏联解体后逐渐发展为美俄之间的"中间地带国家"。[①] 然而，这些国家的"中间地带化"与叙利亚、格鲁吉亚呈现出不同的特点：在政治方面，大多国内政局、社会相对稳定；在经济方面，大多发展迅速，已经迈入发达国家行列；在文明层面，大多不处于文明的断层线上，大部分属于西方文明；在安全层面，大多选择融入欧洲-大西洋体系。因此，本章所论述的处于"中间地带"的部分中东欧国家，大部分自主性相对较强一些，属于弱权力缺失的"中间地带国家"。[②] 同时，中东欧"中间地带国家"的"中间地带化"程度并不一致，这使中东欧乃至整个欧洲的通道政治呈现出更加复

[①] 从传统的地理划分来看，东欧国家除俄罗斯以外，包括爱沙尼亚、拉脱维亚、立陶宛、白俄罗斯、乌克兰、摩尔多瓦等，塞尔维亚、克罗地亚、斯洛文尼亚、波斯尼亚和黑塞哥维那、黑山、北马其顿、罗马尼亚、保加利亚、阿尔巴尼亚也可被视作东欧国家；中欧国家包括德国、波兰、捷克、斯洛伐克、匈牙利、奥地利、列支敦士登和瑞士。上述所有东欧国家和中欧国家中的波兰、捷克、斯洛伐克、匈牙利，由于其内在的自主性不足，外在地处于美俄政治上、战略上的夹缝中，可以被界定为"中间地带国家"。

[②] 从定义和特点的角度来分析，在2014年乌克兰危机爆发前，中东欧地区没有强权力缺失或半权力缺失的"中间地带国家"。

杂的演进过程。

2003年格鲁吉亚的政权更迭使俄罗斯清醒认识到：美国不可能在国际社会中将俄罗斯看作平等的合作伙伴；美国不可能在国际事务中充分尊重俄罗斯的核心利益；美俄之间存在根深蒂固的不信任；美俄之间的地缘政治竞争难以避免。2003年11月，美国在格鲁吉亚发动政权更迭成功后，又将打压俄罗斯战略空间的视角转向了乌克兰。随着2004年乌克兰"橙色政权"在西方的支持下上台执政，俄乌两国矛盾不断升级，这一矛盾突出表现在能源方面。

20世纪80年代，油价下跌削弱了苏联的经济实力，是导致苏联最后解体的重要原因之一。普京领导的俄罗斯从中吸取教训，一直致力于以出口石油和天然气所带来的丰厚收入推动国家的经济增长、恢复国家的经济实力。在21世纪初期，石油和天然气收入的不断增长使普京得以将一个半贫困和治理不善的国家转变为一个强劲的世界政治和经济行为体。[①] 俄罗斯由此在经历20世纪90年代的动荡期后变得更加富裕和稳定，这为其面对美国的地缘政治挤压不再逆来顺受和以能源经济为基础积极整合后苏联空间提供了物质基础。从2005年起，俄罗斯多次以"断气"的方式逼迫乌克兰接受其提出的天然气价格协议。欧洲很多国家在天然气领域不同程度地依赖俄罗斯，且其出口至欧洲国家的天然气管线大多过境乌克兰。因此，"断气"举措使欧洲的天然气供应受到很大影响，并使欧洲的能源安全问题再次凸显。在俄乌能源争端爆发的刺激下，美国支持欧盟建设绕开俄罗斯的天然气管线。与此相对应，俄罗斯则力主在地缘经济层面分化美国和欧盟以及新欧洲和老欧洲，并推动建设直通俄欧的天然气管线，从而加强俄欧的经济联系。在俄欧能源相互依赖与反依赖拉扯的进程中，俄罗斯与西方就欧洲天然气管线的经济收益、战略走向和主导权展开了激烈博弈。这一博弈过程构成了欧洲天然气管线通道政治。

---

① "Evolution of Energy Wars: From the Oil Embargo 1973 Till Gas Aggression 2009," International Issues and Slovak Foreign Policy Affairs, Vol. XVII, No. 1, pp. 38 – 61.

第二节 通道政治博弈之初：三次欧洲天然气管线争端

在地缘政治因素的驱动下，俄欧天然气运输通道的稳定性受到强烈影响，即乌克兰作为俄欧天然气管线的主要过境国，其融入西方的战略举措促使俄罗斯动用上调天然气价格和"断气"的能源武器，造成俄罗斯天然气的欧洲客户的能源安全难以保障。为了更好地理解欧洲天然气管线通道政治，本书认为，应当首先梳理和分析地缘政治因素驱动下的欧洲天然气争端问题，从而为分析俄欧能源关系发展演进的过程以及总结欧洲天然气管线通道政治的形成和运行机制奠定基础。

一、2006 年欧洲天然气争端

乌克兰是俄罗斯出口天然气至欧洲的主要过境国。在 2011 年俄罗斯建成直通德国的"北溪"天然气管线前，每年从俄罗斯输往欧洲的天然气中有 80% 要通过俄乌之间的天然气管道。同时，乌克兰本身也是欧洲国家中俄罗斯天然气的主要消费国之一。2004—2005 年，欧洲的天然气价格随石油价格的提升而大幅上涨。根据欧盟数据（截至 2005 年第二季度末），欧盟南部和东部边境的进口天然气价格约为每千立方米 200 美元，这一价格适用于俄罗斯向匈牙利、德国、法国和意大利供应的天然气。2005 年，欧洲进口天然气的价格上涨了 70%。[1] 而随着北约在 2004 年 3 月东扩至波罗的海三国，以及 2003 年格鲁吉亚和 2004 年乌克兰爆发政权更迭运动，俄罗斯与这几个原苏联加盟共和国的关系在 2005 年发生了彻底变化，其中最明显的表现之一就是俄罗斯天然气工业股份公司（以下简称"俄气"）在俄罗斯政府的授意下于 2004 年初掀起了一场天然气涨价潮。俄罗斯首先将目标对准了波罗的

---

[1] "Gas Prices in Europe for Industrial Consumers (1996 – 2007)," Eurostat, https://ec.europa.eu/eurostat/web/main/data/database.

海三国，对其出口的天然气价格明显高于独联体国家。

表4-2　2005年俄罗斯出口至部分东欧国家（地区）天然气新旧价格变化

国家/地区	原价格（美元/千立方米）	新价格（美元/千立方米）
乌克兰	50	160（220—230）
白俄罗斯	46.48	46.68
摩尔多瓦	80	150—160
德涅斯特河左岸地区	80	80
波兰	120—130	190—220
拉脱维亚	92—94	120—125
立陶宛	83	122
爱沙尼亚	90	120—125

资料来源："The New Government's Performance in 2005: A View of Non-Governmental Think Tanks," National Security& Defence, 2005, pp.12-20。

注：2005年12月底，"俄气"向乌克兰提出了每千立方米230美元的新价格；表中俄罗斯出口至部分东欧国家天然气的新价格为2005年底的价格。

俄罗斯将出口天然气的价格进行选择性上调具有明显的地缘政治动机，其目的在于惩罚倒向西方的"不听话"的国家。与俄罗斯关系紧张的格鲁吉亚、乌克兰、摩尔多瓦和波兰都被开出了更高的天然气价格。2005年7月，俄罗斯国家杜马通过决议，要求俄罗斯政府取消对摩尔多瓦、格鲁吉亚、乌克兰等国石油、天然气、电力出口的优惠价格，对这些国家的能源出口应参照国际市场价。[①] 与俄罗斯关系密切的白俄罗斯、德涅斯特河左岸地区和亚美尼亚则继续享受俄罗斯天然气的优惠价格。此外，俄罗斯尽力压缩其欧洲客户从中亚进口天然气以实现

---

① 《俄杜马要求对格鲁吉亚等6国天然气出口提价》，新浪网，2005年7月8日，https://news.sina.com.cn/w/2005-07-08/23226387882s.shtml。

能源进口多元化的空间。首先，俄罗斯与土库曼斯坦签署了一项有效期至2028年的长期合同，其主要内容是2006年之后土库曼斯坦向俄罗斯供应该国几乎所有出口的天然气。对于土库曼斯坦而言，合同中规定的天然气出口量高于输送线路中乌兹别克斯坦最窄管道410亿立方米的输送能力，因此其无法迅速增加天然气产量供应乌克兰。[①] 其次，谈判或向国际法院上诉等国际通用解决能源纠纷的工具在独联体内无法得到充分利用。俄罗斯拥有世界上最大的天然气储量和丰富的石油储量，并控制着前苏联主要的天然气管线，在独立的苏联加盟共和国中有重要的政治和经济影响力，因此其他原苏联国家大多没有足够的能力和意愿参与俄乌、俄欧的天然气博弈。2005年11月12日，"俄气"签署了一份通过哈萨克斯坦领土运输天然气的五年合同。其主要内容是允许乌兹别克斯坦和土库曼斯坦经哈萨克斯坦能源管线的天然气运输量从目前的470亿立方米增加到550亿立方米。[②] 结果，"俄气"这家俄罗斯垄断企业成为从土库曼斯坦、乌兹别克斯坦和哈萨克斯坦向欧洲供应天然气的唯一运营商。无论是欧洲还是乌克兰就此别无选择，在此时期只能通过俄罗斯企业获取天然气。

由此，俄罗斯与倒向西方的几个东欧国家产生能源纠纷，而俄乌之间的能源矛盾在其中最为尖锐。俄罗斯以挥舞"能源大棒"的方式来应对乌克兰在政治、经济和安全上不断向北约和欧盟靠拢的倾向，即俄罗斯利用乌克兰在天然气领域对其依赖的软肋，大幅提高向其出口天然气的价格。而乌克兰则以"管线武器"来回击俄罗斯的施压，即在俄罗斯向欧洲出口天然气需要过境乌克兰天然气管道的状况下，乌克兰以提高能源过境费用来要挟俄罗斯降低天然气价格。在美国的支持下，乌克兰对俄罗斯态度强硬，这最终导致2006年的欧洲天然气供应危机。

到了2005年12月，俄乌天然气价格谈判仍没有任何进展。12月6

[①] "Ukraine and Turkmenistan Agreed on Timing of Payments for Gas," Obozrevatel, Oct. 31, 2005, http://obozrevatel.com/news/2005/10/31/56884.htm.

[②] "Gazprom, Kazakhstan Reach Transit Agreement," Sputnik, https://sputnikglobe.com/20051111/42055578.html.

日至7日，乌克兰国家石油天然气公司的代表团与"俄气"进行谈判，但没有结果。12月13日，乌克兰总统尤先科表示，只有在给予过渡适应期的情况下，乌克兰才准备根据市场规则购买俄罗斯天然气。对于乌克兰仍在观望的消极回应，俄罗斯政府逐渐失去耐心并提高了与其谈判的筹码，即以手中的"天然气武器"回击："俄气"警告欧盟，如果乌方不同意以具有竞争力的市场价格购买天然气，该公司可能从2006年1月1日起减少对乌克兰的天然气供应，而欧洲天然气供应短缺的责任将归咎于乌克兰。[①] 为了进一步打消乌克兰指望从土库曼斯坦进口天然气的幻想，使乌克兰"承包"的土库曼斯坦天然气供应中断，"俄气"代表团及其新闻服务小组在访问该国之后于12月28日声称，土库曼斯坦天然气2006年的价格将定为每千立方米65美元，俄土双方同意在2006年将供应给"俄气"的天然气量增加到300亿立方米，其中第一季度将供应150亿立方米。12月30日，"俄气"董事会主席米勒证实，俄罗斯将停止向乌克兰供应天然气，但承诺将继续致力于稳定向欧洲供应天然气。2006年1月1日上午10时，面对谈判无果的现实，俄方只能强硬"断气"："俄气"开始减少流向乌克兰的天然气供应，当天共减少1.2亿立方米。俄方宣称，向乌克兰境内供应的所有天然气都是给欧洲消费者使用的，如果乌克兰"非法使用"俄罗斯天然气，其"将对欧洲的任何天然气供应问题负责"。[②] 克里姆林宫之所以决定要在寒冷的冬季切断天然气供应，就是要将天然气作为增强其地缘经济和政治权力的工具。

欧洲国家的能源供应在俄乌的天然气博弈中受到了严峻挑战。欧盟国家普遍对自身的能源安全感到担忧。2006年1月2日，罗马尼亚、奥地利、波兰、斯洛伐克、匈牙利、塞尔维亚当天的天然气供应量分别减

[①] 马晓燕：《俄乌29日再次恢复谈判 两国斗"气"谈判倒计时》，《人民日报（海外版）》2005年12月30日；《利益冲突尖锐化：天然气问题使乌俄关系总体趋冷》，中国经济网，2005年12月5日，http://www.ce.cn/xwzx/gjss/fxpl/200512/05/t20051205_5418924.shtml.

[②] 姜大霖：《俄乌天然气之争的背景、影响及其启示》，《俄罗斯中亚东欧市场》2009年第5期，第10—13页。

少了25%、30%、35%、40%、40%、50%。① 波兰总理马辛基维茨表示，确保能源供应多样性是当前波兰政府工作的重点。欧盟能源专员皮耶巴尔格斯表示，俄乌天然气僵局所带来的后果凸显欧盟国家在天然气供应多元化方面的脆弱。匈牙利政府表示，能源供应更根本的是安全问题。奥地利政府表示，欧盟应推出保障能源供应的长期策略。②

表4-3 过境乌克兰的俄欧天然气管线服务对象国

管线	过境国	入境欧盟节点	管线服务国家
1	乌克兰	大卡普沙尼	斯洛伐克、捷克、奥地利、德国、斯洛文尼亚、匈牙利、法国、比利时、荷兰、意大利
2	乌克兰	别列戈沃	匈牙利
3	乌克兰	捷科沃	罗马尼亚
4	乌克兰	伊沙恰镇	摩尔多瓦、罗马尼亚、保加利亚、希腊

资料来源：Chloé Le Coq and Elena Paltseva, "EU-Russia: Gas Relationship at a Crossroads, Russian Energy and Security up to 2030," Routledge, New York, 2014, p.57.

面对俄罗斯的坚决态度，以及俄罗斯天然气储量丰富和在前苏联能源管线通道中占据优势地位的现实，乌克兰最终做出了适当让步。2006年1月4日，俄乌就天然气价格问题签署了协议。当天晚上10点，"俄气"负责人阿列克谢·米勒和乌克兰国家石油天然气公司负责人阿列克西·伊夫琴科宣布，他们已经解决了意见分歧，并计划通过"俄乌能源"公司恢复俄罗斯天然气每千立方米230美元的对乌供应价格。该公司将接收俄罗斯和中亚的天然气，③ 再以每千立方米95美元的价格转售

---

① 《欧洲遭"断气"冲击》，国际在线，2006年1月3日，http://news.cri.cn/gb/8606/2006/01/03/1166@845855.htm。
② 《欧盟四日将召开紧急会议讨论俄乌天然气危机》，中国新闻网，2006年1月4日，https://www.chinanews.com/news/2005/2006-01-04/8/673432.shtml。
③ Thomas Catan, "Russia and Ukraine Reach Gas Agreement," Financial Times, https://www.ft.com/content/6ea768c4-7c8c-11da-936a-0000779e2340。

乌克兰。而俄罗斯通过乌克兰管线出口欧盟天然气的过境费价格则由原先每千立方米/百公里1.09美元提至1.6美元。2006年,乌克兰较往年不得不为进口天然气额外支付15亿—20亿美元。同时,乌克兰接受"俄气"成为其主要天然气供应商。①

　　眼见由俄乌天然气争端引发的欧洲能源危机得到解决,美国也表达了自己的态度。2006年1月5日,美国国务卿赖斯就欧洲天然气争端发表评论说:"我认为这种行为将受到谴责,因为俄罗斯的行动和期望与一个负责任的八国集团成员国的预期不符。"对美国而言,其在欧亚大陆最不愿意看到的地缘政治图景就是俄罗斯与欧洲关系的和谐发展,因为这样会降低美国在欧洲的战略影响力,而欧洲是美国作为全球性大国参与全球事务的重要平台。在俄罗斯和欧洲之间制造矛盾,使欧洲在政治、安全和战略上更加依靠美国,从而凸显美国在欧洲事务中不可或缺的作用,这才是美国最愿意看到的欧洲地缘政治状态。对于欧洲的地缘政治,美国最为担心的就是俄欧之间持续展开的能源合作。这种合作具有显著相互依赖的特点,是美国在俄罗斯与欧盟之间划开裂痕的最大障碍。俄罗斯向欧洲出口天然气不仅可从中获取巨额收益,还可以增加欧洲在地缘政治上与俄罗斯积极合作的动力,这有利于减轻俄罗斯在欧洲方向的战略压力。而在能源供应方面,显然欧盟从俄罗斯进口天然气更为便捷,因此俄罗斯的持续供气直接影响到欧洲的国计民生和生产发展。美国支持乌克兰的"橙色政权"上台并推动乌克兰"脱俄入欧",从而挑起俄乌之间的能源争端,这自然会威胁到欧洲的能源安全,其结果就是俄欧之间不仅可能会在能源合作上陷入紧张状态,还可能在地缘政治上渐行渐远。因此,一些美国官员,包括美国前副总统切尼和美国驻乌克兰大使威廉·泰勒,不仅在2005—2006年的天然气冲突中公开批评俄罗斯,还表示美国准备在未来帮助乌克兰与俄罗斯谈判。时任美国驻乌克兰大使威廉·米勒在华盛顿伍德罗·威尔逊国际学者中心发表

---

① 程春华:《俄罗斯与欧盟能源冲突的应对机制》,《中国社会科学院研究生院学报》2012年第2期,第135–144页。

讲话时说，乌克兰与俄罗斯的天然气协议对乌克兰总统尤先科来说是"一个巨大的错误"。①

对于美国官员的评论，俄罗斯的回应是：天然气供应问题纯属"俄罗斯和乌克兰之间的双边问题"。对俄罗斯而言，其采取切断天然气供应这一经济措施的目标是在地缘经济层面让西方看到俄罗斯"能源武器"的巨大威力，进而警示以美国为首的西方国家在国际社会中必须尊重俄罗斯的核心利益和关切。俄罗斯的"能源武器"并不仅仅表现在其巨大的天然气储备上。俄罗斯政府通过"俄气"来渗透和控制欧洲及独联体国家天然气的开采、储存、运输、分销和销售等环节，从而扩大本国在上述国家天然气工业所有子系统的影响。俄罗斯的这一欧亚天然气工业整合计划包括：中亚天然气生产国——土库曼斯坦、哈萨克斯坦和乌兹别克斯坦；俄罗斯天然气运输国——乌克兰、白俄罗斯和摩尔多瓦；俄罗斯天然气消费国——欧洲国家。"俄气"的首要任务是长期地、尽可能多地收购所有上述天然气生产国出口的天然气，并建立对天然气运输系统和天然气销售的控制。俄罗斯实施欧亚天然气整合计划的目标可以概括为：重建和加强在独联体地区的主导作用，保持对独联体国家天然气出口运输的垄断，控制向欧洲输送天然气的独联体国家的能源运输系统；通过参与天然气的生产、运输、分销、储存和销售，加强对独联体国家天然气工业部门的影响，确保天然气的供应安全；从中亚采购廉价天然气，同时提高对需要进口天然气的独联体国家的供应价格并使之达到对欧洲的天然气供应平均价位，从而从中赚取差价。一旦上述目标实现，俄罗斯将成为欧亚大陆乃至全球的"能源超级大国"。由上述分析可以看出，俄罗斯在欧洲的经济和政治利益目标至少包括：保持对欧洲天然气主要来源的控制权；获得对欧洲大部分天然气运输系统的控制权；以能源为筹码，增强俄罗斯在欧洲的地缘经济和地缘政治影响力。

欧洲国家在俄乌围绕能源管线的博弈中处于被动的地位。乌克兰与

---

① 方华：《俄乌"天然气之争"的背后》，《当代世界》2006年第3期，第17-19页。

俄罗斯天然气的欧洲用户没有签订合同，只与"俄气"签订了输送合同。因此，欧洲国家在司法上很难指责乌克兰没有履行向欧洲供应天然气的义务。另外，欧洲国家对俄罗斯天然气的依赖也使其无可奈何地减少了对俄罗斯内政外交问题的干预。当俄罗斯在2004年切断与白俄罗斯之间的天然气供应，以至于俄罗斯对波兰、德国的天然气供应也随之停止时，欧盟委员会只是温和地表示抗议，并建议避免此类分歧。[1] 由此可见：大多数欧盟国家仍然通过俄罗斯石油和天然气的"棱镜"来看待自身与独联体国家的关系，俄罗斯的石油和天然气供应对欧盟而言比对乌关系问题更为重要。俄罗斯在考验白俄罗斯对其能源依赖程度的同时也考验了西方的反应，而西方的"沉默"令俄罗斯非常满意。

二、2009年欧洲天然气争端

至2008年，欧洲在能源方面依赖进口俄罗斯天然气的格局没有变化：俄罗斯在欧洲天然气进口中所占的份额达到40%。[2] 这使欧盟无法全力与俄罗斯展开能源通道博弈。然而，俄罗斯将天然气价格提升也确实事出有因。2006年1月俄乌天然气争端结束后不久，一些中亚国家也提高了天然气价格。例如，2006年2月15日，土库曼斯坦总统尼亚佐夫就宣布该国天然气出口的价格将在2006年秋季提升至每千立方米100美元；[3] 6月30日，土库曼斯坦拒绝继续出售廉价天然气，其在与俄罗斯天然气价格的谈判中依旧主张将天然气单价从每千立方米65美元涨到每千立方米100美元。[4] 如前所述，尽管土库曼斯坦是天然气生产大国，但由于受地理位置的限制，苏联时期投入运营的土库曼斯坦至

---

[1] 闻新芳：《俄罗斯切断向白俄天然气供应 白俄召回驻俄大使》，中国新闻网，2004年2月19日，https：//www.chinanews.com/n/2004-02-19/26/403904.html。

[2] "Diversification of Energy Supplies in the EU, Russia, and Ukraine: Common Approaches, Intentions, and Issues," National Security and Defence, No. 6, 2009, p. 4.

[3] 《土库曼斯坦总统宣布将提高天然气出口价格》，央视网，2006年2月15日，http：//www.cctv.com/news/world/20060215/101952.shtml。

[4] 《俄罗斯土库曼天然气谈判破裂 土拟九月停止供气》，央视网，2006年6月30日，http：//news.cctv.com/world/20060630/103374.shtml。

俄罗斯的天然气管道至今仍然是其对外出口天然气的主要途径。在这条天然气管道经过的几个国家中，乌兹别克斯坦和哈萨克斯坦是天然气过境国，俄罗斯是其出口对象。俄罗斯购买土库曼斯坦的天然气是为了将其转销他国并从中获得巨额利润。① 尽管同样作为天然气生产国的哈萨克斯坦也需要过境俄罗斯才能出口天然气，但在2006年4月，该国提出将"俄气"收购的天然气售价由每千立方米50美元提高到每千立方米140美元。2006年7月初，"俄气"总裁阿列克谢·米勒在莫斯科的新闻发布会上表示：如果天然气来源成本提高，俄方将被迫提高向乌克兰出口天然气的价格。②

欧洲的第二次天然气危机始于俄乌双方未能就2009年俄罗斯出口乌克兰的天然气价格和供应达成协议。在2006年的俄乌天然气争端中，乌克兰拖欠进口俄罗斯天然气的费用达到24亿美元。尽管乌克兰在2008年12月支付了10亿美元的欠款，但"俄气"要求其进一步支付16.7亿美元（包括"俄气"征收的4.5亿美元罚款），否则对乌克兰的天然气供应会受到影响。乌克兰在2008年12月30日又向俄方支付了15.22亿美元，但双方在未来天然气价格方面还存在争议。乌克兰提出每千立方米201美元的价格，后来又将其提高到每千立方米235美元，但"俄气"要求的价格为每千立方米250美元。③ 这场危机迅速恶化，影响波及俄罗斯和乌克兰以外的欧洲国家。

在俄罗斯天然气价格上升、俄乌天然气供应协议难以达成以及俄乌天然气债务问题的作用下，2008年12月31日，俄乌双方天然气谈判破裂。2009年1月1日，俄罗斯对乌克兰天然气出口（每大9000万立方

---

① 《俄乌"天然气之争"是否再度上演》，央视网，2006年6月24日，http://news.cctv.com/world/20060624/101601.shtml。
② 《"俄气"巨头紧盯亚太 将通过东西两线对华输气》，中国经济网，2006年7月3日，http://www.ce.cn/xwzx/gjss/gdxw/200607/03/t20060703_7588634.shtml。
③ "Russia – Ukraine Gas Disputes," World Heritage Encyclopedia, http://www.self.gutenberg.org/articles/eng/Russia%E2%80%93Ukraine_gas_disputes.

米）完全停止，但承诺继续向欧盟国家输送天然气（每天3亿立方米）。① 2009年1月2日，匈牙利、波兰和罗马尼亚都报告其管道压力下降，保加利亚也报告了这一情况。2009年1月5日，普京总理指示"俄气"减少通过乌克兰的天然气运输，理由是这些天然气被乌克兰非法抽走。2009年1月6日，俄罗斯经乌克兰输往多个欧洲国家的天然气再次被中断，至少17个欧洲国家的天然气供应因俄乌天然气争端而受到不同程度的影响。匈牙利、保加利亚、希腊、北马其顿、克罗地亚、土耳其等国均报告称俄罗斯天然气供应已完全中断。此外，俄罗斯对捷克、奥地利、斯洛伐克、波兰、罗马尼亚和斯洛文尼亚等国的天然气供应量均大幅下降。法国接收的俄罗斯天然气减少了70%，俄罗斯输送到意大利的天然气则下降了90%，德国也称俄罗斯天然气供应有所减少。"俄气"副主席梅德韦杰夫将此问题归咎于乌克兰1月6日关闭了三条通向欧洲的输气管道。乌方称俄方把通过乌克兰管道输往欧洲的天然气供应量削减了2/3。欧盟1月6日发表声明说，在没有任何预警的情况下，俄乌天然气争端导致欧盟成员国的天然气供应量大幅减少，这违背了俄乌两国政府高层此前做出的承诺。欧盟要求俄乌立即恢复天然气供应并恢复两国能源谈判，以彻底解决两国间的天然气争端。②

2009年1月18日，俄乌经过大约5个小时的会谈后达成协议，乌克兰将按照欧洲天然气进口价格向俄罗斯支付天然气费用，但该国2009年将享受20%的折扣。作为回报，乌克兰将在2009年保持俄罗斯向欧洲出口天然气的过境费不变。"俄气"和乌克兰国家石油天然气公司于2009年1月19日签署了2009—2019年俄乌天然气供应的正式协议。2009年1月20日，俄罗斯对乌克兰的天然气供应重启，③ 并于

---

① "Russia to Cut Gas to Ukraine After Talks Fail," The Sydney Morning Herald, Jan. 1, 2009, https://www.smh.com.au/world/russia-to-cut-gas-to-ukraine-after-talks-fail-20090101-783g.html.

② 《俄乌天然气争端升级已有17欧洲国家供气受影响》，凤凰网，2009年1月7日，http://news.ifeng.com/c/7fYim2ud7Y8。

③ 《俄乌签署天然气购销长期合同》，中国日报网，2009年1月20日，http://www.chinadaily.com.cn/hqgj/2009-01/20/content_7412037.htm。

2009年1月21日完全恢复。

三、2014年欧洲天然气争端

2013年，欧盟仍然约有25%的天然气进口来自俄罗斯，其中一半以上需要通过乌克兰的天然气运输系统来输送。乌克兰总理阿尔谢尼·亚采纽克保证，"乌克兰将遵守能源共同体的规则，确保天然气不间断过境。我们最紧迫的任务是在今冬到来之前确保我们共同的能源供应安全"。① 然而，亚采纽克的表态无法令欧洲民众完全放心。随着2014年俄乌天然气债务和价格危机愈演愈烈，大部分媒体认为一旦冬季临近，双方又会发生一场天然气纠纷。

2014年5月19日，俄罗斯能源部部长亚历山大·诺瓦克表示，经欧盟委员会证实，截至2014年4月1日，乌克兰拖欠俄罗斯天然气债务金额为22亿美元。在乌方确定偿还该债务后，俄方愿与乌方讨论天然气价格优惠问题。他还表示，"乌克兰应当表现出支付哪怕部分债务的诚意"。从4月1日起，俄罗斯取消了对乌克兰供气的所有优惠折扣，其对乌克兰天然气出口价格从每千立方米268.5美元上涨至485美元。作为回应，乌克兰计划减少从俄罗斯购气，并开始通过波兰、匈牙利反向购气，同时计划自9月起从斯洛伐克反向购气。至2014年5月，由于乌方拖欠天然气费用达35亿美元，俄罗斯对其出口天然气改用预付款制度。5月13日，"俄气"向乌克兰国家石油天然气公司开具6月供气账单，并告知乌方如果其在6月2日前未及时付款，则"俄气"将从莫斯科时间6月3日10点整停止对乌克兰供气。②

2014年6月16日，"俄气"表示由于乌方长期不支付天然气费用，其拖欠俄罗斯的天然气债务达到44.58亿美元，从莫斯科时间16日10

---

① 《乌克兰称将保证俄罗斯天然气不间断过境》，中国新闻网，2014年3月4日，https://www.chinanews.com/shipin/2014/03-04/news387659.shtml。
② 《俄能源部长：若乌偿还22亿气债 俄愿讨论优惠问题》，俄罗斯卫星通讯社，2014年5月19日，https://sputniknews.cn/20140519/44067201.html。

时开始，乌方只能通过预付形式购买俄天然气。"俄气"已向国际仲裁院提交诉讼，并已提前向欧盟通报了可能出现断气的情况。与前两次天然气争端一样，俄乌在这次争端中再次打起口水战。6月16日，参加谈判的乌克兰能源部部长普罗丹表示，乌方会保证俄方向欧盟客户提供的天然气安全过境。乌克兰总理亚采纽克态度激烈，直接将定价谈判的失败归罪于俄罗斯。针对俄罗斯提出的预付款制，6月16日，乌克兰国家石油天然气公司总裁科博列夫建议欧盟开放斯洛伐克线路的反向输气来与之抗衡。但"俄气"总裁米勒对此回应称，该公司将针对那些对乌反向输气的管线实行供气限制。

对于欧盟而言，俄乌此次天然气争端发生在需求低迷、天气温暖的夏季，因此对其短期影响并不大，但欧洲国家普遍对几个月后的冬季供气充满担忧。6月16日凌晨，俄罗斯、欧盟和乌克兰进行的紧急磋商无果而终。在会谈过程中，俄方坚持乌方先支付19.5亿美元欠款，但乌方称只能先付10亿美元。俄乌天然气债务和价格谈判从4月24日开始已经进行了至少5轮，历时50天。① 欧盟委员会主席巴罗佐致函普京总统，明确表示"关键是要确保恢复向乌克兰公民提供能源，确保履行与欧盟客户的所有合同义务"。②

在乌克兰欠下巨额天然气债务、欧盟对俄罗斯实施经济制裁的背景下，俄罗斯在俄乌天然气债务问题上没有妥协的迹象。2014年7月，"俄气"宣布其与乌克兰国家石油天然气公司之间的未来关系完全取决于债务偿还问题的解决。7月8日，"俄气"总裁米勒表示，乌克兰国家石油天然气公司的债务为53亿美元，共计115.35亿立方米天然气未付款。③ 2014年8月，国际货币基金组织表示，乌克兰国家石油天然气公

---

① 《俄罗斯硬给乌"断气" 乌总理指责俄欲毁灭乌克兰》，中国新闻网，2014年6月17日，https://www.chinanews.com/gj/2014/06-17/6286695.shtml。

② "'Yours Faithfully': Barroso Sends Letter to Putin Asking to Resume Gas Supplies to Ukraine," RT, https://www.rt.com/business/192260-barroso-lettter-putin-gas-ukraine/.

③ 《俄媒：俄天然气公司称乌克兰欠费已达53亿美元》，环球网，2014年7月9日，https://world.huanqiu.com/article/9CaKrnJFcG8。

司的债务是导致乌克兰经济进一步衰退的最大因素之一。9月30日，就俄乌天然气争端，俄罗斯能源部部长诺瓦克表示"一切取决于乌克兰"。①

最终，俄乌达成了一项由欧盟斡旋的协议。乌克兰承诺在2014年10月底前向"俄气"偿还20亿美元债务，年底前再偿还11亿美元。作为回报，"俄气"将在六个月内向乌克兰供应至少50亿立方米的天然气，折价为每千立方米385美元（折价100美元）。②

然而，俄乌此次天然气争端解决的前景仍然相当暗淡。克里姆林宫发言人佩斯科夫宣布，"俄罗斯以三方会谈达成的协议为指导，但同时准备捍卫自己的立场"。③ 2014年9月，乌克兰国家石油天然气公司未能偿还到期的16亿美元债务，这增加了该国主权欧元债券违约的风险，使其债务保险成本升至七个月以来的最高点。④ 这也引发了人们对乌克兰国家石油天然气公司是否有能力按协议偿还"俄气"债务的质疑。因此，欧盟斡旋下的协议顺利实施的可行性并不十分牢靠。

第三节　俄罗斯对欧洲能源出口的多元化

2014年以前，俄罗斯凭借在欧洲天然气市场占据垄断地位而拥有能源地缘经济权力，并以此作为外交政策工具遏制欧盟东扩。一方面，俄罗斯运用差异性天然气定价手段，根据国家关系的亲疏远近对欧盟成

---

① "Gas Deal Depends on Ukraine, Russian Energy Minister Says," UPI, Sep. 30, 2014, https://www.upi.com/Energy-News/2014/09/30/Gas-ball-in-Ukraines-court-Kremlin-says/8221412076057/.
② 《乌克兰偿还俄20亿美元天然气费用 价格仍存争议》，光明网，2014年6月4日，https://www.gmw.cn/ny/2014-06/04/content_11514162.htm.
③ Graeber, D. J., "Russia Ready Should Kiev, EU Renege on Energy Deals," UPI, Sep. 29, 2014, https://www.upi.com/Business_News/Energy-Resources/2014/09/29/Russia-ready-should-KievEU-renege-on-energy-deals/3081411994832/.
④ S. Rao and N. Zinets, "UPDATE 2 - Ukraine's Naftogaz Fails to Pay $1.6 bln GovtGuaranteed Bond; No Default Yet," Reuters, https://www.reuters.com/article/2014/10/01/ukraine-crisis-bonds-naftogaz-idUSL6N0RW1K320141001.

员国实施以选择性价格优惠为运行逻辑的地缘经济战略，以此削弱欧盟对俄统一政策的凝聚力和采取制衡行动的能力。① 另一方面，上述俄乌天然气管线争端的历程使俄罗斯意识到：要想在能源通道政治中占据更多主动，就必须在能源出口方面尽可能摆脱对管线过境国的依赖。因此，绕开乌克兰，兴建直通欧洲的天然气管道就成为俄罗斯的不二选择。同时，通过加强俄欧能源合作关系，克里姆林宫试图淡化其地缘经济战略对欧盟整体决策能力构成的威胁。例如，俄罗斯国企向欧洲能源公司提供资产互换协议，允许其投资本国利润丰厚的油气行业，并以此控制欧洲能源公司的部分股份和基础设施。但随着2014年乌克兰危机在欧美干预下愈演愈烈，俄罗斯对欧洲的地缘战略表现出明显的传统地缘政治倾向，致使俄欧之间的天然气管线建设受到消极影响。② 但从2014年3月至2021年10月，俄欧天然气合作在乌克兰危机趋于长期化的影响下经历了由调整、恢复到深化发展的过程。

一、"北溪"天然气管线

从苏联时期开始，俄罗斯与德国在石油和天然气的贸易及投资方面进行了长达几十年的密切合作。两国在2005年9月签署了一项60亿美元的协议，即建设连接两国的"北溪"天然气管道。③ 2010年4月6日，"北溪"管道第一条支线首段海底管道的铺设完成。该管道从俄罗斯维堡经波罗的海海底铺设至德国东北部港口城市格赖夫斯瓦尔德。俄罗斯总统梅德韦杰夫在4月9日的开工仪式上表示，"北溪"天然气管

---

① 俄罗斯政府一方面给西欧的战略伙伴提供天然气价格折扣，以此作为天然气贸易"胡萝卜"，另一方面对敌视俄罗斯的国家提高天然气出口价格，以此作为能源大棒。详见 Nijaz Dizdarevic, "Regulatory Aspects Behind a Realization of the South Stream," Oil, Gas and Energy Law Intelligence, Vol. 12, No. 2, 2014, p. 22.

② 岳汉景：《乌克兰危机、俄欧能源博弈与伊核问题全面破局》，《新疆社会科学》2017年第4期，第85—86页。

③ A. Stent, "Reluctant Europeans: Three Centuries of Russian Ambivalence Toward the West," in R. Legvold, ed., Russian Foreign Policy in the Twenty-First Century and the Shadow of the Past, New York: Columbia University Press, 2007, pp. 393–441.

道将确保俄罗斯天然气对西欧的直接供应,也为跨国能源基础设施建设创造了可能。2011年11月8日,"北溪"天然气管道第一支线投入使用,该管线年供气能力为275亿立方米。2012年10月8日,"北溪"天然气管道第二支线投入使用,该管线将俄罗斯北部亚马尔半岛尤日诺-鲁斯科耶气田开采的天然气输送至德国,将俄罗斯每年向德国的供气能力提高至550亿立方米。"北溪"天然气管道建成后,俄罗斯可通过德国向英国、丹麦、捷克、法国、比利时、波兰及荷兰等国出口天然气。[1] 如果输送至德国的天然气价格保持在每千立方米450美元左右,在满负荷运转的情况下,这条管道将在10—16年内收回成本。

"北溪"管道最初仅由俄罗斯和德国启动,最终发展为一个跨国项目。该管道的股东包括德国巴斯夫的子公司温特斯豪、德国意昂集团、荷兰天然气运输公司以及最大的股东——"俄气"(51%的股份),[2] 而俄罗斯政府则控制着"俄气"50.002%的股份。[3]

德国参与修建这条管道的举措与欧盟旨在实现能源供应多样化和减少俄罗斯天然气进口的总体能源政策相矛盾。对欧洲某些国家而言,"北溪"管道是全球能源争夺战中的又一个"里程碑",这条管道绕过了波兰和波罗的海三国等天然气输送过境国,使这些国家的地缘经济影响力和过境费收入都有所降低。为此,德国受到欧盟及美国的质疑和严厉批评。欧盟就德国对俄罗斯石油和天然气的依赖性增加表示:"德国政府一直是欧洲国家积极寻求与俄罗斯建立依赖关系的主要案例。"[4] 美国学者克莱默认为,"俄气"通过"北溪"管道在东欧和西欧之间制

---

[1] 《"北溪"天然气管道工程正式开工建设》,国际在线,2010年4月9日,http://news.cri.cn/gb/27824/2010/04/09/3245s2812276.htm;《北溪天然气管道投运》,中国新闻网,2012年10月11日,https://www.chinanews.com/cj/2012/10-11/4240605.shtml。

[2] Алексей Топалов, "《Северный поток》уперся в доход," Газета.ru, https://www.gazeta.ru/business/2009/10/07/3270585.shtml.

[3] "Russians Explore Energy Efficiency," UPI, May 16, 2011, http://www.upi.com/Business_News/Energy-Resources/2011/05/16/RWE-Russiansexplore-energy-efficiency/UPI-45031305551343/.

[4] J. Perovic, R. Orttung & A. Wenger, eds., "Introduction: Russian Energy Power, Domestic and International Dimensions," London: Routledge, 2009, p. 45.

造了政治楔子，以开启俄罗斯利用天然气统治前苏联集团的新时代。①美国小布什政府出于支持波罗的海国家和乌克兰的考量，也强烈反对这条天然气管线的建设。美国驻瑞典大使迈克尔·伍德称，"北溪"天然气管线是"德国和俄罗斯之间的特殊安排"，而不是助力欧盟集中精力制定更统一能源政策的选项。②

俄罗斯与德国之所以不顾西方国家的反对而坚持建设"北溪"管线，是因为这条管线的开通符合两国的能源战略、经济利益和地缘政治利益。对德国而言，其在能源方面最为关心的就是天然气的稳定供应。柏林德国外交关系委员会的亚历山大·拉尔表示：21世纪将是争夺自然资源的世纪，我们将看到全球各地建立新的联盟来维护能源安全。③而俄罗斯邻近德国的地理位置和丰富的天然气储备使其成为德国最理想的天然气供应国。德国每年所需天然气的88%主要从以下国家进口：俄罗斯占比39%、挪威占比26%、荷兰占比23%。④ 在"北溪"项目建成之前，德国从俄罗斯进口天然气严重依赖乌克兰、波兰和白俄罗斯等过境国。由于俄乌之间长期的天然气价格分歧，俄罗斯向西欧输送的天然气多次中断。⑤ 同时，"北溪"管道也提升了德国作为欧洲主要能

---

① A. E. Kramer, "Russia Gas Pipeline Heightens East Europe's Fears," The New York Times, Oct. 13, 2009, http：//www.nytimes.com/2009/10/13/world/europe/13pipes.html.

② "West Rejects Putin's Claim it Sabotaged Nord Stream Gas Pipelines," PBS News Hour, Sep. 30, 2022, https：//www.pbs.org/newshour/world/west-rejects-putins-claim-it-sabotaged-nord-stream-gas-pipelines.

③ M. Steininger, "Nord Stream Pipeline Opens, Russia-Europe Interdependence Grows," The Christian Science Monitor, Nov. 8, 2011, http：//www.csmonitor.com/World/Europe/2011/1108/Nord-Stream-pipeline-opens-Russia-Europe-interdependence-grows; "Wind Energy Applications Guide 2001," http：//www.awea.org/pubs/documents/appguideformatWeb.pdf.

④ "Energy Markets in the European Union in 2011," Publications Office of the European Union, https：//op.europa.eu/en/publication-detail/-/publication/de999ff8-5058-42a9-b61f-67ff441fd953.

⑤ Simon Pirani, Jonathan Stern and Katja Yafimava, "The Russo-Ukrainian Gas Dispute of January 2009: A Comprehensive Assessment," Oxford Institute for Energy Studies, February 2009 NG 27, https：//www.oxfordenergy.org/wpcms/wp-content/uploads/2010/11/NG27-TheRussoUkrainianGasDisputeofJanuary2009AComprehensiveAssessment-JonathanSternSimonPiraniKatjaYafimava-2009.pdf.

源中心和天然气转售商的重要地位，这有利于该国提升在欧洲的地缘政治影响力。

对于俄罗斯而言，建设"北溪"天然气管线有利于其直接与欧洲进行能源贸易，从而进一步提升其在欧洲的地缘政治影响力。2010年，俄罗斯能源金融研究所专家列昂尼德·格里戈里耶夫接受德国媒体采访时表示，尽管俄罗斯依赖向欧洲出口石油、煤炭和天然气所赢得的巨额收入，但这种依赖是互利的。俄罗斯和欧洲扩建能源基础设施将消除中间商和中转费，从而减少能源冲突。[1] 此外，这也有利于俄罗斯分化美欧关系，从而使欧盟在北约东扩的问题上对美国有所保留。俄罗斯对欧洲奉行的战略是：坚决反对北约东扩，但仍试图成为欧洲安全框架的一部分。2008年6月，俄罗斯总统梅德韦杰夫访问德国时提出了新欧洲安全框架。其基本内容是签署新的欧洲安全条约，重建欧洲安全体系，主张北约、欧盟、欧安组织、独联体集体安全条约组织等都成为谈判的参与者。该框架旨在削弱美国在欧洲安全系统的霸主地位，主张俄罗斯、美国和欧盟的权力平衡。[2]

对于美国而言，能源安全一直是德俄美三国关系中的一个分裂性问题。一些专家建议，北约已不仅仅是一个军事安全联盟，能源安全也应该列入北约的优先事项。例如，在2006年俄乌天然气争端爆发时，北约防务学院的俄罗斯问题专家安德鲁·莫纳汉建议，北约应该保护成员国能源企业和管道免受军事和政治威胁。2006年11月，北约峰会在拉脱维亚举行，能源安全问题首次出现在北约峰会议程上。然而，莫纳汉也承认，能源安全是一个摆在北约议程上的挑战性问题，因为北约各个成员国对能源供应选项的看法不同。[3] 德国作为欧洲政治的主要参与

---

[1] Беседовал Андрей Гурков, "Спрос на энергию из России начнет сокращаться в Европе лет через 30-40," InoSMI. ru, 2010, http：//www. inosmi. ru/russia/20100721/161490654. html.

[2] 《俄总统吁建立新欧洲安全体系抗衡北约》，凤凰网，2008年6月12日，https：//news. ifeng. com/c/7fYhzxOcPw0。

[3] Andrew Monaghan, "Energy Security: NATO's Limited, Complementary Role," NATO Defense College, Rome, ETH Zürich, https：//www. files. ethz. ch/isn/56022/rp_36en. pdf.

者，在美俄欧洲地缘政治博弈中往往扮演的是调解人角色。[1] 然而，美国传统基金会的分析人士认为这种调解是亲俄的。他们还认为，俄罗斯是美国与德国关系的挑战者。[2] 与美国更多以地缘政治博弈视角来看待俄欧能源合作不同，能源合作的稳定性、互利性对于德国更为重要；同时，美俄之间的合作而不是博弈更符合德国的利益。德国外交部的德美协调员卡斯滕·沃伊特强调，俄德两国的关系是相互依存的，包括俄罗斯对德国技术和贸易的依赖。[3] 因此对俄罗斯和德国而言，能源供应是双方需要达成共识的主要领域之一。作为调和俄罗斯与西方矛盾的办法，时任德国外长弗兰克－瓦尔特·施泰因迈尔建议建立一个从温哥华到符拉迪沃斯托克（海参崴）的共同安全体系，以此在欧安组织、联合国、北约和欧盟之间进行协调。然而，由于欧盟在政治、经济和安全领域依赖美国，美国在欧洲影响力的扩大阻碍了欧盟与俄罗斯实现更充分的利益整合。美国认为俄罗斯将其与欧洲的能源关系视为一种软经济杠杆，俄罗斯开展与德国的能源合作是试图与美国打欧洲牌。[4]

东欧国家对"北溪"天然气管线的建设极为反对。2010 年，乌克兰总理阿扎洛夫表示，"北溪"计划将会使乌克兰的能源过境收益减少一半。乌方已向俄欧提议，研究乌、俄、欧三方合作完成乌克兰天然气运输管道现代化升级的可行性。[5] 波兰则担心"北溪"管道的建成可以使俄罗斯切断对波兰的天然气输送，同时又不会影响到位于更西边的欧

---

[1] S. F. Szabo, "Can Berlin and Washington Agree on Russia?" The Washington Quarterly, Vol. 32, No. 4, 2009, pp. 23.

[2] S. F. Szabo, "Can Berlin and Washington Agree on Russia?" The Washington Quarterly, Vol. 32, No. 4, 2009, pp. 37; A. Stent, "Reluctant Europeans: Three Centuries of Russian Ambivalence Toward the West," in R. Legvold, ed., Russian Foreign Policy in the Twenty－First Century and the Shadow of the Past, New York: Columbia University Press, 2007, pp. 393－441.

[3] "Karsten Voigt on Russia's Foreign Policy," The Central European University Official Website, https://www.phd.ceu.edu/article/2015－04－29/karsten－voigt－russias－foreign－policy.

[4] A. Stent, "Reluctant Europeans: Three Centuries of Russian Ambivalence Toward the West," in R. Legvold, ed., Russian Foreign Policy in the Twenty－First Century and the Shadow of the Past, New York: Columbia University Press, 2007, pp. 393－441.

[5] 《乌克兰总统呼吁俄罗斯和欧盟放弃"南溪"计划》，央视网，2010 年 11 月 24 日，http://news.cntv.cn/20101124/100241.shtml。

盟客户。在讨论"北溪"管道项目的过程中，拉脱维亚和其他波罗的海国家多次将输气管道建设问题与二战联系起来。2009年，拉脱维亚大学高级社会和政治研究所所长尼尔斯·穆伊兹涅克斯在美国演讲时强调，波罗的海国家和波兰代表着统一战线和反俄轴心，欧洲国家应减少在能源和电力方面对俄罗斯的依赖。穆伊兹涅克斯进一步强调，只有与欧盟和北约的一体化才能帮助波罗的海国家避免冷战结束后俄罗斯的统治。①

二、"土耳其溪"天然气管线

在与乌克兰发生第一次天然气争端后，"俄气"开始规划"南溪"天然气管线。2010年，"南溪"开工建设，当时预计耗资总额约450亿美元，年输气能力630亿立方米。该管线始于俄罗斯黑海城市新罗西斯克，向西跨过土耳其的黑海领海至保加利亚，并在该国境内分成两个支线。其中西北支线依次经过塞尔维亚、匈牙利、斯洛文尼亚，最后到达奥地利；西南支线则是经过希腊、地中海，最后通往意大利。俄罗斯投建"南溪"天然气管线项目旨在绕开乌克兰，把其天然气直接出口至南欧国家，实现俄罗斯对欧洲能源供应管线的多样化。尽管南欧和巴尔干地区国家对该项目有相当大的兴趣，但2014年乌克兰危机爆发后，该项目成为俄罗斯与欧美在乌克兰问题上的重要抓手，并成为欧洲地缘政治对地缘经济产生影响的典型案例。欧盟视俄罗斯军事干预乌克兰的地缘政治举措为冷战后欧洲安全秩序最严峻的挑战，对此产生高度的威胁认知。于是，欧盟在制定对俄政策方面较以往表现出更强的向心力，并为反制俄罗斯采取具体的能源措施，在天然气领域对俄展现"非建设性姿态"。例如，欧盟在2014年6月23日出台制裁法令，规定成员国禁止向克里米亚地区提供和转让适用于油气资源勘探的商品、技术

---

① Nils Muiznieks, "Energy Security, Memory Wars and 'Compatriots' in Baltic – Russian Relations," The Europe Center, Stanford University, https://tec.fsi.stanford.edu/multimedia/energy-security-memory-wars-and-compatriots-baltic-russian-relations.

以及相关融资援助。① 2014年4月17日，欧盟议会通过一项不具约束力的决议，意在反对俄罗斯主导的"南溪"天然气管线项目。随后，欧盟委员会坚持认为"南溪"项目违反第三次能源改革方案文件、能源市场反垄断规定以及公共采购法等多项欧盟法律，并要求项目中转国保加利亚暂停与俄罗斯的合作。2014年6月，"南溪"天然气管线的修建工作在欧盟施压下中止，保加利亚政府宣布中止其境内的"南溪"天然气管线建设的筹备活动。6月8日，保加利亚总理普拉门·奥雷沙斯基迫于欧盟压力宣布暂停"南溪"建设。"南溪"天然气管线项目的实施受到阻碍也体现出欧盟一直以来对其矛盾的心理：一方面，欧盟很多成员国需要"南溪"为其提供更充分的能源安全保障；另一方面，欧盟委员会担心该项目可能会使"俄气"在欧洲部分地区占据垄断地位，② 一直在努力寻求能源进口的多元化方案。

俄罗斯公司此前已经在"南溪"项目上投资近50亿美元，一直在为能够继续执行该项目而努力。2014年11月24日，"俄气"表示该公司将于12月开始修建"南溪"输气管道海底部分，工期延误不会超过30天。11月25日，俄罗斯副外长梅什科夫表示，俄罗斯准备重启因欧盟委员会人员更替而中断的"南溪"项目对话。但鉴于欧盟将能源合作政治化，普京总统不再对"南溪"的地缘经济潜力抱任何幻想。2014年12月1日，普京总统在安卡拉宣布俄罗斯停建"南溪"项目。普京总统指出，由于始终没有收到保加利亚方面的许可，俄罗斯在现有情况下不可能继续实施"南溪"项目。③

为推动更直接地向欧盟供气，俄罗斯只能选择其他方式来加强自身能源出口多元化，并将目标投向巴尔干半岛和土耳其。2014年12月1

---

① "Council Regulation (EU) No. 692/2014 of 23 June 2014," Official Journal of the European Union, https://eur-lex.europa.eu/legal-content/EN/TXT/?uri=CELEX%3A32014R0692.

② Tom Whipple, "Anger and Dismay as Russia Scraps $50bn Gas Plan," Energy Bulletin, https://daily.energybulletin.org/2014/12/anger-and-dismay-as-russia-scraps-50bn-gas-plan/.

③ 《俄罗斯宣布放弃建设南溪天然气管道项目》，环球网，2014年12月4日，https://china.huanqiu.com/article/9CaKrnJFVU8。

日,"俄气"总裁米勒表示,俄方已经和土耳其博塔什油气管道公司签署了一项备忘录,计划修建一条俄土之间的天然气管道"土耳其溪"。该管道每年供气总量约630亿立方米,其中,通过地希边境的天然气枢纽系统向南欧和东南欧天然气市场供气470亿立方米,这与"南溪"管道的设计输送量相当。2015年1月14日,米勒在与欧盟委员会主管能源事务的副主席谢夫乔维奇会见后向记者表示,"土耳其溪"是唯一能为欧洲输送630亿立方米的天然气管道。①

2015年6月19日,俄罗斯与希腊两国经过多轮谈判后签署建设"土耳其溪"希腊延伸线的政府间备忘录。俄方将为该项目提供20亿欧元资金,用作希腊建设该延伸线的贷款。希腊将有机会使用每年约5亿欧元的该管道天然气过境费来偿还这笔贷款,甚至有可能得到俄方的天然气价格折扣。根据该备忘录,俄希两国将成立一家双方各占50%股份的合资公司来共同建设"土耳其溪"希腊延伸线。该工程计划施工时间为2016—2019年,竣工时希腊延伸线每年可输送470亿立方米天然气。由此,希腊成为南欧新的天然气"中转枢纽",其他欧洲国家也可自行建设连通希腊的输气管道。② 在欧盟整体地缘政治利益与成员国个体能源利益相左的影响下,欧盟内部对"土耳其溪"的态度出现矛盾。一方面,希腊由于深陷债务危机而面临财政缩水,其在欧盟无力相助的情况下希望从俄罗斯获取天然气价格折扣、过境收益等经济支持。然而,欧盟委员会力图降低俄罗斯的能源政治影响力,不支持该管线从南欧的希腊、意大利入境。2018年12月6日,希腊总理阿莱克斯·齐普拉斯指责欧盟委员会对"土耳其溪"采取双重标准,阻止该管线延伸至希腊。③ 另一方面,欧盟委员会未对匈牙利、保加利亚等中

---

① 《俄气:"土耳其流"是解除向欧盟输气风险的唯一方案》,俄罗斯卫星通讯社,2015年1月15日,http://sputniknews.cn/economics/201501151013530909/。
② 程春华:《"土耳其流"管道撬动几多关系》,《世界知识》2015年第14期,第48—50页。
③ "Russia Ready to Extend TurkStream to Greece," Anadolu Agency, Dec. 7, 2018, https://www.aa.com.tr/en/economy/russia-ready-to-extend-turkstream-to-greece-putin-/1332655.

东欧成员国加入"土耳其溪"项目采取实质性制止措施。

2015年11月,土耳其击落俄罗斯在叙利亚执行任务的战机,两国关系由此降至冰点。在哈萨克斯坦总统纳扎尔巴耶夫斡旋协调下,以及土耳其总统埃尔多安经历国内未遂政变后,俄土关系逐步恢复,两国继续关于"土耳其溪"的合作。2016年10月10日,俄罗斯与土耳其签署了建设"土耳其溪"的政府间协议。在该协议下,"俄气"将建设两条穿过黑海后到达土耳其的天然气管道。其中,一条天然气管线向土耳其供气,另一条管线经过土耳其向东南欧和东欧国家供气,这两条天然气管线的供气能力均为每年315亿立方米。2018年11月19日,俄罗斯总统普京和土耳其总统埃尔多安共同出席"土耳其溪"海底工程竣工仪式。埃尔多安表示,土俄将长期进行能源合作;普京表示,"土耳其溪"将对土耳其、黑海地区的经济发展以及保障欧洲的能源安全作出贡献。① 2020年1月8日,"土耳其溪"正式开通,这会使2020年过境乌克兰的天然气量减少150亿立方米。从2020年1月1日起,需要经跨巴尔干走廊并过境乌克兰输送俄天然气的国家只有罗马尼亚和摩尔多瓦。"乌克兰天然气运输系统运营商"执行董事谢尔盖·马科贡表示,该地区的保加利亚、土耳其和其他国家已经不再通过过境乌克兰获取天然气。普京称,"土耳其溪"的开通不仅对俄罗斯和土耳其很重要,对整个欧洲都很重要。② 从2019年1月至2020年6月,保加利亚和塞尔维亚相继与"俄气"签署"土耳其溪"供气协议,并在俄罗斯政府大力推动下建设本国延长段管线。③ 从2020年1月1日至2021年10月1日,"土耳其溪"相继开始向保加利亚、匈牙利和克罗地亚欧盟三国供气。其中,匈牙利在2021年9月与"俄气"签署为期15年的新供气合

---

① 《"土耳其流"海上段竣工》,俄罗斯卫星通讯社,2018年11月19日,http://sputniknews.cn/russia/201811191026881642/。

② 《乌克兰评估"土耳其流"项目开通的影响》,俄罗斯卫星通讯社,2020年1月9日,https://sputniknews.cn/20200109/1030417078.html。

③ "TurkStream: Russia's Southern Pipeline to Europe," Congressional Research Service (CRS), May 6, 2021, https://crsreports.congress.gov/product/pdf/IF/IF11177.

同，从而每年可通过"土耳其溪"塞尔维亚延长段进口35亿立方米天然气。[1]

对俄罗斯而言，建设和开通"土耳其溪"是突破以美国为首的西方在欧亚大陆对俄"能源围堵"的重要举措。在美国的干预和欧盟的非建设性立场下，"南溪"天然气管线的建设最终由于欧盟对保加利亚的施压而无奈终止。面对几乎是新版"南溪"的"土耳其溪"，美国和欧盟自然也不会轻易罢手。2015年5月15日，俄外长拉夫罗夫在贝尔格莱德与塞尔维亚外长伊维察·达契奇举行会谈后在新闻发布会上表示，由于北马其顿政府很可能同意参与"土耳其溪"建设，西方势力因此故意插手北马其顿内政，试图在该国发起政权更迭运动。如果欧盟负责任地对能源安全形势进行评估，并从经济的角度看待问题，就应支持"土耳其溪"，关注其自身的能源安全保障。[2]

对乌克兰而言，"土耳其溪"的建成和运营将使其天然气过境国的地位下降。由于土耳其既不是欧盟成员国，也不是能源共同体条约成员国，因此欧盟的法规对其不适用。[3] 只要俄罗斯将"土耳其溪"第二条管道全部的运输能力授予土俄合资公司，将天然气管道接口设在欧盟与土耳其边境，就可以避免受欧盟天然气管道法规的限制，并使第三方能够便利地获得其出口的天然气，这造成通过乌克兰领土运输的天然气总量下降一半。天然气管线的过境收入对于经济不景气和财政预算捉襟见肘的乌克兰而言仍是重要的。同时，由于天然气过境地位的下降，其对俄罗斯和欧盟的重要性也将会降低。

---

[1] "Bulgaria Ready to Receive Gas from TurkStream since January 1," TASS, Dec. 12, 2019, https://tass.com/economy/1104943; "Apart from Hungary, Gazprom Begins to Supply Gas Via TurkStream to Croatia," Sputnik, Oct. 1, 2021, https://sputniknews.com/20211001/apart-from-hungary-gazprom-began-to-supply-gas-via-turkstream-to-croatia-1089582622.html.

[2] 《俄外长：俄不排除马其顿局势恶化与拒绝对俄实施制裁有关》，俄罗斯卫星通讯社，2015年5月15日，https://sputniknews.cn/20150515/1014768872.html。

[3] S. Pirani and K. Yafimava, "Russian Gas Transit across Ukraine Post 2019: Pipeline Scenarios, Gas Flow Consequences, and Regulatory Constraints," The Oxford Institute for Energy Studies, 2016, OIES Paper, NG 105.

而欧盟对"土耳其溪"天然气管线的态度也是复杂的。第一，尽管"土耳其溪"的建成在客观上降低了乌克兰的天然气过境国地位，有利于增强欧盟东南翼成员国的能源保障，但欧盟整体上对俄罗斯的能源目标是降低其成员国对俄天然气的依赖程度。显然，"土耳其溪"的建成不利于此目标的实现。第二，反对建设"土耳其溪"对欧盟而言并不是最有利的选择。这是因为欧盟在短期内无法彻底摆脱对俄罗斯能源依赖的情况下，强烈反对建设直通俄欧的能源管线只会倒逼俄罗斯为其天然气出口寻找更多的市场，并在欧盟的部分成员国中寻求展开能源合作的突破口。例如，"土耳其溪"的建成将对同俄罗斯关系密切的东南欧国家提供更加有力的能源保障，这使欧盟内部对于天然气管道走向的立场变得更加分裂。

美国对"土耳其溪"的建设自然仍是反对。对于俄罗斯与希腊的密切关系，美国政府心知肚明，所以极力争取希腊摆脱对俄能源依赖。美国政府一直试图说服希腊加入西方支持的"南方天然气走廊"，而不是俄罗斯推动的"土耳其溪"等其他项目。2015年5月下旬，美国国务院特使阿莫斯·霍克斯坦赴雅典对希腊施压，表示"土耳其溪"不是一个经济项目，而是一个政治项目。他认为希腊应该降低对俄天然气的依赖程度，"南方天然气走廊"才是希腊的绝佳选择，因为它将创造大量就业机会。美国驻希腊大使皮尔斯表示，希腊参与"土耳其溪"不利于其能源来源多元化，不能满足其长期的能源需求，而且还将受到俄罗斯制衡。[1]

对东南欧国家而言，"土耳其溪"的开通符合其能源利益，因此它们对该管线自然大多持欢迎态度。在签署"土耳其溪"希腊延长线备忘录的仪式上，希腊能源部部长拉法萨尼斯表示，希腊在债务危机期间需要的是支援而非施压，与俄罗斯合作不针对其他欧洲国家。一些曾签署"南溪"管道协议的巴尔干国家对"土耳其溪"很期待。2015年4月，塞尔维亚、北马其顿、匈牙利、希腊和土耳其五国外长在布达佩斯

---

[1] 张智勇：《"土耳其流"登陆巴尔干半岛》，《光明日报》2015年6月23日。

讨论了确保俄罗斯天然气供应这一"重要的、事关未来的问题",签署了支持"土耳其溪"管线建设的意向合作联合声明。他们认为该项目有益于能源进口多元化,不仅商业上可行,而且将对保证中欧、南欧乃至整个欧洲的能源供应安全发挥重要作用。同时,五国外长呼吁欧盟对该项目的基础设施建设提供资金援助。2015年5月20日,塞尔维亚第一副总理兼外长达契奇在与希腊总理齐普拉斯的会见中,讨论了两国成立合资公司,以建设"土耳其溪"管线希腊至塞尔维亚段的具体计划。①

三、"北溪-2"天然气管线

俄美欧围绕"北溪-2"天然气管线展开的激烈博弈是欧洲天然气管线通道政治的延续。2015年9月,"北溪"的扩建项目"北溪-2"启动。一旦"北溪-2"天然气管线建成通气,再考虑到已经正式启用的"土耳其溪"天然气管线项目,乌克兰对俄天然气运输制约的旧有格局将大幅改变。2015年12月7日,乌克兰总理亚采纽克在布鲁塞尔参会时敦促欧盟封锁"北溪-2"天然气管线项目,称该项目可使俄罗斯获得对欧盟在供应天然气方面的更大垄断权,这不仅损害乌克兰的利益,也损害欧盟利益。然而,欧盟成员国对俄罗斯天然气的依赖程度存在很大差异:从俄罗斯进口的天然气占意大利天然气消费量的40%以上,占德国天然气消费量的大约1/3,但是这一比例在其他西欧国家要低得多。由于欧盟各国对俄能源的依赖度不同,欧盟委员会代表约翰内斯·哈恩只能闪烁其词地回应:能源行业需要保持竞争,欧盟不会插手符合其法律的项目。②

2021年9月,连通俄罗斯与德国、年输气能力达550亿立方米的"北溪-2"管线历时三年的建设后完工。相较于"土耳其溪",俄罗斯

---

① 王怀成:《欧洲多国支持"土耳其线"输气管道》,《光明日报》2015年4月20日。
② 《乌总理敦促欧盟封锁"北溪-2"天然气管道项目》,中国新闻网,2015年12月8日,https://www.chinanews.com/gj/2015/12-08/7660278.shtml。

建设该管线的举措进一步冲击了欧盟成员国制定对俄政策的凝聚力。

第一，欧盟成员国内部对"北溪－2"的分歧很大。这场欧盟内部争议的实质是欧盟各国的政治经济利益各不相同，在很多问题上难以协调一致。首先，德国主要从商业角度考量本国及欧盟的能源利益，是"北溪－2"最坚定的支持者。尽管欧洲议会和欧盟委员会一再主张成员国实施超越单一市场的共同能源战略，但时任德国总理默克尔在外部能源安全问题上不支持欧盟统一政策。其次，法国、丹麦等国反对建设"北溪－2"。基于地缘政治和环保因素的考量，丹麦政府从2017年4月起多次拒绝向施工方发放在其专属经济区铺设"北溪－2"管线的许可，直到2019年10月31日才给予批准。法国主张欧盟应降低对俄能源依赖，认为建设"北溪－2"会损害欧盟东欧成员国波兰、斯洛伐克以及伙伴国乌克兰的天然气过境利益。2019年2月8日，在德法两国就"北溪－2"问题相互妥协后，欧盟成员国达成政治协议：通过修订欧盟天然气法规，欧盟委员会对该项目制定更严格的规定，以明确对其拥有管辖权和市场监控权，但确保项目本身不受威胁。[①] 然而，此后法国仍多次呼吁停建"北溪－2"。2021年4月2日，法国外交部秘书克莱蒙·波恩表示，由于马克龙总统对该项目持警惕态度，法德两国对"北溪－2"仍有分歧。最后，以波兰为首的欧盟东欧成员国由于冷战后与俄罗斯素来不睦，更是对建设连接俄德的"北溪－2"极为不满，认为这会加强欧盟对俄罗斯天然气的依赖。由于"北溪－2"项目没有穿过欧洲大陆，将导致波兰等天然气过境国在天然气过境费方面受到损失，并逐渐失去未来与俄罗斯能源博弈的筹码。2016年3月，波兰等8个欧盟东欧成员国联合致函欧盟委员会主席容克，集体反对"北溪－2"计划。东欧国家将"北溪－2"视为政治而非经济项目，认为建设该管线将使俄罗斯在欧洲的能源垄断地位更加巩固，并由此获得更大的地缘经

[①] Agata Strachota, "The Gas Directive Revision: EU Law Poses Problems for Nord Stream 2, Centre for Eastern Studies (OSW)," Feb. 20, 2019, https://www.osw.waw.pl/en/publikacje/analyses/2019－02－21/gas－directive－revision－eu－law－poses－problems－nord－stream－2.

济和地缘政治权力。波兰总统安杰伊·杜达认为，"北溪-2"不仅威胁波兰和立陶宛的能源安全，而且将恶化欧洲整体能源安全局势。① 在与波兰当局就合资公司的合法性发生冲突后，项目运营商"北溪-2" AG公司进行了重组，"俄气"成为唯一的股东，西方公司作为赞助商承诺出资总成本95亿欧元的50%。②

第二，欧盟国家对美国制裁"北溪-2"的态度迥异。对于美国而言，欧亚大陆最糟糕的地缘政治图景之一就是俄欧关系在能源相互依赖的带动下走近。美国将德国视为俄罗斯以能源胡萝卜为诱导安插在欧盟的楔子，极力破坏俄德能源合作。乌克兰危机爆发后，以美国为首的西方对俄罗斯发起多轮严厉的经济制裁。而"北溪-2"天然气管线项目的建设和开通将使俄罗斯有机会在经济上进一步突破美国及其盟友的封锁。对美国而言，一旦"北溪-2"天然气管线建成，则俄欧的政治和外交将更直接地与天然气输送挂钩，这将为乌克兰危机后俄欧之间紧张政治关系的缓和创造条件。因此，极力压缩俄罗斯的"能源红利"成为美国长期遏制俄罗斯的重要内容之一。从2019年12月至2021年5月，美国对参与"北溪-2"建设的企业与个人发起多轮制裁。2020年6月初，美国参议员提出扩大对"北溪-2"项目制裁的法案。而早在2019年12月20日，美国总统特朗普就签署了《2020财年国防授权法案》，其中就包括对参与"北溪-2"天然气管线建设的企业与个人实施制裁。③ 对于美国的长臂管辖，时任德国总理默克尔坚持欧洲的能源

---

① "We Are Against Nord Stream 2: Polish and Lithuanian Presidents," POLANDIN, Feb. 21, 2019, https://polandin.com/41420670/we-are-against-nord-stream-2-polish-and-lithuanian-presidents.

② The Western companies consist of ENGIE, OMV, Shell, Uniper and Wintershall, "Nord Stream 2 AG and European Energy Companies Have Signed Financing Agreements," https://www.nord-stream2.com/media-info/news-events/nord-stream-2-ag-and-european-energy-companies-sign-financing-agreements-47/.

③ 《竭力反对"北溪-2号"项目，美国意欲何为?》，人民网，2020年7月3日，http://military.people.com.cn/n1/2020/0703/c1011-31769717.html.

政策应由欧洲制定，强烈反对美国针对"北溪-2"实施域外制裁。①尽管美国的阻挠一度迫使瑞士全海洋公司停止管线铺设工作，但无法阻止俄罗斯继续施工。基于"北溪-2"几近完工及缓解美欧关系的考量，美国总统拜登于2021年5月25日宣布解除对"北溪-2"的相关制裁。②对于美国的"放行"，东欧国家极为失望和不安。波兰总统助理克日什托夫·什切尔斯基表示，白宫放弃制裁"北溪-2"运营商是"基于对现实的错误评估"及毁灭欧盟之举。③

第三，欧盟国家对乌克兰反对"北溪-2"的关切不同。尽管2021年3月以来乌克兰东部冲突再起，德国仍致力于将能源供应安全问题与乌克兰问题脱钩解决。德国总理默克尔认为，"北溪-2"的运营问题可以在致力于解决乌克兰危机的"诺曼底模式"四国领导人峰会上讨论，但这不是明斯克调解进程的一部分。④ 2021年7月21日，德国与美国达成允许完成"北溪-2"建设的协议，并承诺：利用所有可用杠杆帮助乌克兰将俄乌天然气过境协议的有效期延长至2024年后；在乌克兰受到俄罗斯能源武器威胁或俄罗斯进一步"侵略"时，德美两国将对俄动用经济制裁措施。德国签署该协议意在为维持大西洋联盟而对美适当让步，并对乌克兰由"北溪-2"产生的安全和过境收益担忧表示些许支持和安慰。然而，虽然该协议充斥着保证，但却未具体规定

---

① "Merkel Denounces US Extraterritorial Sanctions Threats Over Nord Stream 2, Vows to 'Find a Solution'," Sputnik, Feb. 5, 2021, https://sputniknews.com/20210205/merkel-rejects-extraterritorial-sanctions-against-nord-stream-2-1081990989.html.

② "Biden Says He Lifted Sanctions on Nord Stream 2 'Because It's Almost Completely Finished'," FOX Business, May 25, 2021, https://www.foxbusiness.com/politics/biden-lifted-sanctions-nord-stream-2-almost-completely-finished.

③ "Polish Presidential Aide Dubs Nord Stream 2 'Gas Bomb Placed Under European Integration'," Sputnik, May 28, 2021, https://sputniknews.com/20210528/polish-presidential-aide-dubs-nord-stream-2-gas-bomb-placed-under-european-integration-1083019312.html.

④ "Russian Senator Calls Kiev's Policy Insane after Zelensky Statements on Nord Stream," TASS, Jul. 13, 2021, https://tass.com/politics/1313565.

德国届时应采取的国家层面行动。① 对此，波兰政府指责德国再次破坏欧洲能源团结原则，认为美德协议不具有实质性意义，无法弥补乌克兰的安全空白。2021年7月22日，在"北溪－2"管线行将建成之际，波、乌外长发表联合声明称，"北溪－2"的施工决议引发欧洲政治、安全和信任危机以及欧盟和北约成员国的长期分歧，美国和德国放弃阻止"北溪－2"投入运营将给乌克兰和欧洲中部地区带来新的军事和能源威胁。②

在乌克兰危机的持续影响下，欧盟各成员国对从地缘政治层面制衡俄罗斯表现出向心力。然而，它们在参与俄欧天然气合作项目时主要从自身经济利益出发，并由此又对欧盟对俄的统一政策展现出一定程度的离心力。由于各成员国对俄天然气依赖程度不同，欧盟难以从根本上协调它们的能源利益。随着俄欧能源相互依赖关系的加强，俄罗斯对欧盟实施地缘经济战略的效力有所恢复。

如今，美俄之间围绕"北溪－2"管线的政治博弈还在继续，这把"通道政治"的重要意义提升到新的高度。

第四节 欧洲天然气管线通道政治的形成和运行机制

由上述事实和分析可以看出：欧洲天然气管线通道政治的影响绝不仅局限于一国的内部政治，其与几乎所有欧洲国家的政治、经济和安全都紧密相关。同时，地缘政治和地缘经济因素共同而非单一、反向而非

---

① "U. S. , Germany Strike a Deal to Allow Completion of Controversial Russian Nord Stream 2 Pipeline," CNBC, Jul. 21, 2021, https：//www.cnbc.com/2021/07/21/us－germany－strike－deal－to－allow－completion－of－russian－nord－stream－2－pipeline.html.

② "Joint Statement by Minister of Foreign Affairs of Ukraine Dmytro Kuleba and Minister of Foreign Affairs of Poland Zbigniew Rau on Nord Stream 2," Ministry of Foreign Affairs of Ukraine Official Website, Jul. 21, 2021, https：//mfa.gov.ua/en/news/spilna－zayava－ministra－zakordonnih－sprav－ukrayini－dmitra－kulebi－ta－ministra－zakordonnih－sprav－polshchi－zbignyeva－rau－shchodo－pivnichnogo－potoku－2.

同向地作用于欧洲天然气管线通道政治。

一、欧洲天然气管线通道政治的关联性

在国家间结构性矛盾的规范下，美俄关系在短期内难以转圜，两国在东欧的地缘政治互动将在博弈的轨道上持续很长时间。随着2014年乌克兰内外积蓄已久的矛盾最终爆发，美俄对东欧地区主导权的争夺进入了一个双方均无退路的新阶段：俄罗斯基于国家安全、经济发展和民族复兴的发展规划而对东欧势在必行，绝不允许北约再次东扩；美国在克里米亚"脱乌入俄"的刺激下加大了对俄罗斯的遏制力度，坚决要将针对俄罗斯的围堵和打压进行到底。

2014年乌克兰危机爆发后，美俄及欧洲国家的战略举措进一步印证了本书第二章"中间地带国家"通道政治形成和运行机制的论述：在相互间结构性矛盾的规范下，全球性大国在国际格局中的权力大小以及在"中间地带国家"地缘政治竞争的境况会有所变化，并由此针对"中间地带国家"的通道做出加强或减弱介入、干预或干涉等相应的战略决策调整。基于维护自身在"中间地带国家"地缘政治利益的考量，作为全球性大国的盟友、合作方或利益攸关方的世界大国、地区性大国、地区性强国和其他国际社会力量也不得不跟进调整对"中间地带国家"通道的战略和策略。在俄罗斯干预乌克兰危机后，美国联合其欧洲盟友对俄罗斯实施了多轮严厉制裁，这使俄罗斯在美俄的权力格局中进一步落下下风。为了尽快恢复国民经济，俄罗斯做出了以间接方式加大介入欧洲天然气管线通道政治的决定，即推进多条绕开乌克兰的能源管线的建设，这不仅可以增加俄罗斯的能源收入，而且可以大幅降低乌克兰对西方的地缘经济和地缘政治作用。美国针对俄罗斯的通道措施采取相应的反制措施，即鼓动欧盟放弃"南溪"天然气项目，要求欧盟国家与美国一道继续加大对俄罗斯的经济制裁。

美俄这两个全球性大国地缘政治矛盾的进一步激化使得欧洲国家也不得不调整其在欧洲天然气管线通道政治中的策略。对于德国等"老欧洲"国家而言，尽管它们是美国的盟国，但其在能源方面最为关注的依然是自身的供应安全问题，因此在对俄关系上陷入了是否追随美国的两难境地：若与美国保持一致，则其不仅将失去价格实惠、供应便捷的俄罗斯天然气，还可能会在地缘政治上因乌克兰问题而与俄罗斯产生更加尖锐的对立，这自然不符合"老欧洲"国家的利益；若不与美国保持一致，则对其至关重要的美欧关系将会受到很大负面影响。

对于波兰、波罗的海三国等"新欧洲"国家而言，其出于历史和现实等多方面的因素而十分惧怕俄罗斯，而美国对俄罗斯的遏制举措就是它们反俄底气的来源。如果俄罗斯计划建成的直通欧洲的天然气管线全部实现，则这些国家的能源过境国地位也会同乌克兰一样受到削弱。此外，"新欧洲"国家最不愿看到的就是欧洲对俄罗斯的能源依赖进一步加深，因为这些国家的综合国力较为弱小，其在面对俄罗斯的"能源武器"时较"老欧洲"国家更加难以应对。对"新欧洲"国家而言，欧洲天然气管线通道政治最好能够始终保持乌克兰以能源管线牵制俄罗斯的状态，这样"新欧洲"国家在参与这场通道政治时也就有了更多与俄罗斯讨价还价的筹码。由于欧洲各国进口俄罗斯天然气的规模不同，这就决定了欧洲各国参与欧洲天然气管线通道政治的程度不同，以及欧洲各国对待俄罗斯态度的不同，因此对于欧盟而言，其难以统一所有成员国的意见和整合所有成员国的能源利益。

二、地缘政治、经济共同作用下的欧洲天然气管线通道政治

地缘政治因素和地缘经济因素是欧洲天然气管线通道政治的逻辑起点，促使俄欧双方形成了两种不同的能源安全观：对欧洲而言，建设绕开俄罗斯的天然气管线对于促进自身能源保障至关重要；对俄罗斯而言，加强与欧洲的能源联系并稳定欧洲客户对俄罗斯的能源需求，对维护其自身的能源利益极为重要。于是，在能源问题上，由欧洲天然气管线通道政治的关联性可见，处于"中间地带"的部分中东欧国家被置于较为尴尬的境地：第一，在地缘经济层面，相较于美国的液化天然气，

进口俄罗斯物美价廉的管线天然气显然更符合其经济利益；第二，受地缘政治因素的影响，部分中东欧国家如波兰、爱沙尼亚、拉脱维亚、立陶宛等，为防止俄罗斯的"能源控制"，极力反对建设直通俄欧的天然气管线，这与"老欧洲"国家的观点相左；第三，从长期视角来看，部分处于"中间地带"的中东欧国家在进口俄罗斯管线天然气方面展现出"离心化"趋势，如塞尔维亚、匈牙利等国就对进口俄罗斯的天然气持欢迎态度，致使无论是欧洲还是欧盟都难以就对俄关系问题形成统一观点，即究竟是以与俄罗斯展开地缘经济合作为主，还是以参与美国主导的在欧亚大陆遏制俄罗斯的地缘政治为主；[①] 第四，欧洲国家在美俄之间不同幅度地来回摇摆，使得无论是处于"中间地带"的部分中东欧国家还是自主性较强的西欧国家，都在与俄罗斯天然气合作的进程中表现出不确定性、不一致性和波动性。以上就是欧洲天然气管线通道政治运行的基本逻辑，即这一通道政治中最为基本和最难以缓解的矛盾点。

同时，综合欧洲2006年、2009年和2014年的天然气争端可以看出：这三场较量始于商业纠纷，但俄罗斯、美国和欧盟在这个过程中都有自己的考量，即争夺对通道的控制权才是它们各自的主要地缘政治和地缘经济目标。[②] 俄罗斯在此次危机中再次展示出其所拥有的巨大能源权力，并以此强力回应西方的东扩势头。美国则依旧致力于通过在乌克兰扶植亲美政治力量来破坏俄乌关系，以求削弱乌克兰能源管线为俄罗斯创造经济价值的程度，并尽可能降低俄欧能源合作的深度，推动欧洲国家在经济上进一步向美国靠拢，即促使欧洲国家在经济发展特别是能源方面更依赖于美国主导的"大西洋通道"，而非俄罗斯主导的"欧亚

[①] 即便欧洲发生剧烈的地缘政治振动导致俄欧在短期内渐行渐远，但笔者认为，从长期来看，基于双方经济的互补性、依赖性，其地缘经济合作特别是能源合作仍然具有无限可能。当然，美国在其主导欧亚大陆地缘政治目标的驱使下会加以阻挠，这势必使俄欧地缘经济合作的过程错综复杂。

[②] "Geopolitics and Energy Security in the Wider Black Sea Region," Southeast European and Black Sea Studies, Vol. 7, No. 2, pp. 217 – 235; Chunyang Shi, "Perspective on Natural Gas Crisis Between Russia and Ukraine," Review of European Studies, Vol. 1, No. 1, pp. 56 – 60; "Gas Pipelines War," Revista Romana de Geografile Politica, Vol. XII, No. 1, pp. 29 – 46.

通道",进而为美国输送更多的地缘政治和经济利益。欧洲则在俄乌和俄美博弈中无法起到实质性协调的作用。就欧洲国家特别是欧盟国家而言,2006年、2009年和2014年三次天然气争端引发的能源危机使其不得不重新审视与俄罗斯的关系:俄罗斯具有在欧亚大陆重新崛起的战略意图以及强大的军事力量,在地缘政治层面对欧洲具有威胁度和威慑力,这使得欧洲国家在安全上不得不向美国靠拢;但在地缘经济层面,俄欧有很深的依存关系,欧洲国家此时的能源供应安全有赖于俄罗斯,这种局面短期内难以改变。因此,面对地缘政治和地缘经济上对俄关系的矛盾,欧洲国家在北约东扩和在东欧部署反导系统等触动俄罗斯根本利益的问题上比美国更加谨慎,甚至与美国产生分歧。由此可见,欧洲天然气管线通道政治的走向取决于上述国家的经济发展需求、国防安全诉求与整体利益追求。[1]

上述事实和分析说明:随着俄罗斯、美国、欧盟国家和乌克兰围绕欧洲天然气管线的利用、收益、走向和主导权展开了一系列博弈,欧洲天然气管线通道政治就此形成。这一通道政治的形成和运行机制是:

在国家间结构性矛盾的规范下,美俄在东欧不可避免地展开了更深层次的地缘政治竞争,美国势必要压缩俄罗斯在欧亚大陆的地缘政治空间。而俄罗斯则在国家和文明复兴的战略驱使下势必要维持和扩大自身在欧亚大陆的地缘政治影响力。从长期来看,双方都绝不会降低对欧洲能源通道的介入程度。同时,乌克兰危机的爆发标志着美俄地缘政治竞争进入了更激烈的阶段,两国对欧洲能源通道战略含义解读的差异会随着两国对这一通道的持续争夺而加大,即俄罗斯必然会着力解决天然气出口过度依赖过境乌克兰的问题,而美国则必然会针对俄罗斯所采取的措施制定相应的遏制性反措施。由此,中东欧天然气管线成为俄罗斯直接和美国间接干预该地区政治、经济的重要渠道。地缘政治竞争势必导致美俄对欧洲天然气管线战略含义的解读完全不同:俄罗斯视此管线为

---

[1] Andrea Gawrich, Inna Melnykovska and Rainer Schweickert, "Neighbourhood Europeanization through ENP: The Case of Ukraine," JCMS, Vol. 48, No. 5, 2010, pp. 1209 – 1235.

控制欧洲能源安全、抑制中东欧"中间地带国家""西倾"趋势和加强与欧盟能源战略合作的通道；美国视此管线为遏制俄罗斯能源出口、打压俄罗斯经济命脉和分化俄欧关系的战略通道。以上构成了欧洲天然气管线通道政治形成的外在机理。

部分中东欧国家在内部能源自主性不足和外部美俄地缘政治博弈的共同作用下成为弱权力缺失的"中间地带国家"。2009年和2014年的欧洲天然气争端再次显现出欧洲天然气管线通道政治的不平衡性，这一通道政治的主导力量仍然是俄罗斯，美国在其中只能起到间接影响的作用，难以实质性地改变俄罗斯对东欧的能源管线施加自己的意志。而欧盟在天然气供给上有求于俄罗斯，故只能在此通道政治中发挥调解争端的非实质性作用。尽管部分欧洲国家可以凭借对自身能源管线的所有权以及参与构建绕开俄罗斯的能源通道，在一定程度上反击俄罗斯以能源为武器干预其政治和经济的举措，但由于其能源实力较弱且对俄罗斯有巨大的能源依赖，在面对俄罗斯的能源大棒时无法对其境内能源管线的利用和收益有足够的控制能力，导致其无法完全掌控欧洲能源通道的主导权，这是欧洲天然气管线通道政治形成的内在机理。

天然气管线通道政治的形成使俄罗斯与欧洲国家能源安全观的差别进一步凸显：欧洲国家关注的是能源的"供应安全"，包括能源供应的多元化；而俄罗斯关注的是拥有长期稳定客户的能源"需求安全"，还有掌控能源出口管道和欧亚各国的能源生产及下游产业链资产。因此，俄罗斯并不满足于只担当能源的供应者，其在欧亚大陆的能源领域致力于整合包括销售环节在内的整个天然气价值链。一旦俄罗斯开始介入欧洲能源管线的走向，根据"中间地带国家"通道政治理论，美国出于维护其在东欧的地缘政治利益和遏制俄罗斯的需求而必然会在政治和经济上支持欧洲。然而，欧洲天然气管线通道政治具有不平衡性，即俄罗斯凭借对后苏联空间天然气工业的强大控制能力和欧盟对其能源的巨大需求而在这场通道政治博弈中占据主动地位。同时，欧洲短期内对俄罗斯的能源依赖难以改变，不可能为配合美国的"遏俄"战略而牺牲自己的能源利益。因此，美国难以达到完全遏制俄罗斯能源出口欧洲的目的。

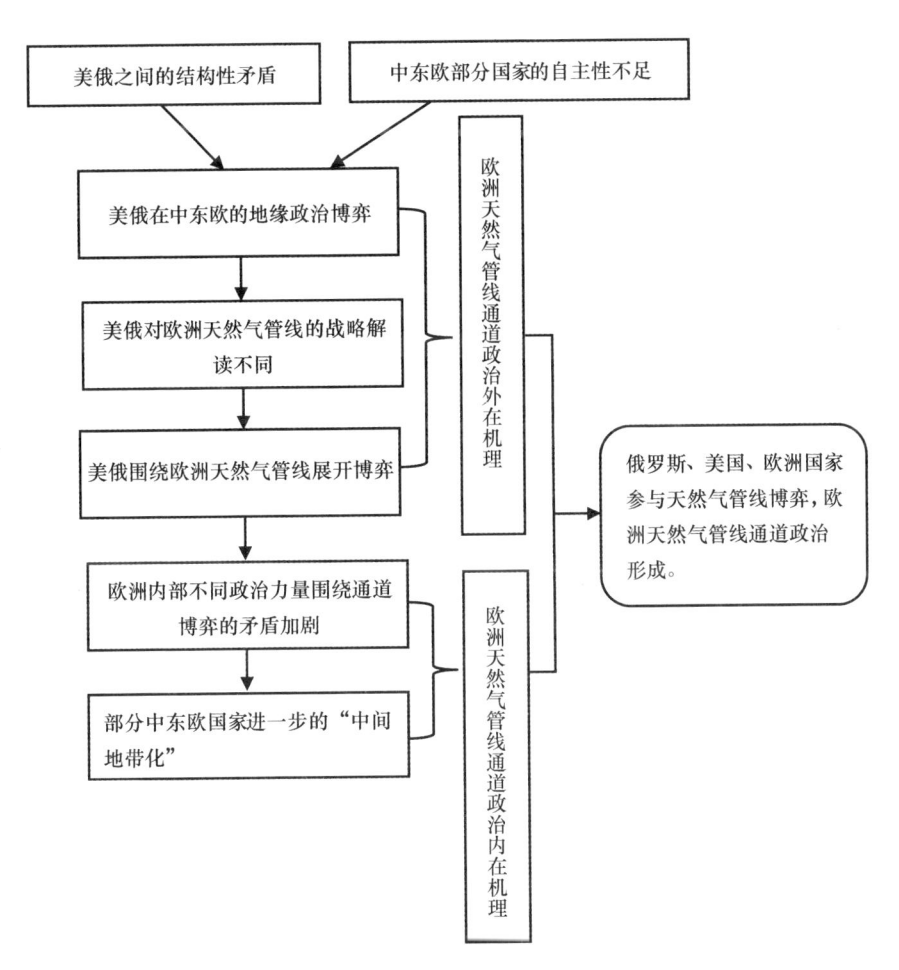

图 4-1　欧洲天然气管线通道政治形成机理

第五节　依赖与反依赖：俄欧能源关系的进一步发展

天然气合作是俄欧关系的重要内容和议题。在乌克兰危机爆发后，俄罗斯对欧盟的地缘战略转向传统的地缘政治。在此影响下，俄欧天然气合作的过程充分展现出俄地缘政治战略的实施对其地缘经济战略效力的削弱作用。随着"土耳其溪"和"北溪-2"管线开通，俄欧能源相互依赖关系向更深层次发展。从短期看，俄欧天然气合作依然稳定。美国对欧洲液化天然气的供应仍然无法彻底改变欧洲天然气管线通道政治中的不平衡性，即俄罗斯凭借丰富的资源储备、与欧盟相邻的地缘优势和欧盟的能源依赖在这场地缘政治博弈中占据优势地位。但从长期看，俄欧能源相互依赖的程度在双方能源转型的推动下存在不确定性。因此，俄欧关系的未来发展将在合作与对抗的交织中前行。

尽管俄欧天然气合作随着"土耳其溪"和"北溪-2"管线完工而迈向更高层次，但双方未来的能源关系仍具有不确定性。在美国的强烈影响下，欧盟在与俄罗斯的能源合作问题上将长期陷入商业理念和地缘政治的两难选择之中。2021年10月21日，北约各国防长签署旨在威慑俄罗斯的"欧洲-大西洋地区威慑和防御概念"战略实施计划，重申遏制俄罗斯仍是北约的核心目标。这再次表明，尽管欧美对俄地缘战略思维不尽相同，但乌克兰危机引发的欧洲地缘政治对抗格局将长期难以转圜。因此，俄罗斯对欧盟地缘经济战略效力的提升程度在未来将更多取决于双方能源相互依赖关系的变化。自2021年9月以来，欧洲天然气市场价格持续飙升，甚至一度达到每千立方米1937美元的历史最高点，引发国际社会对能源供应危机的广泛关注。美国哥伦比亚大学全球能源政策中心研究员安妮·科尔博认为，当前世界关于天然气的讨论可概括为两个主要观点：（1）世界各国在短期内需要更多天然气来满足日益增长的能源需求；（2）天然气价格上涨进一步证明世界各国需要迅速摆脱包括天然气在内的化石燃料。[①] 结合上述观点，从能源供应安全与应对气候变化关系的视角出发，本书认为，欧盟未来短期和长期的天然气需求意向将有所改变，由此导致俄欧能源相互依赖关系的发展方

[①] Anne-Sophie Corbeau, "The Global Energy Crisis: Implications of Record High Natural Gas Prices," Center on Global Energy Policy at Columbia University SIPA, Oct. 20, 2021, https://www.energypolicy.columbia.edu/research/commentary/global-energy-crisis-implications-record-high-natural-gas-prices.

向及俄罗斯对欧盟地缘经济战略的效力也将出现变化。

一、俄欧能源相互依赖的短期趋势

在经历2006年、2009年、2014年三次天然气供应危机后,欧盟深刻认识到打破俄罗斯能源垄断的重要性。2015年2月6日,欧盟正式启动能源联盟,以帮助成员国实现能源供应多元化和在能源问题上更独立。[①] 为获取里海－中亚丰富的天然气,欧盟在2015—2020年加快建设绕过俄罗斯、年供气能力为100亿立方米的"南方天然气走廊",力图以高效的成本效益方式整合其天然气管线网络。此外,随着"页岩气革命"迅猛发展,欧盟国家自2016年起开始从美国进口液化天然气。

由此可见,俄罗斯在欧洲实施地缘政治战略对其贯彻地缘经济战略产生消极影响,致使俄欧关系特别是能源关系由不平衡向平衡发展。但与此同时,俄罗斯地缘经济战略的效力也受俄欧能源相互依赖关系的调节。由于俄欧天然气贸易在经历乌克兰危机爆发初期的震荡后逐渐回稳,双方能源相互依赖关系未出现结构性变化。一方面,在全球能源供应格局变动之际,尽管欧盟的供气结构有所改善,但美国液化天然气等新气源尚远远无法取代俄罗斯天然气在欧洲的供应地位,也不能满足欧盟每年350亿—550亿立方米的天然气进口需求。因此,尽管欧盟对俄发起严厉的经济制裁,但制裁范围没有涉及双方的天然气贸易。由数据可见,俄罗斯天然气供应量占欧盟进口总量的比例在2015年后略有上升,并稳定在1/3左右。另一方面,由于财政依赖油气收入的经济发展格局短期内难以彻底改变,[②] 俄罗斯为保障能源"需求安全"而致力于维护与欧洲天然气客户的长期合作关系。例如,尽管俄乌在天然气供应、价格和债务问题上争端不断,但为确保向欧洲客户通畅供气,俄罗

[①] "Energy Union," European Commission Official Website, https://ec.europa.eu/energy/topics/energy-strategy/energy-union_en.

[②] 根据俄罗斯财政部网站数据可计算出,2010—2018年俄油气收入占其财政总收入的35.99%—50.18%。详见Federal Budget of the Russian Federation, Sep. 20, 2021, https://minfin.gov.ru/en/statistics/fedbud/。

斯在天然气过境运输问题上仍与乌克兰保持合作。[1]

随着疫情危机后全球经济逐渐进入复苏和反弹阶段，世界各国对能源特别是电力的需求大幅上升。在此背景下，俄欧天然气相互依赖关系在短期内呈现出稳定运行的趋势。这主要体现在以下几个方面：

第一，俄欧管线天然气供需结构将总体上保持平衡。由于欧盟的燃煤发电量逐年下降，且当前国际煤炭市场呈现价格高位运行和供应普遍紧张的状态，欧盟国家的电力部门在短期内以更多煤炭替换天然气发电的能力有限。为应对全球天然气短期供需失衡并保障冬季供暖、供电及工业生产，欧盟需要俄罗斯增加管线供气量，以稳定天然气市场价格。对于欧盟的天然气增量供应诉求，俄方在意愿和具体行动上表现出积极态度。2021年10月13日，普京总统在"俄罗斯能源周"论坛上驳斥俄未全力向欧洲供气的论调，重申俄罗斯帮助欧盟克服能源危机的意志。[2] 尽管俄罗斯国内随经济的恢复发展也面临天然气和燃气电力的供应压力，但俄罗斯政府仍采取措施加强对欧供气。10月27日，普京总统要求"俄气"在完成国内储气工作后的10天内增加其在德国和奥地利的天然气库存。俄罗斯通过这些举措意在表明，其在未来将努力维持欧洲最大天然气供应国的地位，并能够深度影响欧洲天然气市场格局。此后，根据欧洲交易枢纽之一的荷兰天然气期货市场显示的指数，2021年12月天然气期货价格降至每千立方米900美元以下，呈现下跌和趋稳走势。[3]

第二，俄欧管线供气渠道更加稳定。在"土耳其溪"和"北溪-2"开通后，俄欧天然气贸易更加直接，对乌克兰的天然气过境依赖呈

---

[1] 根据英国石油公司和乌克兰国家石油天然气公司网站数据可计算出，2014—2019年俄罗斯过境乌克兰向欧洲输送的天然气占俄对欧洲输气总量的40.18%—47.97%。详见 BP Statistical Review of World Energy (2010 - 2020); Naftogaz Official Website, https://naftogaz-europe.com/article/en/naturalgastransitviaukraine19912020。

[2] "Russian Energy Week International Forum Plenary Session," President of Russia Official Website, Oct. 13, 2021, http://en.kremlin.ru/events/president/news/66916.

[3] "Dutch TTF Gas Futures, Germany," The ICE, https://www.theice.com/products/27996665/Dutch-TTF-Gas-Futures/data?marketId=5303640.

逐渐下降之势。2021年1月至8月，俄罗斯经乌克兰输往欧洲（不包括土耳其）的天然气较2019年同期减少271亿立方米。然而，英国牛津能源研究所研究员卡佳·亚菲玛娃认为，德国将致力于保持乌克兰的天然气过境国地位。2019年12月，在俄罗斯为推动"北溪-2"建设做出让步后，俄、欧和乌签署天然气过境三边协议，以保证乌克兰2024年前的天然气过境收益。

第三，俄欧液化天然气贸易稳步发展。尽管美国在2016年后向欧洲推广其液化天然气，但在疫情危机后全球液化天然气市场供不应求及价格高企的格局下，美国将更多产能向需求旺盛且愿意支付更高溢价的亚洲市场释放，无法满足欧洲的天然气需求。从俄罗斯《2035年前能源战略》等文件可看出，俄罗斯政府对具备全球性便利条件的液化天然气出口极为重视，计划在2035年前将产量提升至每年1.4亿吨，占据全球约20%的市场份额，力争到2040年实现液化和管线天然气出口量大致相当，从而以出口多样性降低俄罗斯能源企业在欧洲核心市场的风险。然而，虽然俄罗斯向欧盟出口液化天然气并未导致其管线天然气销售大幅下降，但两者在欧洲市场的竞争客观存在。为应对此问题，克里姆林宫从俄罗斯天然气出口总体战略出发，采取将效率和商业性置于诺瓦泰克公司（俄罗斯最大液化天然气供应商）与"俄气"争夺出口市场之上的务实态度，通过允许诺瓦泰克公司参与欧洲液化天然气的市场竞争来抢占他国供应商的欧洲份额。[1] 总之，由于美国气源短期内存在不确定性，俄欧液化天然气贸易在供需意愿均较强的市场结构下将进一步提升。

---

[1] Vitaly Yermakov and Jack Sharples, "A Phantom Menace: Is Russian LNG a Threat to Russia's Pipeline Gas in Europe?" Oxford Institute for Energy Studies, https://www.oxfordenergy.org/wpcms/wp-content/uploads/2021/07/Is-Russian-LNG-a-Threat-to-Russias-Pipeline-Gas-in-Europe-NG-171.pdf.

表 4-4 2010—2020 年欧盟从美俄进口天然气情况

年份	欧盟天然气进口总量（10亿立方米）	进口美国液化天然气（10亿立方米）	美国天然气占比	进口俄罗斯液化天然气（10亿立方米）	进口俄罗斯管线天然气（10亿立方米）	俄罗斯天然气占比
2010 年	421.81	0	0	0	111.46	26.42%
2011 年	390.5	0	0	0	104.6	26.79%
2012 年	377.9	0	0	0	94.6	25.03%
2013 年	379.9	0	0	0	126.2	33.22%
2014 年	343.9	0	0	0	112.0	32.57%
2015 年	383.5	0	0	0	123.4	32.18%
2016 年	398.3	0.28	0.07%	0	132.6	33.29%
2017 年	427.3	2.07	0.48%	0.1	159.0	37.23%
2018 年	480	3.73	0.78%	6.8	168.4	36.50%
2019 年	522.9	19.45	3.72%	20.5	170.7	36.57%
2020 年	459.4	22.47	4.89%	16.9	144.9	35.22%

资料来源："U. S. Natural Gas Exports and Re-Exports by Country," U. S. Energy Information Administration, https://www.eia.gov/dnav/ng/ng_move_expc_s1_a.htm; BP Statistical Review of World Energy (2010-2020)。

注：U. S. Energy Information Administration 数据的单位为百万立方英尺，笔者在统计时为便于分析将相关数据的单位换算成 10 亿立方米。

二、俄欧能源相互依赖的长期趋势

至 2021 年 11 月，欧盟理事会和俄罗斯政府已分别宣布要在 2050 年和 2060 年实现碳中和。在地缘政治和全球气候治理目标的长期引领下，俄欧天然气相互依赖的程度将随其各自的能源转型而呈现不稳定的下降趋势，并受以下几个因素影响：

第一，从 2014 年以来的欧洲地缘政治发展趋势来看，俄罗斯与西方的关系愈发紧张。本书认为，欧洲国家在地缘政治方面之所以追随美国，与意识形态和价值观、文明和文化要素密不可分，即欧洲国家特别是欧盟国家难以接纳俄罗斯。同时，从建构主义国际关系理论的视角来看，俄欧在经济合作的互动中并未真正建立起共同的价值观，以及引发双方意识形态的共鸣，更难以论及文化上的融合。因此，俄欧的能源经济合作是双方基于现实利益的需求，这一经济纽带不及当下欧美基于经济基础和上层建筑的共同纽带牢固。如果欧洲爆发剧烈的地缘政治事件，如俄罗斯与西方的代理人战争，那么俄欧能源合作的稳定性势必受到严重影响，甚至出现短期内停滞的状况。例如，2022年9月26日，在瑞典和丹麦附近海域，"北溪-1"和"北溪-2"天然气管线发生爆炸，总共4条管线中有3条发生泄漏。爆炸发生后，丹麦、瑞典和德国分别启动调查程序。但调查进展缓慢，且其拒绝俄罗斯参与调查进程。对于丹麦、瑞典和德国而言，这一调查的展开在俄乌冲突以及俄罗斯与西方关系持续恶化的背景下自然异常棘手，这是因为：如果三国的调查最后指出是俄罗斯在幕后"操盘"并嫁祸西方国家，则这一结论在逻辑上很难令国际社会信服——显然，破坏"北溪"管线不符合俄罗斯的地缘政治和经济利益；但如果将矛头指向美国或者是美欧大力扶持的乌克兰，则三国在处理与美国和乌克兰的关系上将难以避免陷入尴尬境地。于是，至少在短期内，结束调查或者令调查的结论缺少实质性内容或许是三国最好的选择。即便如此，普京总统在此事件发生后依然表示俄方已准备好通过"北溪-2"完好的那条管线继续向欧洲输气。然而，在乌克兰危机的大背景下，德国政府遵循西方集体利益，未同意开通这一输气通道。① 作为重大跨国基础设施和能源运输动脉，"北溪"天然气管线的爆炸对全球能源市场供给和地区生态环境安全都产生了严重负面影响。该事件无疑加剧了欧洲紧张局势，因此这不仅仅是经济问题，也是民生问题，更是政治问题，关乎整个欧洲的安全稳定。显然，对部分欧洲国家而言，当前构建均衡、有效、可持续的欧洲安全框架没有"反俄""遏俄"的政治正确重要。然而，对大部分中东欧国家而

---

① 《"北溪"管道爆炸背后谜团为何难破》，新华每日电讯，2024年2月29日，http://www.xinhuanet.com/mrdx/2024-02/29/c_1310765874.htm。

言,"北溪"天然气管线爆炸将对其能源安全保障产生不同程度的消极影响,不符合其经济特别是能源利益,不利于其走出由能源自主性不足而导致的能源价格高企的困境。本书认为,根据"中间地带国家"通道政治理论,在国家间结构性矛盾的激发下,美俄为争夺在中东欧的能源利益而将进一步展开地缘政治博弈;中东欧国家由于仍要继续解决由能源相对匮乏而导致的能源自主性缺失问题,而不得不继续与美俄展开能源合作,而这反过来可能又将加剧美俄在欧洲的地缘政治博弈。于是,在中东欧自主性缺失的内因和美俄地缘政治博弈的外因这两者的交互作用下,中东欧乃至整个欧洲的天然气管线通道政治仍将持续较长时间。因此,在俄乌冲突背景下,即便欧洲试图在能源领域与俄罗斯"脱钩",但对于这一过程的演进走向乃至未来俄欧能源关系、欧洲能源地缘政治的发展走向,以及美俄介入欧洲天然气管线通道政治的程度和中东欧国家与之相关的战略决策调整,仍要立足于长期观察。

第二,欧盟能源转型中的供应安全和价格可承受性问题。在发展低碳经济、能源供应低碳化的长期过程中,欧盟能源系统电气化程度将越来越高。2021年下半年的欧洲天然气涨价危机表明,在可再生能源供应低于预期的情况下,天然气仍将是欧盟优化能源系统、平衡电力市场的关键工具。尽管能源技术的进步促使太阳能、风能和绿色氢气等无碳或低碳能源发电量增长,但可再生能源供电的可获得和可负担问题存在不确定性且更为紧迫:(1)欧盟未来能源转型将受到气候风险和气候恢复能力的影响。一旦干旱、寒潮和风暴等气候变化导致可再生能源供电出现周期性短缺,欧盟将不得不使用天然气等传统化石燃料来缓解能源市场紧缩并稳定能源价格。(2)如果欧盟的碳排放定价、能源税等气候政策对成员国承受能源涨价的能力产生重大负面影响,则欧盟仍可能选择以扩大俄罗斯天然气进口量的方式来填补能源缺口。

第三,欧盟各国未来对天然气的依赖程度。欧盟的电力生产主要来源于可再生能源、煤炭、核能和天然气发电。根据欧盟气候智库能源转型论坛和恩伯联合研究报告提供的2020年数据,首先,欧盟各国可再生能源发电量占其总发电量的比重相距甚远。相较于德国、丹麦和爱尔兰的30%—60%，捷克和斯洛伐克均低于5%。其次，欧盟各国摆脱煤炭发电的状况不尽相同：荷兰、希腊和西班牙的煤炭发电量小且降幅达40%—50%；德国和波兰的煤炭发电量大，但降幅分别只有22%和8%。最后，欧盟各国的核能发电能力相差巨大。例如，法国的核能发电量是其他欧盟成员国的5.5倍以上。尽管可再生能源在2020年首次超过化石燃料成为欧盟整体的主要电力来源，但由于各成员国的能源结构和能源需求不同，它们降低天然气发电规模的进度及对俄罗斯天然气依赖的程度将会不同。① 在未来的能源转型进程中，欧盟将面对强化对俄罗斯能源政策向心力的挑战。

第四，俄罗斯未来对能源经济的依赖程度。一方面，天然气相较于石油和煤炭产品碳强度更低、能源利用效率更高，是欧盟为实现碳中和而在能源转型的长期过程中需要大量使用的环保过渡能源。在此前提下，俄罗斯对欧盟能源经济的依赖及俄欧天然气贸易量将在一定时期内得以维持稳定。但另一方面，在经历2008年以来国际油价下跌和2014年以来西方能源制裁的阵痛后，俄罗斯大力调节本国的产业结构，逐步改变国家财政过度倚重油气收入的境况。② 俄政府已经开始为未来低碳时代国家经济发展摆脱对化石能源的依赖做准备，致力于在2030年前将非原料、非能源商品出口至少增加70%。在俄罗斯总理米舒斯京于2021年11月1日批准的《俄罗斯到2050年前实现温室气体低排放的社会经济发展战略》中，俄罗斯政府提出实现2060年前碳中和目标的计划，并预计俄罗斯能源出口将从2030年开始下降。③

综上所述，俄罗斯对欧盟的地缘经济战略受到其地缘政治战略和俄欧能源相互依赖关系的共同调控。国际政治行为体的经济相互依赖关系

---

① Patrick Graichen and Dave Jones, "The European Power Sector in 2020," Agora Energiewende & Ember, https://static.agora-energiewende.de/fileadmin/Projekte/2021/2020_01_EU-Annual-Review_2020/A-EW_202_Report_European-Power-Sector-2020.pdf.

② 由俄罗斯财政部官方网站数据可以计算出，2014—2020年俄罗斯油气收入占其财政总收入的比例由约51.28%下降至27.97%，呈现逐年下降的趋势。

③ "Russia to Reach Carbon Neutrality by 2060," TASS, Nov. 1, 2021, https://tass.com/politics/1356649.

本身并不能创造一个可取代"国际冲突世界"的"合作世界"。当俄罗斯在乌克兰危机中转向传统地缘政治战略时，其对欧盟地缘经济战略的效力受到削弱和限制。在欧盟强化内部向心力和平衡俄罗斯能源权力的努力下，俄欧能源关系向弱相互依赖发展。然而，由于俄欧天然气贸易具有很强的互补性，地缘政治因素只能相对而非绝对地影响双方的能源相互依赖关系。随着俄欧间新的能源管线开通，俄罗斯未来对欧盟仍具有较强的地缘经济权力。但同时，俄欧的能源转型对双方能源相互依赖关系以及俄罗斯地缘经济战略的效力也具有不可忽视的长期抵消作用。卡内基莫斯科中心主任德米特里·特列宁认为，应对气候变化、能源转型以及关注该转型的地缘政治影响正成为俄罗斯外交政策首要议题。[1]由此可见，从天然气合作视角来分析，俄欧关系的未来发展将在地缘政治、地缘经济以及能源相互依赖关系等要素的共同作用下表现出合作与对抗相互交织的特点。

对于美国而言，封堵俄罗斯的能源出口、削弱俄罗斯的经济来源一直是其在欧洲重要的地缘政治目标，美国通过施压欧洲盟友对俄罗斯建造新能源管线设置了重重障碍。对于欧盟而言，俄乌天然气冲突改变了欧盟认为俄罗斯是能源安全供应国的看法，这使其对建设直接连接俄罗斯的能源管线抱有复杂心态：一方面，此举有利于规避俄乌天然气争端的消极影响和保障欧洲的能源安全；另一方面，这也意味着欧洲将更深层次地依赖俄罗斯能源，由此势必会影响欧洲对俄罗斯的政治决策和欧美关系的协调一致。对于乌克兰而言，俄罗斯新建的天然气管线将大幅降低乌克兰的能源过境国地位，使其减少与俄罗斯进行能源博弈的筹码，因此乌克兰对俄欧的"直接"能源合作坚决反对。

由于利益契合点的不同，美欧在欧洲天然气管线通道政治中对待俄罗斯的态度有所区别，即美国对俄表现出明显的对抗性，而欧盟对俄则

---

[1] Dmitri Trenin, "How the Arms Control Approach Could Help Russia Tackle Climate Change," Carnegie Moscow Center, Oct. 19, 2021, https：//carnegiemoscow.org/commentary/85585.

表现出一定程度的合作性。但是出于拉拢乌克兰的需要，欧盟还是试图帮助该国减轻来自俄罗斯的能源和战略压力。美国对俄能源策略之所以与欧盟有极大不同，是因为美国对俄罗斯能源并无依赖，两国的经贸往来与能源合作较少。尽管欧洲天然气管线通道政治仍然没有结束，但在结构性矛盾的驱使下，美俄基于在国际社会中追求权力而进行地缘政治博弈的规律不会改变：美国希望帮助欧盟减少对俄罗斯能源的依赖，并通过俄乌天然气危机重新构建欧洲能源版图；俄罗斯则希望能源价格升高，从而巩固其世界能源出口大国的地位，并从中获取巨额收益。

美俄以及欧盟之间的能源管道博弈以及中东欧诸多国家对此的密切关注，证明了欧洲天然气管线通道政治的重要性已经远远超出能源经济的范围，这一通道政治博弈进程使得众多相关国家的政治利益、经济发展和安全保障都牵连其中。无论欧洲天然气管线通道政治在未来怎样发展，有一点无法改变：游戏的主角永远是全球性大国。

结语 "中间地带国家"通道政治的对比与总结

通过论述中小国家的自主性、全球性大国之间的结构性矛盾、"中间地带国家"的形成和发展以及通道政治等内容，本书构建了"中间地带国家"通道政治理论，并以此理论尝试解释三个案例地区通道政治的内涵。在前文分析的基础上，本章对上述案例分析进行归纳总结，以期使"中间地带国家"通道政治理论更具解释力。首先，本章对前述三个案例的相同点和不同点进行横向比较，从而探究"中间地带国家"通道政治的共性和个性；其次，本章对全球性大国影响"中间地带国家"方式的异同进行分析，特别是论述随着中国逐渐成长为全球性大国，其影响"中间地带国家"和参与"中间地带国家"通道政治的出发点、方式、特征与美俄存在明显差别；最后，本章通过总结本书中全球性大国和"中间地带国家"在通道政治中的表现，探究"中间地带国家"的生存与发展之道。

一、案例比较分析与研究总结

（一）案例地区通道政治的相同点

就中东、外高加索和中东欧这三个地区"中间地带国家"的通道政治来分析，其相同点在于：

三个地区的通道政治都起源于其中部分国家内政、经济的紊乱或不足。本书所研究的案例地区均有国家发生了政权更迭，且这是引发其通道政治形成或其通道政治进一步深化发展的重要原因之一。上述三个地区的部分国家发生政权更迭既是其内部问题不断发酵、美俄对其内政持续干预的结果，也是其国内亲近不同全球性大国和受到不同全球性大国支持的政治派别相互对立、激烈博弈的表现。上述三个地区部分国家的政权更迭均与意识形态问题密切相关，这具体体现为其国内政治精英对本国政体的不满以及追求西方所谓的"民主""自由"政治制度的诉求没有充分得到满足。然而，由亲西方的政治派别发动的所谓"革命"并没有增强本国的政治凝聚力，反而加速了其内部的政治对立，并引发国家内政的紊乱，甚至由此造成整个国家的动乱。此外，本书所研究的案例国家内部的政治派别对全球性大国的依赖程度很高，以致若其没有全球性大国的扶持就无法当政和生存。因此，无论是哪个政治派别掌控国家政权，其都对某个全球性大国表现出明显的倾向性，而这自然会引发另一个全球性大国的不满和反制，结果必然是"中间地带国家"的内政在全球性大国的博弈下更加混乱。

三个地区部分国家的通道政治都是其成为"中间地带国家"后进一步"中间地带化"的表现。本书认为：中东、外高加索和中东欧部分国家的通道政治是其作为"中间地带国家"难以逆转自身"中间地带化"的必然结果，这突出表现为其由于国力的弱小和具有重大的地缘战略价值而始终难以摆脱全球性大国的纠缠。而这三个地区部分国家各自通道政治的进程正是美俄对其进一步干预以及其难以避免地对美俄加深依赖的过程。因此，通道政治本身就是"中间地带国家"在"中间地带化"道路上演进的内容之一。

三个地区部分国家的通道都是外部全球性大国传递信息的工具。本书在此论述的"信息"专指全球性大国围绕通道采取外交声明、军事行动、经济制裁等措施，从而直接或间接地向对手、"中间地带国家"和其他利益攸关方所表明的其对通道政治中具体问题的态度、立场、观点，以及其对上述通道政治其他参与方相关态度、立场、观点的回应。无论是本书所研究的中东阿勒颇军事通道、外高加索能源运输通道，还是中东欧天然气管线通道，美俄利用这些媒介向外界特别是向对方传递了大量信息。向对手释放信息是美俄通道博弈的重要内容之一，收集和分析对手释放的信息则是美俄就"中间地带国家"通道政治进程中的相关具体问题做出决策的重要依据之一。

三个地区部分国家的通道政治都有相当的外延性。这一共同点表现在两个方面。第一，三个地区部分国家的通道政治实质上是以其各自为核心所展开的地区博弈，具有明显的国际性。除了这三个地区部分国家和美俄等全球性大国，很多世界大国和地区性国家或不同程度地参与到通道政治进程中来，或受到通道政治的强烈影响，这在很大程度上是因为这三个地区在地理上均处于连通东西、贯穿南北的交通要道上，其通道与周边众多国家相连或相近。同时，这三个地区"中间地带国家"的通道在其所属地区内具有重要的战略作用，因此与之相关的地区性大国、地区性强国和世界大国基于自身地缘利益的考量而不得不参与其通道政治博弈。第二，这三个地区部分国家的通道政治都与地缘安全问题紧密相关。出兵叙利亚、对格发动武装冲突和参与东欧的激烈博弈均是俄罗斯在地缘空间上受到以美国为首的西方国家强力挤压后所表现出的强烈反弹。而主导甚至控制这三个地区部分国家的通道则是美俄间接或直接影响上述地区局势的重要推动力。同时，军事冲突将这三个地区的通道政治引向更深入的发展阶段。

（二）案例地区通道政治的不同点

中东、外高加索和中东欧这三个"中间地带"通道政治的不同点在于其持续的时间跨度不同，这与各个通道的战略地位、功能类型以及美俄对通道的战略政策紧密相关。中东阿勒颇军事通道随阿勒颇战役的发展而演进，并随着阿勒颇战役的结束而终结，其整个演进过程显现出临时性、短期性特点。这是因为阿勒颇不是传统意义上的军事重镇，但作为重要的商业中心和交通枢纽，其具有潜在的军事和战略价值，故而成为叙利亚冲突中各方争夺的中心之一。一旦阿勒颇的战火被扑灭，叙利亚冲突的走向渐趋明朗，则阿勒颇通道的军事属性就不再持续凸显出来。

外高加索能源走廊通道政治是以美国为首的西方国家与俄罗斯的长

期博弈进程，其焦点在于美国希望由外高加索地区打通连接中亚的能源、军事和战略通道，从而进一步控制俄罗斯的"后院"；而俄罗斯则极力维持对此通道的主导地位，堵塞西方将触角伸向中亚的道路。尽管西方拥有雄厚的资金和技术保障，但彻底打通、拓宽以格鲁吉亚为核心的外高加索通道将受到政治、经济、安全等多方面因素的掣肘，特别是俄罗斯凭借"近邻"的地理位置、显著的地缘经济优势和强大的军事力量能够在格鲁吉亚问题上持续与西方周旋。因此，外高加索能源走廊通道政治是一场长期性的政治、经济和战略博弈。

欧洲天然气管线通道政治则呈现出周期短和多频次，以及西方各国在欧洲天然气管线通道政治中利益点显著不同的特点。对美国而言，俄欧爆发天然气争端并强烈影响欧盟的能源安全最符合其在欧洲的地缘政治利益。但对欧盟而言，其对能源安全的关注程度总体上高于对欧美关系的重视程度，这自然给了俄罗斯以能源出口拉拢欧盟国家的机会。对俄罗斯而言，若其在与乌克兰的天然气纠纷中彻底激怒自己的欧洲客户，则只会使俄欧关系渐行渐远；反之，在充分展现自身强大的能源经济能力后，尽可能采取措施保障好欧洲客户天然气的供应安全，则成为俄罗斯继续深度影响欧洲能源政治的明智选择，这是俄欧天然气争端每次都能在短期内解决的根本原因之一。

尽管"中间地带国家"有一些共同特征，但不同"中间地带国家"又具有差异性。由于全球性大国关注的是世界范围内的地缘政治，因此其在面对各具特点以及对其重要程度和与其关系紧密程度不一的"中间地带国家"时，不得不因地制宜地采取不同的外交政策，这决定了全球性大国对不同"中间地带国家"的影响力和参与其通道政治的意愿、方式、深度、结果的不同。

由上述分析可见，"中间地带国家"的通道政治既有其共性的一面，即本书总结的"中间地带国家"通道政治的形成和运行机制有其适用性和解释力；同时，"中间地带国家"的通道政治也有其个性的一面，即不同"中间地带国家"、全球性大国、其他利益攸关方之间具体互动的特点是有差异的。

二、全球性大国对通道政治的不同影响

（一）美俄对通道政治的影响

从冷战结束后三十多年的历史事件来分析，本书所研究的美俄这两个全球性大国在"中间地带国家"的互动内容主要是地缘政治博弈，两国在通道政治中更多地表现为争斗和较量。造成这一现象的根本原因是美俄之间实力分配的不均衡长期难以逆转，即冷战后俄罗斯与以美国为首的西方国家的实力差距总体上越来越大。

苏联解体后，虽然以俄罗斯的综合国力无法单独建构一套由其主导的全球性政治、经济和安全体制，但俄罗斯能够将自身的政治、经济、文化、外交和军事实力运用到极致，以此来化解美国建构的致力于遏制俄罗斯和损害俄罗斯核心利益的国际或地区机制，迫使这些机制向俄罗斯有利的方向发展和演变，并最终以对"美国机制"或"美国体系"进行破坏的反建构实现俄罗斯对地区和国际局势的建构。同时，如今的俄罗斯已无法像当年的苏联那样与美国并驾齐驱。2016年1月，俄罗斯总统普京在接受德国《图片报》采访时表示：俄罗斯不追求昂贵且没有意义的超级大国地位。[①] 面对与美国整体实力差距巨大的严峻现实，俄罗斯确实不能够每一次都对美国建构的于其不利的机制进行反建构。然而，一旦俄罗斯认为对其极为重要的关键性地缘战略支点由于受到西方势力的干预而出现即将改变"颜色"的动荡局势，以至于其为维系国家安全、保持政治稳定和促进经济发展而对美国决不能再行退让时，这个仍然具有强大力量的全球性大国便会倾尽全力集聚所有有利条件来坚决地对美国采取反建构举措。

从美俄大国博弈的视角来分析，反建构只是俄罗斯在面对其整体国家实力与美国相差较大的现实，以及其在对抗美国遏制与打压时的一种见招拆招、被动应对的战略措施。随着近些年内部政治的稳定、经济的

---

① 王申：《普京称俄不追求成超级大国：昂贵且没意义》，新华网，2016年1月13日，http://www.xinhuanet.com/world/2016-01/13/c_128621460.htm。

发展和军力的提升，以及外部西方势力的逼近和地缘政治环境的恶化，俄罗斯在与美国的地区博弈中正从被动的反建构转向主动的建构，即以"混合战争"的方式积极构建对自身有利的地缘政治框架，[1] 用军事上程度强烈但范围可控的主动出击回应西方对俄罗斯生存空间的不断挤压，并在处理地缘政治问题时实施有限介入和进退有据的灵活策略。2015年9月底之前，俄罗斯主要以政治和外交手段来被动地对西方国家占主导地位的叙利亚乱局进行反建构，以迟滞和拖延西方国家对叙利亚直接动武的进程，使西方国家推翻巴沙尔政权的图谋难以得逞。而从2015年9月30日开始，俄罗斯以强力军事行动和积极政治斗争并用的方式深度介入叙利亚，这成为除独联体地区外，俄罗斯在与美国博弈的过程中主动地构建地区合作体系以维护自身地缘政治利益的有效尝试，使美国主导中东的地区战略格局荡然无存。在叙利亚冲突中，俄罗斯成功建成与伊拉克、伊朗和叙利亚的四国反恐信息情报沟通机制，积极促成与土耳其和伊朗的战时利益组合，推动了叙利亚政府与反对派的对话，实现了与土耳其在叙利亚边境的联合巡逻。对这些合作机制的主动建构为俄罗斯在经营叙利亚这盘"棋局"的过程中赢得不可替代的地位，也使俄罗斯得以成为在叙利亚最重要的"操盘手"。

在2014年乌克兰危机全面爆发后，美俄关系降至冷战后的最低点。乌克兰危机是苏联解体后结构性矛盾作用下的全球性大国权力分配和地缘政治博弈的结果，是欧美特别是美国在欧亚大陆挤压俄罗斯地缘战略空间，以及俄罗斯对此强力反击的地缘政治事件。2022年2月24日，俄罗斯对乌克兰东部顿巴斯地区展开特别军事行动，这是多年以来，俄罗斯对以美国为首的西方忽视俄罗斯的国家安全利益、地缘政治利益，以及不尊重俄罗斯的文明文化和价值观而发起的绝地反击，是俄罗斯进一步动摇西方主导的国际秩序的实质性举措，是苏联解体后世界地缘政

---

[1] Frank Hoffman, "Conflict in the 21st Century: The Rise of Hybrid Wars," Potomac Institute for Policy Studies, 2007, https://potomacinstitute.org/images/stories/publications/potomac_hybrid-war_0108.pdf, pp. 17–34.

治格局和体系的一次剧烈震动。在西方看来，俄罗斯对乌克兰采取的特别军事行动是彻头彻尾的侵略，是对西方世界"民主"和"自由"的挑战。在俄罗斯看来，对乌采取特别军事行动是捍卫自身国家利益的必要手段。正如 2022 年 5 月 9 日普京总统在纪念伟大卫国战争胜利 77 周年红场阅兵式的致辞中所言："俄罗斯对侵略予以先发制人的反攻。这是一个被迫的、及时的、唯一正确的决定，一个拥有主权的强大独立的国家做出的决定。"①

面对以美国为首的西方国家更加严厉的打压，当前的俄罗斯在处理与西方的关系时反而更加主动、更加积极、更加强硬，这是美俄结构性矛盾进一步激化的具体体现，势必导致美俄的地缘政治博弈更加激烈。对美俄夹缝下的"中间地带国家"而言，这是其在外部空间所面临的最重要和最具实质性的变化。在此背景下，美俄对"中间地带国家"通道战略意义的解读会更具差异性。为了争夺各自的地缘政治利益，两国围绕通道的主导权展开博弈的可能性大大增加。一旦"中间地带国家"在通道政治上没能处理好同美俄两国的关系，则由此引发的动乱程度是难以估量的，这在俄格武装冲突和乌克兰危机中可见一斑。

（二）中国对通道政治的影响

中国历来奉行独立自主的和平外交政策，倡导互利共赢的和谐发展理念。中国外交政策的目标是与世界各国人民一道打造人类命运共同体，努力建设一个持久和平与共同繁荣的和谐世界。

对于中国在"中间地带国家"通道政治中所扮演的角色和所起的作用，本书认为：就影响"中间地带国家"的目标和方式而言，中国与美俄有很大不同，这是由上述中国的外交政策所决定的，即中国不似美俄那样干涉"中间地带国家"的内政和外交，也不似美俄那样把维持和扩大势力范围作为参与通道政治的目标。中国在"中间地带国家"

---

① 《普京胜利日讲话让西方"惊讶"，世界猜测俄下一步行动》，环球网，2022 年 5 月 10 日，https://world.huanqiu.com/article/47wXN3qvXiH。

发挥影响和作用的方式不是参与地缘政治博弈，而是凭借自身的产业升级、制造能力、资金等经济优势推动"中间地带国家"的经济发展，并与世界范围内特别是周边范围内的"中间地带国家"共享繁荣发展的成果。中国最为关注的不是某个"中间地带国家"与外部连接的小通道，而是连通欧亚大陆乃至更大范围的国际大通道，并着力向国际社会提供共建"一带一路"倡议作为沿线各国与区域外国家政治合作、经济发展、贸易往来的公共产品。提振经济、繁荣富足是世界各国对各自和全球未来蓝图的共同心愿。而中国倡导共建的"一带一路"这一国际经济合作、共同发展的大通道不仅符合沿线各国的发展意愿，更重要的是它能够切实解决这些国家在经济发展中所面对的诸如基础设施建设资金不足、互联互通项目落实困难等实际问题。

中国外交的实践证明：和平与发展仍是当今时代的主题，全球性大国对"中间地带国家"的积极作用可以推动其经济的建设和社会的进步。与此相比，美俄为谋取自身利益而展开的程度不等的地缘政治博弈只会给"中间地带国家"带来紊乱和动荡。

三、"中间地带国家"的生存与发展之道

全球性大国之间特别是美俄之间的结构性矛盾是双方展开地缘政治博弈的逻辑起点。"中间地带国家"由于自主性不足的特性在短期内无法改变而难以阻止美俄对其强力干预，这恰恰也是美俄双方向对方传递彼此间需要"对等回应"的信号。于是，美俄间的地缘政治博弈就在"中间地带国家"不断发酵，最终将这些国家带向分裂和动乱的深渊，并给国际安全带来深远的消极影响。

冷战结束后，美国为实现主导世界主要地区的地缘政治目标和巩固世界霸权的全球战略目标而积极打压其他全球性大国的战略空间，但世界却没有出现其所设计的愿景：以美国为首的西方国家凭借占据绝对优势的军事力量轻易推翻了南联盟、阿富汗、伊拉克、利比亚等几个"中间地带国家"的政权，但却在这些国家战后重建的过程中遭遇完全的失

败；美国在后苏联空间、中东地区发动或助推政权更迭运动，但其鼓吹的"民主自由制度"和市场经济改革在这些国家不仅没有真正树立，反而激化了这些"中间地带国家"内部原本就已明显存在或若隐若现的党派争斗、教派冲突、地区分裂和政治意识形态对抗。随着内部矛盾不断激化并愈演愈烈，一些"中间地带国家"逐渐进入紊乱、动荡甚至战乱的状态。不断恶化的地区局势不但证明西方国家"新干涉主义"彻底失败，而且给美国带来了维持战后秩序的沉重负担，这对美国维护其在"中间地带"的战略利益极其不利，并加速了美国实力的相对衰退。[①]

对全球性大国而言，合作才是竞争的前提和基础。"中间地带国家"的失序和动乱使全球性大国控制地区局势的成本更加高昂。因此，从美国干预"中间地带国家"的案例可以看出：如果"中间地带国家"的局势不安定，全球性大国就无法从"中间地带国家"获得长期、稳定的地缘政治利益。所以，全球性大国在结构性矛盾的刺激下展开的无休止博弈不能从本质上维护其在"中间地带国家"的地缘战略利益，而保持相互间在"中间地带国家"的积极合作及促进"中间地带国家"的持续稳定发展才是全球性大国增进其整体利益的根本之道。

全球性大国之间特别是美俄之间力量结构的调整给"中间地带国家"的内政外交带来了前所未有的挑战。全球性大国在"中间地带国家"的博弈、争夺和较量是冷战后国际政治的重要内容，因此对于"中间地带国家"而言，同时处理好与美国和俄罗斯等大国之间的关系是有利的、必要的，但在美俄地缘政治博弈愈加激烈的时代背景下，这同时也是个极难处理的国际关系课题。"中间地带国家"在外交上平衡全球性大国的表现不尽相同。[②] 在纳扎尔巴耶夫执政时期，哈萨克斯坦

[①] V. Zakem, P. Saunders, and D. Antoun, "Mobilizing Compatriots: Russia's Strategy, Tactics, and Influence in the Former Soviet Union," Centre of Naval Analyses Occasional Paper, November 2015, https://www.cna.org/CNA_files/PDF/DOP-2015-U-011689-1Rev.pdf, p. 14.

[②] E. A. McLellan, "Russia's Strategic Beliefs Today: the Risk of War in the Future," Orbis, Vol. 61, Iss. 2, 2017, pp. 255-268.

外交的优先方向是俄罗斯,这突出表现在该国加入了俄罗斯主导的旨在整合后苏联空间的欧亚经济联盟。但同时该国也与美国、欧盟和中国等力量中心展开积极合作。纳扎尔巴耶夫的大国均衡外交策略不仅为哈萨克斯坦的发展赢得了更多空间,也使其获得了超越自身国力的国际地位。冷战后东盟国家总体上在中美之间成功保持平衡,并积极与中美开展政治与经济合作,从而收获自身长期稳定的发展。反观本书所列举的格鲁吉亚,由于其在外交层面亲美反俄的道路上越走越远,并严重阻塞了对俄罗斯极为重要的战略通道,故而遭到俄罗斯的敌视,这种完全"一边倒"的外交战略最终给它带来了战争。"平衡外交"既是"中间地带国家"在外交层面的战略,也是这些国家解决实际外交问题应采取的策略,即亲近一个全球性大国并不一定意味着要长期地、战略性地与另一个全球性大国为敌。"中间地带国家"不应用全球性大国的"颜色"来调和出本国未来发展的色调,而是应当根据自身的政治、经济、文化、社会等要素来加重自身固有色彩的浓度,使本国未来发展的画卷更接近自己的本色,从而摆脱过于依赖某一全球性大国的思维定式,并在全球性大国间的动态平衡中尽可能寻求独立自主地处理内部事务的途径,以使自身更长期地处于和平发展的轨道之中。

因此,全球性大国与"中间地带国家"在彼此间互动的过程中不得不考虑以下问题:

第一,全球性大国应当认识到国家间结构性矛盾的长期存在,并且不要指望与其他全球性大国在"中间地带国家"通道的博弈会有最终的结果。无论是回顾历史还是立足现实,全球性大国之间的结构性矛盾都促使它们在"中间地带国家"的通道展开争夺,但全球性大国之间的相对均势又使它们相互之间无法做到绝对压制和拥有绝对优势。因此,没有任何一个全球性大国能永久性地控制"中间地带国家"的通道。只要全球性大国的竞争对手不从历史舞台上消失,那么其在"中间地带国家"通道的主导地位就只能是暂时的和动态的,任何全球性大国完全而长久地控制"中间地带国家"通道的企图最终只会适得其反。美国在乌克兰发动的地缘政治"攻势"虽然给俄罗斯划开了一道长期的"出血口",但没有实现控制欧洲天然气管线和在地缘上包围俄罗斯的战略目标。相反,乌克兰危机的爆发使全球国际关系进入后冷战时期的"第二个阶段",其最主要的标志便是以世界唯一超级大国美国为代表的西方国家的领导地位出现了实质性动摇。[1]

第二,"中间地带国家"不可指望一个全球性大国会在关键时刻基于通道利益为其与另外一个全球性大国发生大规模冲突。全球性大国之间的结构性矛盾在由"隐性"发展为"显性"时固然会引发大国博弈,但这难以触发大国间的大规模直接军事冲突,因为与同样具有强大军事能力的大国发生战争不符合任何一个全球性大国的整体利益。[2] 同时,全球性大国之间的共同战略利益大于任何一个全球性大国与"中间地带国家"之间的利益,全球性大国要解决的世界性或重大地区性问题也只有其他全球性大国才能提供最大的实质性帮助。亲西方的乌克兰政府在危机中上台,但却没有吸取"一边倒"外交政策的经验教训。面对俄罗斯在乌克兰东部地区的强力干预和反对乌克兰倾向西方的强硬态度,波罗申科政府的"亲美政策"换来的只是北约对其并不具有实质性意义的支持,以及欧盟委员会主席"乌克兰20年内不能加入欧盟"的消极表态;[3] 泽连斯基政府的亲西方政策换来的是在俄罗斯对乌展开特别军事行动后,乌克兰陷入后果难料的战争旋涡,以及西方短期内仍然拒不接纳乌克兰加入欧盟和北约的事实。

第三,"中间地带国家"在制定自己的内政外交政策时要谨慎、充分、平衡地考虑全球性大国在本地区的政治、经济和战略利益,以及这些地区利益对全球性大国全球战略利益的影响,而不是由于自己决策的失衡而引发全球性大国和周边国家的激烈博弈。"中间地带国家"自身

---

[1] 冯绍雷:《乌克兰危机长期延续的原因和影响》,《欧洲研究》2014年第6期,第3页。

[2] Abbink and de Haan, "Trust on the Brink of Armageddon: The First – Strike Game," European Economic Review, Vol. 67, 2014, pp. 190 – 196.

[3] 梁强:《从"近邻政策"到"向东看":乌克兰危机与普京的战略决策》,《外交评论》2015年第6期,第116页。

国力的弱小、自主性的缺失以及对动乱局势控制能力的不足使其几乎没有决策失误的资本。一旦全球性大国开始围绕"中间地带国家"展开地缘政治争夺，则"中间地带国家"根本无力调节它们之间复杂、深刻的结构性矛盾。最终，"中间地带国家"只会失去对国内局势的控制并沦为全球性大国博弈的牺牲品。由于"中间地带国家"自主性不足的状况长期难以改善、大国间结构性矛盾的客观现实无法消除、大国围绕"中间地带国家"相互竞争的外部地缘环境无法改变，因此全球性大国对"中间地带国家"的关注和争夺难以避免。"中间地带国家"必须正视现实，不能无视而是要学会处理与大国的关系。"中间地带国家"若想在大国中间左右逢源，就不能长期倒向一个全球性大国而去对抗另一个全球性大国，因为这会使"中间地带国家"与某个全球性大国的对立长期化、战略化。这种"一边倒"而不是"动态平衡"的策略选择最不符合"中间地带国家"利益的最大化。①

在全球性大国间结构性矛盾体系框架的制约和规范下，世界战略格局和国家战略成为当下全球性大国关系格局的决定性要素，即世界格局的变化和国际秩序的调整仍然需要较长时间，以美国为首的西方世界在一定时期仍将是全球的主导性力量，同时，美国领导世界和维持霸权的全球战略不会改变，中俄各自的大国复兴战略在大国间结构性矛盾的规范下也不会从根本上改变。因此，就未来一段时期的大国关系而言，由于美国与中俄的战略矛盾没有变化，美国会继续对中俄进行遏制，中俄共同制衡美国和应对美国打压的基本态势就不会改变。② 进入特朗普时期后，美国在2017年至2018年以相继出台的《美国国家安全战略》报告、《国防战略》报告和《核态势评估》报告为核心构建其大国竞争战略，直接将矛头对准中俄，以更加露骨的方式直截了当地表明对中俄的遏制立场。特朗普政府将中国确立为美国最主要的战略竞争对手。其发

---

① 王鸣野：《"中间地带"的博弈与困境》，科学出版社2017年版，第5—6页。
② 邹治波：《中美俄三角关系演变的内在机理与现实》，《国际经济评论》2017年第4期，第98—99页。

布的"印太战略"是美国同中国展开竞争的新型国际战略，是实现护持美国全球霸权最为重要的战略工具。为了更加有效地与中国展开竞争，2022年2月11日，美国白宫总统办公室和国家安全委员会联合发布拜登上台后的首份《美国印太战略》文件。拜登政府不仅全盘继承并大幅升级了特朗普政府时期的美国"印太战略"，而且做了以经济外交为抓手这一最核心的升级，即在产业链、高端技术、基建和数字贸易等方面为"印太战略"注入经济合作动能，积极加强其与印太盟友、伙伴之间的合作，包括加强与东盟、印度、日韩、太平洋岛国的合作，以及让美日印澳"四方安全对话"机制切实生效。2022年5月23日，美国总统拜登正式宣布启动"印太经济框架"。这意味着美国试图夯实"印太战略"的经济基础，从而构建排他性的区域经济联盟，以实现其在地缘经济和地缘政治两个方面制衡中国的目标。[1] 在"印太战略"下，拜登政府基于强化"一体化威慑"效力，强调充分运用所有军事手段和非军事手段，并不断深化与盟友的合作，从而形成更大的竞争优势和实现威慑目的。2023年8月18日，美国、日本、韩国三国领导人发布了三份"成果文件"——《戴维营精神：美日韩联合声明》、《戴维营原则》和《磋商约定》，强调三方在地缘战略竞争以及应对地区挑战、挑衅和威胁等问题上协调行动。[2] 由此可见，"大国竞争"时代的重新来临使大国间结构性矛盾激化的可能性迅速增加，大国关系能否继续保持总体稳定对"中间地带国家"的重要性也愈发突出。对于全球性大国而言，其对"中间地带国家"通道主导权的争夺实际上就是对整个"中间地带"地缘政治主导权的争夺；对于"中间地带国家"而言，其主导通道或利用通道获得收益的企图实际上就是其摆脱"中间地带化"进程的意图。各个全球性大国和"中间地带国家"在相互竞争、相互借重、相互利用的政治互动中将通道政治带向多重博弈的复杂阶

---

[1] 李巍：《与中国竞争：拜登政府的印太经济外交》，中国人民大学国家发展与战略研究院网站，http://nads.ruc.edu.cn/zkcg/zcjb/d7ee49a8889c4bfd8b22f8e1c887dbd6.htm。
[2] 项昊宇：《美日韩同盟协作的"戴维营时刻"》，《世界知识》2023年第17期，第26—28页。

段，这在很大程度上决定了全球性大国与"中间地带国家"的关系以及它们外交政策的成败。

国家间结构性矛盾是冷战后美俄关系演变的内在机理和内生推动力，而围绕中东欧、中东、朝鲜半岛等"中间地带"所展开的权力争夺和利益博弈则是两国结构性矛盾由潜在状态转变为激化状态的重要体现。无论是美国对俄罗斯的遏制和围堵，还是俄罗斯应对美国的反建构与建构，处于结构性矛盾下的美俄关系将在两国多层面的复杂互动中继续前行。而对"中间地带国家"而言，尽管其在美俄博弈下确实存在陷入动荡和分裂的隐患，但是这不一定就是它们的必然归宿。

在20世纪初期的昨天，麦金德的"陆权论"对"心脏地带"的重要性有如下论述：

谁统治东欧，谁就控制了"心脏地带"；

谁控制"心脏地带"，谁就主宰了世界岛；

谁主宰世界岛，谁就统治了世界。①

而在21世纪初期的今天，对于像处于中东、中东欧和外高加索地区难以回避结构性矛盾下美俄地缘政治博弈的"中间地带国家"，也许我们至少可以这样论述：

谁能成功地动态平衡大国利益，谁就能获得相对安定的外部环境；

谁能获得相对安定的外部环境，谁就能保持通道的顺畅；

谁能保持通道的顺畅，谁就能有机会赢得繁荣与和谐的未来。

长期以来，大国在国际关系和世界格局中居于主导性地位，在国际社会中拥有最强的实力、最大的能力和最广的影响力。因此，后冷战时代国际政治的本质仍是大国政治。世界各国的竞争、对抗、合作关系取决于美国、俄罗斯、中国、德国、英国、法国、印度、日本、巴西等世界大国之间的关系，但归根到底取决于美国、俄罗斯和中国这三个全球性大国之间的关系。全球性大国间关系紧张、博弈加剧、矛盾加深必然

---

① 滕建群：《三种地缘政治学说与"一带一路"倡议》，《和平与发展》2018年第5期，第1—15页。

会对世界格局产生最直接、最深远的影响。纵观近现代世界史，并结合对当代世界的仔细观察，可以看出：世界大国出于各自全球性和地区性的战略利益而展现出相互间的合作、竞争、对抗和战争关系；当大国间结构性矛盾暂时趋于缓和时，大国关系就可能以合作与竞争为主导；而当大国间结构性矛盾激化，乃至这些矛盾上升为国际政治中的主要矛盾时，国家之间、国家集团之间产生对抗和爆发战争的可能性就会大幅增加。因此，自威斯特伐利亚体系产生以来，特别是在冷战结束三十多年后，探析大国之间特别是全球性大国之间的结构性矛盾对其相互之间合作、竞争、对抗与战争关系的作用规律和调节机理是研究国际政治所难以绕开的实质性、普遍性问题。科索沃战争、阿富汗战争、伊拉克战争、利比亚战争、叙利亚战争、乌克兰危机等时刻牵动国际局势的热点问题无不是或与全球性大国直接相关，或有全球性大国渗透的背影，或有全球性大国的深度介入。[①] 在当前大国政治的背景下，只有全球性大国之间缓解矛盾，国际局势才能从根本上得到缓和。因此，要想真正获得和平稳定的外部发展环境，大国就必须将自身与其他大国之间的矛盾控制在合理范围内。于是，对于依旧在"心脏地带"和世界岛的大棋局下博弈的全球性大国而言：

谁能控制大国间结构性矛盾的程度，谁就能保持大国关系的稳定；

谁能保持大国关系的稳定，谁就能赢得发展的战略机遇；

谁能赢得发展的战略机遇，谁就能促进世界与国家的繁荣与和谐。

---

① 当前全球性大国对国际事务和地区局势的干预并不一定是直接在第一线。同时，世界大国对外干预的能力也不能小觑。例如，在2011年利比亚战争中，世界大国英国和法国冲锋在前，而美国虽然主要是提供后勤和情报支持，但整个利比亚战局最终仍是由美国实质性掌控。

参考文献

1. "Ankara Warns Against Airstrikes on Turkish Troops in Syria – Prime Minister," Sputnik International, https://sputniknews.com/middleeast/201611251047821988-syria-turkey-airstrikes/.

2. "Assad Indigestion: Syrian Ceasefire," The Economist, Vol. 403, No. 8780, Apr. 14, 2012, p. 58.

3. A. P. Tsygankov, "Crafting the State – Civilization Vladimir Putin's Turn to Distinct Values," Problems of Post – Communism, Vol. 63, No. 3, 2016, pp. 146 – 158.

4. A. P. Tsygankov, "Russia's Foreign Policy: Change and Continuity in National Identity," Lanham: Rowman & Littlefield, 2012, p. 29.

5. A. Stent, "Reluctant Europeans: Three Centuries of Russian Ambivalence Toward the West," in R. Legvold, ed, Russian Foreign Policy in the Twenty – First Century and the Shadow of the Past, New York, NY: Columbia University Press, 2007, pp. 393 – 441.

6. A. Stent, "Putin's World: Russia Against the West and with the Rest," New York, Hachette Book Group, 2019, p. 433.

7. Abbink and de Haan, "Trust on the Brink of Armageddon: The First – Strike Game," European Economic Review, Vol. 67, 2014, pp. 190 – 196.

8. Abdalrhman Ismail, "Russia Says Syria's Ceasefire Under Threat Af-

ter U. S. Airstrikes," The Huffington Post, Sep. 18, 2016, http: // www. huffingtonpost. com/entry/syria－ceasefire－russia_us_57de952ae4b0071a6e07cc1d.

9. Adam Albion, "U. S. Men and Materiel Reportedly Land in Uzbekistan," RFE/RL Central Asia Report, Vol. 1, No. 10, Sep. 28, 2001, p. 9.

10. Adrian Karatnycky and Alexander J. Motyl, "The Key to Kiev: Ukraine's Security Means Europe's Stability," Foreign Affairs, Vol. 88, No. 3 (May/June), 2009, pp. 106 – 120.

11. Al Jazeera, "Siria: Habitantes DE Deraa Vigilados por Francotiradores," Noticias en Español, Apr. 29, 2011, p. 1.

12. Alexander Lukin, "Eurasian Integration and the Clash of Values," Survival, Vol. 56, No. 3, 2014, p. 49.

13. Alexander Rondeli, "Georgia: Foreign Policy and National Security Priorities," UNDP Discussion Paper Series 3, Tbilisi, 1999, p. 74.

14. Alexander Rondeli, "The Choice of Independent Georgia," in Gennady Chufrin, ed, The Security of the Caspian Sea Region, Oxford: Oxford University Press, 2001, pp. 195 – 211.

15. Alexander Rondeli, "The Small State in the International System," Tbilisi: Georgian Foundation for Strategic and International Studies, Metsniereba, 2003, p. 160.

16. Alexandra Shapovalova, "Political Implications of The Eastern Partnership for Ukraine: A Basis for Rapprochement or Deepening the Rift in Europe," Romanian Journal of European Affairs, Vol. 10, No. 3, 2010, pp. 70 – 79.

17. Ana G. López Martín, "International Straits Concept, Classification and Rules of Passage," Springer – Verlag Berlin Heidelberg, 2010, pp. xii – xx.

18. Anders Aslund, "Ukraine's Choice: European Association Agreement or Eurasian Union?" Policy Brief, Peterson Institute for International Economics, No. PB13 – 22, September 2013.

19. Andrea Gawrich, Inna Melnykovska and Rainer Schweickert, "Neighbourhood Europeanization through ENP: The Case of Ukraine," JCMS, Vol. 48, No. 5, 2010, pp. 1209 – 1235.

20. Andreas Billmeier, Jonathan Dunn, and Bert van Selm, "IMF Working Paper In the Pipeline: Georgia's Oil and Gas Transit Revenues," 2004.

21. Andrew J. Macevich, "America's War for the Greater Middle East: A Military History," New York: Random House, 2016, p. 222.

22. Anna Borshchevskaya, "What to Expect from Syria Peace Talks in Moscow," Policy Watch, N2360, Jan. 23, 2015.

23. Anne Barnard, "A Break From Airstrikes on Rebel – Held Aleppo," New York Times, Oct. 19, 2016: A9.

24. Anu Anwar, "Belt and Road Initiative: What's in It for China?" East – West Center, Nov. 1, 2019.

25. Ari Soffer, "The 'Non – Arab Spring'?" Arutz Sheva, Sep 18, 2017, http://www.israelnationalnews.com/Articles/Article.aspx/13847.

26. B. R. Posen, "The Rise of Illiberal Hegemony," Foreign Affairs, Vol. 97, No. 2, 2018, pp. 20.

27. Barnard, Anne, and Andrew E. Kramer, "Russian Missiles Help Syrians Go on the Offensive," New York Times, Oct. 8, 2015, p. A1 (L).

28. Ben Hubbard and Anne Barnard, "Syria Outlines Plans for Conquest of Aleppo, Backed by Russian Power," War IN Content, Jul. 28, 2016, http://warincontext.org/2016/07/29/syria – outlines – plans – for – conquest – of – aleppo – backed – by – russian – power/.

29. Bertil Nygren, "The Rebuilding of Greater Russia: Putin's Foreign Policy towards the CIS Countries," New York: Routledge, 2007, p. 49.

30. Carolyn McGiffert Ekedahl and Melvin A. Goodman, "The Wars of Eduard Shevardnadze," Second edition, Dulles, Virginia: Brassey's, 2001, pp. 22 – 23.

31. "Central Intelligence Agency via the University of Texas at Aus-

tin," Perry – Castaneda Library Map Collection, http: //www. lib. utexas. edu/maps/georgia_republic. html.

32. Chloé Le Coq and Elena Paltseva, "EU – Russia: gas relationship at a crossroads, Russian Energy and Security up to 2030," New York: Routledge, 2014, p. 57.

33. Chunyang Shi, "Perspective on Natural Gas Crisis Between Russia and Ukraine," Review of European Studies, Vol. 1, No. 1, pp. 56 – 60.

34. Condoleezza Rice, "Will America Heed the Wake – up Call of Ukraine?" The Washington Post, Mar. 7, 2014, B3.

35. "Connecting Europe and Asia: The EU Strategy", EU – Asia Policy Document, Brussels, Sep. 19, 2018, http: //eeas. europa. eu.

36. David Aphrasidze, "Die Außen – und Sicherheitspolitik Georgiens," Nomos Verlagsgesellschaft, Baden – Baden, 2003, p. 69.

37. David Blair, "West's Decision to Stay out of Syria Has Left a Vacuum for Putin to Fill; Analysis," Daily Telegraph, Aug. 17, 2016, p. 12.

38. David Darchiashvili, "Trends of Strategic Thinking in Georgia, Achievements, Problems and Prospects," in Gary K. Bertsch ed. , Crossroads and conflict: security and foreign policy in the Caucasus and Central Asia, New York: Routledge, 2000, p. 72.

39. "Death of diplomacy Draws Closer in Syria," The Cairns Post, Oct. 1, 2016, p. 32.

40. "Diversification of Energy Supplies in the EU, Russia, and Ukraine: Common Approaches, Intentions, and Issues," National Security and Defense, No. 6, 2009, p. 4.

41. "Environmental Resource Management," Evaluation of TACIS Inter – State Energy and INOGATE Programmes, 1: F3.

42. E. A. McLellan, "Russia's Strategic Beliefs Today; the Risk of War in the Future," Orbis, Volume 61, Issue 2, 2017, pp. 255 – 268.

43. Eldar Ismailov and Vladimer Papava, "Central Caucasus, from Geo-

politics to Geoeconomics," CA&CC Press, Stockholm, 2006, p. 87.

44. Elizabeth O'Bagy, "The Free Syrian Army," Institute for the Study of War, March 2013, http: //www. understandingwar. org/sites/default/files/The – Free – Syrian – Army – 24MAR. pdf.

45. Erika Solomon, Mehul Srivastasa and Geoff Dyer, "Syrian Rebels 'in Secret Talks with Moscow' to End Aleppo Fighting: Turkey Has Reportedly Been Brokering Talks in Ankara with the Russian Military," Irish Times, Dec. 2, 2016, p. 10.

46. "EU/NIS: Commission Approves TACIS Assistance Projects for Former USSR," European Report, Brussels, Sep. 27, 1997.

47. "EU/NIS: INOGATE Summit Opens Energy Umbrella Agreement over NIS," European Report, Brussels, Jul. 24, 1999.

48. European Communities, "Tacis Annual Report 1998," Report from the Commission of the European Communities, Brussels, Jul. 23, 1999, http: //aei. pitt. edu/6078/1/6078. pdf.

49. "Evolution of Energy Wars: From the Oil Embargo 1973 Till Gas Aggression 2009," International Issues and Slovak Foreign Policy Affairs, Vol. XVII, No. 1, pp. 38 – 61.

50. F. Fukuyama, "The End of History?" The National Interest, Vol. 16 (Summer), 1989, pp. 3 – 18.

51. F. Lukyanov, "Putin's Foreign Policy: The Quest to Restore Russia's Rightful Place," Foreign Affairs, Vol. 95, No. 3, 2016, pp. 30 – 37.

52. F. William Engdahl, "Color Revolutions, Geopolitics and the Baku pipeline," Global Research, Jun. 25, 2005, p. 90.

53. Frank Hoffman, "Conflict in the 21st Century: The Rise of Hybrid Wars," Potomac Institute for Policy Studies, 2007, https: //potomacinstitute. org/images/stories/publications/potomac _ hybridwar _ 0108. pdf, pp. 17 – 34.

54. Frederick Starr, Svante E. Cornell and Nicklas Norling, "The EU,

Central Asia and the Development of Continental Transport and Trade," Silk Road Paper, December 2015, Central Asia – Caucasus Institute Silk Road Studies Program, Washington DC USA, https：//www. silkroadstudies. org/resources/2015 – starr – cornell – norling – eu – central – asia – continental – transport – and – trade. pdf, p. 1.

55. Frederik Coene, "For a Good Overview of the Caucasus, The Caucasus – An Introduction," Abingdon：Routledge, 2009, p. 34.

56. "Gas Pipelines War," Revista Romana de Geografile Politica, Vol. XII, No. 1, pp. 29 – 46.

57. "Geopolitics and Energy Security in the Wider Black Sea Region," Southeast European and Black Sea Studies, Vol. 7, No. 2, pp. 217 – 235.

58. George W. Bush, "The President's Radio Address," September 22, 2001, Weekly Compilation of Presidential Documents, Washington DC：United States Government Printing office, 2001, p. 36.

59. Georgi V. Georgiev and Angel G. Semerdjiev, "The Bulgarian Gas Transmission System：Status Quo and Vision for Future Development," Oil and Gas Pipelines in the Black – Caspian Seas Region, p. 206.

60. G. J. Ikenberry, "America's Liberal Hegemony," Current History, Vol. 98, No. 624, 1999, pp. 23 – 28.

61. George W. Breslauer and Catherine Dale, "Boris Yel'tsin and the Invention of a Russian Nation – State," Post – Soviet Affairs, Vol. 13, No. 4, 1997, pp. 303 – 332.

62. Grigoriev, L., and Salikhov, M., "Ukraine – Growth and Gas, Russia in Global Affairs," May 8, 2006, https：//eng. globalaffairs. ru/articles/ukraine – growth – and – gas/.

63. Helena Fraser, "Managing Independence：Georgian Foreign Policy 1992 – 1996," MPhil Thesis, St. Anton's College, Oxford University, 1997, p. 98.

64. Hing Kai Chan, Faith Ka Shun Chan and David O'Brien, "Inter-

national Flows in the Belt and Road Initiative Context Business, People, History and Geograph," Springer, Nature Singapore Pte Ltd. , 2020, pp. 274 – 275.

65. "I Am Georgian, And therefore I Am European," Zurab Zhvania's speech at the European Council, Sep. 10, 2013, Georgia Journal, https://georgianjournal. ge/politics/25618 – i – am – georgian – and – therefore – i – am – european – – zurab – zhvanias – historic – speech – at – the – european – council. html.

66. I. M. Oehler – Sincai, "United States 'Pivot' Towards Asia – Pacific: Rationale, Goals and Implications for the Relationship with China," Knowledge Horizons – Economics, Vol. 8, No. 1, 2016, pp. 25 – 31.

67. Isabel Nassief, "The Campaign for Homs and Aleppo: The Assad Regime's Strategy in 2013," Middle East Security Report 17, published by Institute for the Study of War, Jan. 1, 2014, p. 11.

68. J. J. Mearsheimer & S. M. Walt, "The Case for Offshore Balancing: A Superior US Grand Strategy," Foreign Affairs, Vol. 95, No. 4, 2016, pp. 70 – 83.

69. J. Mitzen, "Ontological Security in World Politics: State Identity and the Security Dilemma," European Journal of International Relations, Vol. 12, No. 3, 2006, pp. 341 – 370.

70. J. Perovic, R. Orttung & A. Wenger, eds, "Introduction: Russian Energy Power, Domestic and International Dimensions," London: Routledge, 2009, p. 45.

71. Jack D. Sharples, "The Shifting Geopolitics of Russia's Natural Gas Exports and Their Impact on EU Russia Gas Relations," Geopolitics, Vol. 21, No. 4, 2016, p. 905.

72. James A. Caporaso, "The European Union and Forms of State: Westphalian, Regulatory or Post – Modern?" Journal of Common Market Studies, Vol. 34, No. 1, 1996, pp. 29 – 52.

73. James Marson and Noam Raydan, "World News: Rebels in Aleppo

Reject Russia 'Pause' Plan," Wall Street Journal, Nov. 3, 2016: A4.

74. Jens Hanssen, "Elites and Transimperial Networks on the Eve of The Young Turk Revolution," International Journal of Middle East Studies, Vol. 43, No. 1, 2011, pp. 25 – 48.

75. Jim Nichol, "Central Asia's New State: Political Development and Implications for U. S. Interests," CRS Report for Congress, Mar. 31, 2000, IB93108.

76. John Bacon, "Syrian Military Retakes Total Control of Aleppo," USA Today, Dec. 23, 2016, p. 03A.

77. John Chay, "Korea, a Buffer State," in John Chay and Thomas Ross, eds., Buffer States in World Politics, Boulder: Westview Press, 1986, p. 194.

78. John J. Mearsheimerk, "Why the Ukraine Crisis Is the West's Fault," Foreign Affairs, Aug. 30, 2014, https://www.mearsheimer.com/wp-content/uploads/2019/06/Why-the-Ukraine-Crisis-Is.pdf.

79. "John Kerry threatens to end Syria talks with Russia over Aleppo," CBS News, Sep. 28, 2016, https://www.cbsnews.com/news/kerry-syria-talks-russia-aleppo/.

80. John R. Crook, "United States Recognizes Syrian Opposition as 'Legitimate Representative of the Syrian People,' Will Provide Small Arms and Ammunition to Opposition Forces," The American Journal of International Law, Vol. 107, Issue 3, July 2013, pp. 654 – 658.

81. John Zarocostas, "UN Body Condemns Syria for Use of Lethal Violence Against Protestors and for Denial of Access to Medical Treatment," British Medical Journal, Vol. 342, May 3, 2011, p. 1.

82. Joseph Holliday, "The Assad Regime: From Counterinsurgency to Civil War," Middle East Security Report 6, Institute for the Study of War, March 2013, p. 26, http://www.understandingwar.org/report/assad-regime.

83. Karl Deutsch, "Political Community at the International Level: Problems of Definition and Measurement," Doubleday, Garden City, New York, 1954, p. 33.

84. Katarina Montgomery, "Syria Won't Recover for Decades' – An Expert's View on The Cost of War on The Country," News Deeply, Jun. 16, 2015, https://deeply.thenewhumanitarian.org/syria/articles/2015/06/16/syria-wont-recover-for-decades-an-experts-view-on-the-cost-of-war-on-the-country.

85. Kenneth Boulding, "Conflict and Defense," New York: Harper, 1962, p. 107.

86. Kenneth Yalowitz and Svante Cornell, "The Critical but Perilous Caucasus," Orbis, Vol. 48, No. 1, 2004, p. 6.

87. L. Freedman, "Ukraine and the Art of Crisis Management," Survival, Vol. 56, No. 3, 2014, p. 8.

88. Lancet Neurol, "How NATO Could Confront the Putin Doctrine," Foreign Policy, Vol. 4, No. 9, September, 2005, p. 526.

89. Lawrence Ziring, "Asia's Pivotal Buffer States," in John Chay and Thomas Ross, eds., Buffer States in World Politics, Boulder: Westview Press, 1986, p. 153.

90. Louisa Loveluck and Loveday Morris, "As ISIS Retreats in Syria, U.S. and Iran Scramble for Control," The Washington Post, Jun. 7, 2017: B8.

91. M. Zapfe, "Deterrence from the Ground Up: Understanding NATO's Enhanced Forward Presence," Survival, Vol. 59, No. 3, 2017, pp. 147-160.

92. Mamuka Tsereteli, "Beyond Georgia: Russia's Strategic Interest in Eurasia," CACI Analyst, Nov. 6, 2008, p. 3.

93. Mamuka Tsereteli, "The Impact of the Russia-Georgia War on the South Caucasus Transportation Corridor," Jamestown Foundation, https://www.voltairenet.org/IMG/pdf/Impact_of_the_Russia-Georgia_War.pdf.

94. Margaret Hartmann, "Obama Says U. S. Will Recognize Syrian Rebel Group," Intelligence, Dec. 11, 2012, https://nymag.com/intelligencer/2012/12/obama-recognizes-syrian-rebel-group.html.

95. Marlène Laruelle, "Russia's Central Asia Policy and the Role of Russian Nationalism," Central Asia-Caucasus Institute and Silk Road Studies Program, April 2008, http://www.silkroadstudies.org/publications/silkroad-papers-and-monographs/item/13137-russias-central-asia-policy-and-the-role-of-russian-nationalism.html.

96. Martin Wight, "Power Politics," London: Leicester University Press, Royal Institute of International Affairs, 1995, p. 160.

97. Meliha B. Altunisik, Oktay F. Tanrisever, "The South Caucasus-Security, Energy and Europeanization," New York: Routledge, 2018, p. 187.

98. Michael Partem, "The Buffer System in International Relations," Journal of Conflict Resolution, Vol. 27, No. 1, 1983, p. 4.

99. Mushtaq A. Kaw, "Restoring India's Silk Route Links with South and Central Asia across Kashmir: Challenges and Opportunities," The China and Eurasia Forum Quarterly, Vol. 7, No. 2, May/June, 2009, pp. 59-74.

100. Mushtaq A. Kaw, "Transcending Multilateral Conflicts in Eurasia: Some Sustainable Peaceful Alternatives," Comparative Islamic Studies, Vol. 7 (1-2), 2012, pp. 349-381.

101. Myers R., "Persistence of Authoritarianism in the Middle East and North Africa," Munich: GRIN Verlag, 2009, p. 7.

102. N. Paresashvili, "Reforms and Policies Fostering Georgia as Emerging Market," Public Policy and Administration, Vol. 14, No. 1, 2015, pp. 54-64.

103. N. R. Smith, "Assessing the Trajectory of West-Russia Relations in Eastern Europe: Gauging Three Potential Scenarios," Global Policy, 2017, https://www.globalpolicyjournal.com/articles/conflict-and-security/assessing-trajectory-west-russia-relations-eastern-europe-gaug-

ing – thr.

104. Nicholas Spykman, "Frontiers, Security and International Organization," Geographical Review, Vol. 32, No. 3, 1942, p. 440.

105. Ó Beacháin, D, "Elections and Nation – Building in Abkhazia," in R. Isaacs and A. Polese eds., Nation – Building and Identity in the Post – Soviet Space: New Tools and Approaches, London: Routledge, 2016, pp. 206 – 225.

106. Odom W., "US Policy toward Central Asia and the South Caucasus," Caspian Crossroads, Issue 1, 1997, p. 11.

107. Odysseas Spiliopoulos, "The EU – Ukraine Association Agreement as a Framework of Integration Between the Two Parties," Procedia Economics and Finance, No. 9, 2014, pp. 258.

108. Olav Knudsen, "Eastern Europe: The Buffer Effect of a Cordon Sanitaire," in John Chay and Thomas Ross, eds., Buffer States in World Politics, Boulder: Westview Press, 1986, p. 90.

109. Olav Knudsen, "What Promise for Regional Cooperative Security? A Comparison of the Baltic Sea Region and Northeast Asia," Pacific Focus, Volume 14, Issue 2, September, 1999, pp. 5 – 42.

110. Olga Vasilieva, "The Foreign Policy Orientation of Georgia," SWPAP, July 1996, p. 2968.

111. Paul Wood, "Syrian Nightmare: Will This Conflict in the Middle East Lead to World War Three?" Spectator, Vol. 332, No. 9815, Oct. 8, 2016, p. 12.

112. Pierre, Andrew J., and Dmitri Trenin, "Developing NATO – Russian Relations," Survival, Vol. 39, No. 1, 1997, pp. 5 – 18.

113. Pitman Potter, "Buffer State," Encyclopedia of Social Sciences, No. 3 – 4, 1930, p. 45.

114. "President Bush Discusses Iraq in Veterans Day Address," The White House, November 11, 2003, https://georgewbush – whitehouse. archives. gov/news/releases/2003/11/20031111 – 10. html.

115. P. Rutland, "Trump, Putin, and the Future of US – Russian Relations," Slavic Review, Vol. 76, No. S1, 2017, S41 – S56.

116. "Putin's Bombing of the Innocents; Russian Jets Pound Heavily Populated Civilian Areas as Cameron Savages Putin for Backing 'Butcher Assad'," Mail on Sunday (London, England), Oct. 4, 2015, p. 22.

117. Pynnöniemi, "Russia's National Security Strategy: Analysis of Conceptual Evolution," The Journal of Slavic Military Studies, Vol. 31, No. 2, 2018, pp. 240 – 256.

118. R. Friedman Lissner & M. Rapp – Hooper, "The Day after Trump: American Strategy for a New International Order," The Washington Quarterly, Vol. 41, No. 1, 2018, pp. 7 – 25.

119. R. G. Kaufman, "Prudence and the Obama Doctrine," Orbis, Vol. 58, No. 23, 2014, pp. 441 – 459.

120. Raymond Hinnebusch, "Syria: from 'Authoritarian Upgrading' to Revolution?" International Affairs, Vol. 88, No. 1, 2012, p. 98.

121. Richard Sakwa, "Frontline Ukraine: Crisis in the Borderlands," London and New York: IB Tauris, 2014, pp. 218 – 219.

122. Robert Jervis, "Cooperation under the Security Dilemma," World Politics, 1978, pp. 2 – 30.

123. Robert Jervis, "The Compulsive Empire," Foreign Policy, July/August, 2003, p. 84.

124. Roy Allison, "Russia and Syria: Explaining Alignment with A Regime in Crisis," International Affairs, Vol. 89, No. 4, 2013, pp. 804 – 807.

125. Rumer, Eugene, Richard Sololsky, Paul Stronski, and Andrew S. Weiss, "Illusions vs Reality: Twenty – Five Years of US Policy Toward Russia, Ukraine, and Eurasia," Washington DC: Carnegie Endowment for International Peace, 2017, p. 25.

126. "Russia Disappointed UNGA Meeting on Syria Pays Little Attention to Terrorists," Sputnik International, Oct. 20, 2016, https://sputni-

knews. com/middleeast/201610201046564889 – russia – unga – syria – terrorism/.

127. "Russia Received No Intel From US on Any Terrorist Organization in Syria – MoD," Sputnik International, Nov. 6, 2016, https: //sputniknews. com/middleeast/201611061047113512 – russia – us – syria – no – intel/.

128. "Russia to Cut Gas to Ukraine after Talks Fail," The Sydney Morning Herald, Jan. 1, 2009, https: //www. smh. com. au/world/russia – to – cut – gas – to – ukraine – after – talks – fail – 20090101 – 783g. html.

129. "Russia's Syrian Stance: Principled Self – Interest," Strategic Comments, Volume 18, Issue 7, 2012, pp. 1 – 3.

130. "Russia – Ukraine Gas Disputes," World Heritage Encyclopedia, http: //www. self. gutenberg. org/articles/eng/Russia% E2% 80% 93Ukraine_gas_disputes.

131. S. Chesterman, "Leading from Behind: The Responsibility to Protect, the Obama Doctrine, and Humanitarian Intervention After Libya," Ethics & International Affairs, Vol. 25, No. 3, 2011, pp. 279 – 285.

132. S. Cohen, "Presidential Address: Global Geopolitical Change in the Post – Cold War Era," Annals of the Association of American Geographers, Vol. 81, No. 4, 1991, pp. 551 – 580.

133. S. F. Szabo, "Can Berlin and Washington Agree on Russia?" The Washington Quarterly, Vol. 32, No. 4, 2009, p. 23.

134. S. Frederick Starr and Svante E. Cornell, "The Baku – Tbilisi – Ceyhan Pipeline: Oil Window to the West, Central Asia – Caucasus Institute and Silk Road Studies Program," Johns Hopkins University, Baltimore, Md. , 2005, p. 79.

135. S. G. Brooks & W. C. Wolfforth, "World Out of Balance: International Relations and the Challenge of American Primacy," Princeton, NJ: Princeton University Press, 2010, p. 28.

136. S. P. Huntington, "The Lonely Superpower," Foreign Affairs, Vol. 78, No. 2, 1999, pp. 35 – 49.

137. S. Pirani and K. Yafimava, "Russian Gas Transit across Ukraine Post 2019: Pipeline Scenarios, Gas Flow Consequences, and Regulatory Constraints," The Oxford Institute for Energy Studies, 2016, OIES Paper, NG 105.

138. S. Pirani, "The Russo – Ukrainian Gas Dispute, 2009," Russian Analytical Digest, No. 53, January 20, 2009, pp. 2 – 8.

139. Scott Wilson, "Obama, in Brussels Speech, Prods Europe Need a New Rulebook for Russia, Bolster NATO," The Washington Post, Mar. 27, 2014: B5.

140. Shiriyev, Zaur, and Kornely Kakachia, "Azerbaijani – Georgian Relations: The Foundations and Challenges of the Strategic Alliance," SAM Review, 2013, pp. 7 – 8.

141. Stanton K. Tefft, "Structural Contradictions, War Traps and Peace," Journal of Peace Research, Vol. 25, No. 2, June, 1988, p. 150.

142. "Statistical Review of World Energy 2020 (69th edition)," https://www.bp.com/content/dam/bp/business – sites/en/global/corporate/pdfs/energy – economics/statistical – review/bp – stats – review – 2020 – full – report.pdf, p. 32.

143. Stephan De Spiegeleire, "Of Buffers and Bridges. Some Geodetic Thoughts on European Stability in the Post – Cold War Era," http://ourworld.compuserve.com/homepages/sdspieg/buffer.htm.

144. Stephen Starr, "Isis Driven out of Town as Turkish Forces cross Border: Syrian Rebels Meet Little Resistance as They Take Control of Town of Jarablus," Irish Times, Aug. 25, 2016, p. 8.

145. Svante E. Cornell and Niklas Nilsson, eds., "Europe's Energy Security: Gazprom's Dominance and Caspian Supply Alternatives," Central Asia Caucasus Institute and Silk Road Studies Program, 2008, p. 12.

146. "Syria & Yemen Hit by Arab Revolutionary Wave; They Have to Opt to One of 3 Models," APS Diplomat News Service, Vol. 74, Issue 13, Mar. 28, 2011, p. 56.

147. "TAP Natural Gas Pipeline Begins Commercial Service," Oil & Gas Journal, Tulsa, Vol. 118, Issue. 11d, Nov. 30, 2020, p. 13.

148. Tabachnik, Maxim, "Untangling Liberal Democracy from Territoriality: From Ethnic/Civic to Ethnic/Territorial Nationalism," Nations and Nationalism, Vol. 25, No. 1, 2019, pp. 191–207.

149. Taleh Ziyadov, "The Kars–Akhalkalaki Railroad: A Missing Link Between Europe and Asia," Central Asia–Caucasus Analyst, Apr. 19, 2006, pp. 5–6.

150. T. Cha, "The Return of Jacksonianism: The International Implications of the Trump Phenomenon," The Washington Quarterly, Vol. 39, No. 4, 2016, pp. 83–97.

151. Teimuraz Gorshkov and George Bagaturia, "TRACECA: Restoration of Silk Route," Japan Railway and Transport Review 28, 2001, p. 52.

152. "The New Government's Performance In 2005: A View of Non–Governmental Think Tanks," National Security & Defence, 2005, pp. 12–20.

153. The White House, "The National Security Strategy of the United States of America," https://2009-2017.state.gov/documents/organization/63562.pdf.

154. The World Bank, "The World Bank in Georgia, 1993–2007," Country Assistance Evaluation, 2009, p. 12.

155. Thomas Catan, "Russia and Ukraine Reach Gas Agreement," Financial Times, https://www.ft.com/content/6ea768c4-7c8c-11da-936a-0000779e2340.

156. Thomas Ross, "Buffer States: A Geographer's Perspective," in Buffer States in John Chay and Thomas Ross, eds., World Politics, Boulder: Westview Press, 1986, p. 16.

157. Tom Perry, "Rebels Wary of Ceasefire; U.S., Russia Agree to End Hostilities as Islamic State Makes Gains on Road to Aleppo," Reuters, Feb. 24, 2016: C 1.

158. Trygve Mathisen, "The Functions of Small States in the Strategies of the Great Powers," Oslo: Universitetsvorlaget, 1971, p. 107.

159. Tsygankov and Andrei P., "The Russia – NATO Mistrust: Ethnophobia and the Double Expansion to Contain the Russian Bear," Communist and Post – Communist Studies, Vol. 46, No. 1, 2013, pp. 179 – 188.

160. "Ukraine and Turkmenistan Agreed on Timing of Payments for Gas," Obozrevatel, Oct. 31, 2005, http://obozrevatel.com/news/2005/10/31/56884.htm.

161. "US Apologises for Air Strike That Killed Dozens of Syrian Troops; Russia Expresses Anger After Regime Forces Are Hit in Coalition Attack Near Militant – Held Positions," Sunday Telegraph, Sep. 18, 2016, p. 20.

162. V. Papava, "Economic Achievements of Postrevolutionary Georgia – Myths and Reality," Problems of Economic Transition, Vol. 56, No. 2, 2013, pp. 51 – 65.

163. V. Papava, "Georgia's Economy – The Search for a Development Model," Problems of Economic Transition, Vol. 57, No. 3, 2014, pp. 83 – 94.

164. V. Papava, " 'Rosy' Mistakes of the International Monetary Fund and the World Bank in Georgia," Voprosy Ekonomiki, Volume 3, Issue 3, pp. 143 – 152.

165. V. Veebel, "NATO Options and Dilemmas for Deterring Russia in Baltic States," Defence Studies, Vol. 18, No. 2, 2018, pp. 229 – 251.

166. V. Zakem, P. Saunders, and D. Antoun, "Mobilizing Compatriots: Russia's Strategy, Tactics, and Influence in the Former Soviet Union," Centre of Naval Analyses Occasional Paper, November 2015, https://www.cna.org/CNA_files/PDF/DOP – 2015 – U – 011689 – 1Rev.pdf, p. 14.

167. Valerie Szybala, "Assad Strikes Damascus," Institute for the Study of War, January 2014, http://understandingwar.org/sites/default/files/ISWAssadStrikesDamascus_26JAN.pdf, pp. 15.

168. Vladimir Socor, and S. Frederick Starr, "The Unfolding of the U. S. – Uzbekistan Crisis," in John C. K. Daly, Kurt H. Meppen, eds, Anatomy of a Crisis: U. S. – Uzbekistan Relations, 2001 – 2005, Washington, DC and Uppsala, Sweden: CACI & SRSP Silk Road Paper, February 2006, pp. 44 – 65.

169. W. C. Wolfforth, "Unipolarity, Status Competition, and Great Power War," World Politics, Vol. 61, No. 1, 2009, pp. 28 – 57.

170. W. Clark, J. Luik, E. Ramms, and R. Shirreff, "Closing NATO's Baltic Gap," International Centre for Defence and Security, 2016, pp. 1 – 28.

171. Yevgency Vinokurov, "Pragmatic Eurasianism," Russia in Global Affairs, No. 2, 2013, pp. 87 – 96.

172. "Министр обороны РФ Сергей Шойгу: Россия достигла стратегического паритета со странами НАТО," ПЕРВЫЙ КАНАЛ России, 24 мая 2017, https://www.1tv.ru/news/2017 – 05 – 24/325802 – ministr_oborony_rf_sergey_shoygu_rossiya_dostigla_strategicheskogo_pariteta_so_stranami_nato.

173. Алексей Топалов, "《Северный поток》уперся в доход," Газета.ru, https://www.gazeta.ru/business/2009/10/07/3270585.shtml.

174. Беседовал Андрей Гурков, "Спрос на энергию из России начнет сокращаться в Европе лет через 30 40," InoSMI.ru, 2010, http://www.inosmi.ru/russia/20100721/161490654.html.

175. Валерия Сычева, "О чем не договорились Владимир Путин и Барак Обама в Санкт – Петербурге," Итоги, No. 36, 9 Сентября 2013г.

176. "Вступление Украины в НАТО даст государству существенные преимущества," Октября19, 2005г, https://www.kmu.gov.ua/.

177. Дмитрий Тренин, "Позиция России по Сирии: логика есть,

но политическая цена высока," https：//carnegie. ru/2012/02/05/ru - pub - 47133.

178. "Павлив：Украину ждут обнищание и бандитизм," http：// rian. com. ua/interview/20160101/1002964379. html.

179. "Прямая линия с Владимиром Путиным," Президент России，http：//kremlin. ru/events/president/news/20796.

180. Р. С. Мухаметов, "Внешнеполитические приоритеты России в Ближнем Зарубежье：основные средства реализации," Известия Уральского государственного университета, Сер. 3, Общественные науки, Vol. 69, No. 3, 2009, С. 35.

181. Януш Бугайски, "США и Украина：три аспекта отношений," http：//www. day. kiev. ua.

182. 毕洪业:《俄罗斯与美欧在阿塞拜疆油气管线上的争夺及前景》,《国际石油经济》2014年第Z1期。

183. 曹鹏鹏、韩隽:《叙利亚民族国家建构困境与启示：基于冲突治理的分析》,《统一战线学研究》2019年第4期。

184. 陈劼:《印巴分治社会原因之剖析》,《南亚研究季刊》2002年第3期。

185. 陈翔:《冷战时期代理人战争为何频发》,《国际政治科学》2017年第4期。

186. 陈翔:《内战为何演化成代理人战争》,《世界经济与政治》2018年第1期。

187. 陈小沁:《俄美在外高加索地区的能源政策博弈》,《国际关系学院学报》2010年第4期。

188. 陈旭:《国际关系中的小国权力论析》,《太平洋学报》2014年第10期。

189. 程春华、闫斐:《乌克兰危机下的俄欧能源冲突应对机制》,《南京政治学院学报》2014年第6期。

190. 程春华、张瑶:《国际能源贸易中的争端管理机制初探——以俄欧乌天然气争端应对为例》,《国际关系研究》2015 年第 1 期。

191. 程春华:《俄罗斯与欧盟能源冲突的应对机制》,《中国社会科学院研究生院学报》2012 年第 2 期。

192. 崔小西:《俄罗斯应对叙利亚危机的政策分析》,《阿拉伯世界研究》2014 年第 2 期。

193. 邓浩:《外高加索地区形势演变及其走向》,《国际问题研究》2016 年第 2 期。

194. 董漫远:《叙利亚危机及前景》,《国际展望》2012 年第 6 期。

195. 方华:《俄乌"天然气之争"的背后》,《当代世界》2006 年第 3 期。

196. 冯绍雷:《从俄格冲突到国际金融危机的"危机政治经济学"——俄罗斯与大国关系的变迁及其对中国的启示》,《俄罗斯研究》2009 年第 3 期。

197. 冯绍雷:《俄罗斯的中东战略:特点、背景与前景》,《当代世界》2016 年第 3 期。

198. 冯绍雷:《欧盟与俄罗斯:缘何从合作走向对立?——论围绕乌克兰"东-西"取向的三边博弈》,《欧洲研究》2015 年第 4 期。

199. 冯绍雷:《乌克兰危机长期延续的原因和影响》,《欧洲研究》2014 年第 6 期。

200. 谷亚红:《南斯拉夫解体根源国内研究述评》,《俄罗斯中亚东欧研究》2012 年第 2 期。

201. 胡惠林:《国家意识形态安全:挑战、治理与创新》,《福建论坛》(人文社会科学版)2019 年第 6 期。

202. 黄军甫:《国家自主性困境及对策——国家与社会关系的视角》,《社会科学》2014 年第 12 期。

203. 姜大霖:《俄乌天然气之争的背景、影响及其启示》,《俄罗斯中亚东欧市场》2009 年第 5 期。

204. 姜毅:《评析俄罗斯在中东的机会主义外交》,《西亚非洲》2016 年第 3 期。

205. 蒋莉、李静雅：《西方与俄罗斯的干涉和反干涉》，《现代国际关系》2020 年第 10 期。

206. 金家新：《美国对外意识形态输出的战略与策略》，《毛泽东邓小平理论研究》2018 年第 12 期。

207. 金英君：《美国"民主制度输出"战略解析》，《马克思主义研究》2019 年第 4 期。

208. 况腊生：《叙利亚战争沉思录：二十一世纪的"微型世界战争"》，人民出版社 2018 年版。

209. 劳华夏：《乌克兰危机的外部因素探析》，《国际论坛》2015 年第 5 期。

210. 勒会新：《俄罗斯民族性格形成中的宗教信仰因素》，《俄罗斯学刊》2014 年第 1 期。

211. 雷蕾、叶·弗·布蕾兹卡琳娜：《普京时代俄罗斯核心价值观建构及价值观教育》，《比较教育研究》2019 年第 3 期。

212. 李亚男：《未遂政变加速土耳其"东向"进程》，《世界知识》2016 年第 16 期。

213. 李云鹏：《浅析土耳其与美国关系的新变化》，《和平与发展》2019 年第 1 期。

214. 李志永：《中国国家自主性的演进与外交的进步》，《外交评论（外交学院学报）》2014 年第 6 期。

215. 梁甲瑞：《海上战略通道视角下中国南太地区的海洋战略》，《世界经济与政治论坛》2016 年第 3 期。

216. 梁强：《从"近邻政策"到"向东看"：乌克兰危机与普京的战略决策》，《外交评论》2015 年第 6 期。

217. 梁英超：《萨卡什维利成为格鲁吉亚的敌人原因探究》，《西伯利亚研究》2015 年第 5 期。

218. 刘博文、程万里：《运输投送设施体系战时保障能力评估》，《军事交通学院学报》2020 年第 4 期。

219. 刘海霞：《从叙利亚难民危机看西方民主输出的"罪与罚"》，

《人民论坛》2015 年第 36 期。

220. 刘圣中：《国家自主性及现代国家类型的流变》，《中共天津市委党校学报》2020 年第 4 期。

221. 柳丰华：《从大国经济外交到大国权力外交——普京总统第三、四任期的外交战略》，《国外理论动态》2019 年第 4 期。

222. 陆卓明：《当代世界政治经济地理结构》，《北京大学学报（哲学社会科学版）》1981 年第 4 期。

223. 马得懿：《海洋航行自由的制度张力与北极航道秩序》，《太平洋学报》2016 年第 12 期。

224. 马龙闪：《"普京主义"推出政治强国模式——解读俄罗斯总统助理苏尔科夫〈普京的长久国家〉一文》，《人民论坛》2019 年第 12 期。

225.《毛泽东选集》第 1 卷，人民出版社 2008 年版。

226. ［美］汉斯·摩根索著，徐昕、郝望、李保平译：《国家间政治：权力斗争与和平》（第七版），北京大学出版社 2005 年版。

227. ［美］亨利·基辛格著，顾淑馨、林添贵译：《大外交》，海南出版社 1998 年版。

228. ［美］亨利·基辛格著，胡利平、林华、曹爱菊译：《世界秩序》，中信出版集团 2015 年版。

229. ［美］肯尼思·华尔兹著，信强译：《国际政治理论》，上海人民出版社 2003 年版。

230. ［美］塞缪尔·亨廷顿著，周琪等译：《文明的冲突与世界秩序的重建》，新华出版社 1998 年版。

231. ［美］兹比格纽·布热津斯基著，潘嘉玢、刘瑞祥译：《大失控与大混乱》，中国社会科学出版社 1995 年版。

232. ［美］兹比格纽·布热津斯基著，中国国际问题研究所译：《大棋局：美国的首要地位及其地缘战略》，上海人民出版社 1998 年版。

233. 牛治富：《新时期解决中印边界结构性矛盾的思考》，《西藏民族大学学报》（哲学社会科学版）2019 年第 5 期。

234. 庞昌伟、柏锁柱：《"纳布科"项目与美欧俄及里海新兴资源国能源博弈》，《国际展望》2010 年第 2 期。

235. 庞昌伟、张萌：《纳布科天然气管道与欧俄能源博弈》，《世界经济与政治》2010 年第 3 期。

236. 邵峰：《大国竞合的四类主要分歧及化解之道》，《国家治理》2015 年第 25 期。

237. 沈莉华：《历史真相中的乌克兰民族主义者组织》，《俄罗斯东欧中亚研究》2018 年第 3 期。

238. 沈文辉、刘佳林：《国家自主性与文在寅政府的对朝政策》，《延边大学学报（社会科学版）》2020 年第 6 期。

239. 宋博、吴大辉：《俄罗斯化的历史内涵与演化路径》，《国际政治科学》2019 年第 2 期。

240. 孙璐璐、章永乐：《从波兰问题反思卡尔·施米特的欧洲国际秩序论述》，《欧洲研究》2019 年第 2 期。

241. 孙霞：《中亚能源地缘战略格局与多边能源合作》，《世界经济研究》2008 年第 5 期。

242. 唐永胜、卢刚：《中美关系的结构性矛盾及其化解》，《现代国际关系》2007 年第 6 期。

243. 滕建群：《三种地缘政治学说与"一带一路"倡议》，《和平与发展》2018 年第 5 期。

244. 汪长明：《"两个民族"理论与印巴分治》，《延边大学学报（社会科学版）》2011 年第 4 期。

245. 王晋：《叙利亚重建的困境、归因与超越》，《西亚非洲》2019 年第 1 期。

246. 王晋：《叙利亚重建面临的政治、经济和外交挑战》，《国际关系研究》2018 年第 2 期。

247. 王鸣野：《"中间地带"的博弈与困境》，科学出版社 2017 年版。

248. 王鸣野：《中间地带的通道政治与中间地带国家的国际行

为——以吉尔吉斯斯坦玛纳斯空军基地为例》,《俄罗斯研究》2019年第3期。

249. 王庆平:《文明冲突视角下的乌克兰与俄罗斯关系研究》,《西伯利亚研究》2012年第6期。

250. 王新刚、马帅:《叙利亚阿萨德时期威权主义与政治稳定探析》,《西北大学学报》(哲学社会科学版)2016年第3期。

251. 王新刚、张文涛:《叙利亚政党制度与政治稳定研究》,《外国问题研究》2018年第2期。

252. 王新刚:《现代叙利亚国家与政治》,人民出版社2016年版。

253. 王志远:《乌克兰经济:从"辗转腾挪"到"内忧外患"》,《欧亚经济》2015年第2期。

254. 魏亮:《伊朗影响伊拉克的目标与途径》,《阿拉伯世界研究》2014年第1期。

255. 吴大辉:《美国在独联体地区策动颜色革命的三重诉求》,《俄罗斯中亚东欧研究》2006年第2期。

256. 邢文海、冀开运:《两伊战争起因叙论》,《军事历史研究》2018年第4期。

257. 熊光清:《美国民主输出战略的发展与演变》,《人民论坛》2018年第27期。

258. 徐健全:《试析一般系统论的哲学基础》,《哲学研究》1988年第2期。

259. 徐康宁:《现代化国家、经济增长与中国道路》,《江海学刊》2018年第1期。

260. 徐林实、С. Н. 伊万诺夫:《乌克兰社会经济发展现状对投资环境影响分析》,《哈尔滨商业大学学报》(社会科学版)2016年第5期。

261. 许勤华:《解析"巴杰管线"对里海地区的战略影响》,《亚非纵横》2006年第1期。

262. 杨丽明:《叙利亚仍难逃一战》,《中国青年报》2011年12月

8日。

263. 杨玲:《21世纪俄罗斯里海地区能源外交述评》,《国际政治研究》2011年第4期。

264. 杨恕、张会丽:《俄格冲突后的格鲁吉亚局势》,《俄罗斯中亚东欧研究》2010年第1期。

265. 于洪君:《格鲁吉亚在兄弟阋墙的浩劫中痛苦挣扎》,《东欧中亚研究》1996年第2期。

266. 俞邃:《俄罗斯多方位外交战略与未来走势》,人民网,http://world.people.com.cn/n1/2018/0717/c187656-30152992.html。

267. 张春:《非洲政治治理60年:多重长期困境与潜在创新出路》,《西亚非洲》2020年第2期。

268. 张弘:《民族主义与政治转型的相互影响——以亚美尼亚为案例的研究》,《俄罗斯东欧中亚研究》2018年第3期。

269. 张弘:《乌克兰危机中的价值观冲突》,《和平与发展》2015年第4期。

270. 张宏明:《大国在非洲格局的历史演进与跨世纪重组》,《当代世界》2020年第11期。

271. 张江河:《美西战争与美国向东南亚地缘政治扩张的历史脉络》,《东南亚研究》2013年第5期。

272. 张秀琴:《政治意识形态的理论、制度与实践》,《北京大学学报》(哲学社会科学版)2007年第4期。

273. 张严峻:《白俄罗斯民族文化认同的历史流变与现实境遇》,《俄罗斯研究》2018年第4期。

274. 张宇燕等:《全球政治与安全报告(2017)》,社会科学文献出版社2017年版。

275. 赵会荣:《当前乌克兰政治基本特征与影响因素》,《俄罗斯学刊》2016年第2期。

276. 周立人、周闻:《价值理性与科学理性的辩证统一——伊斯兰文明观与西方文明观之区别》,《回族研究》2014年第2期。

277. 周伊敏、王永中：《俄罗斯油税新政不足忧》，《环球》2019年第14期。

278. 朱国强：《合恩角——艰险的航路》，《航海》1981年第2期。

279. 邹治波：《中美俄三角关系演变的内在机理与现实》，《国际经济评论》2017年第4期。

后记
Afterword

本书是在本人博士论文的基础上修改而成。当完成本书的时候，不知不觉听过无数遍的苏联歌曲一首接一首在耳边回荡，看过无数遍的苏联电影、电视剧的经典镜头一幕一幕涌上心头！在博士阶段研究俄罗斯东欧中亚问题、美俄关系问题一直是我最大的心愿。这本书凝聚了本人多年来对俄罗斯东欧中亚、中东、大国关系等领域问题的思考和心得。其中的观点正确与否，敬请业界内外专家、学者和国际关系爱好者批评指正。

对于"中间地带国家"通道政治，本人认为：在当前大国政治和大国竞争的国际政治背景下，无论是全球性大国、世界大国、地区性大国、地区性强国，还是"中间地带国家"，要想让通道安宁并进一步促进其政治通达、经济繁荣、文化兴盛和社会和谐，就应当充分考虑自身与其他利益攸关各方的利益诉求究竟是什么。特别是针对全球性大国的通道政治利益，各方应当重点给予考量。对于"中间地带国家"而言，要想在通道政治中占据主动，就必须能够调和各方的通道利益，并在动态平衡中寻求增进本国福祉的机会。这是因为"中间地带国家"的通道政治具有明显的国际性、战略性、长期性和反复性，导致"中间地带国家"很难独自解决通道政治中的所有问题，以及完全排除通道政治中的外部因素。

在这里，我要感谢众多的老师、学长、学姐以及同学、朋友们在学术上和生活上的热诚帮助，很多往昔的互动让我非常难忘。我要特别感谢我的导师，他给予我关心和指导，帮助我在学术道路上不断取得进步。我要衷心感谢父母，他们给予我无限关爱，坚定地支持我在人生的战场上攻克了一个又一个堡垒。

对于因为对战争的关注才激发起研究国际关系兴趣的我来说，真想亲眼看看几百年后的军人和战略战术武器是怎样结合的，联合或一体化作战是怎样展开的，军事斗争样式是如何展现的，全球性大国的常规和核军力是怎样配置的；对于对俄罗斯问题有浓厚兴趣的我来说，真想亲眼看看几百年后这个全球性大国的命运和在全球战略格局中的地位是怎样的，以及俄罗斯军队是怎样的，美俄博弈是怎样的，中俄关系是怎样的。但作为历史的沧海一粟，这只能是一厢情愿，或许未来的最大魅力就是未知吧。

在奋斗的道路上，每个人固然要锤炼自己的大战略观、大格局观、大智慧观、大人生观。但面对艰难和风暴，特别是在人生中接受对自己的本质和特质的关键考验时，在内心深处总有一个声音无数次向我强烈呼唤："宁肯战死，决不投降！"满载独立自主要素的中国军工精神告诉我：唯有埋头苦干、坚韧不拔、灵活应对和勇于创新，才有出路和发展。时代变迁，精神不朽！

崭新的未来已向我召唤，无论人生苦旅要扛起多少行囊，我都将坚定、勇敢、自信、顽强地向前迈进："只要是大地上空乌云依旧飘荡，就没有退路也不会有安详；出发的时候到来相互珍重道别，就头也不回昂首挺胸奔前方。"

心中总有那么一首歌，旋律常在耳边轻轻拨，歌声激荡在天空最远的地方，带着我的理想奔阳光。心中从没有后悔过，工作中的严苛与寂寞；自从离开家乡，选择了方向，就不曾将彷徨再诉说。当前进旗帜风中飘扬，当歌声把光荣唱响；胸怀热忱来融化雪霜，为实现梦想。当平凡岁月充满光芒，当奋斗把青春点亮；偶然回想起抚平的伤，不过是寻常。

往昔的岁月不能忘怀，青葱的岁月那么纯粹；熟悉的笑容梦里绽放，奋斗的岁月令人沉醉！在这个催人奋进、风云激荡的时代，在人生最美好的青春年华，奋斗的脚步不会停止，只会越走越快、越走越稳、越走越远！

正像苏联歌曲所唱的那样："听风雪喧嚷，看流星在飞翔；我的心向我呼唤；奔向动荡的远方。"无论未来是一路坦途还是布满荆棘，是春暖花开还是风暴雪霜，我都不会忘记自己的初心——勇敢、顽强、智慧地去面对一切困难和课题，在人生道路上不断探索、不断收获和不断前进。

纵有千言万语，但最想对读者朋友说的一句话就是：真心祝愿各位读者朋友的明天更健康、更幸福、更美好！

庄 严

2023 年 4 月于太湖畔

图书在版编目（CIP）数据

"中间地带国家"通道政治研究／庄严著． --北京：时事出版社，2024. 11. -- ISBN 978 -7 -5195 -0639 -1

Ⅰ．D5

中国国家版本馆 CIP 数据核字第 2024LD8645 号

出 版 发 行：时事出版社
地　　　　址：北京市海淀区彰化路 138 号西荣阁 B 座 G2 层
邮　　　　编：100097
发 行 热 线：（010）88869831　88869832
传　　　　真：（010）88869875
电 子 邮 箱：shishichubanshe@ sina. com
网　　　　址：www. shishishe. com
印　　　　刷：北京良义印刷科技有限公司

开本：787×1092　1/16　印张：20.5　字数：305 千字
2024 年 11 月第 1 版　2024 年 11 月第 1 次印刷
定价：198.00 元

（如有印装质量问题，请与本社发行部联系调换）